ENERGIA ELÉTRICA
E BENS DA CONCESSÃO

Afrânio de Carvalho

ENERGIA ELÉTRICA E BENS DA CONCESSÃO

Atualização de
Dora Martins de Carvalho

MALHEIROS
EDITORES

ENERGIA ELÉTRICA E BENS DA CONCESSÃO
© DORA MARTINS DE CARVALHO

Direitos reservados desta edição por
MALHEIROS EDITORES LTDA.
Rua Paes de Araújo, 29, conjunto 171
CEP 04531-940 – São Paulo – SP
Tel.: (11) 3078-7205 – Fax: (11) 3168-5495
URL: www.malheiroseditores.com.br
e-mail: malheiroseditores@terra.com.br

Composição: PC Editorial Ltda.
Capa
Criação: Vânia Lúcia Amato
Arte: PC Editorial Ltda.

Impresso no Brasil
Printed in Brazil
03.2017

Dados Internacionais de Catalogação na Publicação (CIP)

C331e   Carvalho, Afrânio de.
Energia elétrica e bens da concessão / Afrânio de Carvalho ; atualização de Dora Martins de Carvalho. – São Paulo : Malheiros, 2017.
304 p. ; 21 cm.

Inclui índice.
ISBN 978-85-392-0358-1

1. Energia elétrica - Brasil - Legislação. 2. Serviços de eletricidade. 3. Política energética - Brasil. 4. Concessões - Bens. I. Carvalho, Dora Martins de. II. Título.

CDU 34:351.824.11(81)
CDD 346.8104691

Índice para catálogo sistemático:
1. Energia elétrica : Brasil : Legislação 34:351.824.11(81)
(Bibliotecária responsável: Sabrina Leal Araujo – CRB 10/1507)

SUMÁRIO

Prefácio do Autor 7

Prefácio desta Edição 11

Agradecimento 13

Capítulo I – **Retrospecto do Aproveitamento das Quedas d'Água** 15

Capítulo II – **Propriedade das Águas e dos Bens da Concessão** 38

Capítulo III – **Usinas Hidroelétricas. Investimentos. Reservatórios** 62

Capítulo IV – **Usinas Térmicas. Controle da União. Matrizes Energéticas** 81

Capítulo V – **Novo Modelo Energético Brasileiro** 113

Capítulo VI – **Concessões, Permissões e Autorizações** 138

Capítulo VII – **Tarifas de Energia Elétrica** 167

Capítulo VIII – **Caducidade, Encampação e Reversão** 196

Capítulo IX – **Fiscalização e Tributação** 215

Capítulo X – **Competência da União. Atribuições Complementares dos Estados** 235

Capítulo XI – **Responsabilidade das Empresas de Energia Elétrica** ... 255

Capítulo XII – **Conclusão** 273

Bibliografia 297

PREFÁCIO DO AUTOR

O Código de Águas de 1934 reproduziu consideravelmente o Código Civil de 1916 acerca das águas, no que andou acertado, e no seu último livro tratou especialmente da energia hidráulica, no que se revelou oportuno, pois já se esboçava o desenvolvimento que essa energia iria assumir no país. [*O Código Civil de 2002 segue o de 1916, mantendo, na quase totalidade, os mesmos dispositivos (Código Civil de 1916, arts. 563 a 568; Código Civil de 2002, arts. 1.288 a 1.296)*].

Como no desenrolar de minha carreira exerci, durante largo tempo, a Consultoria Jurídica e depois a Diretoria Administrativa da Chesf, que se notabilizou pela maneira exemplar com que construiu Paulo Afonso, tive ensejo de discutir relevantes problemas concernentes à energia em volumosos pareceres, que, infelizmente, se perderam numa inundação na capital pernambucana.

No entanto, fica sempre na memória um resíduo de conhecimento e de impressões, que o tempo não consegue apagar.

Com o que restou na memória, pareceu-me menos penoso recapitular a legislação sobre a matéria, em cujo conjunto se tornava difícil penetrar, dado o emaranhado legislativo que se formou em torno do núcleo codificado. A dificuldade desse ingresso me induziu a pensar na utilidade do presente roteiro.

Ao escrever, anteriormente, monografia sobre as águas interiores, só me referi de passagem à energia hidráulica, tanto quanto se fazia necessário, para mostrar a abrangência do assunto. Agora, cabe-me passar da referência episódica à consideração da *energia hidráulica* como *objeto principal do estudo*, ao lado de comentários de outras, não mais secundárias e sim complementares, como a energia térmica, a eólica, geotérmica, da biomassa, das marés e a nuclear, capazes de com ela competir, ainda que a nuclear não consiga – em nossa opinião – ganhar impulso.

Quando surgiu o Código de Águas, Decreto 24.643, de 1º de julho de 1934, cujo último Livro, de n. III, se ocupa da energia elétrica, suscitou logo séria dúvida capaz de atingir um diploma legal: a da sua constitucionalidade. Isso porque, quando de sua publicação – termo essencial para a existência da lei –, não mais havia Governo Provisório, com o poder de expedir e publicar decretos-leis.[1]

Ao revés, outros tomaram o partido da legalidade, negando ser a publicação termo essencial para a existência da lei, sob a alegação de que, admitindo-se que a publicação do Código no órgão oficial haja sido posterior à promulgação da Constituição, de 16 de julho de 1934, daí não decorre a sua nulidade pela circunstância de ser ato de poder discricionário, praticado em período constitucional, uma vez que, quando se promulgou o estatuto básico, aquele Código já era lei elaborada segundo os requisitos então exigidos, faltando apenas a sua publicação, que é formalidade essencial para o conhecimento da lei, mas não para a sua feitura pelo poder competente.[2]

A opinião favorável à constitucionalidade foi a que vingou afinal, visto ter logrado o beneplácito do Supremo Tribunal Federal

O Código passou a ser aplicado como lei válida, embora suscitasse críticas referentes a várias de suas disposições nos círculos ligados à indústria da eletricidade. [*Nada obsta examinar o seu texto, para, talvez, contribuir para melhorar o que existe na atualidade destas décadas iniciais do século XXI, face à legislação exageradamente emaranhada...*]

Desde a promulgação do Código de Águas, a queda d'água já era considerada riqueza distinta da propriedade do solo (art. 168), o que foi consagrado em todas as Constituições Federais até a atual.

Esse Código também centralizou na União a competência originalmente exercida por Estados e Municípios para conceder o aproveitamento da queda d'água na geração de energia elétrica, matéria esta fortalecida na Constituição de 1988.

Essa inovação, no Código de Águas, no ano de 1934, provocou celeuma, não pela centralização, mas em virtude de ter sido o Código

---

1. Acórdão da Corte Plena de Apelação de São Paulo, de 8.12.1936, no *Arquivo Judiciário*, vol. 42, p. 202.
2. Parecer do Procurador Geral da República, Dr. Gabriel Passos, de 31.1.1938, no *Arquivo Judiciário*, vol. 46, p. 140; Acórdão do STF, de 15.9.1938, no *Arquivo Judiciário*, vol. 50, p. 90; Acórdão do STF, de 26.12.1940, no *Arquivo Judiciário*, vol. 49, p. 89.

considerado excessivamente severo com relação à iniciativa privada nos preceitos sobre encampação, reversão, caducidade e tarifas, baseadas estas no custo histórico, sem ressalva quanto ao alto índice de inflação (Código de Águas, art. 169, inc. I, e art. 168, incs. II e III). Essa severidade acabou por provocar um esvaziamento do interesse das empresas privadas no setor de energia que, a pouco e pouco, foi sendo tomado pelas empresas estatais, tendência essa reversível diante da preocupação quanto à venda de suas ações, depois de haver o Estado exaurido o seu "pioneirismo".

Segundo o disposto na Constituição Federal de 1988, bem como nas anteriores, os aproveitamentos dos potenciais de energia hidráulica dependiam – como continuam a depender – de concessão, permissão e autorização federal. As concessões e permissões são outorgadas para empreendimentos de maiores potenciais e as autorizações para aproveitamentos de menor potência ou de potência reduzida, norma essa também inovadora, pois resolveu dúvida anterior, ou seja, o que seria potência reduzida.

Outra questão problemática de monta era a concernente às tarifas, então muito baixas para atrair a iniciativa privada. Como empresas privadas, é indubitável seu direito à renda integral do serviço.[3] Apesar disso, já na década de 1960, empresa estatal centralizadora, a Eletrobrás, chamou a si uma parte da renda das concessionárias, abuso que prejudicou extraordinariamente o setor energético.

Esses temas, em certos aspectos, são abordados nesse livro, recordando-se, *pour mémoire*, o tópico polêmico travado que foi o do custo histórico previsto para a *avaliação* da propriedade das concessionárias em serviço. Indagava-se, enfim, qual método deveria ser adotado para essa avaliação: se a *base das tarifas* sobre as quais as empresas fariam recair a sua percentagem *ou a da taxa de lucro*. Alguns sustentavam – convictos – ser o do *custo histórico*; outros preconizavam o *custo de reprodução*.

O custo histórico permaneceu durante anos na nossa legislação com variantes, até que em 1993 foi extinto o método do serviço pelo custo e o fim da equalização tarifária. E a Lei 8.631, de 1993, determinou que os níveis de tarifas, a serem cobradas dos consumidores finais, deveriam ser propostos pelas concessionárias e homologadas pelo poder concedente (arts. 1º e 2º).

---

3. Caio Tácito, Parecer, *Revista de Direito Administrativo*, vol. 44, 1945, p. 518.

Saliente-se que a avaliação do acervo das empresas de utilidade pública, como as hidroelétricas, faz-se no Brasil para duplo fim: a *fixação das tarifas* e a *reversão*, após o termo da concessão.

Aduza-se que, embora autores diversos transplantem opiniões e sentenças americanas, sobre energia, para o Brasil, cumpre destacar que há diferença fundamental a ser assinalada, qual seja: nos Estados Unidos a *propriedade* do acervo das hidroelétricas é *perpétua*, enquanto no *Brasil* a propriedade é *resolúvel*, o que torna imperioso que se cogite destacadamente dos bens pertencentes a estas últimas.

Por fim, desejo exprimir o meu cordial agradecimento à minha filha e colega, Advogada DORA MARTINS DE CARVALHO, pela contribuição que lhe deu na publicação, bem como à anterior, e estendê-lo a um antigo companheiro da CHESF, o Contador Viçoso Silva Novo, que lhe junta o quadro posto, como fecho ao capítulo de tarifas.

Rio de Janeiro, novembro de 1987[4]

AFRÂNIO DE CARVALHO

---

4. *Nota da Atualizadora:* O Professor AFRÂNIO DE CARVALHO faleceu em 30 de novembro de 1991. Maiores modificações no setor de energia foram feitas no Governo do Pres. Fernando Henrique Cardoso. Outras mais, confusas e prolixas, e de menor qualidade, nos governos de 2003 até 2016. Daí a publicação tão somente neste ano de 2016.

PREFÁCIO DESTA EDIÇÃO

Quando meu pai, AFRÂNIO DE CARVALHO, faleceu em 30 de novembro de 1991, havia deixado o esboço, praticamente completo, desse livro sobre Energia no Brasil.

Sempre preocupado com questões energéticas, bem como com a preservação do meio ambiente, AFRÂNIO DE CARVALHO participou ativamente da fundação da Companhia Hidroelétrica do São Francisco/CHESF, que foi uma das grandes responsáveis por prover energia ao Nordeste brasileiro, região extremamente prejudicada em seu desenvolvimento em função, entre outros fatores, da falta de energia elétrica.

Como diretor do IBGE, coordenou, baseado em Salvador, Bahia, o recenseamento de 1944 dessa região, e ficou seriamente impressionado com as precárias condições da população nordestina e de sua vida sacrificada, sem luz, sem água, com poucos recursos que permitissem o surgimento de condições de vida mais humanas, bem como o desenvolvimento urbano dos diferentes Estados do Nordeste.

No Governo do Presidente Eurico Gaspar Dutra, AFRÂNIO DE CARVALHO foi chefe de Gabinete do Ministro da Agricultura, Daniel de Carvalho, seu irmão. Nessa ocasião, foi procurado por um grupo de engenheiros que comungavam suas preocupações com a precariedade do setor energético brasileiro, em especial, com o não aproveitamento da Cachoeira de Paulo Afonso, cuja força seria capaz de propiciar a geração de energia elétrica para praticamente todo o Nordeste.

Embora houvesse dois decretos e estudos anteriores, do Governo Vargas, que contemplavam semelhante proposta, esses planos jamais saíram do papel. A ideia foi imediatamente levada ao Presidente Dutra, embasada em sólida argumentação tanto jurídica quanto técnica, em parecer preparado por AFRÂNIO DE CARVALHO e demais fundadores da CHESF.

Durante anos, como Diretor Administrativo da CHESF, AFRÂNIO DE CARVALHO estudou de perto a legislação concernente ao setor energético brasileiro, além de sempre acompanhar o que acontecia em outros países, com relação a esse tema.

Desde então, inúmeras e significativas mudanças ocorreram no setor energético brasileiro e na legislação a ele concernente, em especial durante os dois mandatos do Presidente Fernando Henrique Cardoso. Outras mudanças mais, de menor vulto, foram introduzidas nos Governos do Presidente Luís Inácio Lula da Silva e de sua sucessora.

Como forma de homenagear a memória de meu pai, bem como expor suas ideias que considero extremamente válidas até o presente, propus-me a atualizar o que ele havia escrito.

Pude contar, para isso, com a colaboração de algumas pessoas ligadas ao setor energético, bem como com vasta e atualizada bibliografia.

DORA MARTINS DE CARVALHO

AGRADECIMENTO

A Atualizadora agradece, penhoradamente, ao Advogado Dr. Alexandre Luiz Dyott Fontenelle (Rio de Janeiro), a leitura do rascunho deste livro e suas preciosas sugestões. E esclarece que, tendo o Professor Afrânio de Carvalho falecido em 30 de novembro de 1991, a partir desta data, os escritos, erros, falhas e omissões são imputáveis única e exclusivamente à Atualizadora.

São Paulo, setembro de 2016.

Capítulo I
RETROSPECTO DO APROVEITAMENTO DAS QUEDAS D'ÁGUA

Acidente da natureza utilizável pela indústria. Potência inerente à queda e ao volume da água. Evolução do aproveitamento das quedas d'água. Importância destas devido à escassez do carvão de pedra e de petróleo. Concessão pelos Estados e Municípios. Centralização normativa da União pela Constituição e pelo Código de Águas. Dúvidas levantadas pelo Código de Águas. Expansão dos aproveitamentos. Construção de grandes usinas pelo governo. Sua interligação.

A palavra energia vem do grego *energeia* e do latim *energia*, significando trabalho. Pode-se também dizer ser a energia matéria primeira, que pode ser convertida num potencial para produzir alguma coisa. Portanto, a energia elétrica, consequência de uma conversão em eletricidade, é a capacidade de um sistema de realizar trabalho. Ou, em conceito mais simples, a energia é o potencial inato para executar um trabalho ou realizar uma ação.

Existem duas modalidades de energia: a *cinética*, que é a energia possuída por um corpo em movimento, e a *potencial*, que é a energia existente num corpo e que pode ser convertida em cinética, ou seja, em potência. E potência é a qualidade daquilo que tem o poder de ação, de trabalho, por determinado tempo.

Segundo a história, a descoberta de cargas elétricas teria sido do grego Tales de Mileto. A palavra "energia" era usada para explicar diversos fenômenos conhecidos como "força viva" e "calóricos", abrangendo muitos aspectos. Através dos séculos, estudiosos identificaram a regularidade de fenômenos de força viva associados ao movimento calórico. Somente a partir de 1850 é que se regularizaram os fenômenos físicos produtivos de energia, daí nascendo a energia elétrica.[1] A energia elétrica é gerada pela diferença de potencial entre dois pontos, *i.e.*, tensão. Para conduzir a energia, de um ponto a outro, faz-se necessária a sua condução mediante um circuito elétrico.

As diversas formas de energia hoje conhecidas são: hidráulica, térmica, nuclear, solar, eólica, fóssil (obtida pela extração de carvão, óleo, gás natural), e ainda as da biomassa e das marés. Como energia da *biomassa* entende-se qualquer matéria de *origem vegetal*, fonte de energia (cana de açúcar, óleo de soja, óleo de girassol e outras).

Essas formas de energia podem ser *renováveis* e não *renováveis*. Os recursos energéticos não renováveis, como é sabido, são: o carvão, o petróleo, o gás e o urânio. Como recursos energéticos renováveis alinham-se os recursos tradicionais: energia hidráulica, energia da biomassa e outras novas, que exigem maior tecnologia, tais como a eólica e a solar e, com menor significado, a energia geotermal. Há ainda a energia já bastante comentada, das marés, mas, por ora, de difícil aproveitamento.[2]

Dentre todas as fontes de energia, a queda d'água destacou-se logo no nosso País, pela sua abundância, em número e em potência, em contraste à escassez de minas de carvão e de poços petrolíferos.

Nesse particular, o Brasil se apresenta como o oposto da Inglaterra que, sem grandes quedas d'água, possui extensas reservas carboníferas, apesar da exploração intensiva, bem como outras petrolíferas, que explora no Mar do Norte. No tocante à energia eólica, a despeito de a Grã-Bretanha receber muitos ventos e de avanços nessa área, no início de sua utilização apenas os cata-ventos não teriam capacidade para atender a grandes necessidades, pelo que os instrumentos técnicos teriam que ser aperfeiçoados. Foi o que ocorreu e atualmente grande número de países utilizam com sucesso a energia eólica. O Brasil, com os ventos no Nordeste e em outros locais, apresenta condições bastante favoráveis à energia eólica.[3]

---

1. Cf. Alessandro Bucussi (do Instituto de Física do Rio Grande do Sul), "Introdução ao conceito de energia", *Textos de Apoio ao Professor de Física-IF-UFRGS*, vol. 17, n. 3, Universidade Federal do Rio Grande do Sul, 2007. Disponível em: www.if.ufrgs.br/tapf/v17n3-Bucussi.pdf.

2. Antonio Dias Leite, *A Energia do Brasil*, 2ª ed., atualizada, Rio de Janeiro, Campus, 2007, pp. 519-521.

3. Como mostram inúmeras usinas já instaladas no Ceará, Rio Grande do Norte, Fernão de Noronha e até Mato Grosso. E, segundo o Global Wind Energy Council/GWEC, o Brasil em 2019 terá capacidade eólica instalada de 6.041 MWh.

RETROSPECTO DO APROVEITAMENTO DAS QUEDAS D'ÁGUA

Com relação à energia nuclear no Brasil, os primeiros passos neste setor começaram com as prospecções de urânio, em 1952. Em 1972, por proposta do Ministro Antonio Dias Leite ao governo federal, foi criada a Cia. Brasileira de Tecnologia Nuclear. Pouco depois surge a Usina Nuclear de Angra, a qual vem se adiantando no seu desenvolvimento, estando em fase de enriquecimento de urânio. Angra 1 funciona desde 1985, e Angra 2 está em atividade desde 2001.

Todavia, os acidentes já ocorridos em usinas nucleares – tais como nos Estados Unidos, em Three Mile Island (Pensilvânia) e em Erwin (Tennessee), ambos em 1979; o da Usina de Chernobyl, na Ucrânia, em abril de 1986; o da cidade de Tomsk, hoje Seversky, na Sibéria Ocidental, em abril de 1993; o da Usina Nuclear de Tricastin, no sul da França, em 2008; e, ainda, os terríveis acidentes da Usina Nuclear de Tsuruga, na província de Fukui, em março de 1981, tal qual na Usina experimental de Tokai, em setembro de 1999, e, mais recentemente, o da usina de Daiichi, em Fukushima, em 11.3.2011, no Japão –, aconselham a humanidade a repensar a utilização de usinas nucleares. Neste sentido, o governo japonês chegou a anunciar o abandono de construção de usinas nucleares.[4] Mais recentemente porém, em 2015, parece que o Japão está ainda em dúvida, porquanto o noticiário menciona que, talvez, retomem a construção de usina nucleares. Todavia, cumpre acrescentar um *aspecto grave,* o de que, até o ano de 2016, os cientistas ainda não descobriram *como e onde* se *desvencilhar do lixo nuclear.*

Embora o Brasil, tal qual outros países, esteja também avançando nas técnicas para obtenção de energias eólica, térmica, nuclear e de biomassa, ao que tudo indica, a energia das hidroelétricas ainda se constituirá, por muitos anos, importante nos países que dispuserem de água, como é o nosso caso.

Com efeito, a queda d'água deixou de ser mero acidente da natureza – que, pela sua singularidade, encanta a vista do observador –, desde quando se encontrou um meio de utilizá-la industrialmente com o auxílio de turbinas que acionam dínamos para a produção de energia elétrica. O espetáculo da natureza, tão frequente nas regiões serranas, não atrai mais os olhos para a mera contemplação, pois ali está ostensiva a altura, ou a queda d'água, primeiro elemento para gerar a força motriz e a produção, a geração de eletricidade.

4. Cf. Jornal *O Globo*, de 11.5.2011, p. 1.

Como era natural, as usinas, para esse fim, apareceram primeiramente em regiões montanhosas, de onde as águas fluem celeremente sem o empecilho da navegação, ao passo que as cascatas pontilham a paisagem, unindo o útil ao agradável. Essas usinas foram a pouco e pouco substituindo as usinas de carvão mineral, motivo que induziu inicialmente, quando se tratava do assunto, a chamar a queda d'água de "hulha branca".

A *potência dinâmica*, porém, não resulta apenas da *altura* da água, mas, ainda do seu *volume*, havendo esse segundo fator levado as usinas a espalharem-se em regiões menos montanhosas, onde corriam rios caudalosos. Segundo a definição legal, entende-se por potência a que é dada pelo "produto da altura da queda pela descarga máxima de derivação" (Código de Águas, art. 142).

Eram sem conta as dificuldades que, nos primeiros tempos, tinham de ser vencidas para montar e manter uma usina, umas de ordem física, outras de ordem jurídica.

Como historia Antonio Dias Leite, na primeira metade do Império os empreendimentos industriais andavam a passos lentos, e, na segunda fase, as indústrias eram acionadas por máquinas a vapor, supridas por caldeiras, queimando lenha. Mauá, em 1854, inaugura a iluminação a gás, que substituiu a iluminação pública a azeite de peixe.

Em meados do século XIX, e conforme ainda Dias Leite, "o carvão mineral se constituiu na energia nova para o Brasil (...)". Logo depois desponta a energia elétrica, com instalações menores, considerando-se "(...) hoje, marcos iniciais, os serviços de Campos/RJ, baseados em usina térmica (...)",[5] para substituir a iluminação a gás, e ainda a Usina Hidroelétrica de Marmelos, em Juiz de Fora/MG, em 1883, iniciativa do industrial Bernardo Mascarenhas.

Apesar das enormes dificuldades de então, o anseio de progresso persistia em dominá-las, quer para dar iluminação a cidades e vilas, que não a possuíam, quer para nelas substituir o gás acetileno.

Haja vista o exemplo de Ituiutaba/MG, onde a iluminação pública era o gás acetileno, cujos lampiões eram acesos à tardinha por um empregado municipal. Quando um grupo de homens decididos e progressistas resolveu, em 1920, instalar a eletricidade, encontrando um dinâmico executor para a ideia, este se viu na contingência de importar do estrangeiro quase tudo, desde o cimento, vindo em barricas da Alemanha, até as má-

---

5. A. Dias Leite, *A Energia do Brasil*, cit., pp. 49 e ss.

quinas geradoras, vindas da Suíça, sendo todo o material transportado em carros de boi da estação da Mogiana, em Uberlândia (então Uberabinha), até o local onde devia ser empregado. Assim surgiu a usina pioneira de Salto de Moraes, no Rio Tijuco, de apenas 80 hp.[6]

Paralelamente a exemplo local, relembre-se que as Câmaras Municipais davam concessão[7] privilegiada para a exploração de fornecimento de energia elétrica no Município, geralmente de pequenas usinas, de cerca de 100 hp, como a outorgada pela Câmara Municipal de Três Corações à Companhia Sul Mineira de Eletricidade, ou outra cabente à Força e Luz Carandaiense, de Carandaí/MG, e por isso frequentemente surgiam depois questões jurídicas entre a concessionária e o poder concedente local ou o ex-dono dos terrenos marginais. Essas questões giravam em torno dos contratos, entre os concedentes e os particulares, ou destes em face do então novo Código de Águas, e versavam ora sobre a extensão do privilégio, ora sobre o seu desmembramento para retomada pela Câmara de parte do serviço que havia passado ao concessionário, ora sobre a prorrogabilidade da relação jurídica.[8]

Com o correr do tempo, portanto, as usinas acionadas a água, inclusive a vertente de corredeiras e desníveis menores de rios caudais, foram se tornando cada vez mais numerosas, e, além disso, mais importantes pelas possibilidades crescentes de aumento de sua potência. Essa evolução processou-se por toda parte, inclusive no nosso País, onde teve um princípio animador no decênio de 1900-1910 para decair em seguida, sobretudo no período da Segunda Guerra Mundial, de 1940-1945, e afinal reagir no período seguinte e acabar assumindo uma posição de relevo na atualidade.

Explicite-se que sendo o Brasil país pobre em carvão mineral de melhor teor, desde o final do século XIX já se ressentia da escassez

6. Petronio Rodrigues Chaves, *A Loja do Osorio*, Ituiutaba, edição do autor, 1984, pp. 161 e ss.
7. As Câmaras Municipais davam as concessões desde 1915, conforme se lê em Antonio Pádua Nunes (*Código de Águas*, vol. II, São Paulo, Ed. RT, 1980, p. 42), amparadas pela Constituição Federal de 1891, art. 68.
8. Antonio Pádua Nunes, *Código de Águas*, vol. II, cit., pp. 133 e 142.
Relembramos outra dificuldade de monta, no exemplo de Ituiutaba/MG, quando, após instalar-se, a empresa de eletricidade viu-se envolvida em questão com sucessores do antigo dono da gleba marginal do Rio Tijuco, onde a usina se situa. Como fora dado em pagamento dessa gleba o fornecimento de energia para uso particular do ex--dono, os sucessores deste se julgaram com o direito do título indefinitivamente, o que motivou erudito parecer contrário do ilustre advogado mineiro Hélio Benício de Paiva.

dessa matéria para a energia. Embora os estados brasileiros que mais utilizassem a energia térmica estivessem no Nordeste e no Norte, o Sul necessitava ampliar fontes energéticas, em face da crescente demanda. E o consumo de carvão de lenha permaneceu até a década de 1970, a despeito da instalação no país, desde a primeira metade do século XX, de novas usina hidráulicas pela iniciativa privada. O carvão mineral, de origem nacional, ainda abastece as termoelétricas em modesto montante. Relativamente à indústria petrolífera, esta ainda não existia. Nasceu mais tarde, com o estabelecimento do monopólio e a constituição da Petrobrás. Todavia, o Brasil enfrenta problemas desde a década de 1970, com a forte elevação dos preços do petróleo em 1974 e 1979, iniciando-se então, simultaneamente, a construção de duas grandes hidrelétricas, Itaipu e Tucuruí.[9]

Foi no Governo de Rodrigues Alves (1902-1906), tão significativamente progressista, que o governo federal começou a preocupar-se deveras com o aproveitamento da energia hidráulica para a produção de energia elétrica. Nesse sentido, foi editada uma lei e expedido um regulamento, cujos textos já predispunham os traços legislativos gerais para a instalação da indústria da eletricidade (Lei 1.145/ 1903, art. 23; Dec. 5.407/1904, arts. 1º a 14).

Quando mais tarde se anunciou o advento do Código de Águas – Dec. 24.643, de 10.7.1934 –, um considerando de decreto do governo provisório se excedeu ao afirmar que o aproveitamento das quedas d'água estava envolvido em uma legislação "obsoleta e deficiente". A verdade é que essa legislação serviu consideravelmente para o preparo do Código de Águas, contendo tudo quanto de essencial: exploração administrativa ou concessão, determinação de trecho ou trechos de rio aproveitáveis, direito de desapropriação de terras e de faixas de linhas, aprovação de plantas e obras, segurança das instalações, reconhecimento do capital, revisão trienal das tarifas, imunidade de impostos estaduais e municipais, fiscalização do governo, reserva de energia para este. Como se observa, alguns desses aspectos estão mantidos até hoje na legislação.

Em alguns pontos, a legislação anterior ao Código de Águas chegava a parecer superior a este, como no concernente ao prazo da concessão, então admissível até 90 anos, na reversão não indenizável, na proibição de obras a montante e a jusante que diminuíssem o volume da água necessária para obter a energia elétrica ou prejudicassem as instalações

---

9. Cf. Antonio Dias Leite, trabalho ainda não publicado, gentilmente cedido.

aprovadas, na previsão de condutores subterrâneos nas cidades que fossem indicadas. Sem preconceito nacionalista, prescrevia-se também que "os concessionários, caso a sua sede não seja no Brasil, deverão ter um representante com plenos e ilimitados poderes para tratar e resolver definitivamente, perante o administrativo e o judiciário brasileiros quaisquer questões (...)" (Dec. 5.407/1904 (revogado), art. 13).

No tocante a prazo de concessão, parece-nos que, nos dias atuais, o ideal é de no máximo 50 anos, prazo médio de atividades das concessionárias. Isso porquanto as leis em vigor dão prorrogações para contratos antigos, que alcançam, em alguns casos, aqueles 50 anos. E para novos contratos, de *geração*, por exemplo, o prazo é de 35 anos, podendo ser prorrogado por mais 30 anos. Os novos contratos de concessionárias de *transmissão* e de *distribuição* têm o prazo de 30 anos, com eventual prorrogação de mais 30. As termoelétricas, na legislação vigente, têm menor prorrogação, que é de 20 anos. E nesses prazos é que o total do investimento será amortizado, dispensando artifícios como os ora adotados pelo governo federal, tais como isenção de imposto de renda, vultosos financiamentos de órgãos públicos, quando esses recursos poderiam ir para outras áreas, tais como saneamento, educação, saúde e outras mais (Lei 9.074, de 7.7.1995, arts. 4º, §§ 2º e 3º, 17 e 19; Lei 12.783, de 11.1.2013, arts. 2º, 5º e 6º).

Onde o Código de Águas deveras inovou foi na separação da queda d'água da propriedade do solo e na competência privativa da União para legislar sobre energia elétrica. Essas inovações, do mais elevado alcance, só podiam provir, porém, como provieram, da Constituição de 1934, a que o Código buscou previamente adaptar-se, por ter sido elaborado simultaneamente (Constituição de 16.7.1934, art. 5º, XIX, "j", e art. 118; Decreto 24.643, de 10.7.1934, art. 145).

O declínio ocorrido no período da Segunda Guerra Mundial explica-se sobretudo pela dificuldade de importar equipamentos, já que, a esse tempo, eram praticamente todos importados do estrangeiro. Só muito mais tarde veio a indústria nacional habilitar-se a fornecer esses equipamentos, bastando dizer que a carência deles ainda acontecia na década de 1950 e ao tempo em que o autor deste livro era Diretor da Companhia Hidroelétrica de São Francisco – CHESF, a partir de 1953.[10]

10. *Semana de Debates sobre Energia Elétrica*, ed. Instituto de Engenharia de São Paulo, Imprensa Oficial, 1956, p. 240.

A princípio essas usinas eram construídas por compra de cachoeiras e terrenos adjacentes aos particulares, seguidas de fornecimento de energia pelos Municípios e pelos Estados. Os compradores e concessionários tinham às vezes dificuldades de obter a queda d'água para o aproveitamento, uma vez que era acessório do solo, só o conseguindo por alto preço, mormente quando intervinham os atravessadores. A diversidade de concedentes repercutia na diversidade de dimensões, de equipamentos, de materiais e de serviços.

E eram pequenas usinas, as quais têm a desvantagem de multiplicar as instalações elétricas, com dispêndio maior de capital e com custeio mais caro, devido ao aumento de pessoal. Todavia, conforme for a topografia, às vezes tornam-se preferíveis, espaçadamente, ao longo de um rio, a fim de evitar que uma extensa barragem inunde uma porção considerável de terras férteis do vale.[11] As grandes usinas, que quase só os governos ou grandes investidores podem empreender – como ocorre agora no Brasil –, acabam se tornando mais vantajosas pelo barateamento do quilowatt-hora (kWh).

E neste século XXI, com o reconhecimento quase tardio da destruição da Natureza pelo Homem, essas dificuldades, de instalação de grandes usinas, se avolumam, principalmente com os ambientalistas, uns mais equilibrados, outros nem tanto...

Haja vista, por exemplo, o que aconteceu com a licitação para a construção da Usina de Belo Monte, que alguns grupos tentaram obstaculizar, principalmente indígenas, ONGs de origens e fins duvidosos, e alguns ambientalistas de boa-fé, mas desavisados, o que causou problemas.

Mas parece mesmo que a maior dúvida em torno da Belo Monte reside na questão ambiental. Isso porquanto, no aspecto de populações atingidas pelo reservatório d'água, estas podem ser transferidas para outras áreas, tal como feito em outras usinas (como em Paulo Afonso, onde nossa diretoria não deixou ninguém sem casa). Já no tocante à perda de terras, que se esvairão, sem dúvida, é aspecto mais delicado. Mas, nesse enfoque, há que se medir na balança o que é melhor para o País e para a população: se as usinas hidroelétricas maiores, e com reservatórios extras menores, ainda que com inconveniente de perda de área (a terra pode ser reaproveitada), ou usinas hidroelétricas menores, ou ainda número maior

---

11. Afrânio de Carvalho, *Águas Interiores, suas Margens, Ilhas e Servidões*, São Paulo, Saraiva, 1986, p. 41.

de produtoras de geração de energia eólica, energia da biomassa etc., ao invés da construção de usinas térmicas e nucleares?

Cumpre elucidar, segundo especialistas, que se as usinas nucleares não apresentam irradiações para a atmosfera; apresentam, contudo, o perigo dos rejeitos radioativos, problema grave e ainda não resolvido. E as usinas térmicas irradiam gás, com efeito estufa, o que é ruim para a população em qualquer lugar do mundo.

Parece, pois, relevante que se construa não só Belo Monte, mas, ainda, as demais usinas na Amazônia, não apenas no Rio Madeira, como as usinas de Santo Antônio e Jirau, como em outros afluentes dos rios maiores, tal como a de Marabá, às margens do Rio Tocantins, no Pará. E cumpre, sim, aos especialistas oferecer estudos de monta sobre vantagens e desvantagens de usinas e reservatórios, maiores e/ou menores, estudos esses não apenas para o momento como ainda para o futuro.[12]

Se fosse deixado aos Municípios, como originalmente tanto se preconizou, o cuidado de resolver sobre o problema da energia, cada um deles poderia elaborar sua própria tarifa e, mais do que isso, circunscrever ao seu território o emprego da energia captada, enquanto o vizinho sofreria a falta desta. Se a usina servisse a dois Municípios, a que lei e a que autoridade ficaria subordinada? Essas ponderações aplicam-se igualmente aos Estados.

Todos esses inconvenientes, os da acessoriedade da queda d'água ao solo e o da regionalização, foram removidos em 1934, como referido acima, pelo advento quase simultâneo do Código de Águas e da nova Constituição resultante da Revolução de 1930. De um lado separou-se da propriedade do solo a queda d'água, para constituir *propriedade distinta*, cujo aproveitamento dependia de concessão, e, de outro, estabeleceu-se

---

12. Nessa altura, justo é abrir aqui um parêntese para destacar entre nós o pioneirismo da usina construída em 1889 no Rio Paraibuna por Bernardo Mascarenhas, para servir à cidade de Juiz de Fora, acima mencionado, bem como aquelas de maior porte erguidas pela Light and Power, em São Paulo e no Rio de Janeiro, para atender a essas duas cidades altamente industrializadas. Essas duas últimas notáveis iniciativas de capital estrangeiro devem ser relembradas por sua benemerência, merecendo o reconhecimento nacional também por servirem de escola de experiência técnica, onde deviam aprender a silenciar os chamados ultranacionalistas, que tanto trabalham contra os interesses do Brasil. Bernardo Mascarenhas foi precursor da hidroeletricidade na América do Sul (1889), havendo, por isso, a Associação Brasileira de Concessionários de Energia Elétrica instituído com o seu nome uma medalha de mérito, conferida ao Eng. Marcondes Ferraz, ex-diretor da CHESF, em 1981.

que só a *lei federal* regularia integralmente o assunto, surgindo dessa maneira a unidade de tratamento deste.

Assim, de uma vez por todas, se generalizou a *competência legislativa da União* para reger uma matéria de vivo interesse nacional e, ao mesmo tempo, a sua competência *administrativa* para efetuar concessões de aproveitamento de quedas d'água. Embora a primeira fosse absoluta, a segunda era temperada ou atenuada pela delegação aos Estados da faculdade de efetivar concessões, desde que possuíssem para isso serviços técnicos e administrativos adequados. Essa faculdade facilitou a regularização e padronização não só de anteriores concessões estaduais, como de outras municipais (Constituição de 1934, art. 5º, inc. XIX, "j", e art. 119).

Posteriormente, a competência federal legislativa conferida à União, relativamente a energia elétrica, térmica ou qualquer outra, pela Constituição de 1967 foi a mais completa possível, sem deixar espaço sequer para a competência supletiva dos Estados, que coexistia com a primeira em certas matérias (CF/1967, art. 8º, inc. XVII, "i" e § 2º). Noutras palavras, a competência legislativa começava e terminava na União. Suplantou, portanto, nesse aspecto a Constituição de 1946, e agora a confusa de 1988.

A despeito da norma constitucional de 1967, alguns autores insistiam na competência única e exclusiva do Município para dispor sobre os serviços locais de eletricidade, por serem do seu peculiar interesse. Nesse entendimento, e segundo esses autores, a União usurparia inconstitucionalmente a competência municipal para a concessão e fiscalização de serviços de fornecimento e distribuição local de energia.[13]

Elucide-se que, na época, essa centralização expressa, da competência legislativa da União, foi uma revolução branca, destinada a operar imediatamente e benéfica transformação industrial, pela multiplicação das usinas de aproveitamento das quedas d'água. Se esse resultado não se conseguiu desde logo foi porque o Código de Águas, segundo a melhor doutrina, a mais consentânea com a uniformidade contábil, adotou o custo histórico como base das tarifas, da encampação, da reversão e da caducidade. Essa adoção fez com que a iniciativa privada se retraísse a princípio, deixando de pleitear concessões ao seu alcance, por entender que o custo histórico era incompatível com a inflação reinante no País.

---

13. Hely Lopes Meirelles, *Direito Administrativo Brasileiro*, São Paulo, Ed. RT, 1964, p. 322; A. Pádua Nunes, *Código de Águas*, cit., p. 12; cf. autores citados por ambos.

Essa competência legislativa *privativa da União*, acima mencionada, permanece incólume na Constituição Federal de 1988. Entretanto, a competência administrativa sofreu modificação, porquanto a questão da *exploração de serviços*, embora ainda possa ser empreendida pela União Federal, diretamente ou mediante autorização, concessão ou permissão, os serviços e instalações de energia elétrica e o aproveitamento energético dessa exploração devem ser feitos em "articulação com os Estados, onde se situam os potenciais hidroenergéticos", parecendo, assim, que a Constituição de 1988 adotou o *sistema misto de execução de serviços*, no qual os serviços federais, nos Estados, são executados por funcionários deste Estado, mas fiscalizados por agentes federais (CF/1988, art. 22, IV, e art. 21, XII, "b").[14]

Não se pode dizer, como alguns autores o fazem, que a competência da União para legislar sobre águas e energia seria concorrente com os Estados – não é. E nem há como se confundir expressões distintas, *como legislar* e *executar* serviços, como visto acima.

De mais a mais, a Constituição de 1988 dispõe taxativamente que são reservadas aos Estados as competências *que não lhes sejam vedadas* por esta Constituição (art. 25, § 1º). Ora, se o art. 22 estatui, de forma expressa, que compete *privativamente* à União legislar sobre águas e energia, como, então, dar aos Estados igual competência?

A competência concorrente da União, Estados e Distrito Federal está expressa taxativamente na CF/1988, no art. 24. E mais, dispõe ainda a Carta Maior que, na competência concorrente, a União tem atribuição das *normas gerais*, cabendo aos Estados tão apenas os poderes remanescentes.

Fique claro, portanto, que cabe à União a competência federal legislativa e a executiva, embora esta última em articulação com os Estados, para os serviços locais de eletricidade.

Reitere-se também que, segundo se infere claramente da Constituição Federal de 1988, os Municípios não têm nenhuma ingerência em matéria de aproveitamento de águas para energia, conforme, aliás, constava no Código de Águas, de 1934, e Constituições posteriores, inclusive na Constituição de 1969, e Emendas, art. 8º, XVII, "i", e como salientado em

---

14. Cf. José Afonso da Silva, *Curso de Direito Constitucional Positivo*, 39ª ed., São Paulo, Malheiros Editores, 2016, pp. 485-486.

nosso livro Águas Interiores, Suas Servidões e Suas Margens (CF/1988, art. 22).[15]

Os dispositivos constitucionais sobre a competência federal, desde a década de 1930, foram, como se viu, uma revolução branca, destinada a operar imediatamente benéfica transformação industrial pela multiplicação das usinas de aproveitamento das quedas d'água. Como acima referido, mas não custa repetir, se esse resultado não se conseguiu desde logo foi porque o Código de Águas, seguindo a melhor doutrina, a mais consentânea com a uniformidade contábil, adotou o custo histórico como base das tarifas, da encampação, da reversão e da caducidade.

Reiteramos, também, que essa adoção fez com que a iniciativa privada se retraísse a princípio, deixando de pleitear concessões ao seu alcance, por entender que o custo histórico era incompatível com a inflação reinante no País.

Cumpre esclarecer que, naquela época, conquanto fosse recomendado o custo de reprodução, este, em torno do qual se invocaram exemplos práticos, favoráveis e contrários, acabou saindo das cogitações. Dessa maneira, permaneceu em cena o custo histórico que, afinal de contas, se revelou muitíssimo menos danoso do que se apregoava quando apareceu na legislação, visto como, de mais de um modo, se reajustou à elevação dos preços da mão de obra e dos materiais.

Acrescente-se que, além da Segunda Guerra Mundial, que cerceava a importação de equipamentos, a causa econômico-financeira tolheu também temporariamente os empreendimentos particulares que se mantiveram esquivos até que o senso comum dos administradores a afastou com a sua liberalização trazida por decretos e atos posteriores. Essa liberalização atraiu de novo as empresas particulares, inspirando-lhes confiança para criação, ampliação e melhoramento de serviços.

Assim se desenvolveu o aproveitamento de quedas d'água nas regiões de população densa e indústria ativa, onde havia um mercado compensador para o investimento exigido pela usina e pelas linhas de transmissão e de distribuição. Ao passo que os concessionários de aproveitamento realizavam obras da usina de produção e estendiam as linhas de transmissão, os Municípios, também concessionários, ou empresas por eles criadas ou estimuladas, chamavam a si os encargos de estender as linhas de distribuição para a iluminação pública de cidades e vilas e, aí

---

15. Ob. cit.

chegadas, atender aos ramais puxados pelos particulares para satisfazer às necessidades domésticas ou industriais.

De par com o aproveitamento das quedas d'água, ocorreu também, em menor escala, a instalação de usinas térmicas, a óleo diesel ou carvão mineral, onde não havia possibilidade de promover a instalação de usinas hidroelétricas, ou estas só se viabilizassem por custo inacessível à bolsa das empresas particulares. Embora a primazia tenha cabido ao Sudeste do País, onde se montou um grupo diesel de 52 hp, em Campos, Estado do Rio de Janeiro (1883), o fato ocorreu sobretudo no Norte despovoado, onde se instalaram as Usinas de Cruzeiro do Sul (Acre, 1904) e de Manaus e Belém do Pará (1905)[16] –, depois a de Campina Grande, e também no Nordeste, cujas condições geográficas, caracterizadas por planícies, rios temporários e secas, só propiciavam o armazenamento de água em açudes. Por coincidência, no Nordeste surgiria mais tarde o mais importante empreendimento fomentador da energização da região e do Norte vizinho: a usina de Paulo Afonso.

É que, no trecho final do Rio São Francisco, cujas cabeceiras se acham numa serra em Minas Gerais, mas cujo curso se dirige para o nordeste, tornou-se possível utilizar grandes quedas d'água capazes de produzir e irradiar energia elétrica para a imensa superfície carente dela. Assim, a situação modificou-se totalmente quando o governo federal tomou a iniciativa de fundar a Companhia Hidroelétrica de São Francisco – CHESF – para o aproveitamento de um trecho desse rio, compreendido entre Juazeiro e Piranhas, abrangendo a concessão uma área de 450 km de raio, com centro na Cachoeira de Paulo Afonso.

Nessa altura cabe esclarecer que, em missão especial na Bahia, durante a Segunda Guerra Mundial, entusiasmei-me enormemente ao conhecer a Cachoeira de Paulo Afonso, acompanhando na viagem o então governador da Bahia, o saudoso, eficiente e íntegro Landulfo Alves. De imediato tive a sensação que a cachoeira deveria ser prontamente aproveitada para a energia elétrica, o que iria fomentar o desenvolvimento do Nordeste. Ao retornar ao Rio, em 1945, e já sendo presidente o Gen. Eurico Dutra, fui convidado para ser o Chefe do Gabinete do Min. da Agricultura, Daniel de Carvalho, o que aceitei sob a condição de tentarmos colocar no programa governamental o aproveitamento de Paulo Afonso:

16. Cf. C. Berenhauser e Natercio Pereira, "Balanço dos serviços de eletricidade no Brasil", nos *Anais da Conferência Mundial de Energia do Rio de Janeiro*, vol. 1, 1954, p. 195.

(...) Foi, então, que tomei conhecimento de que, por feliz coincidência, já existiam dois decretos que objetivavam a mesma finalidade, expedidos anos antes no Governo Vargas, mas que haviam ficado em ponto morto. Por que haviam ficado em ponto morto? Porque o aproveitamento de Paulo Afonso, previsto nesses decretos, fora tenazmente combatido no respectivo processo administrativo, mormente pelo Ministro Souza Costa, que afirmara categoricamente, por escrito, que gastar dinheiro ali seria um desperdício.[17]

Com a ascensão do Ministro Daniel de Carvalho, os dois decretos voltaram à tona e serviram para robustecer a minha fé na realização imediata, pois previam o capital, autorizavam a União a subscrever a metade dele, marcavam a zona da concessão e anexavam o estatuto.[18]

Esclareça-se:

(...) mas, só em 1948 foi que Daniel de Carvalho conseguiu convencer o Presidente Dutra a tocar para frente a hidroelétrica.[19]

Esse foi um fato duplamente marcante. Primeiro, por constituir o ponto de partida de uma política de energia elétrica conduzida não mais por particulares, mas pelo próprio governo federal em caráter primeiro. Segundo, por começar a sua realização pela região mais pobre e desassistida do País com o alto pensamento de desdobrá-la tão uniformemente quanto possível pelo território nacional.

A esse tempo já se haviam construído, graças sobretudo à iniciativa privada, numerosas usinas hidroelétricas e termoelétricas, formando uma rede valiosíssima. Com esse impulso, cogitou-se em 1947 de um plano nacional de eletrificação, destinado a conjugar as várias iniciativas isoladas, reunindo-as primeiro em planos regionais para depois coordená-las em um plano total, ainda que em sucessivos estágios.

Nesse sentido, elaborou-se, no Conselho Federal de Comércio Exterior,[20] um relatório de real valor, que apresentou o quadro das usinas

---

17. Cf. Afrânio de Carvalho, *Paulo Afonso e a Integração Nacional*, Rio de Janeiro, Forense, 1989, p. 20; e Luiz Fernando Motta Nascimento, *Paulo Afonso, Luz e Força Movendo o Nordeste*, publicação da CHESF e da Aché, Salvador, Bahia, 1998.
18. Cf. Afrânio de Carvalho, *Paulo Afonso e a Integração Nacional*, cit., pp. 20 e 21.
19. Cf. Rômulo Barreto de Almeida, *O Nordeste no Segundo Governo Vargas*, Fortaleza, ed. do Banco do Nordeste, 1985, *apud* Afrânio de Carvalho, *Paulo Afonso e a Integração Nacional*, cit., p. 25.
20. "Órgão criado em junho de 1934 com a finalidade de centralizar a política de comércio exterior do país, de forma a racionalizá-la e expandi-la. A criação do

elétricas em diferentes Estados, alguns dos quais, como em São Paulo, Rio Grande do Sul e Minas Gerais, já haviam preparado ou esboçado planos regionais. Esse relatório realçou a conveniência de, tanto quanto possível, projetarem-se as grandes linhas de transmissão pelo *traçado das ferrovias*, com o que se evitaria eventual duplicação de linhas e se asseguraria um alto fator de carga devido ao tráfego noturno de mercadorias, isto é, numa ocasião em que o consumo normal de energia baixasse. Assim, dar-se-ia o comércio de dois fatores valiosos de progresso, a eletricidade e o transporte.[21]

A despeito do alto valor desse trabalho, dele se podia divergir quando propôs que, em cada Estado ou região geográfica, se criasse o que chamou de "entidade coordenadora". Na ocasião, bastaria que se subordinasse a organização do plano regional a órgão estadual preexistente e se sujeitasse a *articulação* dos planos regionais a outro órgão igualmente preexistente, o Departamento Nacional de Águas e Energia Elétrica.

Assim, posteriormente, ativou-se o desenvolvimento dos planos regionais de São Paulo, Rio Grande do Sul e Minas Gerais, delineando-se outros nos demais Estados, de sorte que pode colocar-se no ano de 1947 a arrancada dos empreendimentos hidroelétricos. Minas Gerais instituiu a Centrais Elétricas de Minas Gerais/CEMIG, com várias subsidiárias, servindo de estímulo e de exemplo para iniciativas congêneres.

Sem perda de tempo, o governo federal criou então um banco que, entre suas finalidades, tem a de fornecer recursos para iniciar ou expandir os empreendimentos hidroelétricos, o Banco Nacional de Desenvolvimento Econômico/BNDE (atualmente BNDES.) Assim, foram atacadas simultaneamente todas as faces do problema do erguimento e coordenação de uma vasta rede energética.

Após a memorável iniciativa de Paulo Afonso, empresa de economia mista, o governo federal tomou outra, recebida com reserva na ocasião e assim mantida até hoje devido ao seu feitio burocratizante. Se a CHESF deu renome à administração federal, não aconteceu outro tanto com a ELETROBRAS, supersociedade (*holding*), de que se tornaram subsidiárias a própria CHESF, FURNAS, a ELETRONORTE e a ELETROSUL.

CFCE se inseria em um projeto mais amplo do governo de Getúlio Vargas, que visava à centralização político-administrativa e a uma intervenção mais decidida do Estado na vida econômica do país (...)" (disponível em: http://cpdoc.fgv.br/producao/dossies/AEraVargas1/anos37-45/EstadoEconomia/ConselhoComercioExterior).

21. Lauro Ferraz Sampaio, *Plano Nacional de Eletrificação*, Rio de Janeiro, Imprensa Nacional, 1947, p. 69, nota, e pp. 83, 86, *passim*.

De então para cá manteve-se o pensamento de promover o desenvolvimento harmônico da energia em todo o País, dentro das disponibilidades financeiras, entre as quais as de dólares para a importação de máquinas. Se em 1947 havia crise, que em 1956 ainda era considerada angustiante,[22] a despeito de inúmeras novas empresas estatais de energia, e, por conseguinte, com racionamento do consumo bem como horário de poupança de energia, no Rio de Janeiro e em outros grandes centros, a pouco e pouco essa crise foi sendo debelada, tentando a produção correr em paralelo com a demanda. Em determinado momento, ou seja, na fase inicial da CEMIG, abriu-se uma perspectiva de desafogo da energia elétrica para o que colaborou a inauguração da Barragem de Três Marias, em 1959. Mas, ao mesmo tempo em que se iniciou uma melhoria, com a perspectiva de novas hidrelétricas, poucos anos depois outra diretriz energética tomava vulto, com o encargo dado à Furnas, em 1969, para construir a primeira usina nuclear no país, o que causou preocupações. Em 1975, os trabalhos em Angra dos Reis, iniciados em 1972, estavam em pleno andamento, e o Brasil assinou acordo de cooperação nuclear com Alemanha Ocidental.

Todavia, posteriormente, essa preocupação com a energia nuclear tornou-se maior com acidentes, como, por exemplo, o de Three Mile Island, em Harrisburg, Pensilvânia, em 1979, que, segundo alguns, poderia ter sido controlado para não ter emissões maiores de radioatividade.[23] Já no desastre de Chernobyl, na Ucrânia, em 1986, as consequências para a população foram graves, tais quais as de 2011, no acidente de Daiichi, Fukushima, no Japão, que levou o governo japonês a pensar em abandonar o plano de construir usinas nucleares. Todavia, essa orientação, ao que parece, estaria mudando em atualmente, com indícios de que o governo japonês irá retomar o programa dessas usinas nucleares, o que é uma lástima.

Na presente conjuntura mundial, os maiores produtores de energia nuclear são os Estados Unidos, a França, o Japão, a Alemanha e a Rússia, mas, cumpre lembrar que, na França, por exemplo, a energia nuclear só foi iniciada após a utilização de todas as hidrelétricas possíveis.

No Brasil, felizmente, e em face de nosso potencial de água, ocorreu o surto extraordinário dessas hidrelétricas, a despeito de questões

---

22. *Semana de Debates sobre Energia Elétrica*, cit., p. 7.
23. Cf. Hermann-Josef Wagner, *Energy – The World's Race for Resources in the 21st Century*, London, Haus Publishing, 2008, p. 22.

ambientais e com indígenas; na verdade, o problema que em seguida se suscitou, no campo de energia, não foi mais o de instalar as hidroelétricas, mas, o de *interligá-las*, o que vinha sendo feito, a partir do Sul e do Centro-Oeste, e apenas agora, no final do século XX e começo do século XXI, é que abrange quase todo o País.

Do mesmo modo que o País, em matéria de transportes, se apresentava como um arquipélago, assim também se apresentava em matéria de energia elétrica, devido à falta de interconexão das linhas das diferentes usinas para que umas servissem às outras, quando as primeiras tivessem sobre as segundas falta de energia. A inexistência de interligação, para a qual a eletrotécnica impõe certos requisitos, cuja menção rápida adiante se faz, forçava o aproveitamento de usinas térmicas de reserva, com dispêndio evidentemente maior.

Para a *interligação* importava providenciar a uniformização das características técnicas da energia gerada e distribuída mediante a padronização da ciclagem, que de 50 passou para 60 ciclos, e de tensões de transmissão e distribuição, além de especificações de equipamentos para operação em paralelo. Nesse sentido militou a unificação da frequência da corrente elétrica do País, em virtude da qual ela foi fixada em 60 Hz (Decreto-Lei 852, de 11.11.1938, art. 23; Lei 4.454, de 6.11.1964).

A interligação das usinas de energia elétrica acha-se prevista, desde 1934, no Código de Águas, num artigo cuja nova redação foi dada por um decreto-lei posterior. Chamada aí de "interconexão", esse vocábulo foi depois suplantado por "interligação" em decretos posteriores, um dos quais prevê sejam organizados planos para realizá-la (Código de Águas, art. 179, §§ 1º e 2º, com redação dada pelo Dec.-lei 3.763, de 1941; Dec.-lei 1.285, de 1939, art. 16, III; Dec.-lei 1.345, de 1939, art. 1º, "a"; Dec.-lei 1.699, de 1939, art. 2º, V, "a"; Dec.-lei 3.763, de 1941, art. 1º).

Além da *interligação*, permaneceu sempre em aberto a escolha dos reservatórios e do tamanho das máquinas. Com referência ao tamanho de usinas e reservatórios, ainda não há solução definitiva. E quanto às máquinas, embora sujeitas à adaptação de diferentes situações hidrográficas, podem, até certo ponto, deixar margem para opção entre grandes e pequenas. As grandes máquinas oferecem a vantagem de economia, mas, por outro lado, têm a desvantagem de causar um dano muito maior à população servida.

No fim deste retrospecto cabe acrescentar que, se o Código de Águas não foi senão escassamente inovador, pelo menos teve o mérito de incorporar as inovações da Constituição de 1934, a saber, a distinção entre a propriedade do solo e a da queda d'água e a competência legislativa da União para legislar sobre energia hidráulica, em torno da qual se suscitaram logo interessantes debates. Embora esquematicamente o Código trate de dois temas centrais, as águas e a energia hidráulica, o primeiro destes temas também é tratado no Código Civil (arts. 98 e 99, e 1.288 a 1.296), onde, aliás, já se encontrava desde 1916, só restando o segundo que, desde a década de 1980 para cá, vem sendo objeto de leis especiais.

No tocante às leis sobre energia elétrica, cumpre advertir que, nas suas linhas gerais, se assemelham no mundo inteiro, como já se colhia do repositório preparado pela Organização dos Estados Americanos/OEA.[24] O assunto, preso à natureza técnica da exploração de energia, não se presta realmente a grandes inovações, o que explica a assinalada semelhança de suas disposições por toda parte. No Brasil, todavia, pode-se afirmar que nossa legislação, nos últimos anos, tem sido alterada de forma infeliz.

Explicite-se ainda que na década de 1960, na esteira das linhas gerais mundiais, criou-se o Ministério de Minas e Energia pela Lei 4.904, de 17.12.1965, e neste integrou-se o Departamento Nacional de Águas e Energia, que absorveu o antigo Conselho Nacional de Águas e Energia Elétrica, cuja extinção foi formalmente decretada pelo Dec.-lei 689, de 18.7.1969. Graças a essa absorção, foram-lhe delegadas importantes atribuições de planejamento, coordenação, execução, fiscalização e controle de aproveitamento hidroelétrico, que o colocaram em posição autônoma e forte para desempenhar um papel de relevo no desenvolvimento da energia elétrica do País.

Tal posição o habilitou a dotar o País de uma nova lei especial, que atualizasse os diplomas legislativos que gravitavam em torno do Código de Águas, já que o regulamento então em vigor, de 1957, só reunia e consolidava aqueles expedidos até então. A atualização e sistematização assumiriam o mais alto valor para os especialistas e para o público. E essa elevação, em absoluto, não lhe permitiria legitimar o aparecimento de um direito autônomo. Com efeito, bem se conhece, nos dias de hoje, o pendor de, a cada passo, erigir em direito autônomo qualquer matéria, pois, chegou a refletir-se na Constituição, onde sua presença só tem servido para desorientar os estudantes dos cursos jurídicos, perplexos diante de tantos direitos.

---

24. *Seminário de Direito de Eletricidade*, organizado pela OEA, Belo Horizonte, Instituto de Direito da Eletricidade/ELETROBRAS, 1970.

A própria divisão em direito público e direito privado faz-se pelo critério de predomínio de interesse geral ou de interesse particular, redundando, portanto, numa apreciação de grau, dada a interpenetração entre um e outro. Dentro de cada um deles, as distinções se abrem mais por motivo didático, bastando lembrar que, no direito público, o direito constitucional e o direito administrativo têm ambos, como núcleo, a organização do Estado e, no direito privado, o direito civil se reflete no direito trabalhista por tratar este do contrato de emprego, grandemente predeterminado pela lei, mas, de qualquer modo, segmento das obrigações daquele.[25]

Na Itália, quando se cogitou do chamado direito agrário, lembrou-se que o pressuposto para o reconhecimento de um ramo de direito é a existência de princípios próprios, diversos, mais ou menos profundamente, dos que informam outro ramo, para afirmar que nenhum se formulara até então para justificar a autonomia daquele.[26] Essas reflexões afastam a possibilidade de um direito de eletricidade, defendida entre nós por Walter T. Álvares,[27] tanto mais quanto a análise dos fatos ocorrentes com a energia hidráulica, e também a térmica, recomendam até a *completa privatização* das empresas que as exploram.

Seja como for, importa pôr em relevo que as normas disciplinadoras da matéria em nosso País se achavam concentradas, tempos atrás, no Código de Águas e no seu regulamento, e, depois, no Decreto 41.019, de 1947, acrescido aquele de preceitos esparsamente reformulados em texto único, de maneira a facilitar o conhecimento da legislação.

Esse contexto mudou radicalmente, pois embora o Código de Águas continue vigente no que não colidir com a Constituição de 1988, a legislação subsequente, destas primeiras décadas do século XXI, ou seja, desde 2003, além de desorganizada, tumultuada, torna difícil sua compreensão e aplicação. E o Código de Águas, com efeito, parece subsistir, pois suas eventuais revogações seriam parciais ou tácitas (implícitas). Como ensi-

25. Afrânio de Carvalho, *Instituições de Direito Privado*, 3ª ed., Rio de Janeiro, Forense, 1980, pp. 4 e ss.
26. Enrico Bassanelli, *Corso di Diritto Agrario*, Milano, Dott. A. Giuffrè, 1946: "La pretesa autonomia del diritto agrario", pp. 19-21; e "L'aspirazione alla codificazione del diritto agrario", pp. 21-23. Cf., no mesmo sentido, Prof. Clovis Paulo da Rocha, "Do Direito Agrário e sua autonomia", *Arquivo Judiciário*, vol. 101, Rio de Janeiro, Jornal do Commercio, 1952, pp. 11-16.
27. Walter T. Alvares, *Direito da Eletricidade*, vol. 1, Belo Horizonte, Editora Bernardo Alvares, 1962, pp. 33-40.

na Tércio Sampaio Ferraz Júnior, revogações tácitas não se presumem, exigindo demonstração da incompatibilidade por quem a alega.[28]

Está visto que toda a confusa e difusa nova legislação deveria ter sido criada em consonância com o Código de Águas, e consolidada. Não o foi...

Relembre-se, como referido antes, que as primeiras atividades para obter energia elétrica no Brasil foram da iniciativa privada. A partir da era Vargas a inclinação foi para as empresas estatais, o que prosseguiu com os governos subsequentes até a década de 1980. Como mostra Elena Landau, essa expansão das estatais colocou à mostra seus aspectos *negativos*: a) as empresas de energia, por serem públicas, deveriam oferecer preços baixos; e b) os financiamentos, de fácil acesso, desvirtuavam a eficiência. A esses dois aspectos somou-se a crise cambial de 1980 e o agravamento das questões fiscais, dando margem às primeiras discussões para se dar ao setor privado delegação do direito de exploração de áreas sob o domínio do Estado.[29]

Incidentalmente, e a propósito dos dois aspectos negativos acima indicados e da generalidade de gastos nas empresas públicas, posso afirmar, com total segurança, que em anos já passados, a Cia. Hidroelétrica do São Francisco foi uma exceção no País.[30] Infelizmente, empresas atuais não seguem seu exemplo. Fica penoso invocar episódios penais nas estatais, como os das operações "Lava-Jato", "Zelotes", "dos Correios" etc.

Cabe esclarecer que a Constituição de 1988 facultou transformações e modernizações nas atividades das empresas privadas em geral, o que permitiria legislação clara, objetiva e eficiente. Isso não ocorreu em face, principalmente, das normas baixadas nos últimos anos, desordenadas, esdrúxulas, mal redigidas. E, mais grave, o conteúdo da maior parte dessas novas normas *não* deveria ser leis e, sim, meras resoluções, portarias, posturas etc., estando em desacordo com a Lei Complementar 95/1998.

De qualquer modo, de relevo foram a Lei 8.031, de 12.4.1990, que instituiu o Programa Nacional de Privatização, revogada pela Lei

28. *Apud* Floriano de Azevedo Marques Neto, "O uso de bens público estaduais por concessionárias de energia elétrica", de 2004. Disponível em: www.migalhas.com.br/dePeso/16,MI8984,31047-O+uso+de+bens+publicos+estaduais+por+concessionarias+de+energia.
29. Elena Landau, "O setor elétrico em uma visão introdutória", in *Regulação Jurídica do Setor Elétrico*, Rio de Janeiro, Lumen Juris, 2006, pp. 3 e ss.
30. Afrânio de Carvalho, *Paulo Afonso e a Integração Nacional*, cit., pp. 208 e 209.

9.491/1997, bem como as Emendas Constitucionais 5 e 6, ambas, de 15.8.1995. A referida EC 6/1995 não só revogou o art. 171, que conceituava empresa brasileira como a de capital nacional, como deu nova redação ao art. 176, da Constituição, prescrevendo que "(...) empresa constituída sob as leis brasileiras (...)" pode pesquisar lavra e recursos minerais e efetuar seu aproveitamento. Em seguida surgem a Lei 9.491, de 9.9.1997, e outras mais, abrindo, assim, a economia brasileira.

A despeito dessa já tardia abertura no Brasil para as empresas privadas, cumpre ressaltar que a privatização não despoja o poder público da sua autoridade. Ao contrário, o poder público mantém a sua total responsabilidade perante a coletividade, retendo os poderes para planejar, regular e fiscalizar as atividades dessas empresas privadas.

E como se opera essa fiscalização? Exatamente por meio da atuação das *agências reguladoras*, que surgiram de há muito nos Estados Unidos e apenas mais recentemente no Brasil, ou seja, na década de 1980.[31]

Como elucida Luiz Roberto Barroso, no artigo referido, essas agências são autarquias "especiais", com prerrogativas próprias e que se caracterizam por *sua autonomia e independência* em relação ao poder público. Suas funções precípuas são a de planejamento, regulação e fiscalização. Normalmente, devem ser dirigidas por *técnicos* em suas respectivas especialidades – ou melhor, é o que *deveriam ser*.[32]

Essas Agências já existem em número significante e há duas que mais interessam ao tema deste livro: a Agência Nacional de Energia Elétrica/ANEEL, criada pela Lei 9.427, de 16.7.1997, e a Agência Nacional de Águas/ANA, instituída pela Lei 9.984, de 17.7.2000. Há ainda a Agência Nacional do Petróleo/ANP, criada pela Lei 9.478, de 6.8.1997, a qual, igualmente, envolve energia.

Anteriormente, fizemos referência e explanamos acerca das diversas fontes de energia, tendo maior importância, para os nossos estudos, aquela que provém do aproveitamento das quedas de água.

---

31. Cf. Jules I. Bogen, *Financial Handbook*, 3ª ed., New York, The Ronald Press Company, 1949, p. 1.245; Luiz Roberto Barroso, "Agências Reguladoras, Constituição, Transformações do Estado e Legitimidade Democrática", in Elena Landau (coord.), *Regulação Jurídica do Setor Elétrico*, Rio de Janeiro, Lumen Juris, 2006, pp. 29 e ss.; e Floriano de Azevedo Marques, "Agências Reguladoras no Setor de Energia entre Especialidade e Eficiência", in Elena Landau (coord.), *Regulação Jurídica do Setor Elétrico*, cit., pp. 57 e ss.

32. V. por ex., Lei 9.472, de 1997, arts. 23 e 44.

Nessa explanação, há menções de pensamentos prós e contras às diversas fontes de energia, indicando-se, a nosso ver, sem excluir totalmente a possibilidade da utilização de outras, aquela que, por ora e com maior eficiência, atende ao desenvolvimento do Brasil, no caso, a fonte de energia de origem hidráulica.

Por se tratar do tema de interesse de nosso estudo, procuramos demonstrar que o aproveitamento da abundância de fontes de energia de origem hidráulica, dádiva da natureza para a geografia de nosso País, exigiu séria preocupação com a elaboração de normas que melhor disciplinassem as atividades ligadas ao aproveitamento dessas riquezas naturais.

Assim, historiou-se acerca das primeiras iniciativas no sentido de aproveitar o rico manancial hidráulico nacional, que as quedas de água propiciam como opção a antigas e rudimentares fontes e formas de obtenção de energia.

E nesse relato histórico, tentamos reconstituir toda a evolução legislativa pertinente à atividade ligada à produção de energia elétrica, em paralelo, e derivada das transformações políticas, sociais e econômicas pelas quais o País veio atravessando.

Há que se relembrar que o início de construção de *uma grande usina* foi sob a presidência de Eurico Gaspar Dutra (1945-1951), com a Usina de Paulo Afonso, construída pela CHESF, apoiada subsequentemente por Getúlio Vargas (1951-1954). A companhia recebeu também o lúcido e vigoroso apoio de Juscelino Kubitschek, estadista de escol, o qual, no início do seu governo, registra sua preocupação com o tema: "(...) É que há muito constitui um dos problemas de maior gravidade a política governamental relativa à eletricidade". O saudoso Presidente Kubitschek, desde então (1956-1961), alertava sobre o desestímulo da iniciativa privada nas concessões, em face da ausência de mecanismo para corrigir a desvalorização da moeda, acrescentando que "não se poderia alimentar a ilusão de que as organizações governamentais pudessem atender as necessidades do País".[33]

Depois do exemplo de Paulo Afonso, seguiu-se ao aproveitamento de Itaipu, em 1973, referido mais adiante, usina binacional que colabora no fornecimento de grande parte de energia no sistema brasileiro.

O Presidente Fernando Henrique Cardoso, tal qual o Presidente Kubitschek, percebeu a irrealidade de obtenção de energia apenas e tão

33. Juscelino Kubitschek, Mensagem Presidencial n. 476, Rio de Janeiro, 1956, p. 8.

apenas com entidades governamentais, pelo que, no seu primeiro período de governo, com sua valorosa equipe, deu início à *privatização*. Daí expressar que, sob sua administração: "(...) a sociedade, não o Estado, seria o sujeito principal da História *aggiornata* do Brasil".[34]

Portanto, desde a criação da Usina de Paulo Afonso, nos idos da década de 1940, abria-se a perspectiva positiva para o problema energético, que no Brasil ocupava espaço das melhores mentes e dos melhores engenheiros, que ligavam o desenvolvimento e eliminação da pobreza à energia.[35] De fato, o tema é hoje preocupação internacional, global, cabendo sua discussão entre as nações, e que só pode ser resolvido pela junção da iniciativa privada com a intervenção do Estado no sentido de se manter e sustentar o ambiente da Natureza.[36]

A título de curiosidade, registra-se que, no século XXI, a energia desperta o cuidado geral, global, internacional. Todavia, não foi sempre assim. Basta exemplificar com informe de especialistas na matéria, contando que, em Paris, em 1962, apenas 20% da população tinha eletricidade nos apartamentos e que tão somente 10% tinha água.[37]

Não obstante reconheçamos a importância da evolução normativa, constitucional e legal, sem a qual não haveria como conferir segurança jurídica à atividade de produção de energia elétrica, lamentamos o excesso de normas – absurdamente denominadas leis, quando não o são, eis que a maior parte delas constitui meros regulamentos, resoluções e instruções, aliás confusos, difusos e desconexos, e que desde o início da primeira década do século XXI, isto é, desde 2003, *desservem* ao País e à sua coletividade.

---

34. Fernando Henrique Cardoso, *A Arte da Política – A História que Vivi*, Rio de Janeiro, Civilização Brasileira, 2006, pp. 447-449, e outras.
35. Relatos do Engenheiro Antonio José Alves de Souza, presidente fundador da CHESF, ao autor, sobre estudos energéticos no início do século XX.
36. Brenda Shaffer, *Energy Politics*, University of Pennsylvania Press, Philadelphia, 2009, p. 166.
37. Antoine Halff, Benjamin K. Sovacool e Jon Rozhon, *Energy Poverty – Global Challenges and Local Solutions*, Oxford, Oxford University Press, 2014, p. 1.

Capítulo II
PROPRIEDADE DAS ÁGUAS E DOS BENS DA CONCESSÃO

Correlação dominial anterior entre as águas e quedas d'água públicas e particulares. Previsão de corredeiras e desníveis. Primeiras normas para o regime de concessões, permissões e autorizações das quedas d'água. Ribeirinhos, preferências e aproveitamento das quedas de potência reduzida. Propriedade resolúvel dos bens da concessão. Natureza real do direito do concessionário sobre estes bens. Improcedência de argumentos adversos. Acervo dos bens da concessão. Bens do consumidor.

As águas eram públicas ou particulares, não havendo lugar para um terceiro termo. Embora o Código de Águas tivesse previsto, no art. 7º, a categoria de "águas comuns", essa excrescência desapareceu com o advento da Constituição de 1934, que, ao declinar os bens públicos, omitiu os córregos e ribeirões, o que induziria a concluir que eles eram particulares. Aliás, o ecletismo de normas, como as citadas, nunca consegue sair da letra da lei. Registre-se que a Constituição de 1988 retirou os córregos e ribeirões dos particulares, colocando-os sob o domínio público da União e dos Estados-membros (arts. 20, III e VIII, e 26, I).

Analogamente, as quedas d'água, que eram públicas ou particulares, umas e outras declaradas repetidamente bens imóveis distintos e não integrantes das terras em que se encontrassem, tanto no Código de Águas como nas Constituições subsequentes a este, hoje, são *expressa e taxativamente públicas*.[1]

O Código de Águas esclarecia serem as águas públicas ou particulares já quando, submetendo-as ao regime de autorizações e concessões,

---

1. Cf. Código de Águas, Decreto 24.643 de 10.7.1934, art. 145; Constituição de 1934, art. 118; Constituição de 1937, art. 143; Constituição de 1967 e 1969, art. 168; e, como visto, CF/1988, arts. 20, III e VIII, e 26, I.

as situava tanto no domínio público como no domínio particular (art. 139), e distribuía a sua titularidade, definindo as públicas no art. 145 e as particulares no art. 146, referidas depois no art. 151, letra "b". Na Constituição vigente isso mudou.

Aliás, seria fácil saber se a queda d'água era pública, isto é, situada em águas públicas, porque fora instituído um registro especial destas na repartição competente, onde eram inscritas após um processo discriminatório, cujo resultado era publicado previamente no *Diário Oficial* para eventual contestação dos interessados (Decreto-lei 2.281, de 5.6.1940, art. 5º). Por exclusão, as demais águas seriam particulares.[2]

A Constituição Federal de 1988 mudou inteiramente a concepção anterior, ao extinguir as águas particulares. Hoje, repita-se, as águas estão expressa e taxativamente incluídas entre *os bens da União e dos Estados* (CF/1988, arts. 20, III, e 26, I). Estão, assim, sob *o domínio público*.

Data vênia, os revisores do saudoso Hely Lopes Meirelles, a despeito do seu valoroso trabalho, todavia incorrem em três equívocos ostensivos, quando expressam que as quedas d'água "(...) quando situadas em caudais comuns ou particulares, pertencem aos respectivos proprietários".[3]

O primeiro equívoco decorre do uso da palavra "caudais", porquanto "caudal" significa abundante, e águas abundantes são *rios e estes são da União e dos Estados*; o segundo equívoco decorre da menção a águas comuns, porquanto de há muito *não existem* águas comuns; e o terceiro equívoco, como já visto, *se explica por* não exist*irem mais águas particulares*, pois, repita-se, hoje no Brasil as águas são, todas elas públicas.[4]

As águas, mesmo aquelas situadas em terrenos de domínio particular, são, assim, bens do *domínio público*. Vale dizer, são bens que, por lei ou por sua própria natureza, são utilizados por todos, em igualdade de condições tais como águas do mar, rios, praças etc. Não se confundem com os bens de uso especial e nem com os dominicais (CC/2002, art. 99).

O domínio público em sentido restrito significa o exercício da função administrativa sobre os bens de uso coletivo, importando, neste conceito, a característica da afetação ou destinação.

2. A. de Pádua Nunes, *Código de Águas*, vol. I, 2ª ed., São Paulo, Ed. RT, n. 135, *in fine*, p. 93.
3. Hely Lopes Meirelles, José Emmanuel Burle Filho e Carla Rosado Burle, *Direito Administrativo Brasileiro*, 42ª ed., São Paulo, Malheiros Editores, 2016, p. 681.
4. Cf. ainda os já citados arts. 20, III e VIII, art. 26, I, da CF/1988; e Lei 9.433, de 8.1.1997, art. 1º, I.

Saliente-se ainda que a *dominialidade pública* da água não transforma o poder público, federal ou estadual, em proprietário dela, mas, sim, em apenas seu gestor.[5] Primeiro, porque o Estado está aí exercendo a sua função administrativa de aplicar a lei de ofício. Depois, porquanto, como dito antes, a água é bem de uso coletivo. Como já ensinavam os tratadistas do século XIX, os bens do uso coletivo não tinham as características de exclusividade e eram insuscetíveis da propriedade. No século XX, Hauriou e outros inovaram na tese da *propriedade administrativa* sobre o domínio público, e mais modernamente se considera que o *ente público tem apenas o poder de tutela* sobre bens de uso coletivo.

O que precisa ficar claro é que, embora todas as águas sejam do domínio público, as *nascentes* localizadas em áreas particulares podem apenas ser *utilizadas* por seus proprietários, com a finalidade de consumo humano e para dessedentação de animais (Lei 9.433/1997, art. 1º, III).[6]

Aliás, esse encaminhamento para a dominialidade pública das águas já podia ser previsto de há muito. Isso porque, ao subordinar o aproveitamento das quedas d'água ao registro das autorizações e concessões, o Código de Águas abria duas exceções que independiam do *placet* oficial: a) as quedas d'água já utilizadas industrialmente na data da publicação do Código, desde que manifestadas à repartição competente; b) as quedas d'água de potência inferior a 50kW para uso exclusivo do respectivo proprietário (Código de Águas, art. 139, §§ 1º e 2º).

A primeira exceção vinha clausulada temporalmente, pois só prevalecia enquanto durava a exploração, visto como "cessada esta" recaíam as quedas d'água no regime do Código, a despeito de "manifesto" original. Isto significava que saíam do domínio particular e entravam no domínio da União, constituindo, pois, uma propriedade resolúvel (Código de Águas, art. 139, § 1º; CC, art. 1.359).

A essa resolução de propriedade assemelhava-se a encampação, prevista então no art. 167 do Código de Águas.

Ao dizer que entrariam no domínio da União, atentava-se para o art. 147, que estatuía expressamente que as quedas d'água e outras fontes de energia hidráulica existentes em águas públicas de uso comum ou dominicais são incorporadas ao patrimônio da Nação, como propriedade

---

5. Cf. Paulo Afonso Leme Machado, *Direito Ambiental Brasileiro*, 24ª ed., São Paulo, Malheiros Editores, 2016, p. 508.
6. Idem, ibidem, p. 510.

inalienável e imprescritível. Se são incorporadas ao patrimônio da Nação, já eram obviamente públicas. Parece, assim, que essas incongruências é que conduziram a importante clareza sobre a dominialidade pública da água como se observa na Constituição vigente.

Como expresso acima, embora manifestada oportunamente a exploração, esta se achava exposta à contingência de "cessar", tanto de direito como de fato, em virtude de que os aproveitamentos industriais caíam no regime do Código, e as demais quedas d'água, existentes em águas públicas, eram incorporadas ao domínio da União. E a exploração de direito cessava quando se dava a expiração do prazo do contrato firmado com o Estado ou o Município, e, de fato, quando ocorria o abandono do serviço, por quem o explorava, conforme o contrato. Tanto num como noutro caso cessava a exploração em face da lei, interpretada em sua letra e em seu espírito (Código de Águas, arts. 145 a 148).

Quando o antigo concessionário deixava a exploração, em que os seus direitos adquiridos foram respeitados até o respectivo termo, o Município frequentes vezes tomava o seu lugar, requerendo à repartição federal competente a autorização, ou a concessão, para no novo regime continuar o serviço de eletricidade, o que facilmente se compreendia pelo caráter de indispensabilidade deste.

A menção intercalar, no Código de Águas, art. 147, ou seja "(...) e outras fontes de energia hidráulica (...)", parecia querer abranger as corredeiras e os desníveis apresentados sucessivamente por curso d'água c susceptíveis de aproveitamento industrial, justamente como as quedas d'água. Esses desníveis representavam, como ainda representam aliás, as únicas fontes de energia hidráulica ocorrentes em certos rios, como, por exemplo, no Paracatu, em Minas Gerais.

Como a lei não distinguia entre as quedas d'água públicas, incorporando todas ao domínio da União, daí se deduzia que neste domínio se incluíam as existentes em rios dos Estados. Houve, assim, uma reunião ou centralização das quedas d'água no domínio da União, o que se consolidou na Constituição Federal de 1988. Ressalte-se que apenas das quedas d'água, porque as próprias *correntes*, ou seja, os rios e as que se encontravam em terrenos do seu domínio já eram da União, na Constituição de 1934, vindo depois os potenciais de energia elétrica serem atribuídos constitucionalmente ao domínio da União, ficando com os Estados apenas as águas superficiais ou subterrâneas, fluentes, emergentes e em depósito.

Assim, aboliu-se o domínio dos Estados sobre as correntes, anteriormente consideradas estaduais, ficando esse domínio com a União.[7]

As águas superficiais são aquelas que se acumulam na superfície e não penetram na terra, não penetram no solo, formando lagos, ribeirões, riachos, pântanos e rios. As águas *subterrâneas* são aquelas que penetram no solo e são encontradas no subsolo, formando os lençóis freáticos. São passíveis de serem recolhidas e utilizadas pelos seres humanos. As *fluentes* são as que já têm um fluxo fixo e correm com alguma facilidade. E as *emergentes* são as que saem de onde estavam mergulhadas, escondidas, e vêm aparecer.

Registre-se relativamente ao domínio das águas e sobre o direcionamento de domínio da União sobre as correntes maiores que isso também era *entrevisto* e, em outro aspecto, eis que, entre suas atribuições, cabia à União legislar sobre energia elétrica e navegação, como se observa também no Código de Águas, no art. 29, § 1º.[8]

Observa-se portanto que, de parte a imprecisão da linguagem anterior, dela se extraía que o domínio dos Estados, naquele momento, sofria limitação tão extensa que o tornava residual. Não existindo rios municipais, o preceito só se aplicava aos estaduais.

Na atualidade, essa supressão expressa, do domínio estadual sobre os rios, recebe na Constituição de 1988 uma compensação, pois se assegura aos Estados e Municípios uma participação no resultado de exploração, dentre outros, dos recursos hídricos, nos seus territórios, para fins de geração de energia (CF/1988, art. 20, § 1º).

Coloque-se em relevo que a *compensação* que a Constituição de 1988 assegura deve cobrir também os *terrenos marginais*, que ela, *erroneamente*, inclui entre os bens da União (CF/1988, art. 20, III, *in fine*).

Conforme já havia escrito:

> (...) Ao arrolar entre os bens da União, além das praias fluviais, os *terrenos marginais*, a Constituição (art. 20, III) comete ou um confisco (...) ou uma desmesurada erronia. As praias fluviais, como componentes dos rios públicos, seguem a condição destes e são também públicas. Essa é uma evidência que salta aos olhos até dos leigos, não apenas dos juristas.

---

7. Vide Constituição de 1934, arts. 20, II, e 21; Constituição de 1946, arts. 34, 152 e 153; CF de 1967, arts. 4º, II, e 5º; EC n. 1/1969, arts. 4º, II, e 5º; CF/1988, art. 20, III e VIII, c/c art. 26, I. Cf. ainda Lei 9.433/1997.

8. Cf. ainda Constituição de 1891, art. 13; Constituição de 1934, art. 5º, XIX, "j".

Ao contrário, os terrenos marginais, integrantes dos imóveis particulares adjacentes, seguem a condição destes e *são também particulares*. O que existe nos terrenos marginais dos rios públicos é uma servidão pública de aproximadamente quinze metros, instituída pela lei da Administração para acudirem a uma obstrução ocasional da corrente d'água ou outra emergência ou necessidade. A própria existência da servidão subentende que os terrenos são particulares: *nulli res sua servit*.

Neste ponto, reporto-me ao longo, exaustivo e fundamentado estudo que fiz acerca do assunto, divulgado em separado nas mais reputadas revistas jurídicas do país e incorporado oportunamente em um livro que merece ser consultado para desfazimento do erro. Esse erro raiaria pelo despropósito para quem aprofundasse o estudo do assunto.[9-10]

Autores erram, quando dizem que "(...) Os terrenos *marginais* são espécie do gênero terrenos reservados e constituem propriedade da União (...)". *Não, não são propriedade da União*, como visto acima. *São da propriedade dos particulares*. Hely Lopes Meirelles também adota essa nossa opinião nas edições mais modernas do seu excelente livro.[11]

MARGEM EXTERNA	
Marca barrenta da água que subiu	
= = = = = = = = = = =	
MARGEM INTERNA = não é coberta pela água a não ser nas enchentes	15 m ⊙ ← ponto médio das enchentes
Corrente d'água – Leito do rio	
MARGEM INTERNA = normalmente as águas não cobrem as margens	⊙ ← ponto médio das enchentes 15 m
= = = = = = = = = = =	
MARGEM EXTERNA	
Marca barrenta da água que subiu	

9. Afrânio de Carvalho, *Águas Interiores, suas Margens, Ilhas e Servidões*, São Paulo, Saraiva, 1986, pp. 121-184; cf., ainda, do mesmo autor, *Revisão da Constituição de 1988*, Rio de Janeiro, Forense, 1993, p. 64.
10. Código de Águas, art. 14; e Decreto-lei 852, de 11.11.1938, art. 10.
11. Cf. Maria Luiza Machado Granziera, *Direito das Águas*, São Paulo, Atlas, 2001, p. 40.

Vide Afrânio de Carvalho, *Águas Interiores...*, cit., pp. 121 a 184, especialmente p. 159, último parágrafo; e ainda Hely Lopes Meirelles e José Emmanuel Burle Filho, *Direito Administrativo Brasileiro*, 42ª ed., São Paulo, Malheiros Editores, 2016, pp. 671-672.

Nessa altura explicite-se que estudiosos em desapropriação já expressaram que, nas eventuais desapropriações desses terrenos, as indenizações devem cobrir, além da servidão de 15 metros acima aludida, também o "valor de conveniência" e o "valor paisagístico" que se agrega ao imóvel.[12]

Ainda no tocante aos *terrenos marginais*, elucide-se que, no passado, ao se discutir questões de quedas d'água no domínio público, nem por isso o ribeirinho ficava totalmente estranho ao seu aproveitamento porque o concessionário precisava – como continua precisando – dos terrenos adjacentes, para a instalação da usina e obras complementares. Assim, havendo de adquirir *terrenos marginais à queda d'água*, a União ou o concessionário teriam – como têm hoje – de pagar aos proprietários daqueles terrenos a indenização que a Constituição Federal já assegurava e continua assegurando.[13]

Sintetizando o que foi acima referido, fique claro que agora só existe a compensação para os Municípios nas participações de resultados nos aproveitamentos de grandes quedas d'água, em seus territórios, não lhes cabendo nenhuma outra (Lei 9.433/1997, art. 5º, V).

A importância de que se revestem os rios e as águas em geral, por seus múltiplos aspectos na economia e ainda por se constituírem em bens públicos do povo, consoante o disposto no CC (art. 99), esses aspectos, aliados à escassez mundial de água, conduziram, um tanto tardiamente, à introdução no País de volumosa legislação, cobrindo, de um lado, a utilização da água para produção de energia elétrica e, de outro, a utilização das águas em áreas as mais diversas.

Ao dizer que a preocupação com a água é tardia, ressalto o que há décadas passadas ocupava meu pensamento, ou seja, a escassez de água, estando corretas minhas antigas previsões, pois a falta de chuvas já tem conduzido a situações críticas no Brasil nos últimos anos e até muito antes de crise mais forte, de 2011 em diante, tanto nos Rios Tietê, São Francisco, Paraíba, como em tantos outros mais.

Daí ter expresso que, se os romanos tinham belas piscinas em suas casas, na atualidade pode-se questionar se elas devem ser permitidas com

---

12. TJSP, Des. Prado Fraga, Acórdão, *Revista de Direito Administrativo*, vol. 75/211; Sergio Ferraz, *A Justa Indenização na Desapropriação*, São Paulo, Ed. RT, 1978, pp. 23-24.
13. Cf. Constituição de 1967, art. 153, § 22; Emenda 1, de 1969, art. 153, § 22; CF/1988, art. 5º, *caput* e inc. XXIV.

generalidade. A solução de meio termo estará em admiti-las em clubes que as localizem de preferência em secções de rios ou córregos melhorados em suas passagens.[14]

Para completo histórico da matéria, recorde-se que o Código de Águas apareceu concomitantemente com a Constituição de 1934, a cujos preceitos, procurou adaptar-se previamente. De fato, a Constituição de 1934, inovando no assunto de propriedade territorial, estatuía que as quedas d'água constituíam propriedade distinta da do solo, para o efeito de exploração ou aproveitamento industrial (art. 118), dispositivo este mantido nas Constituições subsequentes e na vigente Constituição (art. 176). Ao fazê-lo, o Código de Águas deu cobertura constitucional ao que, paralelamente, se fixara naquele Código.

Como consequência da mudança, em virtude da qual a União se investiu na propriedade das grandes quedas d'água, adveio o regime das *concessões e autorizações*, a que o seu aproveitamento ficou sujeito. Esse regime consolidou-se ao ser sucessivamente adotado pelas Constituições posteriores à de 1934, persistindo na Constituição de 1988, acrescido o regime com a denominada *permissão* (art. 21, XII, "b").

A partir da Constituição Federal de 1988, esse assunto sofreu transformações de monta no tocante à água, principalmente com a Lei 9.433/1997, que dispõe sobre a Política Nacional de Recursos Hídricos e cria ainda o Sistema Nacional de Gerenciamento desses recursos. Nesse contexto, outra lei é promulgada, ou seja, a Lei 9.984, de 17.7.2000, que cria a Agência Nacional de Águas.

Como a energia hidráulica envolve águas, a Lei 9.984/2000 dispõe, no seu art. 7º, que a Agência Nacional de Energia Elétrica/ANEEL, para licitar concessões ou autorizações de uso de potencial de energia hidráulica, *deverá obter* junto à Agência Nacional de Águas *prévia* "declaração de reserva de disponibilidade hídrica" (§ 1º). Tal e qual ocorre ainda com as normas da Política de Direito Ambiental, Direito Florestal e também com as terras de indígenas, quando as usinas estão sendo projetadas para áreas que, eventualmente possam provocar danos ao meio ambiente, às florestas e/ou às terras dos índios.

Recorde-se que o Brasil, somente em poucas décadas anteriores ao século XXI, passou a se preocupar com a matéria, em face, talvez, de possuir o maior aquífero do mundo, o que não justifica o absentismo,

14. Afrânio de Carvalho, *Águas Interiores...*, cit., p. 115, *in fine*.

anterior, por motivos óbvios. Diversamente, desde há milhares de anos, os antigos já se preocupavam com a questão da vinculação entre a água e o meio ambiente, bastando evocar-se o zelo e cuidado dos egípcios com o Rio Nilo.

De fato, no Egito Antigo, os egípcios não só se preocuparam com a água como fizeram obras no Rio Nilo, cercado de areia. Essas preocupações é que permitiram a sua sobrevivência, facultando ainda a construção das maravilhosas pirâmides, graças ao bom aproveitamento do Nilo e dos canais nele construídos. Naquela época, essa construção de canais permitiu aos egípcios a captação das águas nas cheias e a sua canalização para áreas diversas de plantios. Nas vazantes, as margens ficavam com o lodo, ou húmus, fertilizante precioso, aproveitado também para o plantio.

No início do século XX, o Egito construiu represas no sul do País, para controlar os níveis das cheias. Todavia, essas represas reduziram o depósito de sedimentos e, por via da consequência, reduziram também a fertilidade das regiões marginais.[15]

Nosso País enfrenta atualmente problemas semelhantes como o da transposição do Rio São Francisco, com total ausência, *falta de transparência* em seus projetos e já com gastos incalculáveis.[16] Uma das consequências da falta de estudos e falta de transparência, aparece com o esvaziamento da usina de Sobradinho, da CHESF, cujo reservatório é alimentado pelo Rio São Francisco.

Diversamente, e com sabedoria, na Pérsia Antiga, hoje Irã, foram construídos canais subterrâneos nas encostas das montanhas para captação das águas, evitando escoamento para níveis mais profundos, facultando, assim, aproveitamentos para a agricultura... E hoje os iranianos escoram seus morros contra as descidas da água das chuvas, canalizam essa água, e ainda plantam flores, enfeitando a cidade de Teerã e outras.

O mundo moderno somente há pouco tempo voltou atenção maior para o tema vital da água para a humanidade, muita vez incompreendido em face das questões locais ambientais. Nos Estados Unidos, por exemplo, na década de 1960, o noticiário internacional publicou fartos informes sobre a construção da Tellico Dam, pela Tennesse Valley Authority/TVA, no Little Tennessee River, o que ocasionou toda sorte de dificuldades para

---

15. Alia Hoyt, "Como funciona o Rio Nilo". Disponível em: http://ciencia.hsw.uol.com.br/rio-nilo.htm.
16. Dora Martins de Carvalho, "O Barqueiro que chora", *Jornal do Commercio*, 21-22.8.2005.

os moradores nas adjacências. Segundo estes, a usina iria acabar com peixes em extinção (*snail darter*). Os oponentes da construção moveram ação judicial contra a TVA. A questão subiu para a Corte Suprema Americana – *TVA versus Hill*, 437 U.S.153 (1978) –, sendo objeto da decisão do Justice Warren Burger, que travou rico debate sobre matéria ambiental. Esse juiz decidiu que a lei americana sobre espécies em extinção vedava a construção da usina Tellico, se implicasse na eliminação da espécie. Hoje existe apenas o Tellico Lake como simples reservatório, pois não produz energia e direciona as águas do Little Tennessee River para canais que desaguam no Rio Tennessee, para a Usina de Fort Loudum.[17]

Essas dificuldades e oposições para construções de hidroelétricas também ocorrem no Brasil, mormente na segunda década do século, em 2013 e 2014, com usinas já em construção no Amazonas, Maranhão, Pará e ainda outros Estados da Federação, e com projetos de futuras usinas. A propósito, periódicos de 2014 questionaram a viabilidade econômica da Usina de Tapajós, bem como atrasos nas construções das Hidroelétricas de Santo Antônio e Jirau, no Rio Madeira, em Rondônia, discutindo externalidades socioambientais.[18] E desde 2012 até agora, debate-se acerca de alteração de quota de reservatório, fator relevante no que tange à queda d'água, maior para uma usina em detrimento da outra. A disputa, que envolvia cerca de R$ 2 bilhões, se trava em dois lados, sendo que, de um lado estão os moradores ribeirinhos, sustentando que o aprofundamento do reservatório da Santo Antônio Energia aumentará a área alagada, afetando as propriedades locais e unidades de conservação; de outro, a Usina de Jirau, também no rio Madeira, e situada antes da Usina Santo Antônio, que reclama sobre o aprofundamento do reservatório de Santo Antônio, que reduzirá a capacidade de geração de energia da Jirau.[19]

Enfim, com questões as mais diversas, somadas ainda às oposições, dificuldades e óbices por parte de populações ribeirinhas, dos indígenas e das coletividades, morando nas áreas projetadas para usinas, não se mencionando a da politicagem local, os soerguimentos das usinas hidroelétricas estão bem atrasados. Há dificuldades de monta também na burocracia, pois os projetos de energia elétrica, como de outras energias, devem se submeter às normas da Lei de Política Nacional de Meio Ambiente, Lei 6.938/1981, e legislação subsequente a ela relativa. Exemplificativamen-

17. Disponível em: https://en.wikipedia.org/wiki/Tellico_Dam.
18. Cf. *Valor Econômico*, de 20-22.9.2014; *O Globo*, de 1º.8.2014, 7.8.2014, e 12.9.2014, e outros mais.
19. Cf. *O Globo*, de 11.9.2016, p. 35.

te, são necessários, *a priori*, o Estudo de Impacto Ambiental/EIA e o Relatório de Impacto Ambiental, indicados apenas a título exemplificativo.[20]

Na presente conjuntura brasileira, as normas sobre *energia hidráulica* ainda necessitam estar em consonância com toda essa legislação esparsa, mal delineada, confusa e, sem dúvida, resultante de política energética desastrosa e gerencialmente incompetente, que dispõe sobre águas, meio ambiente, florestas, energia, direitos dos índios etc. Ultrapassados esses óbices – se for possível –, é que o empreendedor poderá, então, cuidar acuradamente do regime do seu aproveitamento.

E como referido acima, das inovações da década de 1930, e principalmente daquela em virtude da qual a União se investiu na *propriedade das grandes quedas d'água*, adveio o regime das *concessões* e *autorizações* para seu aproveitamento, acrescido posteriormente com as *permissões* (CF, art. 21, XII, "b").

Em suma, reitere-se, atualmente, a *propriedade pública abrange todas as quedas d'*água existentes em cursos navegáveis e flutuáveis existentes nos rios que atravessam os Estados e Municípios e que podem ser exploradas por qualquer concessionário, permissionário ou autorizado, escolhido pela União em articulação com os Estados ou Distrito Federal.

Em certa época, levantou-se séria controvérsia por conferir a Constituição então em vigor, a de 1934, preferência ao proprietário do solo para a exploração da queda, preferência esta que veio a desaparecer em 1967 (Constituição de 1967, art. 168).

A título de curiosidade histórica, relata-se que sob a Constituição de 1934 duas opiniões se digladiaram na interpretação daquela então existente preferência do proprietário do solo, para a obtenção da concessão, entendendo ser ela concedida: a) ao proprietário marginal da queda d'água, vale dizer, ao ribeirinho; e b) ao proprietário da própria queda, assentada necessariamente no solo.

A primeira opinião caía por terra, porque havia com frequência proprietários diferentes de um e de outro lado da queda e uma multiplicidade de proprietários quando existia uma série de corredeiras e de desníveis. Assim, não haveria como definir entre tantos interessados qual deles gozava da preferência. As preferências múltiplas ao longo das águas se anulariam umas às outras, tornando impossível ao governo eleger qualquer delas: *ad impossibilia nemo tenetur*.

20. Vide CF, art. 225, IV; Lei 6.938/1981, arts. 3º e 14; e Decreto 99.274/1990.

A segunda opinião, embora ardorosamente sustentada, também continha um absurdo lógico, visto como o então proprietário da queda, justamente por este fato, estava investido de todos os direitos elementares da propriedade, usar, gozar dispor e reivindicar (CC/1916, art. 524; CC/2002, art. 1.228). Se estava investido de todos os poderes, não precisaria que se lhe conferisse um deles – a parte se contém no todo.

Variante dessa segunda opinião era aquela que atribuía o direito de preferência exclusivamente ao proprietário da queda d'água particular, vale dizer, a ocorrente na época em águas então particulares, não existindo, pois direito de preferência para o aproveitamento de quedas públicas. Essa variante, que restringia o direito de preferência exclusivamente ao proprietário da queda d'água particular, *i.e.*, ocorrente em águas particulares, padecia do mesmo vício lógico, pois, o proprietário do solo e das águas, pelo fato de então o ser, dispensava a preferência. Tendo o mais não precisava do menos.

A evocação dessa variante trazia de novo à baila a propriedade das quedas d'água existentes e então em cursos particulares, nem navegáveis, nem flutuáveis, que pontilham o território brasileiro por toda parte, constituindo fontes de energia de menor porte e pouco aproveitadas até agora, por haver o campo energético sido tomado pelas grandes empresas estatais e particulares. Prevíamos, no passado, que quando a capacidade destas se esgotasse, por força do aumento da população e do crescimento das indústrias, os ribeirinhos passariam a cogitar do aproveitamento das pequenas quedas d'água, dos córregos e ribeirões, que atravessassem ou fossem lindeiros às suas terras.

Mesmo porque o Código de Águas previa as quedas d'água particulares, quer quando as submetia ao regime de concessões e autorizações, quer quando fizesse o discrímen das titularidades, ao atribuir a propriedade aos ribeirinhos: "(...) pertencem aos proprietários dos terrenos marginais, ou a quem for por título legítimo" (art. 146). Só deixava de fora do regime de concessões e autorizações aquelas quedas de "potência inferior a 50 kW", destinadas ao uso exclusivo do respectivo proprietário (art. 139, § 2º).

Tudo isso mudou radicalmente, pois atualmente, embora *todas* as águas sejam *públicas*, a questão do seu *aproveitamento* foi modificada, eis que os *potenciais iguais ou inferiores a 3.000 kW* estão dispensados de concessão, permissão ou autorização, devendo os interessados no seu aproveitamento fazer apenas uma *comunicação* ao poder concedente

(CF, art. 176, § 4º; Lei 9.074, de 1995, art. 8º, com redação dada pela Lei 13.097/2015).

Como se nota muito acertadamente, o aproveitamento d'água em kW, livre de interferências da autoridade pública, foi colocado em limite bem inferior (50 kW) ao que é atualmente fixado (3.000 kW), seja devido à tendência e influência socializadora atrasada, anterior, da autoria coletiva do Código de Águas, seja ainda devido ao atraso do País, no tempo em que o Código foi promulgado. O desconhecimento maior de todo o País, naquela época, não permitiu autorizações para as empresas rurais que necessitavam de maior potência para atender aos serviços de suas oficinas, consertos de máquinas, pequenas serrarias, casa de trabalhadores etc.

Talvez por esse motivo as Constituições anteriores, tal qual a vigente, tivessem se apartado desse limite, deixando de fixá-lo nos seus textos, em que preferiram linguagem mais flexível, ora dizendo que independem de autorização ou concessão os seus aproveitamentos de quedas d'água de potência reduzida, ora mencionando o potencial de energia renovável de capacidade reduzida. Dessa maneira, a rigidez foi substituída pela flexibilidade, que permite à lei ordinária imprimir ao texto um sentido mais razoável, como sói acontecer na atualidade.[21-22]

Sem mais dúvidas, o papel do Estado é o de fiscalizar, vigilar, disciplinar e regular, e por isso a criação das Agências Reguladoras, antes mencionadas, tem funções que devem ser ocupadas por *técnicos*, jamais por políticos, sob pena de naufrágio das mesmas e, por via de consequência, do próprio Estado.

Na discussão do projeto de Constituição de 1946 sugeriu-se o limite de 500 kW, que permitiria ao proprietário da área atender adequadamente às suas necessidades e eventualmente às de um vizinho. Essa sugestão partiu certamente do conhecimento da lei francesa de 1919, que somente colocou sob o regime de concessão as empresas cuja potência máxima excedesse de 500 kW, deixando sob o regime da autorização todas as outras empresas (Lei de 16.10.1919 relativa à utilização da energia hi-

21. Cf. Constituição de 1934, art. 119, § 2º; Constituição de 1937, art. 143, § 2º; Constituição de 1946, art. 153, § 2º; Constituição de 1967, art. 161, § 4º; Constituição de 1988, art. 176, § 4º; Lei 9.074, de 1995, art. 8º.

22. V. texto de Vital Moreira e Fernanda Maças, *apud* Floriano de Azevedo Marques Neto, "Agências Reguladoras no Setor de Energia entre Especialidade e Eficiência", in Elena Landau (coord.), *Regulação Jurídica do Setor Elétrico*, Rio de Janeiro, Lumen Juris, 2006, pp. 57 e 58.

dráulica, art. 2º): "Art. 2. Sont placées sous le régime de la concession les entreprises dont la puissance maximum (produit de la hauteur de chute par le débit maximum de la dérivation) excède de 500 kW. Sont placées sous le régime de l'autorisation toutes les autres entreprises".[23] Conforme já anotei: "O regime de autorização francês embora descentralize o cumprimento das formalidades para as Prefeituras, ainda peca por demasiada burocracia".

Com a privatização de algumas estatais e estudo mais profundo da energia, em anos bem anteriores, felizmente, e como acima expresso, aumentou-se, por meio de lei ordinária, o potencial de capacidade reduzida para 3.000 kW, porquanto, nas circunstâncias do mundo, os limites precedentes já eram baixos.[24]

Como nossas Constituições mais modernas são posteriores ao Código de Águas, a interpretação permite sustentar que os legisladores tiveram o intento de revogar o limite posto pelo Código, quando empregaram a expressão "potência reduzida". Há assim margem para entender, na lei ordinária, no regulamento, que os legisladores tiveram o pensamento de elevar a potência inicialmente prevista para um tempo em que as necessidades das empresas interioranas menores, das empresas rurais, individuais ou coletivas, se apresentavam ainda com caráter rudimentar.

Basta recordar que, sendo o Código de 1934, a mecanização da lavoura só ganhou impulso e vigor em 1947, quando o Ministério da Agricultura fez uma importação maciça de máquinas agrícolas e as distribuiu pelo interior do País, sem frete e intermediário. Essa importação foi um sucesso e refletiu-se de imediato no aumento da produção, bastante para acabar com filas nas cidades maiores brasileiras, para aquisição de alimentos.

Na Alemanha, onde os ribeirinhos têm a propriedade das correntes de segunda e terceira ordens, toca-lhes uma posição de amplo poder, pela possibilidade de aproveitamento econômico e, por conseguinte, da força hidráulica. Todavia, ficam eles sujeitos às ordenanças administrativas de policiamento das águas, como proibição de banhos, defesa das margens, proteção nas obras etc.[25] Mas, o que ocorre na atualidade é que o potencial

---

23. Cf. Jean Louis Gazzaniga et Jean Paul Ourliac, *Le Droit de l'Eau*, Paris, Librairies Techniques (Litec), 1979, pp. 158 ss.
24. Cf. Lei 9.074/1995, art. 8º, com redação dada pela Lei 13.097/2015.
25. J. W. Hedemann, *Tratado de Derecho Civil*, vol. 2: *Derechos Reales*, Madrid, Revista de Derecho Privado, 1955, pp. 329-330.

hidroelétrico da Alemanha está altamente exaurido. E para garantia de suprimento de energia, a Alemanha depende de importação de energia, particularmente de petróleo, gás natural, carvão, bem como de urânio. A energia de ventos, que supre o país, é de apenas 4%.[26]

Diversamente do que ocorreu e ocorre em países mais adiantados, no nosso País tamanha é a obsessão de fazer, do poder público, de intervir em tudo, não faltou, no vastíssimo elenco legislativo sobre a matéria, um decreto-lei que se propusesse, na época, a ditar o *custo histórico* da queda d'água particular. Como no preceito se figurava que a fonte de energia hidráulica era "particular" e de propriedade do "utente", ficando assim fora do regime de autorizações e concessões, não se compreende que interesse teria levado a restringir aquilo que vinha ao caso, a saber, o custo histórico da fonte de energia (Dec.-lei 3.128, de 19.3.1941, art. 4º, § 2º).

A propósito do custo, nos idos de 1939, adotou-se, para reconhecimento de investimento, a base da tarifa pelo custo, que serviria de base para cálculo destas, sistema esse que, sofrendo modificações, iria perdurar por cerca de sessenta anos, até ser revogado em 1994.[27]

Na aplicação do Código de Águas surgiram questões interessantes. Exemplo disso é o da *concessão*. De fato, apesar de ser a concessão para o aproveitamento de uma queda d'água do domínio público, começa a surgir logo ao lado dela uma propriedade particular da empresa concessionária, formada pelos bens que forem sendo sucessivamente adquiridos para a construção da usina, a saber, o *terreno adjacente*, a casa de força, os escritórios, as turbinas, os geradores, as linhas de transmissão e de distribuição etc. Esses bens pertencem à empresa concessionária e, nessa qualidade, podem até ser penhorados, como consta no nosso estudo, em Anexo (no final deste livro), sobre "Propriedade dos bens da concessão".

Nessas condições, a concessão de aproveitamento de uma queda d'água provoca o gradativo *aparecimento* de uma *propriedade particular* ao lado dela, propriedade essa que, formada de bens construídos ou adquiridos para o seu serviço, se caracteriza por uma peculiaridade: é *resolúvel*. O acervo de bens constitui uma propriedade resolúvel do concessionário, porque no fim do prazo da concessão há de ser entregue ou devolvido ao poder concedente. Essa propriedade resolúvel, definida no Código Civil

---

26. Hermann-Josef Wagner, *Energy – The World's Race for Resources in the 21st Century*, London, Haus Publishing, 2008, pp. 35 e 36.

27. Antonio Dias Leite, *A Energia do Brasil*, 2ª ed., atualizada, Rio de Janeiro, Campus, 2007, pp. 76 e 157.

(arts. 1.359 e 1.360) singulariza-se por ter simultaneamente dois titulares, o concessionário, que a adquiriu com um termo resolutivo e a exerce até então, e o poder concedente, ao qual ela passará em sua universalidade, quando advier o termo resolutivo.

A natureza do direito do concessionário sobre os bens da concessão divide, porém, as opiniões em duas correntes. Ao passo que a maioria sustenta ser *real* esse direito por lhe caber a propriedade resolúvel dos bens, uma pequena minoria entende que é *pessoal*, porque, havendo o concessionário recebido uma delegação do serviço público, os bens se tornam também públicos à medida que vão sendo adquiridos ou construídos.[28]

Esse entendimento de que os bens da concessão se tornam do poder concedente, à proporção que são adquiridos ou construídos, *não* procede de todo em todo. Se assim fosse, o concessionário não poderia hipotecá-los, visto como só pode hipotecar quem pode alienar. No entanto, a opinião publicista admite a hipoteca dos bens da concessão pelo concessionário, sem admitir a propriedade deste.

Ao invocar-se o símile da reserva de domínio, busca-se um auxílio contraproducente, visto como, por pressuposto, o poder concedente não *entrega* bens ao concessionário, mas, este os *cria* por sua diligência, adquirindo-os ou construindo-os para pô-los a serviço da concessão. Com os atos de compra ou construção torna-se evidentemente proprietário dos bens até que o valor destes lhe seja ressarcido no final do prazo, pela amortização intercorrente ou pela indenização terminal.

Também *não* procede a afirmativa de que não pode haver dissociação entre a concessão e as suas instalações. Tanto isso não é verdade que, quando as instalações se tornam obsoletas ou inservíveis e, portanto, inúteis para a realização dos fins a que servem, devem ser vendidas pelo concessionário. A venda as transpõe assim do campo material para o escritural, isto é, para a contabilidade.

Ao mesmo tempo que, em defesa da tese de direito pessoal, se invocava que a venda dependia de licença do poder concedente, como determinava o Dec.-lei 7.062/1944, art. 1º, o que provaria serem públicos os bens, argumentava-se com o direito privado, em que o titular do domínio útil não podia efetuar a alienação sem licença do titular do domínio direto, no dispositivo relativo à enfiteuse, instituto hoje desaparecido (CC/1916, art. 683).

28. Walter T. Alvares, *Direito da Eletricidade*, vol. 1, Belo Horizonte, Editora Bernardo Alvares, 1962, n. 101, p. 97.

Aliás, a invocação, acima referida, prova justamente o contrário, pois só aliena quem é proprietário, nada relevando a exigência de licença, como mostra o símile do dono do imóvel em solteiro que casando-se no vigente regime de comunhão parcial de bens também depende da outorga uxória para vendê-lo (CC/2002, arts. 1.647 e 1.640).

Se se exige a licença do poder concedente para a transferência ou venda de bens da concessão, a qual estão vinculados, isso não passa de um expediente prático para evitar questões futuras no fim de um prazo longuíssimo, isto é, no termo resolutivo deste. Essa licença seria vantajosamente substituída pelo lançamento do termo resolutivo na tabulação dos atos aquisitivos ou construtivos no Registro de Imóveis. Nesse caso, o concessionário teria necessariamente de entender-se com o poder concedente para a sub-rogação do termo resolutivo em outros bens a serem adquiridos ou construídos, ou proceder à feitura do lançamento contábil destinada a registrar a operação.

De mais a mais, contabilmente, se o capital lançado no passivo passa para o ativo sob a forma de bens adquiridos ou construídos pelo concessionário, só por um passe de mágica este lhes perderia a propriedade em favor do concedente. A venda de bens não altera a situação, não desfalca o ativo do concessionário, porque em favor deste reverte o produto da venda, operando-se uma mudança contábil, a saber, a transferência de um valor do ativo imobilizado para o ativo disponível. Que prova isso em favor da propriedade do concedente?

Como acima esclarecido, o assunto está evidente no nosso trabalho em anexo a este livro. E, embora se travem discussões, às vezes inócuas no tema, cumpre reiterar que a titularidade dos bens reversíveis e dos particulares vai depender do registro contábil. E é de toda evidência que não serão reversíveis os bens necessários, imprescindíveis para a continuidade da prestação dos serviços públicos.

Não custa relembrar, como temos dito ao longo deste trabalho, para melhor conhecimento do nosso Direito, que o nosso Código de Águas, de 1934, no art. 169, ao tratar da caducidade, prevê que o concessionário perca "todos os seus bens", pressupondo, assim, ser dele a propriedade. Por sua vez, o regulamento desse Código, Decreto 41.019/1957, no art. 44, alude literalmente, à "propriedade da empresa de energia elétrica em função do serviço de eletricidade". Que mais o seria preciso dizer então?[29]

---

29. Não será demasia relembrar que, como já mencionado, de há muito, em estudo maior, defendemos a propriedade particular dos bens da concessão, conforme

As leis atuais deixam claro ser a concessão propriedade resolúvel do *concessionário*, o que veremos adiante no Capítulo VI.[30]

Como se tudo isso não bastasse, em abono da *titularidade particular*, sobreveio o CPC de 1973, art. 678, confirmando o que se expendeu aqui e alhures, dispositivo praticamente reproduzido no CPC de 2015, art. 863, que preceitua:

> Art. 863. A penhora de empresa que funcione mediante concessão ou autorização far-se-á, conforme o valor do crédito, sobre a renda, sobre determinados bens ou sobre todo o patrimônio, e o juiz nomeará como depositário, de preferência, um de seus diretores.
>
> § 1º. Quando a penhora recair sobre a renda ou sobre determinados bens, o administrador-depositário apresentará a forma de administração e o esquema de pagamento, observando-se, quanto ao mais, o disposto em relação ao regime de penhora de frutos e rendimentos de coisa móvel e imóvel.
>
> § 2º. Recaindo a penhora sobre todo o patrimônio, prosseguirá a execução em seus ulteriores termos, ouvindo-se, antes da arrematação ou da adjudicação, o ente público que houver outorgado a concessão.

Como se vê, as peculiaridades processuais, relativas à execução contra uma empresa concessionária de energia elétrica, visam a evitar que o serviço sofra solução de continuidade, para o que estatuem uma gradação especial de bens penhoráveis, a começar da renda, dão preferência a um dos diretores para ser depositário e recomendam, em se tratando da totalidade do patrimônio, seja ouvido o poder concedente antes da arrematação ou adjudicação.

Essa execução contra a empresa concessionária, pessoa jurídica, não se confunde com aquela que acaso se mova contra um diretor, sócio ou acionista, ou pessoa física. Nesse caso, a penhora há de recair sobre as quotas ou ações, que o diretor, sócio ou acionista, possua na sociedade e cuja arrematação enseja apenas uma substituição pessoal no quadro de subscritores do capital.

---

se pode verificar no nosso artigo "Propriedade dos bens da concessão", publicado, a primeira parte, na *Revista Forense*, vol. 163 (pp. 39 e ss.), e a segunda parte, também na *Revista Forense*, vol. 164 (pp. 43 e ss.), os dois volumes do mesmo ano de 1956, textos esses em anexo no final deste livro.

30. Cf. Lei 8.987/1995, arts. 18, 19, 23, 24, 28-A, e outros; Lei 12.767/2012, arts. 2º, 10, 11 e outros; Lei 12.783/2013, art. 20 ctc.

Na forma do que dispõe o art. 50, do CC/2002, eventualmente o Poder Judiciário poderá aplicar o princípio da separação patrimonial, entre a entidade e as pessoas físicas da diretoria, em casos de fraude, má-fé, abuso e confusão patrimonial, por parte da diretoria e/ou acionistas (desconsideração da pessoa jurídica). Essas hipóteses dificilmente ocorrerão numa administração séria, seja pela aplicação correta do sistema contábil indicado na lei, seja ainda pela fiscalização rigorosa da Agência Nacional de Energia Elétrica/Aneel.

Contudo, as falhas ainda poderão surgir, quando, então, eventualmente a pessoa jurídica será desconsiderada para atingir somente a pessoa, ou pessoas físicas envolvidas e seus bens particulares, mas, *não* os bens reversíveis da União.[31]

O acervo abrange bens imóveis, como os terrenos adjacentes à usina e os das subestações abaixadoras, e também os móveis, como escavadeiras, máquinas, caminhões, tratores etc. Indaga-se se a *rede elétrica*, apoiada em torres ou postes fixados no solo, está entre os imóveis ou entre os móveis? A resposta pende para a segunda ponta da alternativa, mas a questão é controvertida.

De um lado, argui-se que a rede elétrica, incorporada permanentemente ao solo, do qual a empresa tem, em grande parte, a propriedade, ou um desmembramento desta, a servidão (salvo nas vias públicas), deve ser considerada bem imóvel (CC/2002, art. 79; CC/1916, art. 43, II).

Também deve ser considerada uma "construção", no sentido do art. 937, CC/2002, e art. 1.528, CC/1916, correspondente ao art. 1.386 do Código Civil francês.[32] Diante deste, Planiol opina no aludido sentido;[33] de outro lado, sustenta-se que a rede elétrica, como a telefônica, formada de torres, postes e fios, que se podem retirar de um lado para o outro, deve ser havida como bem móvel.[34] De fato, entre as nossas empresas

---

31. Cf. CC/2002, art. 50; Lei 8. 987/1995, arts. 35 e ss.; e Lei de Falências.

32. Cf. redação do artigo: "Le propriétaire d'un bâtiment est responsable du dommage causé par sa ruine, lorsqu'elle est arrivée par une suite du défaut d'entretien ou par le vice de sa construction".

33. Robert Beineix, *La Responsabilité Civile en Matière d'Accidents et de Dommages provoqués par le courant électrique; compétence, jurisprudence administrative et judiciaire, assurance*, Paris, LGDJ, 1938, p. 17, n. 21; pp. 220-226, ns. 152-157.

34. J. M. de Carvalho Santos, *Código Civil Brasileiro Interpretado* [*CC/1916*], vol. 2 (Rio de Janeiro, Freitas Bastos), comentário ao art. 43, em apoio a acórdão do TJSP, de 5.11.1920, in *RF* 35/233; Walter T. Alvares, *Direito de Eletricidade*, cit., n. 211, p. 186.

registram-se vários casos de remoção e substituição de linhas, bem como de retirada de materiais. No entanto, embora se sustente a mobilidade da rede, também se reconhece a responsabilidade da empresa por dano oriundo da mesma, o que a equipara à construção.[35]

Em interessante discussão sobre a matéria de bens, no caso a de postes, a Corte Suprema do Canadá decidiu que os bens móveis que se tornam imóveis por natureza, quando fazem parte de uma rede de distribuição elétrica, são somente aqueles que aí estão *verdadeiramente incorporados*.[36]

Acontece que há inúmeros bens que não são incorporados ao solo – por exemplo, os eletrodutos (tubos para instalação de condutores elétricos). Discutia-se se essas instalações em terreno alheio configuravam desapropriação. Tribunais esclareceram, com razão, tratar-se, de *servidão administrativa*, que impõe tão apenas uma limitação ao uso do bem imóvel, não se retirando o domínio ao seu titular. E o que decorre da servidão é o seu registro no cabível Registro de Imóveis. Aduza-se que a servidão administrativa gera direito a uma indenização quando se comprova o prejuízo sofrido pelo dono do terreno[37] (Lei 6.015/1973, art. 168, I, "f").

No tocante ao ramal interno, estendido pelo consumidor para ligar-se à rede do concessionário, pertence somente àquele, *i.e.*, ao consumidor, assim como os aparelhos internos com que utiliza a energia elétrica. Esses bens não fazem parte do acervo da concessão e, portanto, não são reversíveis ao poder concedente. Por outro lado, o medidor da energia consumida, embora colocado dentro do imóvel do consumidor, não pertence a este por não constituir evidentemente benfeitoria (CC/2002, art. 96).

Quando um grande concessionário titulado pela União se estabelece num trecho do rio para aproveitá-lo, há de pagar a qualquer outro, concessionário ou não, que haja aproveitado anteriormente, e no antigo regime de águas, alguma pequena queda nesse trecho, com ou sem licença das autoridades, a indenização devida. Essa indenização ao ex-dono de usina rudimentar pode ser feita em dinheiro ou em espécie, *i.e.*, mediante fornecimento de quantidade de energia de que dispunha (Código de Águas, art. 152).

---

35. J. M. de Carvalho Santos, *Código Civil Brasileiro Interpretado* [*CC/1916*], cit., vol. 20, comentários ao art. 1.258.
36. Cf. Cour Suprême du Canada, *Recueil* [1978] 2 RCS 529, de 7.2.1978.
37. Cf. TRF-1, Apelação Cível 16867-BA, pub. 4.5.2007; no mesmo sentido acima, examine-se acórdão do TJSC, na Apelação Cível 175432, j. 4.9.2009.

Ao reproduzir o referido art. 152 do Código de Águas, o regulamento de energia elétrica leva a sua fidelidade a ponto de transcrever *ipsis litteris* o § 2º, que prevê o "regulamento a ser expedido", como se este não fora o texto repetente então em andamento. Talvez a má redação do parágrafo, cujo sentido não se percebe à primeira vista, houvesse ocasionado esse senão, que esconde a dificuldade de entender o preceituado.[38-39]

O procedimento previsto no Código de Águas (art. 152) veio a ser acolhido, conforme ficou implícito antes, em dispositivo regulamentar (Decreto 41.010/1957, art. 107). Este último decreto foi recepcionado pela nova Constituição, por ser regulamentador de parte do Código de Águas, não revogado.

Discutiu-se, igualmente, nos tribunais a questão de menor relevância, mas de algum interesse, tanto para as concessionárias como para os particulares, sob o ponto de vista financeiro. E é o da *prescrição*, para interposição de ações judiciais, com o objetivo de reembolso de valores, nas construções de redes elétricas. Isso porquanto, algumas vezes, principalmente no meio rural, os particulares instalam redes de energia sem prévio acordo com concessionárias e, mesmo assim, depois objetivam recobrar o que gastaram. A questão, segundo julgados dos tribunais, biparte-se, pois, em dois tipos de ações:

a) ações fundamentadas em contratos, entre as concessionárias e o particular, e no qual *se prevê uma devolução* de valores ao segundo, contrato este denominado "Convênio de devolução"; e

b) ações em contratos celebrados para partição financeira de contribuições, e sem previsão de devolução, denominados "Termo de contribuição".

Segundos os julgados, o termo inicial da *prescrição*, para os contratos em que é prevista a *devolução*, é de cinco anos, com data inicial no final do prazo de restituição. E o prazo prescricional de contratos com cláusula de *contribuição* é o de três anos, com termo inicial na conclu-

---

38. Cf. Decreto 41.019/1957, art. 107.
39. A indenização em espécie foi combinada entre a Companhia Hidroelétrica do São Francisco/CHESF e uma companhia local que tinha, então, a propriedade de pequena Usina de Angiquinho, que fornecia força motriz à sua fábrica em Delmiro e também luz a essa localidade, havendo a CHESF estendido por sua conta as novas linhas com suas próprias condições técnicas. Esse ajuste, que configuraria uma dação em pagamento se não tivesse constado de uma escritura de transação, em que entraram outros assuntos pendentes, resolveu, a prazimento de ambas as partes, as questões advindas da nova situação.

são das obras de instalações da rede. A toda obviedade, nesta segunda hipótese, a de "contribuição", descabe qualquer devolução, eis que foi previamente contratada, limitando-se, em nosso entender, a mera conferência de valores.[40]

Outra questão, frequente até há pouco tempo, mas hoje quase pacificada, tanto na primeira e segunda instâncias estaduais como nos tribunais superiores, é a relativa às tentativas de diversos Municípios de cobrar valores imputáveis às concessionárias de energia elétrica, quando estas, como concessionárias e prestando serviço público, colocam *postes e linhas de transmissão* em faixas de domínio, sob a jurisdição municipal.

E a discussão feria dois aspectos: o primeiro relativo à possibilidade, ou não, de outro poder público interferir em concessões federais já contratadas. O segundo, se seria ou não possível a outro poder, que não o do concedente, cobrar remuneração pelo uso de faixas sob outras jurisdições, em seus territórios?

O primeiro aspecto é também referido adiante, no Capítulo VI, ao se examinar a questão da utilização subterrânea de faixas de domínio por concessionárias. Com efeito, naquele capítulo se traz a lume pareceres de juristas de escol, que discorrem sobre poder público e distinção de bens públicos, sendo conclusivos no sentido de que o poder público concedente, no seu âmbito, não admite interferência de outro poder.

Esclarecido esse ponto, poder-se-ia de antemão, decidir o segundo, relativo à cobrança de remuneração, pelos Municípios, em virtude da colocação de postes em seus territórios, colocação esta de concessionárias de outro poder público.

Com efeito, no tema em tela, não poderia mais haver dúvidas, tanto mais quanto há dispositivos expressos de lei vedando essa cobrança (Decreto 84.398/1980). Todavia, ainda assim, diversos Municípios insistiam em cobranças, por estarem os postes de linhas de transmissão em seus territórios, pelo que alguns desses Municípios, desviando-se do aspecto principal, enveredaram-se pela área tributária, sob a alegação de ser cabível a cobrança. Em julgados diversos, e a despeito de resolvido o primeiro aspecto, suscitou-se dúvida – e ao que parece ainda se suscita – para a natureza da cobrança. Tribunais Superiores mostraram que a remuneração "não é nem taxa e nem 'preço'", e que os municípios não

---

40. Cf. Resolução da Aneel n. 229/2006; Decreto 5.163/2004; cf. ainda STJ, Agravo regimental no AgREsp 1.249.321-RS.

poderiam cobrar nem um e nem o outro, por não existir a prestação de serviço ou exercício de poder de polícia. Assim, Tribunais Superiores, acertadamente, decidiram ser a cobrança inconstitucional.[41]

Embora relembrada alhures, neste escrito, a distinção entre taxa e preço público, o *leading-case* sobre a matéria foi o Recurso Extraordinário de 89.876-RJ, no qual o preclaro e saudoso Prof. Flavio Bauer Novelli, no memorial em defesa do Município do Rio de Janeiro, examinou com percuciência o assunto.[42]

Ainda no tocante à distinção entre taxa e preço público, cabe reiterar a sempre admirável síntese de Hely Lopes Meirelles: "se o serviço é obrigatório, sua remuneração é por taxa (tributo), e não por tarifa (preço)".[43]

Enfim, como se viu, a questão acima, da colocação de postes de linhas de transmissão em faixas de domínio, tem sido resolvida com base na divisão de poderes e distinção de bens públicos.

Com relação à conciliação, mediação e arbitragem, havia número relativamente pequeno de julgadores e magistrados, que se opunham à sua utilização. Em 2002, por exemplo, julgado no Tribunal de Contas da União determinou a exclusão da cláusula compromissória de contrato, entre Produtores Independentes e a Câmara Brasileira de Energia Elétrica, sob alegação de que se tratava de bem indisponíveis da União. O argumento não tinha força, porquanto haveria que se examinar se a comercialização envolvia ou não atividade econômica e se a entidade era ou não totalmente pública.[44]

De qualquer modo, poucos acompanharam esse julgado, porquanto a maioria é favorável aos institutos da conciliação, mediação e arbitragem. No Estado de São Paulo, a arbitragem vem sendo adotada com sucesso em inúmeras questões, tal qual em outros Estados. Assim, por exemplo, no STJ, a Min. Nancy Andrighi assegurou a validade da arbitragem, a despeito de voto adverso da Min. Isabel Galotti.[45]

41. Cf. STJ, REsp 694.684-RS, rel. Min. Castro Meira, *DJU* 13.3.2006; RMA 12.081-SE, rel. Min. Eliana Calmon, *DJU* 10.9.2001; no mesmo sentido STJ, EDcl REsp. 985.695, rel. Min. Hamilton Carvalhido, *DJe* de 2.2.2011.
42. Cf. trabalho originalmente publicado na *Revista de Direito Administrativo* 44, de 1956, p. 528.
43. Hely Lopes Meirelles, José Emmanuel Burle Filho e Carla Rosado Burle, *Direito Administrativo Brasileiro*, 42ª ed., atualizada até a EC 90, de 15.9.2015, São Paulo, Malheiros Editores, 2016, p. 426.
44. Cf. Representação TCU 005.250/2002-2, Decisão 188/1995.
45. Disponível em: www.conjur.com.br/2013-mai-09/cabe-stj-julgar-conflito--competencia-entre-judiciario-camara-arbitral.

Ainda no STJ, no REsp 612.439-RS,[46] o Tribunal decidiu que, em havendo cláusula compromissória, o juízo arbitral não poderia ser afastado unilateralmente. A discussão está ultrapassada, eis que a Lei 13.140, de 26.6.2015, embora ainda não regulamentada vem apenas dispor, mais *expressamente*, o que o bom entendedor podia perfeitamente inferir, sem deixar mais nenhuma dúvida sobre a adoção dos novos instrumentos e de sua validade. Aliás, essa lei, como tantas outras ora vigentes, peca pela essência e pela redação. Com efeito, expressamos que já se podia inferir a validade das arbitragens na legislação anterior. Mas, a nova lei traz dispositivos desnecessários e excessivos, como o art. 2º; e insere agora, expressamente a mediação judicial, inteiramente descabida. Pois, ressalte-se que no Código Civil de 1916 já existia a cláusula compromissória, revogada pela primeira lei de arbitragem; contudo, o Código Civil de 2002 dispôs sobre *compromisso extrajudicial e judicial*, e restaurou e manteve a cláusula *compromissória* nos arts. 851 a 853. E mais, o Código Civil de 2002, por igual, oferece dispositivos sobre a *transação*, facilitadores de acordos em quaisquer litígios De modo idêntico, o Código de Processo Civil de 2015, dispõe que conciliadores, mediadores e árbitros são auxiliares da Justiça, dentre outros dispositivos a respeito. A que propósito a confusa Lei 13.140/2015? Como dizem os franceses, "pour un bon entendeur un demi-mot suffit".[47]

Enfim, pelo acima expresso, as concessionárias em energia elétrica devem empregar seus melhores esforços no que tange aos direitos e obrigações de seus bens, dos bens do Poder Concedente, e ainda também dos direitos e obrigações dos consumidores, e tentar resolver, de antemão, eventuais questões que lhes possam, no futuro, atrasar os serviços. E se ainda assim surgirem problemas, não há necessidade de se atolar ainda mais o Poder Judiciário, podendo-se recorrer à conciliação, mediação e arbitragem.

---

46. *DJU* de 14.9.2006.
47. Cf. Lei 13.140/2015; CC/2002, arts. 840 a 850, e 851 a 853; CPC/2015, arts. 139, 149, 165 a 175.

Capítulo III
USINAS HIDROELÉTRICAS.
INVESTIMENTOS. RESERVATÓRIOS

Prioridade do aproveitamento das quedas d'água. Investimentos em maquinaria e em relocação. Progresso do aproveitamento. Empresas particulares e empresas estatais. Balanço de vantagens e desvantagens. Reservatórios reguladores. Participação da energia no custo da produção. Produção centralizada e distribuição descentralizada. Regulamentação geral anterior pelo Código de Águas e regulamentação vigente.

As condições geográficas do País conduziram, como se viu, ao aproveitamento prioritário das quedas d'água disponíveis para a produção de energia em usinas hidroelétricas e sua distribuição pelas cidades e vilas nas zonas onde se achem situadas. À toda obviedade é relevante que a produção, a geração de energia deva ter todos e os melhores meios de transmissão e distribuição para os locais em que é necessária, revestindo-se ainda da maior importância econômica a eficiente *interligação dos sistemas elétricos*, conforme já expressávamos, há anos, ao ressaltar a conveniência da interligação, muito embora esse aspecto no Brasil não fosse fácil, dada sua dimensão territorial.[1]

Todavia, esse objetivo de interligação, se já existia desde a inauguração da Cia. Hidroelétrica do São Francisco/CHESF, evoluiu com as interligações feitas por esta empresa,[2] e a ideia começou a tomar maior fôlego, muitos anos depois, pois foi tão apenas em 1973 que se criou o Grupo de Coordenadores para Operação Interligada/CGOI, a fim de pro-

---

1. Cf. Afrânio de Carvalho, *Paulo Afonso e a Integração Nacional*, Rio de Janeiro, Forense, 1989, pp. 215 e 216.
2. Idem, ibidem, pp. 199-200.

mover a racionalização do uso das empresas geradoras no Sul e Sudeste do País, sendo esse grupo subdividido em 1975.

Em 1986 foi feita a interligação maior, com o transporte da energia provinda de Itaipu para o Sul-Sudeste. Em 1990 aparecem mais dois outros órgãos: Grupo Tecnológico Operacional da Região Norte/GTON, para dar apoio aos sistemas isolados da região norte e circunvizinhanças, e ainda o Sistema Nacional de Transmissão de Energia Elétrica/SINTREL. Segue-se em 1998 a criação do Operador Nacional do Sistema Elétrico/ ONS, que substitui o GCOI. Em 1999 inaugura-se a primeira etapa da interligação norte-sul entre a Usina de Tucuruí, no Pará, e a Usina de Serra da Mesa, em Goiás, facultando a interligação entre todas as regiões no País, consolidando-se, assim, o Sistema Interligado Nacional.[3]

Apesar das quedas d'água serem do domínio público, a construção dessas usinas requer sempre vultoso investimento, não só pela necessidade da aquisição dos terrenos ribeirinhos destinados às instalações e aos reservatórios, como pelo alto custo das máquinas. A esses dispêndios se juntam os referentes ao pagamento das *servidões de passagem* das linhas de transmissão (servidões de eletrodutos), bem como os exigidos pela realocação de rodovias e ferrovias e pelo reassentamento de populações em novos locais. No passado houve casos em que cidades e vilas inteiras tiveram de ser deslocadas para localidades mais altas, geralmente com melhoria de traçado urbano e das residências.[4] Tal qual ocorre desde 2003, embora não haja transparência e se desconheça a solução dessas realocações.

Incidentalmente, e ao mencionar linhas de transmissão, como registram as distintas articulistas, Marília Rennó e Patrícia Sampaio, no artigo acima citado, lembram elas, com Walter Álvares, que tempo houve em que se discutiu sobre a natureza jurídica da linha de transmissão, se bem móvel ou imóvel, independente ou acessória das usinas.[5]

Embora aquelas articulistas não se hajam adentrado na discussão, cumpre dizer que esta, no passado, era descabida, bastando lembrar que,

3. Cf. Marília Rennó e Patrícia Sampaio, "Transmissão de energia elétrica: apresentação do modelo brasileiro", in Elena Landau (coord.), *Regulação Jurídica do Setor Elétrico*, Rio de Janeiro, Lumen Juris, 2006, pp. 301-325.
4. Cf. Afrânio de Carvalho, *Paulo Afonso e a Integração Nacional*, cit., p. 200.
5. Cf. Marília Rennó e Patrícia Sampaio, ob. cit., p. 303; cf. também Walter Alvares, *Direito de Eletricidade*, vol. I, Belo Horizonte, Editora Bernardo Alvares, 1962, pp. 199 e ss.

como o próprio autor por elas citado mostra, as *linhas de transmissão* são coisas *móveis, eis que podem ser fixas ou removíveis*. Se a fixação for incorporada definitivamente ao solo, então, poderão tornar-se imóveis. Cumpre esclarecer que, ao contrário do expresso por W. Alvares, são bens que integram o *patrimônio do concessionário*, são bens reversíveis, que passarão ao patrimônio do poder concedente quando extinta a concessão, pelo término do prazo, na falência ou outro motivo.[6]

Saliente-se mais que nas normas vigentes há inúmeras alusões às concessões, mostrando, inequivocamente, a sua natureza de propriedade particular (Lei 8.987/1995, arts. 18, 23, 24, 28-A, e outros; Lei 12.767/2012, arts. 2º, 10, 11; Lei 12.783/2013, art. 20, e outras).

E, por igual, a legislação recente também conduz às conclusões retro especificadas, de serem as linhas de transmissão consideradas imóveis, quando presas, quando fixadas ao solo, como por exemplo na lei relativa às prorrogações de concessões de transmissão de energia elétrica que menciona, genericamente, as instalações integrantes da rede básica, parecendo que aí as linhas são aquelas já consideradas imóveis (Lei 12.783/2013, art. 6º c/c Lei 9.074/1995, art. 17, § 5º).

Na atualidade, a discussão não mais existe, porquanto embora as *usinas*, em geral, fossem – como devem ser sempre – *construídas conjunta* e *paralelamente com as linhas de transmissão*, e muito embora estas venham a fazer parte integrante do solo ao qual aderem, eventualmente podem ser removidas, seja para outras localidades, na mudança de locais de linhas, seja para outros empreendimentos, ao término da concessão, ou ainda vendidas. E *se*, na forma contratual, estiverem registradas contabilmente no patrimônio da concessionária como bens móveis e removíveis, e não no patrimônio do poder concedente, então nenhuma dúvida poderá existir, pois serão inequivocamente bens móveis.

Esclareça-se que, atualmente, os bens que compõem o que se denomina *rede básica*, que é o conjunto de instalações de transmissão, integrantes do Sistema Interligado Nacional/SIN, são bens pertencentes às concessionárias do serviço público de *transmissão*. Todavia, no final da concessão, a contabilidade é que informará, de fato e de direito, o que passou, ou não, a integrar o patrimônio da concessionária.

Como dissemos no livro sobre Paulo Afonso, "a precedência natural da usina, sem cuja existência não há energia a transmitir, põe em segundo

---

6. Cf. Afrânio de Carvalho, "Propriedade dos bens da concessão", Primeira Parte, *RF* 163, 1956, pp. 39 e ss.; e Segunda Parte, *RF* 164, 1956, pp. 43 e ss.

plano as linhas de transmissão, que, no entanto, também exigem para o seu erguimento um longo trabalho prévio".[7]

Esse longo trabalho prévio foi percebido pelo legislador brasileiro desde os idos da década de 1930, quando o Código de Águas já mencionava que o concessionário teria, entre outros, o direito de estabelecer servidões, permanentes ou temporárias, para obras hidráulicas e para o *transporte* em distribuição *de energia*, e ainda de estabelecer linhas de transmissão e distribuição (Código de Águas, de 1934, art. 151, "c" e "e").

Posteriormente, o decreto regulamentador de energia elétrica fazia menção expressa a concessões de *transmissão*, esclarecendo, ainda, que esta consistia no seu transporte pelas linhas de subtransmissão ou de transmissão secundária (Decreto 41.019/1967, arts. 2º, 4º e parágrafos, e 65, "c").

Logo, sempre se distinguiram as concessões de produção ou de geração de energia das outras específicas, ou seja, de transmissão e distribuição.

Muito embora as linhas de transmissão venham em plano abaixo das usinas, e como acima referido é de toda obviedade a sua importância; e se, nas décadas anteriores, a transmissão era conectada às empresas concessionárias de produção de energia, conforme Decreto de 1957, o desenvolvimento energético, que começou a se modificar em 1970 com a criação da Eletrobrás e, depois, passando a progredir em 1973 e 1986, para alcançar seu ápice com a desestatização do governo Fernando Henrique, esse desenvolvimento energético abriu, então, o caminho para a separação maior das atividades, da geração e da transmissão, exploradas atualmente também pelos particulares, mediante licitações de concessões (Decreto 41.019/1957, art. 76, "e"; Lei 3.890-A, de 25.2.1961, arts. 1º e 2º; Lei 8.987/1995; Lei 9.074/1995 e legislação subsequente).

O conjunto de máquinas necessário para uma usina hidroelétrica abrange turbinas, acessórios, geradores, aparelhagem de interrupções, de medição, transformadores e, ainda, aparelhos de segurança da melhor tecnologia. A princípio, nas décadas anteriores, esses materiais eram todos importados, exigindo grande dispêndio de divisas, mas a pouco e pouco a indústria brasileira passou a produzi-los, ainda que não em grande volume, libertando o País dessa dependência externa. A verdade

---

7. Cf. Afrânio de Carvalho, *Paulo Afonso e a Integração Nacional*, cit., p. 96, *in fine*.

é que a construção progressiva das usinas provocou o surgimento das indústrias de apoio.

Não obstante o alto investimento requerido, empresas particulares, uma vez afastado na prática o espantalho do custo histórico previsto no Código de Águas, se dispuseram a construir usinas hidroelétricas, aumentando constantemente o número destas. São Paulo tomou a dianteira, a ponto de sem demora apresentar magnífico empreendimento da eletrificação da Companhia Paulista de Estrada de Ferro. Algumas indústrias tomaram a iniciativa de construir usinas para uso próprio. Esses produtores somente não gozaram, então, do benefício da desapropriação por utilidade pública, previsto no Dec.-lei 3.365, de 21.6.1941.

Dentre os empreendimentos realizados em São Paulo, um merece especialmente ser posto em relevo pela peculiaridade de haver corrigido a natureza. A inteligência e o arrojo de concepção das técnicas da Light levaram essa empresa a inverter o curso de riachos, pequenos filetes d'água, que corriam para o rio Tietê e reuni-los no alto da serra em um imenso reservatório, cujas águas se engrossavam com as chuvas de verão. Desse enorme reservatório, situado em elevada posição, as águas puderam ser despejadas para beira-mar, formando uma queda de 700 metros até o mangue de Santos. Assim se criou a espetacular Usina de Cubatão, antiga Cosipa. Deve-se esclarecer porém que Cubatão, que tem como sua titular a Usiminas, teve seus altos fornos desligados em 30 e 31.1.2016.

Foi, não há negar, uma iniciativa isolada, mas que marcou a história das nossas usinas hidroelétricas como prova inequívoca do engenho inventivo dos técnicos da antiga Light. Se esses técnicos se distinguiram de maneira a ser lembrados a todo o tempo, até porque sua obra é indestrutível, também outros, de empresas brasileiras, se salientaram a ponto de serem convidados por governos estrangeiros para tomar a seu cargo a construção de usinas hidroelétricas.[8]

Se bem que, apesar da necessidade de grande investimento, muitas empresas ingressaram no rol dos produtores de energia, sinal de que o negócio se tornava razoavelmente compensador com tarifas adequadas, a verdade é que, historicamente, as usinas hidroelétricas somente assumiram o vulto deveras extraordinário que ora têm quando o poder público, representado pela União e pelos Estados, chamou a si a tarefa de construí-las, diretamente ou mediante empresas de economia mista.

8. Foi o que aconteceu com o meu saudoso colega da Chesf, engenheiro e também militar, Carlos Berenhauser Jr., que declinou de convite, do governo de Gana.

Efetivamente, havia regiões que, por não oferecerem à vista um mercado consumidor imediato, deixavam de atrair a iniciativa privada, sobretudo quando o empreendimento aí exigia enorme investimento, dada a posição da fonte de energia. Nessas regiões, o poder público penetrava para promover o desenvolvimento harmônico do País, convencido de que este surgiria com o forte estímulo da presença da energia. Foi exatamente o que aconteceu com a fundação da Companhia Hidroelétrica do São Francisco/CHESF, por iniciativa da União para, pioneiramente, servir o Nordeste pobre e rudimentar, pois o seu êxito se tornou retumbante, suscitando a demanda crescente da energia, numa época em que, após o notável governo do Presidente Eurico G. Dutra, o Presidente Juscelino Kubistchek estimulava o advento da mecânica pesada.

A construção dessa usina – de Paulo Afonso – foi tão afortunada que, graças a um projeto bem elaborado, nem forçou a perda de terras férteis (pois cobriu um arquipélago pedregoso), nem conduziu ao deslocamento de qualquer população, senão apenas de umas poucas famílias, localizadas em uma das ilhas do arquipélago. Ficou como exemplo abonador da empresa estatal, mas que dificilmente se repetirá, porque dificilmente se repetirão as condições excepcionais em que a companhia foi fundada, sem intervenção da política na escolha dos diretores e nem sequer dos empregados!

Ao dar-se um balanço entre as vantagens e as desvantagens das usinas hidroelétricas, verifica-se que as primeiras pesam tão fortemente que tornam as segundas praticamente desprezíveis. O lado positivo está na abertura de novas e imensas possibilidades tanto para as zonas urbanas como para as rurais, já no conforto das populações, já na expansão das indústrias, já na expansão e elevação da produção agropecuária e do agronegócio, como ainda na melhoria de técnicas para a sustentabilidade. Ressalte-se que a eletrificação rural, longe de servir apenas para uso caseiro de televisão, com os jogos e novelas, serve, destacadamente, para a utilização do computador, para facilitar irrigação com pivôs, sulcos, aspersores e outros instrumentos, e também para o funcionamento nas propriedades agrícolas de desintegradores, borracharias, serrarias, oficinas etc. Serve ainda e principalmente para agilizar as micros e médias empresas, tais como oficinas de reparos de máquinas pesadas, tratores, arados, postos de gasolina, mecânicas em geral, armazéns depositários de cereais, queijarias, docerias etc. Nesse quadro estão a maioria de pequenas e médias empresas interioranas.

Não se pode deixar de mencionar ainda que, além da enorme vantagem de ser fonte renovável de energia, as hidroelétricas, com suas barragens, regularizam as vazões de águas e, na dependência da capacidade de acumulação dos reservatórios, podem possibilitar a navegação pelas hidrovias, ajudando, no Brasil, principalmente a agricultura, mediante escoamento de safras, hoje calamitoso, com caminhões em estradas esburacadas ou até sem estradas.

O lado negativo da construção de usinas hidroelétricas está nas transformações que provoca na natureza local, *i.e.*, na perda de áreas de terras férteis que são inundadas pelos respectivos reservatórios. O alargamento de 1.500 km² pelo reservatório de Furnas foi qualificado de assombroso numa semana de debates sobre energia elétrica, realizada em São Paulo anos atrás. Pois bem, essa área haveria de ser excedida no futuro. Assim, as Usinas de Balbina, no Rio Uatumã, que é um afluente na margem norte do Amazonas, e de Tucuruí, no Rio Tocantins, no Pará, ambas a cargo da Eletronorte, inundaram mais de 2.000 km² de território e exigiram o resgate de milhares de animais, cuja sobrevivência nas regiões limítrofes dos lagos ainda desperta apreensões.

Às vezes vales inteiros de pequenos rios são tomados e inutilizados pelas águas represadas. Assim aconteceu, por exemplo, nos vales dos Rios Cabo Verde e Sapucaí, em Minas Gerais, quando se construiu a Usina de Furnas, bem como no vale do Rio Paranaíba, no mesmo Estado, quando se ergueu a Usina de São Simão.

Os Estados Unidos, desde as décadas de 1950 e 1960, com a denominada "revolução verde", se preocupam com a explosão populacional e a necessidade de crescimento, de desenvolvimento e, como sabido, todo desenvolvimento necessita de energia. Essa preocupação com a energia, qualquer que seja a sua fonte de origem, vem acoplada com outra igual, que, como acima se disse, é o da perda de terras férteis, resultado não apenas de usinas, mas de erosões, má utilização de fertilizantes etc., e por via de consequência, de eventual redução de alimentos. Essas duas inquietações, *energia* e *alimentos*, são resumidas em manchete do New York Times, ao expressar que: "Os produtores de milho sorriem com a elevação de preços do etanol, mas, os especialistas no fornecimento de alimentos se preocupam".[9]

---

9. Cf. Michael C. Ruppert, *Confronting Collapse – The crisis of Energy and Money in a Post Peak Oil World*, Vermont, Chelsea Green Publishing, White River Junction, 2009, pp. 74 e ss.

Esse aspecto de *perda de terra* é grave. O autor acima referido esclarece que são necessários 500 anos para se repor uma polegada, ou seja, 2,54cm de camada de terra, esclarecimento esse que deve levar a se pensar e pré-estudar adequadamente as perdas de terras e também de águas. Relativamente a águas, expressa aquele autor que, por exemplo, o Rio Colorado tem parte de suas águas desviadas, mediante gotejamento, antes de atingir o Pacífico.[10]

Ainda relativamente ao lado negativo das construções de usinas hidroelétricas, e tal qual sempre notamos, também o renomado graduado em Meteorologia pelo MIT, Edwin Kessler, em artigo publicado, comenta que o aspecto negativo nas usinas é o dos *sedimentos*, que tendem a se acumular atrás das barragens, e que reduzem os que descem nas correntes, falhando em compensar a erosão nos deltas dos rios, causando efeitos adversos para os peixes. Assim, e também pela destruição de áreas para a agricultura a construção de hidroelétricas faculta controvérsias e propostas têm sido feitas para removê-las.[11]

As flutuações climáticas são relevantes na geração de energia e provêm de inúmeras causas. A diminuição de radiação solar, por exemplo, na Idade Média, segundo autores, teria causado um resfriamento na terra. Outros fatores seriam erupções vulcânicas, com forte emissão de carbono, e principalmente, na atualidade mundial, o aquecimento da terra com os excessos de fábricas, motores, carros.[12-13]

País nenhum no mundo pode se proteger do impacto global de mudança atmosférica, podendo apenas tentar se precaver contra acidentes da natureza. Por isso mesmo, no Brasil de hoje, devido às nossas peculiares condições meteorológicas, em que se observa um ciclo intenso de chuvas e outro de forte estiagem, as usinas hidroelétricas, que sofrem as consequências dessa oscilação na sua capacidade de geração, precisam contar com reservatórios reguladores dentro de um sistema pré-estudado. Foi o impressionante exemplo legado pela bem ordenada sequência de represas do Rio Tennessee, nos Estados Unidos, depois que o Presidente Roosevelt ali empreendeu a sua mais notável obra administrativa. E, como antes

---

10. Idem, ibidem, pp 89 e 90.
11. Cf. Edwin Kessler, "Our food and fuel future", in David Pimentel (org.), *Biofuels, Solar and Wind as Renewable Energy Systems: benefits and risks*, Philadelphia, Springer Science and Business Media, 2008, p. 265.
12. Idem, ibidem, p. 284.
13. A propósito, a televisão, na data de 21.11.2013, mostrou a foto de erupção vulcânica, no mar do Japão, que formou uma nova ilha.

expresso, é matéria a ser cuidadosa e previamente bem preparada, conforme se conclui nos trabalhos acima mencionados.

A energia elétrica pesa pouco no custo da produção de bens, exceto no tocante às indústrias eletrometalúrgicas e especialmente à indústria de alumínio, de sorte que um aumento razoável de tarifas não deveria sobrecarregar a bolsa dos consumidores finais. Com efeito, os custos de energia elétrica dependem do valor do investimento, custo do combustível, insumos utilizados, tecnologias, custo da operação, custo da manutenção, impostos, salários, encargos trabalhistas etc. Como os preços são valores no mercado, se o preço das utilidades aumenta nos mercados, nos supermercados e em outros setores, deve-se isso a outros fatores e não à tarifa da energia elétrica, cuja participação no custo dos produtos é realmente módica, como se verá no capítulo sobre tarifas. Aqui fazemos um parêntese para esclarecer que a tarifa deveria ser módica; todavia, nos últimos anos desde 2003, a desastrada política eleitoreira de 2012 aliada à imprevisão governamental e ao total desconhecimento dos problemas energéticos conduziram à decisão de não se fazer racionamento, esvaziando-se os reservatórios e recorrendo-se à térmicas.

A consequência é conhecida de todos: o preço das térmicas é elevado, as hidroelétricas, tendo de recorrer às térmicas, endividaram-se em bilhões e, após a eleição de 2014 para a presidência da República, as tarifas aumentaram e o consumidor brasileiro continuará pagando a conta.

Retornando ao nosso histórico, pode-se dizer que bem se compreende as ocorrências havidas, pois o impulso tomado pelo aproveitamento das quedas d'água apara a produção e a transmissão de energia elétrica, já por iniciativa de empresas tradicionais, já por iniciativa de empresas novas, sobretudo as criadas pela União e pelos Estados, nos anos de 1957, como Furnas, Usina Piloto de sete Quedas e outras mais.

A energia hidráulica foi se desenvolvendo e com o planejamento do Governo de Fernando Henrique Cardoso, na década de 2010 o Brasil contava com cerca de seis grandes hidroelétricas em funcionamento e mais, cerca de 115 hidroelétricas médias, com potência variando de 2.000 mW a 32 mW; e ainda 82 pequenas Centrais Hidroelétricas com potência de 30 mW decrescendo para 0,60 mW.[14]

Assim, venceu-se um período de inércia para, nos dias de hoje, emparelhar praticamente a oferta com a demanda. No entanto, prossegue a

---

14. Disponível em: https://pt.wikipedia.org/wiki/Lista_de_usinas_hidrel%C3%A9tricas_do_Brasil.

construção de outras usinas, grandes e pequenas, dentre as quais as que se projetam ou empreendem nas planuras da Amazônia, como a da Cachoeira de Samuel, para servir os Estados de Rondônia e Acre, formando um quadro imponente. Tal e qual sobressai em grandeza e beleza o enorme empreendimento de Itaipu, na divisa com o Paraguai. Hoje, já funcionando parcialmente, o Brasil tem ainda a de Belo Monte, no Rio Xingu, no Pará, as de Santo Antônio e de Jirau, estas duas no Rio Madeira, em Rondônia, e outras mais.

Por sua relevância, cumpre relembrar que a Usina de Itaipu foi construída em virtude de tratado celebrado entre o Brasil e o Paraguai em 26.4.1976, para aproveitamento hidroelétrico do trecho do rio Paraná, entre o Salto Grande de Sete Quedas ou Salto Guaíra e a foz do Rio Iguaçu. Essa construção foi precedida de enormes dificuldades, diplomáticas, envolvendo discussões não apenas entre Paraguai e Brasil, mas sobretudo com a Argentina que se opunha tenazmente aos objetivos brasileiros, sob alegações frágeis. A principal se relacionava ao art. 1º da Resolução, conhecida no meio diplomático como Declaração de Assunção, de 3.6.1971. Nesse artigo se estabeleceu que nos *rios internacionais contíguos*, sendo a soberania compartida, qualquer aproveitamento de suas águas deverá ser precedido de acordo bilateral entre os ribeirinhos. É exatamente o caso do Rio Paraná, que faz fronteira entre o Brasil e o Paraguai. A despeito da razoabilidade da norma, a Argentina tentava, por todos os meios e modos, impedir a concretização de tratado com o Paraguai, para a construção, impondo uma tese da necessidade de "consulta prévia" entre os países interessados. A diplomacia brasileira foi admirável nas discussões, e para se conhecer bem o assunto, leia-se Mario Gibson Barboza.[15]

Essa é a maior das usinas hidroelétricas do nosso mapa, sendo a metade da energia por ela gerada transmitida à subestação de Ibiúna, em São Paulo, que se tornou a maior concentração energética nacional, de onde se irradia hoje pelo Sul e Sudoeste do País. Não obstante a enorme capacidade dessa subestação, prevê-se o esgotamento da energia em quatro anos.

Além do exaustivo episódio diplomático com a Argentina, cumpre esclarecer que a construção dessa usina causou ainda outra controvérsia, porque o Brasil podia ter erguido uma usina exclusivamente brasileira, ao passo que veio a levantar, *somente com seu dinheiro*, a de Itaipu para

---

15. Cf. Mario Gibson Barboza, *Na diplomacia, o traço todo da vida*, Rio de Janeiro, Record, 1992, pp. 107 a 124.

oferecer a metade da energia ao Paraguai... Daí decorre que as nossas empresas concessionárias de energia elétrica terão de comprar agora do Paraguai a energia que necessitam nas quotas que lhes forem destinadas pelo poder concedente (Lei 5.899, de 5.7.1973, art. 3º).[16]

À semelhança da *exportação* de energia elétrica para o estrangeiro, previsto no art. 197 do Código de Águas, essa *importação* do Paraguai faz-se, como visto, em virtude de acordo internacional. É essa necessidade de acordo que teria sido evitada se tivesse sido erguida uma usina exclusivamente brasileira, na conformidade do anteprojeto de um ex-colega de diretoria na Chesf, o engenheiro Marcondes Ferraz.

Tanto os reservatórios atuais como os futuros de nossas usinas hidroelétricas suscitam a questão de seu *assoreamento* decorrente da sedimentação da terra conduzida pelas águas.

Como se sabe, o solo é elemento não renovável da natureza, conforme acima referido, e quando não é coberto por vegetação pode sofrer erosão, provocada por ventos, chuvas e secas prolongadas. Segundo ainda especialistas, cerca de 25 bilhões de toneladas de terras são, anualmente, arrastadas ou depositadas nos fundos de vales ou vão para os mares e oceanos.[17]

Esse assoreamento não é um risco, mas uma certeza, conhecida de quantos possuíam açudes em seus imóveis rurais no interior. Embora o fenômeno leve tempo para tornar-se ostensivo, conviria que as empresas concessionárias de energia elétrica, espontaneamente, ou por determinação do poder concedente, a União, pela Aneel, tomassem desde já providências para fazer-lhe frente. Na década de 1980, um relatório empresarial já lhe fez ligeira referência.[18]

Como se sabe, as comportas dos reservatórios sofrem uma dupla pressão, a das águas e a do assoreamento, podendo esta tornar-se forte. Sem dúvida as manobras das comportas móveis, ou adufas, feitas no auge da estação chuvosa, conseguem liberar os reservatórios de uma parte da sedimentação neles acumulada. Todavia a acumulação contínua, a processar-se sem cessar, recomenda a tomada de medidas complementares em defesa dos reservatórios e de combate ao assoreamento.

16. Sobre o tópico, leia-se também Antonio Dias Leite, *A Energia do Brasil*, 2ª ed., Rio de Janeiro, Campus, 2007, p. 150.
17. Cf. Pedro Coimbra e José Arnaldo M. Tibúrcio, *Uma Análise do Espaço Geográfico*, 2ª ed., São Paulo, Harbra, 2002.
18. Relatório da Eletrobrás, de 1985, p. 17, 3ª coluna.

A causa principal do assoreamento dos reservatórios, assim como do leito dos rios, córregos e ribeirões, está no desmatamento que, infelizmente, tem ocorrido por toda parte e continua ocorrendo. As lavouras que substituíram as matas primitivas raramente têm terraceamento capaz de permitir a infiltração disseminada das águas das chuvas e evitar assim a violência das enxurradas. As águas descem velozmente para os vales fluviais, carreando no seu curso a terra e os materiais encontrados no caminho.

Não será demasia acrescentar que, segundo estudos realizados, a perda anual de capacidade de armazenamento dos reservatórios, nas hidroelétricas, decorrentes de assoreamentos, é aproximadamente de 0,5%. Esse percentual corresponde a perdas de cerca de 2.000 x $10,6m^3$ por ano, correspondendo a volume maior do que os reservatórios médios ora existentes (Estreito, Jaguari, Moxotó, Salto Osório, Porto Colômbia etc.).[19]

Alguma coisa já começa a ser feita no País para melhorar esse quadro. Nesse sentido, as medidas corretivas ainda devem ser feitas, sobretudo, no replantio das matas ciliares e na repressão do seu corte onde ainda existirem. Ante a destruição delas, pelo incremento das atividades agrícolas, não poderão ser contidas as águas das chuvas, que encaminham para os rios, ribeirões e reservatórios a areia carreada e assim lhes diminuem a profundidade e aniquilam a vida aquática, além de prejudicarem as usinas hidroelétricas. Assim, portanto, faz-se necessário aumentar o trabalho nas matas ciliares, que começam a ser replantadas, havendo o replantio começado pelo Rio Paranapanema, divisa de São Paulo e Paraná, mediante convênio entre o Ministério da Agricultura e o primeiro destes Estados. A meu ver, as leis estaduais podem interferir no mesmo sentido (CF, arts. 23, VI e 30, II).

Cumpre aditar que a Lei 7.803/1989, determina que a faixa marginal de qualquer curso d'água, com menos de 10 metros de largura, deve ser de 30 metros, o que corrige as distorções existentes (art. 1º, I, "a").

Por outro lado, ao abrir estradas de rodagem com cortes muito íngremes, o próprio poder público contribui para o assoreamento dos rios e córregos, porque, na estação chuvosa, causam deslizamentos e desmoronamentos de terras e pedras, que são impelidos para o fundo dos vales.[20]

---

19. Cf. N. O. Carvalho, N. P. Filizola Jr., P. M. C. Santos e J. E. F. W. Lima, *Guia de Avaliação de Assoreamento de Reservatórios*, Brasília, Aneel, 2000, p. 140.
20. Cf. Afrânio de Carvalho, *Águas Interiores, suas Margens, Ilhas e Servidões*, São Paulo, Saraiva, 1982, cap. XIII, p. 105.

No meio desse desapreço pela natureza nota-se, porém, agora como fator favorável, a campanha, embora tardia, mas que ora se faz em *defesa do meio ambiente.*

De par com esse fator favorável, de defesa do meio ambiente, existe outro na natureza do nosso solo, graças ao qual o assoreamento não assume as proporções que tem, por exemplo, em Formosa, em Taiwan, onde as águas das inundações carreiam tamanha quantidade de sedimentos que uma usina hidroelétrica, por causa do levantamento de 17 metros do leito do rio, ficou soterrada em quatro anos.[21] Para recuperação dessa perda, resolveu-se então construir uma usina subterrânea, como a de Paulo Afonso.

Enfim, pelo acima mencionado, nota-se que a questão do assoreamento, nos reservatórios hídricos, está estreitamente vinculada às questões ambientais, incidindo fortemente na questão da energia. Essas questões ambientais podem ser assim agrupadas: a) mudança climática, resultante da queima de combustíveis fósseis, da queima de matas e florestas e de outros biomas; b) poluição da atmosfera e da água, proveniente da industrialização e da urbanização excessiva; e c) redução da biodiversidade, com extinção das espécies vegetais e animais, causada pelo excesso populacional e expansão territorial para culturas alimentícias.[22]

De ordinário, as diferentes empresas, particulares e estatais, centralizam a produção, bem como a transmissão da energia elétrica, atravessando numerosos municípios e até Estados até atingirem os lugares, cidades e vilas, onde é posta ao alcance dos que dela necessitam. Aí entra em cena uma rede subsidiária de distribuição, que se vê assim descentralizada por empresas locais, particulares ou públicas, dada a diversidade de lugares e de necessidades. Essas empresas locais estendem as suas linhas para colocá-las nos logradouros, ondem servem para a iluminação das ruas e praças, enfim da cidade, para a movimentação de carris, ao longo delas, partindo desses pontos os ramais destinados às indústrias e às residências (iluminação, aparelhos elétricos, calefação etc.).

Nessa conformidade, a energia elétrica, na atualidade, desdobra--se em quatro estágios, através dos quais passa sucessivamente (Lei 9.074/1995, art. 4º, §§ 2º, 3º, 5º, III c/c art. 16): *a*) geração ou produção; *b*) transmissão; *c*) distribuição; e *d*) comercialização.

---

21. Hui Huang, "Special problems of water power development in Taiwan", nos *Anais da Conferência Mundial de Energia do Rio de Janeiro*, vol. 1, 1954, p. 556.

22. Antonio Dias Leite, conferência "Compatibilizar Energia e Meio Ambiente", de 23.10.2007, não publicada, gentileza do conferencista.

Está visto que a transmissão, a distribuição e a comercialização dependem, necessariamente, do primeiro estágio da geração, visto que, sem geração de energia em uma usina, não pode haver transmissão nem distribuição, e menos ainda comercialização. A transmissão conduz a energia em alta tensão até o local onde deve ser consumida e, ali, transformada em baixa tensão, é distribuída aos usuários. Essa é a regra geral, mas há usuários que recebem a energia às vezes ainda em percurso, em alta tensão, para uso de suas indústrias.

A energia gerada ou produzida em uma usina é recebida em uma subestação elevadora, colocada próximo, e daí segue até uma subestação abaixadora, situada perto do local de consumo, geralmente cidade ou vila. Na primeira subestação existe um transformador que, recolhendo a energia em alta voltagem, a eleva tanto quanto baste para ser levada à grande distância, *i.e.*, até a subestação abaixadora, onde outro transformador abaixa a voltagem para distribuição.

A descentralização da energia faz-se de acordo com projetos organizados pelos técnicos das empresas concessionárias, cujo traçado obedece apenas a requisitos considerados bastantes na prancheta de desenho, sem nenhuma consulta aos proprietários rurais. Daí resulta frequentemente que os decretos de desapropriação para as servidões das linhas de transmissão atravessam matas e bosques particulares, arrancando árvores, muitas vezes nativas e frondosas, prejudicando consideravelmente as reservas florestais, quando poderiam evitar esses males mediante a audiência prévia dos proprietários, o que auxiliaria o País.

Nesses casos de desapropriações, muitas vezes, ocorrem tratamentos desigualitários, como temos tido notícias. Com efeito, embora as desapropriações de áreas para inundações e construção das usinas sejam feitas por uma empresa, já as desapropriações para servidões das linhas de transmissão têm sido feitas por empresas diferentes e, na maioria das vezes, os decretos desapropriatórios para as servidões de linhas de transmissão *não* fazem justiça nos pagamentos, em detrimento dos que sofrem a desapropriação. A consequência não é outra senão o recurso à Justiça, com processos longos, o que já é por demais conhecido, com prejuízos aos particulares e ao interesse público. Por isso nossa sugestão de audiência prévia com os proprietários, podendo, ainda, as partes recorrer, e talvez com mais sucesso, à arbitragem (CF, art. 5º, XXII, XIV; CC, arts. 114 e 422; Lei 9.307/1996).

A propósito de desapropriação para servidão de linhas, não se pode deixar de mencionar o caso de uma linha que, destinada a servir a vários imóveis, foi dirigida para um deles para, do meio deste, sair para os imóveis vizinhos à direita e à esquerda, abrindo clareiras na mata, com o corte de árvores preciosas. Esse dano teria sido evitado se, do lado da chegada, a linha acompanhasse a reta limítrofe de todos eles para, em frente de cada qual, puxar o ramal que lhe devia servir. Aliás, o trajeto teria a vantagem de contar com os aceiros das divisas e, mais do que isso, com os caminhos que costumam acompanhar as cercas.[23]

De maneira geral pode-se afirmar que a divisa entre imóveis, mais ou menos estabilizada em certas regiões, constitui uma direção vantajosa para o traçado das linhas, desde que não se tornem mais compridas.

O Código de Águas se ocupa do traçado de estradas de ferro e de rodagem marginal aos cursos d'água (art. 196), mas nada expressa sobre o traçado das linhas de transmissão e de distribuição, salvo, quanto a estas, a recomendação de acordo com as Prefeituras Municipais nos centros urbanos. No entanto, uma visão geral do levantamento aerofotográfico ou do cadastro imobiliário de uma região levaria, muita vez, a um encurtamento de linhas e a um atendimento mais satisfatório das conveniências do meio ambiente e dos imóveis rurais por elas abrangidos.

Nesta altura, vem a propósito referir que cientistas de São Paulo, em notável programa de pesquisa, conseguiram obter material capaz de ser transformado em supercondutores de eletricidade, emparelhando-se, assim, com os estrangeiros que, pelo mesmo motivo, receberam prêmio Nobel de física.[24] Não se pode duvidar da realidade da descoberta, porque, feita simultaneamente no estrangeiro, foi aqui revelada solenemente ao Presidente da República. Como é sabido, a supercondutividade é uma propriedade física que permite que certos materiais, quando resfriados a temperaturas bem baixas, possam conduzir correntes elétricas sem resistência e sem perdas. Avanços na tecnologia, da supercondutividade, permitirão a utilização de fios mais finos, não haveria perdas de energia no transporte de correntes de alta tensão, e também não haveria neces-

---

23. Nesse sentido, o autor levou ao chefe de um escritório da CEMIG, em cidade mineira, razoáveis ponderações, com as quais ele concordou verbalmente, tomando até nota delas. Contudo, não chegou a saber se elas conseguiram influir nas decisões sobre outras linhas que depois se construíram na região e fora dela.

24. Cf. F. M. Araújo-Moreira, A. J. C. Lanfredi, C. A. Cardoso e W. Maluf, do Departamento de Física da Universidade Federal de São Carlos, São Paulo; cf. ainda noticiário jornais com entrevistas do físico brasileiro Claudio Luiz Carvalho, Grupo de Vidros e Cerâmicas – Departamento de Física e Química da Universidade do Estado de São Paulo – UNESP.

sidade de elevação de voltagens. Para se aquilatar da importância da supercondutividade, basta refletir que, quando puderem ser fabricados e adotados no País os supercondutores de eletricidade, a perda de energia de Itaipu para São Paulo, que era, em 1991, de 20%, passaria a ser nenhuma!

Por conseguinte, do mesmo modo que se dá a centralização na União, legislativa e administrativa, a primeira absoluta, a segunda relativa por ser transferível aos Estados, ocorre a centralização da produção e da transmissão nas empresas gerais e a descentralização da distribuição nas empresas locais. A transmissão se relaciona com a distribuição nos transformadores, por meio dos quais a energia conduzida em alta tensão se torna acessível ao consumo dos particulares.

A Tennessee Valley Authority/TVA adotou o mesmo sistema de produção centralizada e distribuição descentralizada de energia, operando diretamente as casas de força e as redes de transmissão de alta tensão, e deixando a distribuição a cargo da municipalidade e cooperativas, com as quais celebra contratos de venda em grosso da energia. Esses contratos respeitam os padrões da lei criadora da TVA, referente a tarifas, contabilidade, distribuição de excesso de rendas etc., de sorte que se mantém uma política uniforme entre os distribuidores acerca dessas importantes matérias.[25]

No sistema anterior de energia, havia empresas que tinham recebido dos Estados ou dos Municípios a sua concessão; todavia, isso não as impede, na atualidade, de serem todas reconduzidas ao denominador comum, não só estabelecido pelo Código de Águas, como ao novel modelo de energia elétrica. E isso porquanto, em certo momento, foram nos contratos substituídas pela União, como também porque a Constituição vigente permite a esta transferir os seus poderes aos Estados, desde que possuam serviços técnicos e administrativos adequados (CF, art. 21, XII, "b"). Não pode assim abrir-se um conflito ou oposição entre uma concessão estadual e outra anteriormente municipal, pois a matéria hoje está no âmbito da União e seus regulamentos. Do mesmo modo, a articulação entre as empresas concessionárias da produção e transmissão com aquelas que se dediquem apenas à distribuição, que se faz normalmente, porquanto umas e outras obedecem à mesma regulamentação.

As usinas ora são localizadas a céu aberto, ora debaixo do solo, havendo a segunda categoria, isto é, de usinas subterrâneas, constituído

---

25. David E. Lilienthal, *TVA, Democracy On The March*, 6ª tir., New York, Pocket Books, 1952, pp. 148-152.

objeto de interessantes monografias escritas a propósito da usina de Paulo Afonso e apresentadas ao Congresso Mundial de Energia realizado no Rio de Janeiro já em 1954. A escolha entre uma e outra localização depende das condições naturais em que se encontram as quedas d'água, cabendo registrar que a subterrânea de Paulo Afonso foi facilitada por solo granítico deveras propício.[26]

A transmissão de energia faz-se atualmente em fios de cobre ou em fios de alumínio, ambos bons condutores de eletricidade, predicado que nos primeiros é mais acentuado que nos segundos. Como o cobre tem no mercado um preço muito mais alto do que o alumínio, os fios constituem alvo de frequentes furtos, em que os ladrões às vezes morrem eletrocutados. A escolha entre o cobre e o alumínio para as linhas de transmissão depende de considerações técnicas e de outros pontos que também influem no custo delas.

A regulamentação da indústria hidroelétrica está ainda, e em parte, contida no Livro III do Código de Águas, que se tornou o mais importante pelo seu feitio relativamente inovador, diversamente do que acontece com o restante do referido Código que, na sua maior parte, conforme adverti em trabalho sobre águas interiores, reproduz normas constantes do Código Civil de 1916. Aduza-se que esses artigos são, quase todos, repetidos no Código Civil de 2002. Dentro do aludido Livro III do Código de Águas, o Título II versa especialmente sobre concessões, mas esta matéria foi inovada pelas Leis 8.987/1995; 11.484/2007; 11.508/2007 e inúmeras outras mais.

Saliente-se que muito embora o Livro III trouxesse no cabeçalho, em subtítulo, a palavra "regulamentação", esta, na verdade, só veio a surgir mais tarde, visto como se tornava realmente necessária para preencher interstícios deixados pelo Código, no qual se acha até expressamente prevista (art. 152, § 2º) Tornava-se, então, deveras necessário um regulamento para preencher esses interstícios e omissões, bem como absorver atos complementares e clarear outros pontos, pelo que ele veio a ser efetivamente expedido depois de uma experiência de mais de duas décadas (Decreto 41.019, de 26.2.1957).

26. Domingos Marchetti, "Notícias sobre as escavações subterrâneas da Usina Hidroelétrica de Paulo Afonso". Monografia n. 21 dos *Anais do Congresso Mundial de Energia do Rio de Janeiro*, 1950; O. Marcondes Ferraz e A. Balança, "La coupure du fleuve São Francisco à l'usine de Paulo Afonso", *Anais da Conferência Mundial de Energia*, vol. 2. Rio de Janeiro, 1954, pp. 396 e 411, respectivamente.

Embora a nova legislação sobre energia, da década de 1990 até estas duas primeiras décadas do século XXI, haja mudado substancialmente, ainda assim cumpre examinar tópicos na legislação anterior para efeitos comparativos e de melhoria. Assim, por exemplo, o regulamento do Decreto 41.019/1957 incorpora o certo e o duvidoso do codificado e então praticado, estando no segundo caso as suas disposições sobre reservas. Depois de, em mais de um dos seus artigos, igualar corretamente como sinônimas a quota de reversão e a de amortização, referindo-se à demonstração das quotas de "reversão ou amortização" diferentes das de "depreciação", a seguir aludidas (Decreto 41.019/1957, arts. 29, "e"; 158, II; 165, "c"; 174, III), depois disso, surpreende o leitor com a autorização de aplicar o fundo de reversão "na expansão dos serviços". De duas uma: ou a quota de amortização se destina a recompor o capital já empatado pelo concessionário ou se destina à expansão do serviço. Não parece regular a transposição de finalidade.

Por outro lado, prevê realisticamente a adoção de medidas de racionamento de energia elétrica "em casos de guerra", de comoção intestina ou de situações anormais delas decorrentes, bem como nos demais casos de emergência (Dec. 41.019/1957, arts. 148; art. 10, "b"). Também prevê para redução do consumo, o chamado "horário de verão", a saber, o retardamento da iluminação até que a claridade do dia decline efetivamente em certa época. Não podia deixar de prevê-las, porque a escassez de energia para atender à demanda crescente já fora fortemente sentida desde meados do século passado no centro do País; e agora, nestes últimos anos, se fez sentir mais fortemente, primeiro no Centro-Oeste e no Nordeste, e desde 2012 também em São Paulo, Rio de Janeiro e em algumas regiões no Sul do País. Como toda escassez, a de energia elétrica somente pode ser enfrentada pelo *racionamento* e pelo encurtamento do horário em que é fornecida.

Dentre os casos de emergência cumpre lembrar o de esgotar-se a máquina de reserva ou de ser provisoriamente posta fora de serviço por um acidente ou por ato de sabotagem e de terrorismo. Para evitar estes últimos, tive a preocupação de criar em torno da usina de Paulo Afonso verdadeiro cinturão, adquirindo terras de um e outro lado e circundando-as adequadamente, de modo que nela ninguém penetrasse a não ser o pessoal da Companhia. Parece que já não é mais assim...

No tocante à legislação vigente, podemos dizer que é confusa, difusa, tautológica, por vezes, contraditória e no mais das vezes desnecessária.

Convém relembrar princípio básico na esfera jurídica, ou seja, a lei contém o objeto na sua essência, nada mais. Normas de cunho instrumental, que mostram o *modus faciendi*, não são leis, são regulamentos, resoluções, portarias circulares, mas, *não* leis. Chocante é que os legisladores desconheçam o princípio, a despeito de haver uma lei que ensina como fazer as leis (Lei Complementar 95, de 26.2.1998). É de se lamentar que os descuidados legisladores não houvessem se debruçado sobre o assunto com mais cuidado, o que se verá ao longo deste livro.

Pode-se concluir, então, que a legislação vigente necessita urgentemente de revisão, devendo, em primeiro, se refazer todo o complicado planejamento, cortando órgãos totalmente desnecessários, o que embaralha e retarda a comunicação entre os técnicos, com prejuízos para a Energia e para o País. Depois de revisão do planejamento, há que se consolidar este planejamento em poucas normas substantivas, deixando instruções de natureza técnica para resoluções, circulares e semelhantes. Essa consolidação deve ser simplificada, com terminologia em português claro, inteligível a todos.

Para esse novo planejamento e consolidação, sugere-se antes do mais, total revisão das normas aparecidas desde 2003, nos tópicos em que ferem a Constituição Federal. Tal e qual, o legislador mais culto deverá reexaminar as incongruências e falhas na área de tributação, em desacordo com a Constituição Federal, como se lerá adiante. Cumpre, por igual, preencher lacunas para a harmonização com normas sobre águas e de Direito Ambiental, o que, na presente conjuntura, atrapalha, e muito, a produção de energia no País.

Aliás, em matéria de águas, Direito Ambiental, mineração e também agricultura – assuntos interligados neste livro –, o que o País precisa, e com a maior urgência, é eliminar tantos Ministérios tratando dos mesmos temas, com instruções superpostas e contraditórias.

Por fim, há que se convocar para órgãos governamentais os bons técnicos, bons advogados e não políticos desavisados... É o que o País inteiro deseja, objetiva e quer!

Capítulo IV
USINAS TÉRMICAS. CONTROLE DA UNIÃO. MATRIZES ENERGÉTICAS

Amplitude da competência legislativa da União. Usinas térmicas. Controle unitário da energia. Complementação da hidroelétrica pela térmica. Exemplos da Grã-Bretanha e da Índia. Integração de nossas usinas. Usinas a carvão mineral, petróleo e gás natural. Usinas a xisto e a lenha. Cata-ventos e coletores de energia solar. Usinas nucleares. Risco da operação e do resíduo. Necessidade de usinas térmicas de reserva. Abastecimento de petróleo.

O regime de autorizações e concessões, já previsto, *no passado*, no Código de Águas, para as usinas hidroelétricas, acabou se estendendo às usinas *térmicas*, às eólicas, às de biomassa, solares e outras, por força de um processo evolutivo da legislação que foi, nestes últimos anos, bastante modificado, atingindo essas modificações o seu ápice no ano de 2013, a partir da Lei 12.783, de 11 de janeiro, ainda com mais e tumultuada legislação subsequente, alterando desordenadamente diversos atos normativos anteriores (Decreto-lei 2.281, de 5.6.1940, art. 1º, parágrafo único, e art. 10; Dec.-lei 3.128, de 19.3.1941, art. 9º; Dec.-lei 3.365, de 21.6.1941, art. 1º, § 3º; Dec.-lei 3.763, de 25.10.1941, com as alterações do art. 182, parágrafo único, do Código de Águas; Dec. 41.019, de 26.2.1957, art. 3º, e ainda as confusas e atabalhoadas normas de 2003 até 2016.

No tocante às térmicas, no passado, a dúvida, que então se levantara era sobre a competência legislativa federal, ou seja, se esta abrangeria a energia térmica, o que foi resolvido pelo art. 3º do Dec.-lei 3.763/1941, que consolida disposições sobre água e energia elétrica, bem como pelo art. 3º do Decreto 41.019, segundo o qual "(...) o serviço de produção de energia elétrica consiste na transformação em energia elétrica de *qualquer outra forma de energia*, seja qual for a sua origem". Como para encerrá-la definitivamente, a Constituição de 1988 conferiu à União atribuição no mesmo sentido quando, genericamente, usa o termo "energia" (CF/1988, art. 22, IV). Vale lembrar que a Constituição de 1967, no art. 8º, "i", já atribuía à União competência para legislar sobre "águas, *energia elétrica* e telecomunicações", elucidando-se que a expressão "energia elétrica", ali, também era genérica.

A essa legislação, seguiram-se nos anos de 1990 muitas outras normas, com mudanças maiores, o que facultou ao setor energético, nos anos de 1995 a 1998, denominar "novo modelo do setor elétrico" com a Lei 9.648, de 27.5.1998, e outras mais, culminando, ao final, com a Lei 10.848, de 15.3.2004, que modifica, *in totum*, o quadro do setor energético no País, conhecido como "novíssimo modelo". Todavia, nas duas primeiras décadas do século XXI, *i.e.*, desde 2003, essa legislação, é cada vez mais confusa, irregular, prolixa e, sem dúvida, algumas vezes ineficiente. E mais grave, essa horrível legislação vem sendo modificada com frequência danosa, como por exemplo, pela Lei 12.783, de 11.1.2013, e muitas outras. Isso mostra, a toda obviedade, que essas amiudadas mudanças não são leis. Talvez, regulamentos, resoluções, mas *não* leis.

Incidentalmente, há que relembrar o que seja uma lei. Ensinam os juristas de escol, e em primeiro, que as leis não podem se orientar por princípios políticos e sim por princípios de Direito Civil (Montesquieu). Depois, as leis devem conter substancialmente o que determina a Constituição. E a lei deve ser geral, permanente, sintética, justa e útil ao interesse geral. A manifestação que atinge apenas certo momento, certa época, *não* é lei... E deve declarar o objetivo, a finalidade, deixando planejamentos, programas, fórmulas para regulamentos, resoluções regimentos etc. De mais a mais, a lei não pode descer a detalhes, muito menos sobre o seu cumprimento, ou forma de cumprimento... Como se vê ultimamente no País, as normas denominadas leis *não são leis*. Repita-se, talvez regulamentos, posturas, circulares, mas, leis, não. E grave, essas normas mal elaboradas estão em todas as áreas e não apena em Energia. Assim, por exemplo, a norma de "Minha casa, minha vida". É episódio triste, que desfavorece e desvaloriza o País nas duas primeiras décadas deste século XXI.

No tocante ainda às térmicas, cumpre advertir que, no passado, as reflexões sobre as usinas térmicas já eram amplas e fortes, eis que ao se dispor sobre tarifas e seu controle *unitário* e muito antes mesmo dos diplomas *anteriores* ao texto constitucional vigente, o Dec.-lei 3.128/1941, que dispunha, sobre o tombamento dos bens das empresas exploradoras de eletricidade, estabelecia o critério para a verificação do custo histórico e *estendia* expressamente a sua *preceituação àquelas* que têm a sua fonte *na energia térmica*. Fê-lo no seu artigo mais saliente ao dizer que "será de dez por cento (10%) o lucro a ser permitido ao investimento no cálculo das tarifas das empresas que explorarem a indústria e o comércio da energia hidro e termoelétrica (art. 9º). A Lei 5.655, de 20.5.1971, havia ido além, ao admitir a alternativa de 10 a 12%, "a critério do poder concedente".

Esse custo histórico, então adotado pelo Brasil, era critério que permitia a imposição das tarifas pelo custo do serviço, vale dizer os preços deviam remunerar os investimentos e custos dispendidos na prestação do serviço, aduzido esse preço de uma margem, para garantir ao investidor o retorno de sua aplicação.

Na época, o controle unitário da energia se impunha em face não só da possibilidade de dispersão normativa como de fontes diversas, visto como estas, longe de se excluírem na aplicação prática, se solidarizavam neste campo. Quando os reservatórios de reserva não bastam ou não se possibilitem na região, a complementação das usinas hidroelétricas por usinas térmicas constitui uma *necessidade normal do sistema*, por permitir a utilização mais racional das águas que afluem irregularmente. Vale dizer, as térmicas complementam, suplementam a energia das hidroelétricas. Quando estas escasseiam na estiagem, com o esvaziamento de seus reservatórios, então as usinas térmicas desempenham função de um reservatório de reserva.

Assim, as usinas hidroelétricas aproveitam ao máximo a potência de suas máquinas na estação chuvosa, mas, quando as chuvas rareiam e as máquinas ficam com parte de sua capacidade geradora ociosa, surge a necessidade e oportunidade de recorrer às usinas térmicas para cobrir a deficiência hidráulica e manter no mesmo nível a produção e o fornecimento de energia. Do contrário, sobrevém a crise e, com esta, a necessidade de racionamento, que prejudica o ritmo de trabalho de todas as atividades, e força, por conseguinte, o desemprego e causa mal-estar à população atingida; contudo, por vezes, o racionamento deve ser feito, a fim de evitar mal maior!

Em interessante livro, *Energy at Crossroads* (*Energia nas Encruzilhadas*), de Vaclav Smil,[1] mostra que, supostamente, há um prognóstico livre de erro na questão de falta de energia, feito por estudioso no assun-

1. Vaclav Smil, *Energy at Crossroads – Global perspectives and uncertainties*. Cambridge, Massachuscts, The Mit Press, 2005, pp. 161 e 162.

to, Cesare Marchetti, do Instituto Internacional para Análise de Sistema Aplicado/IIASA. Esse estudioso da história das *substituições energéticas* expressa que essas substituições se processam ordenadamente em ciclos completos de quotas do Suprimento Total de Energia Primária ("total primary energy supply") entregue por fontes energéticas, parecendo ser o fornecimento quase normal. Segundo Vaclav Smil, Marchetti e Nakicenovic concluem como se "(...) o sistema tivesse um esquema, um desejo e um relógio".

A despeito do estudo histórico otimista, o vasto e ainda descontrolado crescimento populacional, com consequente e descompassada demanda energética, tudo indica, tudo conduz, tudo aconselha a maior implementação na *complementação* da energia hidroelétrica, mesmo possuindo o Brasil uma situação privilegiada comparativamente com outros países, complementação essa a ser conduzida não apenas pelas térmicas, mas, por igual e principalmente, por outras fontes de energia, tanto fontes já descobertas e em uso, como a solar, eólica, da biomassa, como a grande necessidade de outras a serem descobertas, por tecnologia avançada, o que requer investimentos maiores.

Com efeito, essa complementação é importante em qualquer país, bastando lembrar que, ao passo que no nosso País as usinas hidroelétricas têm sua *complementação nas usinas térmicas*, na Grã-Bretanha estas têm sua complementação naquela. A diferença advém, como antes expresso, de ser o Brasil rico em energia hidráulica e pobre em carvão mineral, ao contrário do que acontece na Grã-Bretanha. Lá a energia hidráulica se concentra nas regiões montanhosas da Escócia e do País de Gales, onde as usinas hidroelétricas se constroem com o máximo cuidado, para preservar a circulação dos peixes, especialmente o salmão. A integração entre uma e outras usinas era, e em parte ainda é, assegurada por convênio entre os respectivos órgãos de controle.[2]

O quadro acima, na Grã-Bretanha, mudou de acordo com as mais modernas tecnologias, podendo-se dizer que, neste século XXI, a política da *energia renovável*, de fontes variadas, é o seu foco maior. Essa energia renovável, conforme especialistas, pode ser bipartida em (a) geração de eletricidade renovável e (b) geração de calor renovável.

E desde a década de 1990 a energia renovável na Grã-Bretanha vem contribuindo para gerar a eletricidade e suplementar a capacidade redu-

---

2. J. D. Peattie e A. A. Fulton, "Integration of hydro and thermal generation in Great Britain", nos *Anais da Conferência Mundial de Energia do Rio de Janeiro*, vol. 1, 1954, pp. 459 e ss.

zida das hidroelétricas. E nestas primeiras décadas do século XXI, por exemplo, em 2012, a energia renovável forneceu 11,3% da eletricidade, com 41,3 TWh da eletricidade gerada. E o interesse maior no Reino Unido tem por objetivo não apenas obter mais energia, mas também reduzir a emissão de gás carbônico. Pode-se relembrar que, historicamente, suas usinas hidroelétricas foram as maiores produtoras de energia renovável, mas posteriormente, na Inglaterra, estão sendo ultrapassadas pelos projetos de usinas eólicas, em virtude das fontes potenciais de monta que são os ventos nas ilhas britânicas. A Inglaterra, na atualidade, está também investindo em projetos para obter energia das ondas e marés.

Com referência às eólicas, em meados de 2013, a capacidade instalada de potencial eólico ultrapassava a 10 GW, e o Reino Unido está hoje classificado como o oitavo maior produtor de energia eólica. A expectativa maior é que a energia eólica continue crescendo no Reino Unido, havendo previsão de crescimento de capacidade de mais de 2 GWh por ano, para os próximos cinco anos. Atualmente na Grã-Bretanha a energia eólica é a segunda maior fonte de energia renovável, vindo abaixo apenas da energia da biomassa.[3]

Acrescente-se que, muito embora haja um novo quadro energético do Reino Unido, com forte interesse em prosseguir no desenvolvimento de técnicas para aproveitamento das ondas (*waves*) e das marés (*tides*), os órgãos especializados na matéria ainda não receberam recursos suficientes para essa finalidade. Em 2012 completou-se apenas um projeto, elaborado pela "Ocean Power Technology", na Escócia, ora sendo desenvolvido em Cornwall.

A atenção do Reino Unido também está voltada para o gás, tanto biogás como o gás do lixo, devendo-se esclarecer que em 2004 essas duas espécies de energia, junto com a energia de mais algumas hidroelétricas, foram responsáveis pela produção de 39,4% da energia renovável no Reino Unido.[4]

A *energia solar* é outro aspecto da energia, que ocupa espaço nas Ilhas Britânicas. No final de 2011 havia 230.000 projetos de energia solar em funcionamento, gerando 750 MW, produção essa aumentada em 2012

---

3. V. Department of Energy and Climate Change, *Annual Tables: Digest of UK Energy Statistics* (Dukes), Chapter 6: "Renewable Sources of Energy". Disponível em: www.gov.uk/government/statistics/renewable-sources-of-energy-chapter 6 digest-of--united-kingdom-energy-statistics-dukes.
4. V. "Renewable Energy in United Kingdom" (DTI figures), disponível em: https://en.wikipedia.org/wiki/Renewable_energy_in_the_United_Kingdom.

para 1.000 MW. A expectativa é que, em 2020, a energia solar instalada seja de 22.000 MW.[5]

A emergente Índia, um dos maiores países consumidores de energia no mundo, nos idos de 1951, apresentava uma situação semelhante, porque as usinas térmicas representavam 68,66% da capacidade instalada e as hidroelétricas 31,34% da referida capacidade. Todavia, essa situação tendia a modificar-se, visto como os recursos hidráulicos nesse país se acham igualmente distribuídos pelo território, explicando-se o predomínio *ocasional* das usinas térmicas sobretudo pela necessidade de atender com presteza centros densamente povoados, que não podiam esperar o longo tempo exigido pelas obras civis de uma usina hidroelétrica.[6]

Ainda hoje, já no século XXI, a maioria das usinas elétricas na Índia são movidas a carvão, por ser ele abundante no país, sendo o seu custo baixo, cerca de 4 rupias (US$ 0,07.), por kWh.[7]

Mas, como já era de se esperar, as mudanças vieram se processando, pois a Índia, como outros países, visa e precisa obter mais energia, devendo ainda manter a sustentabilidade e utilizar recursos renováveis, para sua sobrevivência. Há pouco, surgiu na Índia o projeto "Gram Power", cujo cofundador, Yashray Khaitan, inovou o sistema de micrograde inteligente, que consiste numa infraestrutura de geração de fontes renováveis, instaladas em pequenas localidades (vilarejos), geralmente feitas com painéis solares em uma torre de celular, que capta a energia e, então, distribuída. A recarga custa, por dia, U$ 0,20.[8]

E visto ser a Índia país rico em carvão, utilizando-o em grande escala, sofre pressões da ONU, junto com Brasil e China, para reduzir o gás carbônico em seu território, o que atinge as termoelétricas movidas a carvão, bastante poluentes.

Por isso, a Índia engaja-se com vigor em outros projetos para obtenção de energia limpa. Um destes é o da energia eólica, pretendendo-se ali

---

5. Idem, ibidem.
6. V. A. Gadkary, "Coordinate development of hydro and thermal power resources in India", nos *Anais da Conferência Mundial de Energia do Rio de Janeiro*, vol. 1, 1954, pp. 519 e ss.
7. Cf. Vikas Bajay, "Índia substitui carvão por energia solar". Disponível em: http://economia.estadao.com.br/noticias/geral,india-substitui-carvao-por-energia--solar-imp-,817306.
8. Thomas L. Friedman, "Na Índia, inovação em energia, tecnologia e identificação de pessoas se encontram". Disponível em: http://noticias.uol.com.br/blogs-e-colunas/coluna/thomas-friedman/2013/02/15/na-india-inovacao-em-energia--tecnologia-e-identificacao-de-pessoas-se-encontram.htm.

obter também e por igual a energia solar em maior volume até 2022, o que irá representar 7% da eletricidade no país e evitará a emissão de 95 milhões de toneladas de CO_2 por ano.[9] A Índia adota ainda a tecnologia de reatores a urânio natural, como o Brasil anteriormente a 1964. Todavia, o Brasil, em 1967, preferiu fazer Angra I, com reator a urânio enriquecido e com água leve pressurizada (PWR). Já a Índia optou pela geração nuclear com reatores a água pesada e urânio natural (PHWR), e atualmente desenvolve sistema de reprocessamento dos rejeitos nucleares.[10]

Assim, e sinteticamente, a política do Ministério de Novas Fontes Renováveis da Índia atua no sentido de aumentar o uso de energia renovável, para garantir base energética ambientalmente sustentável, mediante operações conjuntas nas construções de térmicas, usinas solares, pequenas hidroelétricas, usinas a biogás e biomassa. Estima-se que a Índia, em todo o país, possa vir a ter potencial de 80.000 MW renovável.[11]

Como se nota, persiste, por quase todos os países no mundo, a necessidade premente de coordenação das energias de origem hidráulica com as demais e possíveis fontes de energia renováveis, a fim de complementar, suplementar e/ou alternar a produção da energia, inclusive das térmicas com o menor teor possível de gás carbônico e menor dano à natureza.

De par com essa completitude e/ou alternatividade de diversas fontes energéticas, pode-se também *fazer a utilização simultânea* de *usinas térmicas,* por exemplo, o que ocorre quando há sobrecarga de sistema elétrico, sem possibilidade de aliviá-lo a não ser pelo recurso à energia térmica, conforme se observava anos atrás na Suécia; e ainda quando há redução nos reservatórios das usinas hidroelétricas, que leva à necessidade de se recorrer às térmicas, como vem acontecendo no Brasil desde o início de 2003, agravando-se a crise a partir de 2012.

Como em outros países, o quadro sueco, por igual, se alterou bastante. Em 1970, o petróleo representava mais de 75% do fornecimento

9. Cf. "Fontes renováveis serão protagonistas no futuro da energia no Brasil". Disponível em: http://epocanegocios.globo.com/Caminhos-para-o-futuro/Energia/ noticia/2015/11/fontes-renovaveis-serao-protagonistas-no-futuro-da-energia-no--brasil.html.
10. Luiz Pinguelli Rosa, "Índia Aspectos Econômicos e Tecnológicos – Comparativamente ao Brasil". Disponível em: www.ufmg.br/dri/cei/wp.../pinguelli_rosa_india_itama_india_itamarati1-2.doc.
11. Cf. www.abve.org.br/destaques/2007/destaques96.arp.

de energia na Suécia e, em 2006, o percentual caiu para 32%, em face do aproveitamento de outras fontes energéticas. Interessante notar que o mercado de energia nesse país é, em grande parte, *privatizado*. Nos dias que correm, a produção total é de 139 Wh. As hidroelétricas respondem por 61 TWh, ou seja, 44% da energia (renovável); já a energia nuclear produz 65 TWh, correspondendo a 47%; e os biocombustíveis e a turfa produzem cerca de 13 TWh, vale dizer 9%; restando para a energia eólica 1 TWh, cerca de 1% da energia. A biomassa é utilizada principalmente para calefação e processos industriais.[12]

No tocante à energia nuclear, segundo se informa, a sua utilização vem sendo limitada, desde a década de 1980, com o acidente da usina nuclear Three Mile Island, nos Estados Unidos. E, certamente, ainda mais após os eventos de Chernobyl (na Ucrânia) e no Japão, assaz preocupantes.[13]

A Suécia, ao focar sua política energética na obtenção de melhor qualidade e de menor dano ao ambiente, vem procurando reduzir a emissão de carbono, conseguindo fazê-lo na cidade de Kristianstad, que foi deixando aos poucos os combustíveis fósseis e reduziu a emissão de carbono em 25%, mediante a utilização de lixo (alimentos, madeiras, podas de árvores etc.) queimado juntamente com uma planta local. Em termos econômicos, o sistema energético da cidade, que custava US$ 7 milhões, custa agora US$ 3,2 milhões.[14]

O que desperta maior interesse na Suécia é que a sua tecnologia está inovando no aproveitamento do calor do corpo humano, para gerar energia. A experiência já acontece na estação de trens em Estocolmo, com o projeto da construtora sueca Jernhusen, que economiza 25% de energia na estação. O sistema consiste em captura da energia, gerada pelo corpo humano, por meio de receptores instalados em toda a estação. Este calor aquece determinada quantidade de água, que é enviada a um prédio anexo, onde vai gerar a eletricidade.[15]

Cumpre esclarecer que a Agência Internacional de Energia/IEA classifica muito bem a Suécia, em virtude da baixa emissão de dióxido

12. Cf. https://pt.wikipedia.org/wiki/Su%C3%A9cia.
13. Idem, ibidem.
14. Cf. http://ne.dedalus.com.br/blog/consumo-consciente/cidade-de-kristian tad-na-suecia-gera-98-da-energia-com-o-proprio-lixo/.
15. Cf. www.tecmundo.com.br/energia/8384-calor-humano-sera-fonte-de-
-energia-para-estacao-de-trem-na-suecia.htm.

de carbono, alta proporção de combustíveis renováveis e mercado de energia elétrica eficiente.[16]

Observa-se assim que, com as usinas hidroelétricas, já se emparelham hoje, em inúmeros países, as *usinas térmicas* e outras. E se o Norte do nosso Brasil começou a ser servido pelas primeiras, não se pode olvidar que, originalmente, o foram pelas segundas. Se a usina de Tucuruí leva hoje as suas linhas de transmissão até Belém do Pará, a verdade é que, ao fazê-lo, já lá encontrou a usina térmica.

A *usina termoelétrica* é uma instalação industrial que opera mediante processo de aquecimento. Isto é, aquece-se um caldeirão com água, sendo o caldeirão aquecido com *combustíveis fósseis*, ou seja, óleo diesel, carvão, e/ou gás natural, podendo ainda o caldeirão ser aquecido por qualquer produto que possa *gerar calor*, assim como o bagaço de cana, ou de outros tipos de plantas, com resíduos de madeira, e também com urânio enriquecido etc. A água aquecida é transformada em vapor, cuja força irá movimentar as pás de uma turbina que, a sua vez, movimentará o gerador, produzindo assim, a energia elétrica.

Aliás, o Norte contou desde cedo com as primeiras usinas térmicas instaladas no País, a saber a de Cruzeiro do Sul, no Acre, inaugurada em 1904, e as de Manaus e Belém, inauguradas em 1905. Portanto, no Brasil, já utilizávamos as térmicas de há muito. Embora as térmicas utilizem diversos materiais, o gás natural ainda apresenta percentual significativo, é importado e custa caro.

Com efeito, nestas primeiras décadas do século XXI, no Brasil, temos 1.384 usinas térmicas em operação, sendo 43% no Sudeste e 23% no Norte, as quais usam predominantemente combustíveis fósseis, ou seja, carvão, petróleo e gás, sendo que 829 (70%) dessas usinas utilizam principalmente óleo diesel; 6,7% emprega gás natural; e apenas 1/3 das 1.384 é que se vale da biomassa.[17]

Nessa conformidade, além das usinas hidroelétricas, as térmicas possuem hoje componentes diversificados para utilização na produção de energia, a fim de *complementar* a produção das hidroelétricas *e assegurar* o suprimento de energia do já notável parque industrial do País e as primeiras necessidades do seu povo. Assim, por exemplo, os poços

---

16. Cf. https://pt.scribd.com/doc/66452133/Energia-Suecia-Port-FS3.
17. Cf. https://pt.wikipedia.org/wiki/Lista_de_usinas_hidrel%C3%A9tricas_do_Brasil.

petrolíferos ou de gás natural no Recôncavo baiano, em Nova Olinda, na bacia de Campos, mais recentemente em Juruá e Urucu. O aproveitamento termoelétrico do gás natural de Aratu, na Bahia, serviu para a eletrificação da Estrada de Ferro Federal Leste Brasileiro.

No tocante ao *gás natural*, que é uma das matérias que alimenta as usinas térmicas, é tema que preocupa o setor energético desde os idos de 1956, com a então descoberta de diminuto volume, pela Petrobrás. Todavia, posteriormente, no final de 1970, foram descobertas as reservas de Juruá e Urucu, acima referidas. Volumes comerciáveis surgiram em 1980 e 1990 mediante negociação com a Bolívia, de que resultou no Tratado de La Paz, em 1996. Os fornecimentos de gás, da Bolívia para o Brasil, funcionaram regularmente até 2010. A despeito da estatização ali havida em 2006, o Brasil ainda tem contrato com a Bolívia até 2019; e, segundo se comenta, nosso País está em negociações para renovações contratuais. Incidentalmente, elucide-se que o Brasil tem novas condições, que lhe são amplamente favoráveis, a fim de obter contrato equilibrado e equitativo para os dois países. Pois, se de um lado a Bolívia tem enorme potencial de gás, e ainda a maior reserva mundial de lítio, matéria esta com vasta capacidade para armazenar energia elétrica, por outro lado, o Brasil tem ainda a Bacia do Espírito Santo – Mucuri, localizada no norte do Espírito Santo e sul da Bahia –, com notável área sedimentar, contendo reservas significativas de gás natural e óleo leve. Tem ainda unidades de regaseificação, finalizadas em 2009, ou seja, a de Pecém, no Ceará, e também outra no Rio de Janeiro. De mais a mais, o Brasil pode diversificar seus fornecedores, comprando gás natural liquefeito dos Emirados-Árabes, da Guiné Equatorial, da Nigéria e assim por diante.

Aliás, note-se que na esperança do aumento de descobertas de gás, a Constituição Federal de 1988 já inserira dispositivo especial sobre o assunto, a fim de estimular os Estados na exploração e distribuição exclusiva.[18] Em 2003 as reservas cresceram significativamente, com a bacia de Campos detendo 148 bilhões de m^3, ficando em segundo lugar a de Urucu, com 49 bilhões de m^3.[19]

Cabe aduzir que, de par com os poços de petróleo e os recursos de gás natural, colocam-se as minas de *carvão*. Como se sabe, o carvão mineral é uma pedra composta, basicamente, de carbono e magnésio,

---

18. CF, art. 25, § 2º.
19. Antonio Dias Leite, *A Energia do Brasil*, 2ª ed., atualizada, Rio de Janeiro, Campus, 2007, pp. 330-331.

na forma de betumes, de cor escura. O consumo mundial de carvão no mundo é grande e, conforme *experts* no assunto, décadas ainda passarão até que se obtenha energia sustentável para substituir o carvão na produção de energia térmica. No Brasil, o carvão mineral participa com pouco mais de 5% na matriz energética e com apenas 1,3% na matriz elétrica. E cerca de 85% do carvão é consumido na produção da termoeletricidade, sendo que o melhor carvão brasileiro vem das minas no sul. O Brasil tem reservas de, mais ou menos, 32 bilhões de toneladas, com minas no Rio Grande do Sul, Santa Catarina Paraná, Minas Gerais, São Paulo etc. E as maiores jazidas de carvão estão na região de Candiota e Charqueada, no Rio Grande do Sul, seguindo-se as de Laguna e Tubarão em Santa Catarina, e outras mais também em outros estados. Junto a estas jazidas foram construídas usinas termoelétricas que utilizam em grande parte o carvão a vapor, resultante do beneficiamento do carvão bruto para obtenção do carvão utilizado na metalurgia. Com a localização das usinas termoelétricas junto às minas economiza-se o custo do transporte do carvão, que carrega consigo 30% da matéria inerte.

Discute-se no País, de há muito, sobre as vantagens e/ou as desvantagens no aumento da exploração do carvão, porquanto, em primeiro, o nosso carvão é de baixa qualidade e a maior parte da extração é rejeito depositado em áreas em céu aberto, contaminando o solo e rios locais, ficando estes com cor amarelo-avermelhada. E em segundo, porquanto moradores nas vizinhanças dessas jazidas recebem elevadas taxas de chumbo, cobre, zinco e ferro, danificando as células sadias no corpo humano.[20]

Países como China, Índia, Rússia e Alemanha têm forte dependência de energia térmica movida a *carvão* e, conforme ainda os entendidos na matéria, levará muito tempo até que se possa prescindir da energia do carvão, mediante substituição por energias sustentáveis.[21]

Como mencionamos antes, outra fonte importante para se obter *energia térmica*, que se revela bastante promissora, é a do *bagaço de cana*, resultante da atividade de destilarias e refinarias. São Paulo tomou a dianteira no emprego do bagaço de cana em caldeiras, para obtenção de energia, e por um custo muito inferior ao da energia elétrica.

20. Cf. http://www.ciencia.org.br/revista/materia/id/703/n/carvao_mineral:_um_mal_necessario.
21. Cf. http://inthemine.com.br/site/?s=463.

As usinas de açúcar e álcool, pioneiras nesse emprego, foram as de São Francisco e São Martinho, em Ribeirão Preto, havendo a primeira conseguido produzir tanta energia que chega a fornecer o excesso à Companhia Paulista de Força e Luz. Esse repasse tornou-se possível graças ao aperfeiçoamento técnico que, embora de alto custo, acabou compensando em face da economia que trouxe à empresa. A segunda usina, de São Martinho, em 2008, iniciou processo bem estruturado de reorganização e pretende alcançar volume de 30 milhões de cana em 2020.[22] Ao passo que essa usina tornou-se autossuficiente, outras usinas, sem o mesmo aparelhamento, já logram produzir 75% de energia elétrica que consomem. Quando atingirem 100% poderão, como a anterior, integrar, pela interligação, o sistema geral de transmissão.[23]

Outra vantagem na utilização da cana para energia é a de se produzir energia com o bagaço queimado justamente quando escasseia a de origem hidroelétrica, em consequência da estiagem que reduz a água dos reservatórios. Note-se ainda que a queima do bagaço produz energia com redução de emissão de gás carbônico (CO_2). A cana de açúcar é fonte de energia interessante, eis que dela se extrai etanol, butanol, querosene de aviação, álcool anidro, álcool hidratado não se olvidando que o bagaço e a palha da cana produzem energia térmica a vapor e elétrica.[24]

A despeito de algumas vantagens na utilização da cana de açúcar, maior atenção e estudo devem ser aplicados à localização de suas usinas, que não podem e nem devem ser em terras de melhor qualidade, e sim em terras inferiores. De fato, as terras de melhor qualidade devem ser aproveitadas para a produção de alimentos, com lavouras de soja, trigo, feijão, e também para pastagens etc. O ser humano não poderá se alimentar de rapadura pela manhã, de pé de moleque no almoço e nem de melado no jantar...

Deixando de lado a brincadeira acima, pode-se ainda explicitar que nas vantagens de utilização da energia térmica, em geral, juntam-se a economia no consumo de petróleo com o programa de substituição da gasolina pelo álcool nos veículos automotores, o que de há algum tempo se faz no País.

22. Jornal *Valor Econômico*, de 1, 2 e 3.8.2008, p. B-11.
23. Jornal *O Estado de São Paulo*, de 8.4.1987, p. 52.
24. Cf. 13º Encontro Internacional de Energia/FIESP, de 6.8.2012. Disponível em: www.fiesp.com.br/imprensa/fiesp-discute-ampliacao-do-mercado-livre-de-energia-no-brasil/.

Como os nossos poços de petróleo suprem apenas uma parte do consumo de óleo e gasolina do País, incentivou-se em boa hora o referido programa, surgindo numerosas destilarias de álcool, isoladas ou conjugadas com as de cana de açúcar, ao mesmo tempo que a indústria automobilística lançava no mercado os automóveis adaptados ao consumo de álcool.

Como é do conhecimento de todos, a princípio, esses automóveis sofreram apenas adaptação e, mais tarde, foram substituídos por modelos especialmente fabricados para o uso do álcool, cujo motor oferece maior rendimento do que o primitivo devido aos aperfeiçoamentos tecnológicos. O novo combustível passou também para os caminhões, de sorte que sobrou mais óleo para aplicação em usinas térmicas.

Ademais as diversas fontes de *energia térmica* acima referidas, cabe incluir como fonte de energia descoberta – ao que parece já desde o século XIX, mas em outros países, somente no século XX –, o denominado "gás de xisto" (em inglês "shale gas") ou também chamado "gás de folhelho". A propósito da expressão entre nós cunhada, tanto a Cia de Pesquisas Minerais/CPRM, como especialistas clamam a atenção para sua impropriedade. E isso porquanto o folhelho é rocha argilosa, de origem sedimentar; e xisto é rocha metafórmica, de outra origem. Acrescenta um técnico descaber também a expressão "betuminoso", porquanto o composto orgânico – xisto – não tem características de betume.[25] Portanto a expressão correta deveria ser gás de folhelho e não gás de xisto.

Elucide-se que o denominado "xisto", que veio ser cunhado de "gás de folhelho", é rocha sedimentar e porosa, rica em material orgânico. Em suas camadas é possível encontrar gás natural, semelhante ao derivado do petróleo. Diferencia-se do gás convencional, sendo não convencional porquanto é encontrado em folhelhos e sua extração exige a aplicação de técnicas de faturamento hidráulico (*fracking*). Esse processo de extração requer tecnologia aperfeiçoada e perfuração, em certas zonas, com mais de mil metros de profundidade. Essa técnica de fratura hídrica consiste na injeção de toneladas de água, sob alta pressão, misturada com areia e produtos químicos para quebrar a rocha e liberar o gás nela aprisionado.

No Brasil, segundo alguns, a primeira extração de xisto, ou gás de folhelho, teria ocorrido em 1884, na Bahia. Seguiu-se a de São Mateus,

---

25. Cf. www.cprm.gov.br/publique/; e Hilnor Canguçu de Mesquita, "Xisto betuminoso". Disponível em: http://bibliotecadigital.fgv.br/ojs/index.php/rap/article/view/7480/5952.

no Paraná, em 1935. Posteriormente, em meados do século XX, falava-se bastante na existência desse gás no Vale do Paraíba, em Tremembé, São Paulo, a respeito da qual se fez um silêncio que nada justificava, a não ser a abundância ainda ocorrente de energia hidráulica.

Enfim, segundo noticiário nos jornais e publicações diversas, as estimativas de reservas de gás de xisto ou de folhelho no País, há poucos anos atrás, era de 6,4 trilhões de m³ e, em 2014, mencionou-se 20 trilhões. Essas reservas estão principalmente nos estados do Paraná, São Paulo, Rio Grande do Sul, Amazonas e Recôncavo Baiano. Informes diversos colocam o Brasil em 10º lugar dentre os países que podem recuperar o gás de xisto, tendo a China o primeiro lugar e o Estados Unidos, o quarto.

José Goldemberg, conhecedor da matéria, com toda razão, coloca as seguintes questões a serem examinadas na produção do gás de xisto: viabilidade econômica, que depende do tamanho da reserva de gás; duração da produção, pois depósitos de gás são finitos; autorizações para perfurações de poços; dificuldades ambientais.[26]

As grandes vantagens da utilização do gás de xisto, ou folheado de xisto, são a de se constituir numa reserva, na falta de outras fontes de energia, e, principalmente, de seu preço ser altamente competitivo.

No tocante às dificuldades, cumpre registrar a preocupação geral com a utilização do gás de xisto, em virtude de:

a) danos aos aquíferos, no Rio Guarani e bacias do Paraná, Parnaíba, Solimões, Amazonas e São Francisco. Isso porque os danos provirão dos insumos químicos e dos volumes de águas, utilizados na trituração (*fracking*), que reverterão para a superfície e que poderão ainda contaminar os lençóis freáticos. Não há, por ora, estudos científicos mais profundos no tema. Aduza-se que há restrições maiores na utilização do gás de xisto na Bulgária, na França e em alguns estados americanos;

b) liberação de gás metano, que é 21 vezes mais problemática do que o gás carbono, pois o gás metano prejudica a respiração do ser humano;

c) contaminação do solo, que prejudica agricultura e pecuária;

d) ocorrência eventual de abalos sísmicos, explosões e incêndios.

Cumpre elucidar ainda que, com o ritmo crescente de consumo de energia no País – em 2016 já estamos com quase 200 milhões de habitantes –, e a despeito de outras fontes, ainda assim, não se pode descuidar da

---

26. Cf. José Goldemberg, artigo em "Opinião", Jornal *O Estado de São Paulo*, de 20.5.2013.

energia térmica. Nela se encontra um recurso que, segundo estudos feitos na base do consumo de óleo diesel, se dispersa no País em milhares de pequenos motores térmicos industriais para uso próprio, que, na década de 1940, montavam a quase um milhão de quilowatts.

Não é, portanto, a *complementariedade* o único predicado atribuível às usinas térmicas, mas ainda a *alternatividade*, quando as usinas hidroelétricas, ou suas linhas de transmissão, falham por qualquer motivo.

A complementação da usina hidroelétrica pela *usina térmica* se mostra tão natural quanto a causa que a determina, a variação dos ciclos hidrológicos. A uma estação chuvosa, que permite o funcionamento das máquinas a plena capacidade, sucede outra de seca, que abaixa o nível das águas do reservatório, até esvaziá-lo, como ocorreu na Cantareira, São Paulo. Aí surge a oportunidade e a necessidade da usina térmica, ou de outras espécies de usinas, para suprir as deficiências das águas movimentadoras das turbinas da hidroelétrica.

A necessidade de usinas térmicas de reserva se faz sentir imperiosamente quando a estiagem chega ao extremo, excede as previsões meteorológicas, agravada nos dias excepcionalmente quentes, com um pique de demanda, portador de escuridão, privação e caos. Quando a onda de calor é sufocante, muitos os aparelhos elétricos são postos a funcionar, de modo que, esgotada a energia, surge um quadro que não é preciso descrever, porque pode ser imaginado... Igual é o pensamento de Antonio Dias Leite quando expressa ser importante "(...) situar de forma adequada as usinas térmicas no cenário nacional, pelo menos no momento em que as novas hidroelétricas se tornam de difícil construção, ou apenas menos competitivas, o que não deve, necessariamente ocorrer no Brasil antes de 2015-2020".[27]

Ainda que a usina térmica possa ser movida por mais de um combustível, quando a ela se alude o que se tem em vista é a usina movida a óleo diesel. Aí surge a questão de saber onde obtê-lo e a que custo, sendo a escassez mundial conhecida. E embora a Petrobrás haja descoberto, em 2007-2008, novos campos petrolíferos, não se sabe ao certo se poderão abastecer o mercado nacional. Há alguma esperança de que isso venha a acontecer.

Enquanto isso não acontece, importa verificar em que escala se torna indispensável a complementação das nossas usinas hidroelétricas. Essa escala influi diretamente no custo do kWh (quilowatt/hora), mas

27. Cf. Antonio Dias Leite, *A Energia do Brasil*, cit., p. 295.

nos últimos anos, de 2003 para cá, ao que se saiba, essa escala não foi estudada, talvez devido à circunstância de que, a cada passo se anuncia a descoberta de um novo campo petrolífero, geralmente na nossa costa oceânica e particularmente na bacia de Campos.

Sem dúvida, os navios petroleiros e as refinarias, introduzidos no governo Eurico Gaspar Dutra, já diminuíram consideravelmente o ônus, visto como, ao extrair-se a gasolina, produz-se automaticamente certa quantidade de óleo combustível. De outro lado, o consumo deste aumentou com a transformação da nossa economia agrícola em economia agroindustrial, e com o "agrobusiness", em que se dá o emprego intensivo de óleo combustível nos tratores, arados, colheitadeiras e empilhadeiras. Enquanto o País não assegurar a autossuficiência no abastecimento, a importação de óleo custará divisas, sempre difíceis, e agora indispensáveis, no pagamento de nossa imensa dívida externa, que nos últimos anos aumentou de forma assustadora.[28]

Como expresso, parece ser natural a adoção da energia térmica para complementar e/ou alternar com a energia das hidroelétricas.

Cabe fazer um parêntese, antes de quaisquer referências a outros tipos de energia, para *distinguir as térmicas das geotérmicas*. Enquanto as térmicas podem obter aquecimentos, para movimentar turbinas e geradores, com quaisquer espécies de combustíveis, tanto fósseis como da biomassa, as usinas geotérmicas extraem a energia a partir do calor proveniente do interior da terra, a grandes profundidades. Existem poucas usinas geotérmicas, sendo as mais conhecidas as da Califórnia, que desde 1970 obtêm energia dos gêiseres lá existentes. Segundo informam, a mais moderna é a portuguesa, da Ilha São Miguel, nos Açores.

Embora alguns se alinhem em defesa das aplicações em torno de usinas geotermais, com os avanços promissores da tecnologia de perfuração, ainda assim há preocupações com essas perfurações, tanto nos Estados Unidos como na Europa, como mostra Edwin Kessler ao lembrar as experiências em Basel, Suíça, cujos testes iniciais foram acompanhados por tremores de terra, causando apreensões, o que levou à paralização do projeto em 2007.[29]

---

28. Cf. Maria Lucia Fatorelli, "A dívida é basicamente um mecanismo financeiro que se autorreproduz e autoalimenta", *Revista Poli*, n. 30, set.-out. 2013. Disponível em: http://www.epsjv.fiocruz.br/sites/default/files/revista_poli_-_30.pdf.

29. Edwin Kessler, "Our food and fuel future", in David Pimentel (org.), *Biofuels, Solar and Wind as Renewable Energy Systems: benefits and risks*, Philadelphia, Springer Science and Business Media, 2008, pp. 271-272.

Nas referências às térmicas, faz-se indispensável explanar que o problema nestas usinas termoelétricas é relativo ao manuseio de suas instalações, que requer cuidados especiais. Isso porquanto o uso de substâncias inflamáveis em locais com instalações elétricas faz com que estas instalações possam ser fonte de ignição, ou seja, de material inflamável. A ignição junto à energia pode iniciar processo de combustão e, assim, incêndio e explosão. Vale dizer, é necessária a maior segurança em qualquer atmosfera explosiva. Há que se evitar, a todo custo, o contato da energia elétrica com inflamáveis. No Brasil de hoje, embora país membro da International Electrotechnical Commission/IEC, na Europa, ainda perdura uma quase total desinformação na matéria de segurança, e aqui sequer acompanhamos as normas deste organismo. É total a falta de fiscalização.[30]

Do que tem sido expresso, ao longo deste livro, pode-se inferir, sem dúvida nenhuma, que a espécie de energia mais pura é a hidráulica, apesar de estar sujeita às intempéries do tempo e por vezes até mesmo ao descuido e negligência de administradores, conforme parece ter acontecido em alguns projetos no Brasil. A despeito disso tudo, a energia hidráulica é ainda a mais vantajosa e menos danosa. As demais espécies de energia também oferecem vantagens e desvantagens, consoante estudos e aperfeiçoamentos que vêm sendo realizados em todo o mundo, tanto no que já existe como no que poderá vir ainda a existir, o que se espera possa ocorrer entre nós...

E dentre essas outras espécies de energia, algumas já desenvolvidas e em bom funcionamento, e sob contínuo aperfeiçoamento, não se pode deixar de mencionar, em primeiro, uma das fontes de aproveitamento mais antigas, a das *correntes de vento*, ou seja, a da energia cinética dos ventos, vale dizer a *energia eólica*. Embora alguns expressem que o seu aproveitamento data de mais de 3000 anos, os especialistas R. Gasch e J. Twele, ao informarem sobre a sua evolução, contam que seu primeiro emprego seria nos moinhos de ventos, a partir de 1700 a.C.[31]

A característica principal da energia eólica é a de ser movida pelos ventos, ao longo da superfície terrestre. Essa energia funciona com o aproveitamento de ventos que impulsionam uma máquina, semelhante ao antigo moinho de vento. Essa máquina tem pás, as quais são movi-

---

30. Cf. Dácio de Miranda Jordão, *Manual de Instalações Elétricas em Indústrias Químicas, Petroquímicas e de Petróleo*, Rio de Janeiro, Qualitymark, 2002.
31. Cf. www.feg.unesp.br/emas/vigilantes/Fontes_de_Energia/eolica.htm.

mentadas pelos ventos, e essas pás ou hélices, a seu turno, movimentam uma turbina, que impulsiona um eixo móvel, o qual aciona um gerador e, assim, converte a energia obtida em energia elétrica. O aparelho para essa conversão é denominado comumente de aerogerador. Note-se que a turbina deve poder gerar energia elétrica com frequência constante e numa certa variação de velocidades. Como a energia dos ventos não é constante, pois, em alguns períodos venta mais e em outros venta menos, é necessário *armazenar*, de modo indireto, a energia eventualmente excedente. Os mecanismos encontrados pelos físicos, até a segunda década deste século XXI, para armazenar a energia eólica são: a) por baterias; b) com geração de H_2; c) mediante calor; d) por motor-bomba; e) por motor-compressor; e f) por motor-volante. E, neste tema, o relevante é o expresso acima, ou seja, é possível armazenar a energia eólica.

As vantagens da energia eólica podem ser resumidas: redução na insegurança de dependência energética; não apresentação de emissão de CO_2; inexistência de impactos ambientais; oferecimento de fonte limpa de energia; redução dos custos empresariais, com a desnecessidade de combustíveis fósseis para a sua manutenção, eis que somente de seis em seis meses esta é feita; e, finalmente, seus custos são decrescentes.

As desvantagens seriam, em primeiro, a intermitência dos ventos, hoje superada pela possibilidade do armazenamento; para muitos, há ainda os impactos visual e sonoro, sobretudo para moradores nas vizinhanças de parques eólicos; há ainda danos para as aves, quando se chocam com as pás ou hélices, o que conduz à sua migração.

De qualquer forma, parece que se a energia eólica traz desvantagens, estas são bem menores do que outras.

A propósito cabe lembrar o enorme número de países que, como o Reino Unido, de há muito se preocupa com a energia renovável e a redução das emissões de gás carbônico e que, em face de suas fontes potenciais, vem montando um esquema de instalações de usinas eólicas, como antes expresso. Em medos de 2013, a capacidade instalada de potencial eólico ultrapassava 10 GW, o que colocava o Reino Unido como o oitavo maior produtor de energia eólica, havendo previsão de crescimento ali de 2 GW por ano nos próximos anos. No Reino Unido, atualmente, a energia eólica é a segunda maior fonte de energia, vindo abaixo apenas da Dinamarca.[32]

---

32. V. Department of Energy and Climate Change, Annual Tables: Digest of UK Energy Statistics (Dukes), Chapter 6: "Renewable Sources of Energy". Disponível em:

Com relação à Dinamarca, prepara-se este país para não utilizar mais combustíveis fósseis na geração de energia. Em 2010 eles já produziam 3.600 MW com energia eólica e em 2020 terão 6.200 MW. Até 2050 pretendem utilizar apenas a energia eólica e da biomassa. E para exemplificar com outros países, registre-se que na Espanha e em Portugal 16% da energia elétrica já é eólica, a Irlanda tem 9%, a Alemanha, 7% e a Dinamarca, 20%. Segundo noticiam os jornais, os Estados Unidos investem bastante em energia eólica e já obtiveram acréscimo de 13,1 GW da capacidade instalada na rede, em 2012.

Outras fontes de energia renovável que não se pode deixar de mencionar são as *usinas solares* (térmica e fotovoltaica), e as usinas que captam energia do mar.

No tocante às usinas *solares*, e como é atualmente do conhecimento geral, elas são constituídas por estruturas que captam a energia do sol e produzem energia elétrica, sendo a estrutura formada por um conjunto de espelhos móveis, espalhados ao longo de uma superfície num mesmo nível, os quais apontam para um mesmo ponto, localizado no alto de uma torre. Neste ponto, as canalizações de água ou de sal liquefeito são aquecidas pela incidência da luz refletida do sol, que produz vapor; o vapor move uma turbina que aciona o gerador, produzindo a energia elétrica. As usinas solares devem ser instaladas em regiões ensolaradas, com pouca nebulosidade, com clima seco e com águas suficientes, pois, em princípio, as hidroelétricas têm primazia, devendo as usinas solares serem complementares a estas. Alguma dificuldade surge com o armazenamento da energia solar produzida, que é feito em baterias; como estas têm vida limitada, com pouca duração, devem ser recicladas, para evitar contaminação do meio ambiente.

As *vantagens da energia solar*, em síntese, são: não polui o meio ambiente; centrais solares impõem manutenção mínima para os painéis, que vêm se tornando cada vez mais potentes; redução de preços desses painéis; redução na utilização de outras fontes energéticas.

As *desvantagens* seriam: a inexistência de produção energética à noite; a produção reduzida em países com altas latitudes, que sofrem quedas bruscas da energia, como por exemplo Finlândia, sul da Argentina, Chile

www.gov.uk/government/statistics/renewable-sources-of-energy-chapter-6-digest-of-
-united-kingdom-energy-statistics-dukes.

etc., e ainda, e como expresso acima, o armazenamento da energia solar é mais complicado do que o de combustíveis fósseis.[33]

Há cerca de poucos anos atrás, os maiores produtores de energia solar eram: Japão, com 1,13 GW, seguido da Alemanha com 794 MW, depois Estados Unidos com 365 MW. No Brasil, podia-se indicar, em 2012 e 2013, como a maior usina solar a Usina de Tanquinho, em Campinas, São Paulo, com a capacidade de 1,1 MW. E o total da nossa capacidade instalada até o final de 2012 era de 7,5 MW.

Cumpre registrar todavia que em 2014 mais duas usinas solares importantes foram criadas. A primeira, o foi pela Eletrosul, inaugurada em 27.6.2014, em Florianópolis, Santa Catarina. Segundo informes, irá atender a 540 residências, tem 4.200 módulos fotovoltaicos e tem potência instalada de 1 MW.[34]

A segunda usina solar foi inaugurada em 21.8.2014, em Tubarão, Santa Catarina, pela empresa Tractebel, com 19.424 painéis, numa área de 10 ha, e com capacidade de 3MW, empreendimento este que pode fornecer energia para 2.500 residências.[35]

Tendo a Aneel informado que a capacidade instalada de energia solar no Brasil, até 2012, era de 7,5 MW, pode-se então acrescentar em 2014 a produção tanto da Eletrosul, com 1 MW, como ainda a de Tubarão, com 3MW, o que totaliza a capacidade instalada de energia solar brasileira em 2014 de 11,5 MW.

A despeito do entusiasmo, justificado, dos que esperam crescimento potencial maior de energia solar nos próximos anos, especialistas expressam que ela ainda não é competitiva economicamente, em face dos ainda elevados custos de instalação e manutenção.[36]

Com efeito, segundo noticiário de janeiro de 2016, para se instalar equipamento de energia solar em uma casa com apenas quatro moradores custa cerca de R$17mil, com investimento sendo pago em oito anos. Esclarecem mais os entendidos que os painéis de energia solar duram em torno de vinte anos.

33. Cf. https://pt.wikipedia.org/wiki/Usina_solar.
34. Cf. http://economia.estadao.com.br/noticias/mercados,eletrosul-cria-usina--solar-na-propria-sede,1519483.
35. Jornal *Diário Catarinense*, de 21.8.2014.
36. Cf. http://economia.terra.com.br/maior-usina-solar-do-pais-e-inaugurada--em-campinas,5d786923c8f2d310VgnCLD200000bbcceb0aRCRD.html.

Exemplo louvável no Brasil é o da entidade denominada "Centro Yorenka Ãtame", que leva energia eólica a aldeias do Norte, como por exemplo Vila Nova Amanã e Vila Várzea Alegre, no Amazonas. Essa entidade comenta que os benefícios da energia eólica no País poderiam ser maiores; todavia, os grandes empecilhos, como tem sido comentado por todos que estudam energia, são relativos aos impostos não apenas no tocante aos equipamentos no sistema fotovoltaico, mas também à utilização desse tipo de energia.[37]

A notícia alvissareira parece ser a de uma resolução da Aneel no sentido de que talvez esta venha providenciar a redução de tributos, como o ICMS, PIS e Cofins, no ano de 2015.

Outra fonte alternativa energética, ainda sob estudos dos especialistas e técnicos, merecedora de investimentos, é a das *marés*.

Embora existam estudos de sistemas diversos, para captação da energia das marés, também conhecida como *maremotriz*, aquele que até o momento tem se mostrado mais aplicável é o do aproveitamento da energia, proveniente do desnível das marés. Este desnível precisa ser, no mínimo, de sete metros de altura.

Para que a energia das marés seja revertida em eletricidade é necessária a construção de barragens, eclusas permitindo a entrada e saída da água, utilizando-se ainda unidades geradoras de energia.

O sistema é semelhante ao das hidroelétricas: as barragens são construídas próximas ao mar, e os diques, ou reservatórios, são responsáveis pela captação da água durante a alta da maré. A água é armazenada e, em seguida, é liberada durante a baixa da maré, passando por uma turbina que gera a eletricidade. A água é represada durante o período da maré alta num reservatório instalado no mar, geralmente próximo do litoral. No período da maré baixa, a água sai e movimenta as turinas e o sistema de conversão possibilita a geração da eletricidade.

Aspecto nevrálgico na obtenção da energia das marés é o do desnível, pois poucas localidades no mundo têm desnível de marés superior a sete metros. Entre esses locais, pode-se citar: Fundy, no Canadá, e a baía do Monte Saint Michel, na França, com 15 metros de desnível. No

---

37. Cf. Clarissa Pains, "Greenpeace mapeia projetos de energia solar – Webdocumentário mostra potencial de nova fonte de eletricidade no Brasil", Jornal *O Globo*, de 16.1.2016, p. 24. Disponível em: http://oglobo.globo.com/sociedade/sustentabilidade/greenpeace-mapeia-projetos-de-energia-solar-18487053.

Brasil, temos o estuário do Rio Bacanga, em São Luís do Maranhão, com marés de até sete metros, e ainda a ilha de Macapá, no Amapá, com marés de 11 metros.[38]

As vantagens na energia da maré são: ser fonte de energia limpa e renovável, e, por igual, relevante para países que não possuem outras fontes de energia.

Com referência às desvantagens, a primeira é a acima apontada como nevrálgica, ou seja, ter situação geográfica adequada de marés com desníveis; segue-se a implementação de sistema com custos muito elevados e sem maior proveito na relação custo-benefício; a existência de dúvidas quanto ao impacto ambiental no ecossistema marinho; e, finalmente, o aproveitamento energético é muito baixo. Países que mais utilizam a energia das marés são: Japão, França, Coréia do Sul, Inglaterra e Estados Unidos.

Tendo abordado, sumariamente, as principais fontes de energia no mundo, cabe, por fim, alinhar, entre as fontes de energia térmica, a mais nova dentre elas, e a mais preocupante, a saber a da *fissão nuclear em reatores*, resultante da cisão do átomo. Ao passo que as usinas termoelétricas convencionais utilizam como fonte primária o calor resultante da combustão de carvão, óleo, gás natural em fornalhas, a usina nuclear utiliza para a produção de vapor o calor proveniente da fissão nuclear em reator. A energia nuclear é produzida com a modificação da composição de núcleos atômicos, sendo decorrência da conhecida fórmula da relatividade de Einstein, aplicada nos campos gravitacionais juntamente com a teoria das partículas. O princípio demonstrado por Einstein foi o de que os átomos de alguns elementos químicos apresentam a propriedade de, através de reações nucleares, poderem transformar a massa em energia. Surgiram, assim, duas formas de aproveitar essa energia para produzir eletricidade: a *fissão nuclear*, onde o núcleo atômico se divide em duas ou mais partículas, e a *fusão nuclear*, na qual dois ou mais núcleos se unem para produzir um novo elemento.

Na conhecida fórmula, a energia é igual à massa vezes o quadrado da velocidade da luz ($E = MC^2$). Foi a simplicidade[39] dessa fórmula que

---

38. Cf. Wagner de Cerqueira e Francisco, in http://educador.brasilescola.uol.com.br/aula-sobre-fontes-energia.htm.

39. A propósito, registramos aqui episódio com Einstein e o nosso amigo de toda a vida, Austregésilo de Athayde, ocorrido na companhia de Einstein, quando da visita deste ao Brasil, em 1925. Quem acompanhava Einstein, por toda parte, no

deu tanto trabalho a Einstein, e, como decorrência, uma das inovações da fórmula causa até hoje a maior preocupação no mundo inteiro.

Com efeito, a desintegração do átomo, quando nele se introduz um nêutron vindo de fora, leva-o a cindir-se em duas partes, com grande liberação de calor e de outros nêutrons que, por sua vez, cindem outros átomos, daí provindo a chamada reação em cadeia. Essa reação atômica se processa dentro de um recipiente dotado de condições favoráveis com grande liberação de calor, chamando-se o recipiente de reator.

Nesse reator nuclear, além da energia, obtém-se a fabricação do combustível atômico pelo ingresso de um material dito fértil, o qual, uma vez ferido por um nêutron, se transmuda em urânio ou plutônio. Esse material pode ser o tório, que existe em abundância no nosso País, como parece também existir o urânio.

Quando o autor deste livro participou de uma comissão sigilosa de energia nuclear que, em 1945-1946, se reunia na Praia Vermelha sob a presidência do Almirante Álvaro Alberto, na qual cabia-lhe apenas esboçar projetos de lei sobre o assunto, lembrou-se ele de que o alvo mais focalizado pelos técnicos consistia na preservação das nossas jazidas de tório, sobretudo das areias monazíticas do Espírito-Santo. De lá para cá decorreram mais de sete décadas em que se descobriram jazidas de urânio, como as de Itataia no Ceará, e se multiplicaram as experiências nos países desenvolvidos em busca do tipo de reator mais eficiente para a produção da energia elétrica, havendo o Brasil montado já três usinas nucleares em Angra dos Reis (cujas frequentes interrupções lhe granjearam o nome de "vagalume"). Atualmente, estão em funcionamento Angra 1 e Angra 2, e há previsão de funcionamento de Angra 3 para o ano de 2018. Tal qual Angra 1 e Angra 2, Angra 3 conta com a tecnologia importada da Alemanha.

Rio de Janeiro, era o ainda jovem jornalista de 25 anos, Austregésilo de Athayde. E na visita que faziam ao Jardim Botânico, Einstein vendo o jornalista anotar tudo perguntou-lhe por que escrevia tanto.

– Tenho que anotar o que acontece – respondeu Athayde – e todas as ideias que me veem à cabeça quando vejo o Senhor passeando por aqui.

– E são tantas assim as suas ideias? – perguntou mais uma vez Einstein. E logo acrescentou, sorrindo, sem esperar a resposta:

– Pois veja, eu até hoje só tive uma ideia que me deu um grande trabalho. Foi esta. E pegando um graveto escreveu no chão de terra do Jardim Botânico a equação $E = MC^2$.

Cf. Cícero Sandroni e Laura Constância A. de A. Sandroni, Austregésilo de Athayde, o século de um liberal, Rio de Janeiro, Agir Editora, 1998, p. 216.

E no tocante às ocorrências de urânio, associado a outros minerais, lembramos as jazidas de Pitinga no Amazonas, Carajás, no Pará, Lagoa Real, em Caetité, na Bahia, Santa Quitéria no Ceará. As reservas, atualmente, estão assim distribuídas: Itataia, no Ceará; Espinharas, na Paraíba; Amorinópolis, em Goiás; Quadrilátero Ferrífero e Poço de Caldas, em Minas Gerais; e ainda Figueira, no Paraná.

Uma das desvantagens da usina nuclear é o seu custo, muito mais elevado do que uma usina térmica convencional, movida a carvão de pedra, óleo, gás natural ou lenha. Só essa desvantagem financeira bastaria para desaconselhá-la, conquanto a do risco de danos aos seres humanos seja aquela que, na atualidade, move técnicos e milhões de pessoas a hostilizá-la vivamente.

Como se deduz do já alinhavado, e deve ser ressaltado, a operação de uma usina nuclear é delicadíssima, e daí o seu risco, pois, eventuais descuidos podem ocasionar vazamento de radiações que contaminam pessoas, coisas e meio ambiente, põem em risco populações inteiras. Haja vista, e como já referido, o que ocorreu com Chernobyl, na União Soviética, hoje Ucrânia, onde milhares de pessoas sofreram imediatamente as consequências das radiações, que contaminaram ainda produtos de países vizinhos na Europa. Na época, o noticiário internacional mostrou centenas de milhares de latas de leite dinamarquês que chegaram ao Brasil e foram atiradas ao lixo, pelo receio da contaminação, provinda do desastre de Chernobyl.

Além disso, dessas reações atômicas provêm resíduos, denominados "lixo atômico", que, retirados periodicamente dos reatores, precisam encontrar ainda um destino, o que não é fácil e, a rigor, este destino não existe! É que esses resíduos, por serem de elevada radioatividade, representam um perigo para as populações, para os animais e para os peixes, de sorte que todos querem ficar livres deles e, atualmente, são atirados no fundo do mar e o mais distante possível do continente. Essa é, inegavelmente, uma grave e perigosa desvantagem da usina nuclear contra a qual as manifestações de protesto são frequentes no mundo inteiro.

Ambos os problemas, da radiação e dos rejeitos radioativos, tornaram-se conhecidos no interior do País com o acidente de Goiânia, em 1987, quando uma clínica radiológica se descuidou de um aparelho de radioterapia com cápsula de césio 137, que acabou num depósito de ferro velho, onde, aberto, provocou a contaminação de centenas de pessoas. Algumas delas morreram e outras sofreram lesões corporais graves. Ao passo que os rejeitos não puderam ser enterrados nem em Goiás nem no Pará, devido à forte oposição dos governadores, os proprietários da clínica foram indiciados criminalmente, não se conhecendo bem a imputação final de responsabilidades ou se o Estado, pelos membros da Comissão Nacional de Energia Nuclear, foi ou não inculcado na responsabilidade por negligência na fiscalização.

Pelos fatos acima lembrados, infere-se a relevância da legislação em matéria nuclear. No Brasil, as primeiras preocupações com a matéria, segundo especialistas, teriam surgido em 1929, com a verificação de ocorrência de urânio associado a nióbio e tantalato, em São João Del Rey, Minas Gerais. Posteriormente, em 1934, com estudos das radiações cósmicas, na Divisão de Eletricidade e Medidas Elétricas, do INT, seguiram-se trabalhos de diversos cientistas, e em 1947 o Conselho de Segurança Nacional cria a Comissão de Estudos e Fiscalização de Materiais Estratégico que, de imediato, focalizou os materiais urânio e tório como de interesse para a energia nuclear. Em 1952, Magalhães Gomes e um colega criaram o Instituto de Pesquisas Radioativas/IPR.[40]

Os trabalhos relativos à energia atômica foram, como expresso acima, inicialmente, incentivados pelo Almirante Álvaro Alberto, criando-se em 1952 o Conselho Nacional de Pesquisas, que inicia a primeira prospecção sistemática de minerais. Segue-se, em 10.10.1956, o aparecimento da Comissão Nacional de Energia Nuclear/CNEM, que assume os objetivos da comissão anterior e, em 1962, é transformada em autarquia federal pela Lei 4.118/1962, o que permanece até hoje. A Emenda à Constituição de 1967, Emenda Constitucional n. 1/1969, no seu art. 8º, XVII, "i", outorgou à União competência privativa para legislar sobre energia nuclear. E em 1974, em boa hora, a renomada Companhia de Pesquisas Minerais passou a dar sua ativa e laboriosa colaboração na execução dos trabalhos da CNEM. Em dezembro de 1974 foi criada a Nuclebrás, que realizou estudos das reservas brasileiras de urânio, estudos esses direcionados ao Programa Nuclear Brasileiro, em busca da autonomia energética, em face da famosa crise do petróleo de 1973 (estatal posteriormente absorvida pela União, pela Lei 7.862/1989). Ainda em 1977 foi promulgada a Lei 6.453/1977, que dispõe sobre a responsabilidade civil por danos nucleares e sobre responsabilidade criminal. Mais adiante, foi editada nova norma no tema, o Decreto-lei 1.809/1980, substituído posteriormente pela Lei

---

40. Cf. José Israel Vargas, "Desenvolvimento da Energia Nuclear: Minas e o Brasil", *Revista Economia e Energia*, n. 90, jul.-set. 2013, pp. 2, 3, 10 e 11.

12.731/2012, que instituiu o Sistema de Proteção ao Programa Nuclear Brasileiro. A Constituição Federal de 1988 não só mantém a competência privativa da União para legislar sobre a atividade nuclear, como outorga competência à para explorar os serviços e instalações nucleares de qualquer natureza e exercer o monopólio estatal sobre a pesquisa, a lavra, o enriquecimento e reprocessamento, a industrialização e o comércio de minérios nucleares e seus derivados, atendidos os princípios de (a) serem para *fins pacíficos*; (b) se realizarem sob *regime de permissão* as atividades de comercialização e a utilização de radioisótopos para a pesquisa e usos médicos, agrícolas e industriais; e (c) se realizarem também sob regime de permissão a produção, comercialização e utilização de radioisótopos de meia-vida, igual ou superior a duas horas (CF, art. 21, XXIII). E no tocante ao inciso XXIII, letra "a", a Carta Magna, *exclui*, taxativamente, o uso da energia nuclear para fins bélicos, tendo o Brasil aderido ao Tratado de Não Proliferação Nuclear/TNP, ratificado em 1997.

Não se pode deixar de aludir, também na Constituição de 1988, ao art. 225 que, ao dispor sobre o direito de todos, no que concerne ao bem-estar e ao meio ambiente, impõe, expressamente, a *obriga*ção de estudo e licença prévia ambiental, para as instalações de quaisquer naturezas, que coloquem em risco o bem comum do povo e essencial à sua qualidade de vida. É de toda obviedade o quão relevante é essa norma no que tange à energia nuclear e à responsabilidade por danos por ela causados (CF, art. 225, principalmente § 1º, incs. IV, V e VII, e §§ 2º, 3º e 6º).

Nessa sequência, cumpre versar sobre a bem elaborada Convenção de Viena, de 1963, estatuindo acerca da *responsabilidade por danos nucleares*, à qual aderiu o Brasil, mas, tal qual outros tratados internacionais, decorreu muito tempo para sua aprovação pelo Congresso Nacional e somente em 1992 aparece o Decreto Legislativo 93, que autorizou a adoção da Convenção, promulgando-se afinal o Decreto 911, de 1993. Anteriormente à aprovação da Convenção de Viena, pelo Congresso Nacional, já havia sido promulgada a Lei 6.453/1977, que dispõe sobre a responsabilidade civil e criminal por danos nucleares (CF, art. 21, XXIII, e art. 22, XXVI).

No interregno das normas mencionadas, e certamente em virtude do terrível acidente de Goiânia, em 1987, e pouco depois da Constituição de 1988, editou-se a Lei 7.781/1989, que modificou as atribuições da CNEM, devendo-se ressaltar dentre essas novas atribuições a de "receber e depositar rejeitos radioativos".

Com efeito, é ostensiva a preocupação mundial com o lixo nuclear, ou rejeito radioativo, ainda que de alta, média ou baixa radioatividade. Os rejeitos de nível baixo e médio são guardados em depósitos provisórios. No Brasil há depósitos provisórios em centros de pesquisas nucleares no Rio de Janeiro, São Paulo e Minas Gerais. O único depósito permanente fica em Goiás. Como é do conhecimento geral, o problema está no lixo de alta radioatividade. Indagada a respeito, a física Emico Okuno, da USP, respondeu: "Por incrível que pareça, no mundo inteiro ainda não se chegou a uma resposta definitiva".[41]

Por tudo que, sinteticamente, foi expresso nesta matéria nuclear, sobressai o aspecto da *responsabilidade* que envolve, direta e indiretamente, a vida dos seres humanos no seu ambiente. Mesmo porque relativamente à energia, à eletricidade, o Homem tem outras fontes alternativas renováveis, podendo até mesmo, numa emergência, dispensá-la. O que não se pode fazer, em hipótese nenhuma, é expor os seres humanos aos danos da radioatividade. O tema da energia nuclear preocupa o mundo e tem inspirado acordos e tratados internacionais relativamente à ao lixo nuclear, repositórios e sua proliferação, como se observa na Diretiva da União Europeia de 2011 e documentos específicos da International Atomic Energy Agency/IAEA.[42]

Nessa sequência, cumpre relembrar, ainda que sumariamente, aspecto relativo à imputação de responsabilidade por danos causados pela radioatividade, se imputáveis ao Estado e/ou à iniciativa privada.

A indagação cabe, porquanto nos Estados Unidos, por exemplo, existem cerca de 110 usinas com reatores nucleares, das quais algumas são públicas e outras da iniciativa privada. E lá, desde 1957, uma lei federal, conhecida como "Price-Anderson Nuclear Industries Indemnity Act", dispôs sobre a responsabilidade de estruturas nucleares não militares. O objetivo da lei é o de indenizar, parcialmente, as indústrias nucleares e, ao mesmo tempo, promover compensações para as pessoas físicas, que sofrerem danos radioativos. Essa lei vem sendo reiterada, de tempos em tempos, e em 2005 foi outra vez ratificada por mais um período de 20 anos. Posteriormente, e com o infortúnio ocorrido com Three Mile Island, Harrisburg, Pensilvânia, em 1979, travou-se imenso debate

---

41. V. http://mundoestranho.abril.com.br/materia/qual-e-o-destino-do-lixo--nuclear-produzido-no-mundo.
42. Cf. Donald N. Zillman, artigo in *The Law of Energy Underground*, org. por Donald N. Zilman e outros, Oxford University Press, 2014.

nacional não só acerca de benefícios, *ou não*, da energia atômica, mas também sobre responsabilidade por danos causados pela radioatividade. Na década anterior, de 1960, a Convenção de Viena e a de Bruxelas já haviam estatuído no sentido de ser a responsabilidade tão somente dos operadores das instalações nucleares, esclarecendo, expressamente, que tal *responsabilidade é absoluta* e independente de erros, isto é, a responsabilidade é objetiva. Mas, nos Estados Unidos surgiu ainda, em 1990, mais outra norma legal, a "Radiation Exposure Compensation Act", que dispensa provas dos autores, nas ações contra a União, bastando que se apresentem diagnósticos dos danos causados por exposição à radiação, doenças essas listadas naquela lei.

Como se observa, nos Estados Unidos – ainda que a operadora seja particular, e em face dos elevados montantes das indenizações e ao objetivo governamental de não deixar esmorecer a indústria nuclear –, o Governo assume parte da indenização das indústrias e total compensação aos que sofreram radiações. E a responsabilidade é objetiva no tocante às pessoas físicas.

No Brasil incumbe à União explorar os serviços e instalações nucleares de qualquer natureza e exercer monopólio estatal sobre a pesquisa, a lavra, o enriquecimento e reprocessamento, a industrialização e o comércio de minérios nucleares e seus derivados. Todavia, a iniciativa privada pode fazer, sob regime de permissão, a comercialização e utilização de radioisótopos para pesquisas, usos médicos, agrícolas e industriais; e fazer também, sob regime de permissão, a produção, comercialização e utilização de radioisótopos denominados de meia-vida, ou seja, igual ou inferior a duas horas. Consequentemente, fica expresso que as usinas nucleares são todas públicas (CF, art. 21, XXIII).

De há muito ficou assentado, na esfera mundial do Direito, ser a Administração Pública responsável por atos danosos cometidos por seus agentes, sejam faltas pessoais ou do serviço. Há, assim, a responsabilidade direta do Estado; desse modo, quaisquer lesados têm ação contra este, cabendo apenas caracterizar o procedimento culposo do agente ou falha objetiva no serviço público. Mais tarde surgiu a teoria do risco administrativo, sem se cogitar na culpa do agente ou mau funcionamento do serviço, bastando existir a relação de causalidade, entre o dano e a Administração, de modo que o que deve predominar é o ressarcimento do dano por esta, embora cabendo, no risco administrativo, as excludentes de responsabilidade (CF, art. 37, § 6º). Em matéria nuclear, foi-se mais longe, eis que em virtude da gravidade de danos em matéria de radioatividade; se danos surgem com acidentes, explosões, descarga e depósitos de lixo atômico, radiações atômicas, podem ainda provir de experiências nucleares a quilômetros de distância. E é nesta última hipótese, de fatos "atômicos distanciados no tempo e no espaço" (Caio Mario), que que ainda se debatem os juristas. Nos Estados Unidos, por exemplo, os tribunais procuram obter o que denominam de "certeza razoável", conforme legislação acima referida.[43] No Brasil, a Constituição Federal determina, expressamente, a responsabilidade civil por danos nucleares, independentemente de culpa, parecendo-nos que a expressão "danos nucleares" é genérica, abrangendo, assim, todo e qualquer dano.

No panorama global da energia, acima pontuado, cabe-nos manifestar que, sem dúvida, as usinas hidroelétricas se acham sujeitas à contingência de necessitarem de complementação das usinas térmicas ou, se possível, também das eólicas, solares e dos ventos, e, emergencialmente, talvez, de usinas nucleares. Deve-se notar, contudo que as térmicas estão expostas a contingências mais difíceis. É que são, *principalmente*, os combustíveis fósseis que alimentam as usinas termoelétricas, *exauríveis* do solo, de sorte que, à medida que o tempo passa, esses recursos vão diminuindo e se tornando cada vez mais escassos e caros. E o que nas emergências energéticas assusta o ser humano é, sem dúvida alguma, ter de recorrer às usinas atômicas.[44]

Pode-se dizer, então, que o crescente consumo de um recurso exaurível, como o petróleo, abre a perspectiva de ameaça, de escassez intercorrente, na falta de outro novo elemento, indispensável para a civilização contemporânea. Daí a necessidade de pesquisas que, não só conduzam

43. Cf. Caio Mário da Silva Pereira, *Responsabilidade Civil*, 6ª ed., Rio de Janeiro, Forense, 1995, pp. 130 a 133.
44. Na referência à importância dos combustíveis líquidos na vida moderna, cumpre registrar, incidentalmente que, no final de 2011 criou-se delicada situação temida no mundo, oferecendo perspectiva de uma terceira guerra mundial. E isso ocorreu porquanto o Irã, com encendrada cultura islâmica, acoplada com interesses econômicos, tentou cercear a passagem, pelo estreito de Ormuz, de navios petroleiros destinados ao mundo ocidental. A reação dos Estados Unidos e da Grã-Bretanha, naquela ocasião, não se fez esperar e traduziu-se na escolta de navio petroleiros por navios da esquadra de ambos os países. Na época, a situação resolveu-se pacificamente, mas essa tensão tem sido contínua, noticiando os jornais que o Irã, nos últimos anos, tem realizado exercícios militares na região de Ormuz, inclusive experimentando o uso de mísseis, o que causa tensões entre Irã, Estados Unidos, Grã-Bretanha e Israel, como preocupa ainda órgãos internacionais e, em geral, os países do mundo, receosos todos que o conflito, local, conduza a uma terceira guerra mundial.

a melhor aproveitamento da energia hidráulica, como a supercondutividade, como levem ao máximo aquele aproveitamento que se faz com os combustíveis de outra origem. A vulnerabilidade destes recomenda a investigação de fontes regeneráveis de produção de energia. Essa é uma necessidade tão imperiosa quanto poupar água, por mim focalizada em livro anterior.

Dentre as fontes regeneráveis, renováveis de energia não se pode contar exageradamente com a originária do vento, a eólica, visto como esta só ocorre consideravelmente em certas regiões, como a costeira até o sul e a ponta do Nordeste do País, sendo pequena no interior, onde a velocidade do vento fica abaixo do desejável e de possível utilização. Além disso, e como acima visto, o vento só produz energia muito limitada, insuscetível de servir ao consumo de grandes centros, o que circunscreve a sua aplicação a lugares remotos, escassamente povoados.[45]

Tanto vale dizer que está presente, para ser solucionado, problema da substituição dos recursos exauríveis, não renováveis, como o carvão e o petróleo, por outros renováveis. Ante a seriedade desse problema merece ser louvado o esforço desenvolvido pelo Brasil no sentido de aproveitar o bagaço da cana e de produzir álcool-motor, que já aciona tantos veículos nas nossas vias públicas e rodovias, como ajuda também as indústrias química, farmacêutica, alcoolquímica de bebidas e ainda a medicina como esterilizante.

Reitere-se, lamentamos que num País como o nosso, com imensa área de terras, se coloquem usina de cana em terras boas, férteis, quando estas deviam ser aproveitadas tão apenas para plantios de arroz, feijão, soja, trigo, milho e para pastagens, enfim, para alimentos, colocando-se o plantio de cana em terras não tão férteis.

No tocante ao abastecimento de petróleo, é assunto de interesse global. Como todos sabem, o petróleo teve seu auge há anos atrás e o

---

45. O autor relembra o que viveu, há muitos anos, no interior. Não obstante estar localizado no alto de um vale, aproveitando a corrente ventosa de um grande rio, um cata-vento instalado pelo proprietário rural só era utilizável para o bombeamento da água de um poço até uma caixa erguida próximo, sobre pilastra, de onde era distribuída a bebedouros automáticos de uma criação de porcos. Não chegava sequer para a iluminação da casa do encarregado dos animais, devido à dificuldade da acumulação de energia em bateria. Embora tudo indicasse que a tecnologia moderna estaria conseguindo aperfeiçoar o aproveitamento da força do vento, então inegavelmente ainda precária, como dito acima no texto sobre a energia eólica, a mesma dificuldade persiste, ou seja, o problema de acumular a energia captada do vento em baterias.

seu preço em certa época atingiu o máximo. Mas o preço caiu bastante neste século XXI. O começo da queda ocorreu ao surgir a concorrência do "shale gas", gás não convencional, nos Estados Unidos, e com preço bem menor. Neste momento a Arábia Saudita deveria ter pensado melhor e reduzido a sua produção. Não o fez. A produção excessiva, da Arábia Saudita, juntamente com os países produtores da OPEP – Países Exportadores de Petróleo, ao elevarem seus estoques sem maiores estudos sobre a concorrência do gás não convencional, fato aliado ainda à redução na demanda em algumas áreas do planeta (invernos menos rigorosos), foram fatores conducentes à perda de consumo e à baixa do preço do petróleo. Aduza-se a esses fatores, a preocupação mundial com o aquecimento do nosso planeta e seu objetivo de reduzir o gás carbônico em todos os setores, inclusive dos veículos. Quanto a esse último aspecto, renomado economista brasileiro manifestou, na televisão, em 12.1.2016, que a Europa, nos anos de 2030, já terá mais de 30% de veículos elétricos. Todos esses fatores fizeram o preço do petróleo cair verticalmente. A desvalorização foi enorme. E segundo informa a imprensa, o barril do petróleo Brent, em janeiro de 2016, ficou abaixo de US$ 30.00. Especialista no setor, Daniel Yergin, autor de livro sobre a história do petróleo, manifestou ao jornal *Financial Times* que: "O superciclo das 'commodities' está terminando em um grande sofrimento. A grande preocupação é o que realmente vai acontecer à economia mundial".[46]

Para terminar este capítulo, e relativamente ao nosso País, cumpre relatar que, como historia Antonio Dias Leite em conferência proferida na Associação Comercial do Rio de Janeiro, não publicada, que o atraso nos investimentos em fontes diversas de energia decorreu de erro de avaliação do Ministério de Minas e Energia/MME e da Aneel, superestimando a energia hidroelétrica, o que teria desestimulado a instalação de novas térmicas a gás e/ou outros materiais. A crise com o gás da Bolívia e outros fatores indicam ser ainda reduzida a produção de gás natural. Essas observações, conforme o já antes expresso, comprovam, a mais não poder, a necessidade de *aumentar investimentos na tecnologia*, para aperfeiçoamento nos instrumentos de produção energética de *outras fontes*. E há necessidade cada vez mais premente desses investimentos, não apenas para suprir necessidades, mas, por igual e se possível, para eliminar a energia atômica e também amenizar eventuais malefícios na

---

46. Cf. artigo de Miriam Leitão, in *O Globo*, de 13.1.2016, p. 20 e reportagem na p. 21.

produção energética, como emissão de gases, danos ambientais etc. E, segundo estudiosos, a demanda, nos próximos anos, dificilmente atenderá as necessidades globais.

Capítulo V
NOVO MODELO ENERGÉTICO BRASILEIRO

Novo modelo do setor elétrico. A Exploração de energia. Fases na produção de energia. Mercado energético, seu funcionamento, leilões. Águas na Constituição Federal de 1988. Potenciais de aproveitamento exclusivo da energia hidráulica e extensão à energia térmica.

Como mostra Antonio Dias Leite, no seu magnífico livro, se no Brasil de há muito a situação energética já vinha sofrendo, no Governo Sarney ainda se deteriorou mais com o congelamento de tarifas feito em 1986, e isso a despeito de tentativas de correção de erros anteriores no setor.[1]

Nessa conjuntura surge a Constituição Federal de 1988, que não contribuiu para a imediata modernização nos diversos setores de interesse nacional. Isso porquanto o excesso de casuísmo, a prolixidade e a má redação, na Carta Magna, colocam em perplexidade qualquer leitor, confundindo-o, embaraçando-o e desorientando-o, parecendo ocorrer o mesmo tanto com o legislador e quaisquer executores. Não se sabe quanto tempo durará a Carta Maior, embora seu próprio texto já contenha explícita uma promessa de reforma no futuro.[2] Isso ainda não aconteceu, o que facultou 94 emendas constitucionais promulgadas até o final de 2016. E, segundo se conta, a redação teria sido pior não fora o esforço incansável do relator, o preclaro Senador Bernardo Cabral.

---

1. Antonio Dias Leite, *A Energia do Brasil*, 2ª ed., Rio de Janeiro, Campus, 2007, pp. 248-249.
2. Afrânio de Carvalho, *Revisão da Constituição de 1988*, Rio de Janeiro, Forense, 1993, nota do autor, p. VII e p. 9.

Sob essa confusa e nada sóbria Constituição é que se inicia, em 1991, no Governo Collor de Mello, uma nova política econômica. Durante o Governo Itamar Franco, no campo energético, foi promulgada a Lei 8.631, de 1993, que extinguiu o serviço por custos, com remuneração garantida, pondo fim à equalização tarifária. Paralelamente, caminha-se no sentido da desestatização das empresas públicas, registrando-se também no setor energético mudanças radicais, para extinguir monopólios, fazendo-se transferência de atribuições das estatais para as empresas privadas. Começa a desestruturação da Eletrobrás, aliás já tardia, e surge a obrigatoriedade de novas normas licitatórias.

Essas mudanças ganham maior força no Governo Fernando Henrique Cardoso, de 1995 a 2002, e fortalecem e aperfeiçoam o modelo acima referido. Seguem-se inúmeras normas: Lei 8.987, de 13.2.1995, complementada pela Lei 9.074, de 7.7.1995, que cria o Produtor de Energia Independente, e outras mais, alterando e completando normas anteriores.

Inicia-se o período de criação das agências reguladoras, para o planejamento, regulação e fiscalização das empresas privadas que atuam na execução de determinados serviços públicos, de diferentes setores, como energia elétrica, água, saúde, telecomunicações, petróleo transporte e outras.

Para a instituição da agência que cuidará do setor de Energia Elétrica é promulgada a Lei 9.427, de 26.12.1996, que institui a Agência Nacional de Energia Elétrica/Aneel, e disciplina o regime das concessões no setor elétrico, prescrevendo ainda outras medidas.

Nesse rumo, surge a Lei 9.478, de 6.8.1997, que cria o Conselho Nacional de Política Energética, para assessorar o Presidente da República na elaboração e desenvolvimento de uma política energética que assegure o fornecimento de energia elétrica a todo o país.

Em 27.8.1998 é promulgada a Lei 9.648, que altera dispositivos de leis anteriores no setor elétrico, autoriza o Poder Executivo a promover a reestruturação das Centrais Elétricas Brasileiras/Eletrobrás e subsidiárias, dispõe sobre contratos de geradoras e distribuidoras, cria o Operador Nacional do Sistema/ONS, com o objetivo primordial de coordenar e controlar as operações de geração e transmissão, no Sistema Integrado Nacional/SIN, sob regulamentação e supervisão da Aneel, e institui o Mercado Atacadista de Energia. Nova lei de final de 2016, no art. 3º, que modifica outras leis, aumenta as atribuições do Operador Nacional do Sistema Elétrico/ONS, que, além da execução e coordenação e controle do Sistema Integrado Nacional/SIN, executará ainda as atividades de previsão de carga e planejamento do Sistema Isolado, com a sigla de SISOL (Lei 13.360, de 17.11.2016).

Segue-se o Decreto 3.371, de 24.2.2000, com o Programa Prioritário de Termeletricidade que objetiva diversificar a matriz energética brasileira da dependência das usinas hidroelétricas.

Em 2001, como previa o Governo Fernando Henrique, a crise energética atinge o país e ações imediatas e várias são tomadas, tais como racionamentos e medidas de emergência para redução de consumo, em residências, indústrias e no comércio, mediante regimes tarifários especiais como incentivo. Essa política prossegue em 2002, devendo-se ressaltar a criação do Programa de Incentivos a Fontes Alternativas de Energia Elétrica/PROINFA, com o fim de estimular o desenvolvimento de fontes alternativas de geração de energia.

Novas prescrições alteram o quadro energético, como mostram a Lei 10.438, de 24.4.2002, e a Lei 10.604, de 17.12.2002. Seguem-se, a partir de 2003, outras normas prolixas, confusas e falhas, como a Lei 10.762, de 11.11.2003; Lei 10.848, de 15.3.2004; Lei 10.889, de 25.6.2004; Lei 11.488, de 15.6.2007; Lei 12.767, de 27.12.2012; e ainda Lei 12.783, de 11.1.2013.

Em toda essa parafernália, destaca-se a Lei 10.848/2004, que melhor caracteriza o novo modelo do setor elétrico, o qual visa (a) a conceder incentivos aos agentes públicos e privados para fornecer e manter capacidade de geração; e (b) a garantir energia a tarifas módicas, mediante leilões públicos de energia elétrica.

Essas normas têm como contraponto a obrigação do Estado de estimular, harmonizar e fiscalizar os direitos individuais e os da iniciativa privada, para o bem-estar geral da coletividade. Desenvolve-se, assim, a ideia de maior colaboração entre o público e o privado, mediante criação de novos instrumentos, como as Parcerias Público-Privadas/PPP, e, *aparentemente*, conferindo ao Estado atuação "subsidiária", conforme denominação de alguns administrativistas (Lei 11.079/2004).

No entanto, cumpre ressaltar que essa "subsidiariedade" do Estado consta tão apenas nos anos do Governo Fernando Henrique Cardoso. Com efeito, a despeito da *tendência* moderna da valorização da iniciativa privada e da subsidiariedade estatal, a leitura cuidadosa da legislação mostra que essa primeira tendência *desvirtuou-se* posteriormente e, assim, *em ostensiva reversão e contraditoriamente* àquela tendência, desde o ano de

2003, aparecem *outras* novas normas sobre energia, com *outro planejamento energético*, para longo prazo, e no sentido inverso, i.e., no sentido de robustecer o Estado, com maior participação deste no setor energético.

Nesse contexto, é que se criou no País o complicado quadro energético, com a estrutura abaixo:

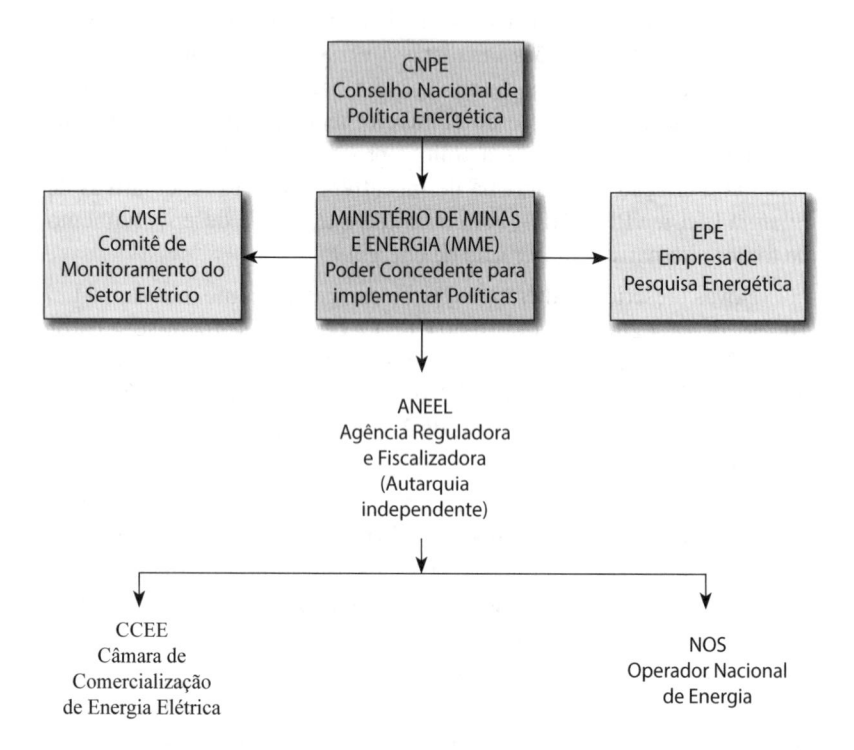

```
                    ┌─────────────────────┐
                    │        CNPE         │
                    │ Conselho Nacional de│
                    │  Política Energética│
                    └──────────┬──────────┘
                               │
                               ▼
┌──────────────┐    ┌─────────────────────┐    ┌──────────────┐
│     CMSE     │    │ MINISTÉRIO DE MINAS │    │     EPE      │
│   Comitê de  │◄───│   E ENERGIA (MME)   │───►│  Empresa de  │
│Monitoramento │    │ Poder Concedente para│   │   Pesquisa   │
│ do Setor     │    │ implementar Políticas│   │  Energética  │
│   Elétrico   │    └──────────┬──────────┘    └──────────────┘
└──────────────┘               │
                               ▼
                      ┌─────────────────┐
                      │      ANEEL      │
                      │Agência Reguladora│
                      │  e Fiscalizadora │
                      │   (Autarquia    │
                      │   independente) │
                      └────────┬────────┘
                    ┌──────────┴──────────┐
                    ▼                     ▼
            ┌──────────────┐       ┌──────────────┐
            │     CCEE     │       │     NOS      │
            │   Câmara de  │       │Operador Nacional│
            │Comercialização│      │  de Energia  │
            │ de Energia    │      └──────────────┘
            │   Elétrica   │
            └──────────────┘
```

De fato, o planejamento governamental a longo prazo, antes a cargo da Eletrobrás, passa para o Conselho Nacional de Política Energética/ CNPE, que presta assessoria ao Presidente da República na elaboração da política energética nacional e suas diretrizes, com aproveitamento de recursos energéticos, revisão periódica da matriz energética e definição de programas específicos.

Ademais deste Conselho, também o Ministério de Minas e Energia/ MME tem semelhante atribuição, que é a de estabelecer política, diretrizes e regulamentação no setor de energia.

Paralelamente ao MME, e para o acompanhamento da demanda energética no país, há ainda o Comitê de Monitoramento do Setor Elétrico/CMSE, com atribuição de acompanhar e avaliar a continuidade e a segurança de suprimento de energia.

Nessa sobreposição de atribuições, encontra-se também a já mencionada Agência Nacional de Energia Elétrica/Aneel, autarquia federal autônoma, que regula e fiscaliza o setor elétrico, ou seja, a geração, transmissão, distribuição e comercialização de energia em consonância com a política governamental.

A Aneel, na forma do disposto na lei, opera mediante *delegação* do Poder Concedente, para promover licitações, para compra e venda de energia no Ambiente de Contratação Regulada/ACR, o que é feito por meio dos leilões de energia, administrando ainda os contratos de compra e venda e tendo outras confusas atribuições. É também responsável pela contabilização e liquidação financeira no mercado a curto prazo. E incumbe-se ainda dos cálculos e divulgação do Preço de Liquidação de Diferenças/PLD, para valorar operações de compra e venda de energia com objetivo de outorgar concessões, permissões e/ou autorizações para produção, transmissão, distribuição e comercialização de energia elétrica.

Há ainda a Câmara de Comercialização de Energia Elétrica/CCEE, entidade que é *pessoa jurídica de direito privado* e que, sob as normas e fiscalização da Aneel, tem por finalidade viabilizar a *comercialização da energia elétrica* no Sistema Integrado Nacional, inclusive promovendo licitações, por meio de leilões de energia elétrica, administrando ainda os contratos de compra e venda de energia. Atualmente foram transferidas para a Câmara de Comercialização de Energia Elétrica/CCEE atribuições que eram da Eletrobrás, inclusive a de receber e administrar os depósitos mensais, em duodécimos, da quota de reversão, e prover recursos para as contas denominadas Conta de Desenvolvimento Energético/CDE, da Reserva Global de Reversão/RGR e da Conta de Consumo de Combustível/CCC (Lei 13.360/2016).

Como órgão público executor das medidas energéticas tem-se o Operador Nacional do Sistema Elétrico/ONS, que realiza a coordenação e controle de operações de geração e transmissão de energia elétrica no país. Mais recentemente, o ONS, como visto acima, teve atribuições acrescidas (Lei 13.360/2016, art. 3º).

Existe mais o Comitê de Monitoramento do Setor Elétrico/CMSE, cuja função é acompanhar e avaliar acerca da continuidade e da segurança do suprimento energético.

Finalmente, há mais outro órgão estatal que é a Empresa de Pesquisa Energética/EPE, responsável por estudos e pesquisas para subsidiar o planejamento no setor energético no âmbito da política nacional de energia.

A esse excessivo número de órgãos públicos, acrescentam-se outros, em áreas diferentes, aos quais os licitantes, nas concessões, permissões e autorizações, são obrigados a recorrer, mediante apresentação de documentos e informes.

Dentre os órgãos públicos, há outros em diferentes setores. E mencionamos primeiro aqueles inseridos num corpo de normas e entidades denominado Sistema Nacional do Meio Ambiente/SISNAMA, que reúne entidades e regras da União, dos Estados e dos Municípios.

Advirta-se que essa inclusão de Estados e Municípios no meio ambiente decorre de dispositivo constitucional, pois, embora incumba à União a política *geral* do meio ambiente, cabendo-lhe ainda elaborar e executar planos nacionais e regionais sobre meio ambiente e recursos hídricos, a *prolixa Constituição* de 1988 instituiu uma *excessiva repartição de competências*. Assim, ao enumerar os poderes da União, a Carta Maior outorga poderes *remanescentes* aos Estados e ainda poderes *enlistados* taxativamente aos Municípios. Nessa total confusão, tenta-se harmonizar a competência comum da União, Estados e Municípios, sem muito sucesso (CF, arts. 21, 22, 25, § 1º, 29 e 30 c/c art. 23, VI, 24, VI e §§ 1º a 4º).

Essa excessiva e, no mais das vezes, justaposta atribuição de competências é que deu origem ao Sisnama, acima referido. O Sisnama reúne órgãos nas três esferas: União, Estados e Municípios. Esse Sistema é assim composto: Conselho do Governo, órgão superior junto à Presidência da República, que formula a política nacional e traça as diretrizes fundamentais no meio ambiente e seus recursos; logo abaixo, segue-se o denominado Conselho Nacional do Meio Ambiente/CONAMA, órgão consultivo e deliberativo, que assessora, estuda e propõe medidas ao Conselho do Governo; o Ministério do Meio Ambiente/MMA, que é o órgão central, o qual planeja, coordena, supervisiona e controla ações relativas ao meio ambiente. Como órgão executor tem-se o Instituto Nacional de Meio Ambiente e Recurso Hídricos/IBAMA, que formula, coordena e executa a política do meio ambiente e que, relativamente às hidroelétricas, examina, nas áreas a serem inundadas, aspectos sobre preservação de peixes, sedimentação, assoreamento e ainda sobre flora, fauna e população. Finalmente, como órgãos seccionais, as entidades estaduais responsáveis pela execução, controle e fiscalização de atividades relativas à qualidade ambiental; como órgãos locais, as entidades responsáveis pelo controle e fiscalização dessas atividades nas respectivas áreas de jurisdição. Ainda se incluem nesse complicado sistema os órgãos setoriais, que são organismos da Administração Pública Federal, direta ou indireta, cujas atividades estejam vinculadas à qualidade ambiental, sem mencionar os órgãos estaduais... (Lei 6.938, de 31.8.1931; Lei 7.804, de 18.7.1989; Lei 8.078, de 11.9.1990; Lei 8.884, de 11.6.1994; Lei 9.960, de 28.1.2000; Lei 10.257, de 10.7.2000).

Por último, e ademais o excessivo número de órgãos públicos acima referidos – junto aos quais os licitantes nas concessões, permissões e autorizações, para a geração ou produção e comercialização de energia precisam, obter licenças prévias –, encontra-se mais um órgão, de não menor importância, que é a Agência Nacional de Águas/Ana, além de outros a ela subordinados (CF, art. 22, IV; Lei 9.984, de 17.7.2000).

A estrutura, retro delineada, obedece em parte à Constituição Federal, seguindo em parte maior à prolixidade dos criadores de entidades desnecessárias, pois muitos desses órgãos poderiam existir sob forma de superintendências e sob uma única regência.

Como a Constituição Federal dispõe que, entre os bens da União, encontram-se, além de lagos, rios e quaisquer correntes de água cm terrenos do seu domínio, ou que banhem mais de um Estado, ou que sirvam de limites com outros países, ou se estendam a território estrangeiro ou dele provenham, bem como os terrenos marginais e as praias fluviais, e ainda os potenciais de energia hidráulica, há, então, necessidade de se ouvir a Agência Nacional de Águas em quaisquer projetos de usinas hidráulicas (CF, art. 20, III e VIII).

Incidentalmente diga-se que essa confusa e desnecessária organização, que mescla, mistura órgãos e entidades, com atribuições e funções de entes públicos justapostas, ao invés de ajudar o desenvolvimento do país, tem, na verdade, ocasionado delongas, dilações, e, no mais das vezes, até retrocesso na melhoria das condições sociais.

Para corroborar essa assertiva, relembre-se que, a despeito da existência de boa quantidade de águas no País, para a energia hidroelétrica, essas águas ficaram sem a devida e cabível utilização, *in opportuno tempore*, em virtude dos excessos nas exigências de órgãos públicos, com normas, como antes mencionado e repetimos, confusas e prolixas, excessos esses acoplados com falta de visão ou de conhecimento para as questões de água e energia.

Com efeito, nesse confuso e embaralhado contexto, o Brasil retarda a construção de hidroelétricas e deixa de produzir cerca de 19,5 mil MW nos próximos anos, o que alcança quase 20% da atual capacidade de geração brasileira.

E de acordo com dados da própria Aneel, há no País, presentemente, 18 empreendimentos hidroelétricos, que representam três vezes mais a potência de duas usinas no rio Madeira (Jirau e Santo Antônio), as quais em 2015 ainda não estavam trabalhando com todas as suas turbinas. Com referência a Belo Monte, em maio de 2016, com mais de um ano de atraso, iniciaram-se as operações. A empresa responsável pela obra, Norte Energia, alinha entre fatores conducentes do atraso as dificuldades na obtenção de licenças de instalação, com faltas imputáveis ao Governo Federal.[3]

Essas 18 usinas, com obras em andamento, são consideradas fundamentais para o crescimento do País, a custo menor relativamente a outros tipos de geração de energia. Embora fundamentais para o Brasil, e com 61 usinas hidroelétricas apoiadas pelo BNDES, esses 18 empreendimentos estão emperrados com questões ambientais, litígios com indígenas e com ONGs de intuitos duvidosos etc. Para exemplificar com apenas alguns empreendimentos: Baú 1, em Minas Gerais, com 110 MW; Cachoeirinha, no Paraná, 455 MW; Santa Isabel no Pará, 1.087 MW e tantos outros mais.[4]

A despeito desse *imbroglio* na legislação vigente, há contudo, aspecto meritório, que deve ser salientado – e que fora previsto pelo autor deste livro há muitas décadas –, que é a do sistema interligado:

> A *interligação de sistemas elétricos* assemelha-se ao tráfego mútuo entre estradas de ferro da mesma bitola. Num e noutro caso,

---

3. Cf. "Atraso na operação de Belo Monte chega a um ano – Geração de energia ainda não tem data para começar", reportagem de Danilo Fariello, Jornal *O Globo*, de 16.1.2016, p. 23.

4. Disponível em: http://oglobo.globo.com/economia/atraso-na-operacao-de--belo-monte-chega-um-ano-18487107. Cf. Jornal *O Globo*, de 14.7.2009, p. 25.

estabelecida a ligação física, os problemas restantes são de escritório, tarifários e contábeis.[5]

É o que hoje, no novo modelo energético, se denomina Sistema Integrado Nacional/SIN, já antes referido. Este sistema, conforme especialista em energia, se compõe

> (...) de bacias com usinas e reservatórios em série ao longo dos diversos cursos d'água. É administrado pelo Operador Nacional do Sistema Elétrico (...).[6]

Ainda de acordo com o mesmo especialista acima referido, nos esquemas de operações do Operador Nacional do Sistema Elétrico-ONS:

> (...) os rios aparecem ordenados por bacias hidrográficas de maneira que é possível acompanhar a trajetória da água. Uma precipitação na cabeceira de um rio pode gerar energia ao longo de toda sua trajetória em rios que compõem as diversas bacias. A água que aflui às bacias hidrográficas é contabilizada como Energia Natural Afluente (ENA), medida em GWmed. (...) A ENA [*Energia Natural Afluente*] representa a energia potencial da água, que é recolhida pelo sistema de reservatórios, medida em termos da eletricidade que ela pode gerar ao longo das diversas usinas por onde irá passar. A Energia Natural Afluente é fornecida pelo ONS em GWmed para o mês e significa a energia fornecida por um gerador de 1 GW, durante um mês, ou seja uma energia de um GW.mês, já que Energia = Potência x Tempo.[7-8]

---

5. Afrânio de Carvalho, *Paulo Afonso e a Integração Nacional*, Rio de Janeiro, Forense, 1989, p. 215.
6. Cf. Carlos Feu Alvim, "Existe a possibilidade de um novo apagão?", *Revista de Economia e Energia*, n. 88, jan.-mar. 2013, pp. 29-30.
7. Idem, ibidem.
8. Para melhor entender a matéria, não é descabível relembrar que as medidas de energia são:
Watt (símbolo: W) é a unidade de potência do Sistema Internacional de Unidades (SI).
Watt hora (símbolo: Wh) – é a medida de energia, usualmente utilizada em eletrotécnica para alimentar uma carga com potência de 1 watt, pelo período de uma hora. 1 watt é equivalente a 3600 joules.
Joule (símbolo: J) – é a energia despendida num segundo de tempo, por uma corrente de um ampère na potência de 1volt.
Ampère (símbolo: A) – é a unidade padrão para medir a força de uma corrente elétrica.

Esclarecido acerca das medidas (vide nota de rodapé), cumpre dizer ainda que o Sistema Interligado Nacional/SIN é composto de *quatro subsistemas*, todos interligados tal qual vasos comunicantes, de modo a poder atender a eventuais e previsíveis necessidades. Elucide-se que, como as usinas hidroelétricas se situam em locais distantes de centros urbanos, o Brasil, em face da sua imensidão territorial, sempre precisou de grandes extensões de linhas de transmissão. Até há pouco tempo, nosso país tinha apenas dois grandes sistemas interligados, vinculando o Norte e Nordeste. No ano de 2000 foi feita a interligação Norte/Sul, com as linhas unindo a Usina de Tucuruí, no Estado do Pará à Usina de Serra da Mesa, em Goiás. Resultou disso a interligação de quatro subsistemas são: Sudeste/Centro Oeste, ou seja, SE/CO; Norte – N; Nordeste – NE; e o do Sul. Cumpre lembrar que o Nordeste tem ainda modestos sistemas isolados.

O SIN se distingue do Sistema Isolado/SISOL, pois este não faz parte daquele. Como dito antes, o Sistema Isolado se encontra no Norte do País e compreende 45% do território nacional.

O Sistema Isolado é abastecido principalmente por fontes de geração *térmica* a óleo combustível e a óleo diesel. A substituição dessas fontes térmicas por usinas hidroelétricas, no Sistema Isolado, já é prevista pela Aneel e com o recebimento de incentivos do fundo especial, para aquelas substituições.[9]

Após o exame das leis, assaz complicadas, que poderiam e deveriam ter sido *consolidadas*, ao invés de emendadas ou remendadas, pode-se dizer que, na atual conjuntura, o novo modelo no setor elétrico quadriparte-se nas seguintes e distintas etapas:

a) *geração da energia elétrica* (hidráulica, eólica, da biomassa, solar, térmica e/ou outra);

b) *transmissão*;

Volt (símbolo: V) – é a unidade de força eletromotiva que faz com que a corrente de um ampère corra por um condutor cuja resistência é ohm (unidade de resistência elétrica).

1 HP = 0,75KW

Os múltiplos de watt-hora são: Quilowatt-hora (kWh): equivale a 1.000 Wh ou 3,6x106 joules; Megawatt-hora (MWh): equivale a 1.000.000 Wh ou 3,6x109 joules; Gigawatt-hora (GWh): equivale a 109 Wh ou 3,6x1012 joules; Terawatt-hora (TWh): equivale a 1012 Wh ou 3,6x1015 joules.

9. José Luiz Alquéres, *Visão Geral do Setor de Energia Elétrica*, Rio de Janeiro, 2010, em trabalho não publicado, gentilmente cedido.

c) *distribuição*; e

d) *comercialização* dessa energia.

Nessas quatro e distintas fases, as empresas *geradoras* produzem energia a longo prazo, sob supervisão estatal, e são responsáveis pelo atendimento ao mercado, nas suas respectivas áreas.

As *geradoras* ou *produtoras* de energia processam matérias capazes de se transformar em energia. Assim, por exemplo, o sol, os ventos, a água, a biomassa, as moléculas nucleares etc. Essas geradoras/produtoras fornecem energia tanto para as transmissoras como para as distribuidoras.

Estas *transmissoras-compradoras* são as empresas que levam, conduzem, *transportam* a energia, de alta ou de baixa tensão, produzidas pelas geradoras para as *distribuidoras*.

As *distribuidoras*, a sua vez, compram e revendem energia; têm estações apropriadas que *rebaixam* a tensão da energia e a distribuem aos diversos adquirentes. As distribuidoras são obrigadas a contratar 100% da demanda prevista para os cinco anos subsequentes à data do contrato, sendo ainda obrigadas a fornecer garantias contra eventual inadimplência.

O *contrato de distribuição* é atípico, pois, embora tenhamos unificado o Direito Civil e Comercial, o Código Civil de 2002, nas suas muitas falhas, nada dispôs sobre o contrato de distribuição que existe entre nós de há muito. Assim, o contrato de distribuição de energia segue, em linhas gerais, o contrato de distribuição comercial, embora com limitações do Direito Administrativo.

Com relação à *geração-produção de energia*, pode-se dizer que, no momento, o Brasil apresenta três modalidades:

i) *de serviço público*, ou seja, o realizado por *concession*árias estatais;

ii) *de serviço público delegado às concession*árias de natureza privada;

iii) *de autoprodução* ou produção independente.

A Constituição Federal, no art. 176, § 4º, menciona o *aproveitamento* – e não a produção – de potencial de energia renovável de *capacidade reduzida*, que não depende de autorização ou concessão.

A *transmissão*, como expresso acima, é o transporte, a condução da energia, da fonte produtiva para as distribuidoras, ou consumidores de maior porte, e é feita em dois segmentos, conforme o nível da tensão. Estes segmentos são:

i) condução ou transporte de energia da fonte geradora para as distribuidoras, em tensão mais elevada;

ii) condução ou transporte de energia da geradora para a distribuidora em tensão mais baixa.

Esse transporte de energia é também conhecido como transporte pesado ou por atacado, sendo o transporte mais leve denominado no varejo.[10]

Fique claro que a *transmissão* é feita mediante concessão de *prestação de serviço público*, não sendo atividade comercial nem competitiva, e que *n*ão configura geração, compra e nem venda de energia. A empresa transmissora não sabe quem é o remetente da energia e também não sabe quem irá recebê-la. Portanto, ao que parece, não configura contrato de transporte. E é o Operador Nacional do Sistema/ONS que determina o que irá ocorrer com a transmissão. Tão somente presta o serviço de transmissão, de condução de energia. Nessa circunstância, suas *tarifas* são fixadas e reguladas pela Aneel. E o ONS determina a forma pela qual as linhas de transmissão devem ser operadas.[11]

As maiores empresas de transmissão ora existentes no País são a Empresa Paulista de Transmissão de Energia Elétrica/EPTE e a Empresa Transmissora de Energia Elétrica do Sul do Brasil S.A./Eletrosul.

Ao sair das usinas geradoras de energia, sejam elas hidráulicas, térmicas, eólicas, da biomassa ou solares, cabe dizer que a transmissão da energia é feita por cabos aéreos (pode ser também subterrânea), revestidos de isolantes e fixados em torres altas. Daí a necessidade de linhas de transmissão que se estendem por longas distâncias e que compõem a rede de transmissão. Essas redes são ainda compostas por subestações de transformação. Elucide-se que as subestações são localizadas nos pontos de conexão com as geradoras de energia, com consumidores de maior porte e distribuidoras, e a função dessas subestações é *elevar o nível* de tensão da energia gerada. Já nos pontos de conexão com consumidores de menor porte e também com as distribuidoras, a função da subestação de distribuição é *rebaixar* os níveis de tensão.[12]

---

10. Cf. artigo de David A. M. Waltenberg, "O direito da energia elétrica e a ANEEL", in Carlos Ari Sundfeld (org.), *Direito Administrativo Econômico*, 3ª tir., São Paulo, Malheiros Editores, 2006, pp. 352 e ss.

11. Idem, ibidem, p. 365.

12. Cf. "Redes de Energia Elétrica", Associação Brasileira de Distribuidores de Energia Elétrica/Abradee. Disponível em: www.abradee.com.br/setor-eletrico/redes-de-energia-eletrica.

As concessionárias de serviço público de distribuição, as *distribuidoras*, a sua vez, compram e revendem energia para os consumidores cativos e para os consumidores livres. Elucide-se que os consumidores livres tanto podem comprar das distribuidoras como de outro fornecedor. Se as vendas forem feitas por outro fornecedor, a distribuidora pode cobrar os valores relativos ao uso e conexão do seu equipamento, valores estes fixados pela Aneel. Mas se as vendas, para o consumidor livre, forem feitas pela própria distribuidora, esta cobra a tarifa estabelecida pela Aneel e mais o valor do uso e conexão do equipamento. Nas vendas feitas para o consumidor cativo, este paga a tarifa sempre fixada pela Aneel.

Registre-se que as distribuidoras têm estações apropriadas, que rebaixam a tensão da energia e a distribuem aos diversos consumidores. As distribuidoras são obrigadas a contratar 100% da demanda prevista para os cinco anos subsequentes à data do contrato, sendo ainda obrigadas a fornecer garantias contra eventual inadimplência.

Cabe esclarecer, como se verá adiante, que concessões, permissões e autorizações são obtidas mediante licitações em leilões da Aneel. Tal e qual as compras e vendas de energia se perfazem nos leilões e pela empresa privada Câmara de Comercialização de Energia Elétrica/CCEE, por *delegação* da Aneel (na realidade é "subdelegação", pois a Aneel já atua mediante delegação da União).

Aduza-se ao explanado que, nesse contexto de fornecimento de energia, inserem-se ainda as cooperativas de eletrificação rural, as quais adquirem energia de diversos fornecedores para entrega aos seus cooperados. Excepcionalmente, em alguns Estados, como o Rio Grande do Sul, o Rio Grande do Norte e Santa Catarina, as cooperativas mais desenvolvidas entregam, vendem energia a não cooperados, atividade esta feita mediante *permissão* estatal.[13]

No novo modelo de energia aparece ainda a figura do agente *comercializador* de energia elétrica, que é empresa que *não possui sistema elétrico* e, assim, compra e vende energia livremente no mercado e em princípio *não participa de leilões regulados pela Aneel*. Os agentes comercializadores atuam competitivamente com os agentes de geração e de autoprodução e ainda de produção independente. É atividade desmembrada da distribuição e somente vendem para distribuidoras quando participantes em leilões. Podem ainda intermediar negociações e contratos

---

13. David A. M. Waltenburg, "O direito da energia elétrica e a ANEEL", cit.

entre vendedores e compradores e atuar como consultores em estudos energéticos. Como se observa, o comercializador é mero intermediário ou corretor de energia; e como intermediário, e tal qual os corretores comuns, o agente comercializador não entrega a energia ao seu destinatário. Essa entrega é feita pelo concessionário distribuidor, que possui as instalações físicas no local onde deve ser entregue a energia. Note-se que, não possuindo sistema próprio, os comercializadores, precisando transportar a energia adquirida para os terceiros compradores, também devem pagar a tarifa, denominada "fio", como estabelecida pela Aneel. Essa "tarifa fio" representa o custo do transporte, da transmissão e da distribuição da energia até as casas, lojas etc., e é custo coberto pela tarifa de energia. O pagamento dessa tarifa dá direito também ao comercializador de transportar a energia desde o local aonde a adquiriu até o local para aonde a revendeu.

Saliente-se que pode ocorrer ainda a entrega de energia, pela usina geradora diretamente ao comprador, em conexão direta ou pela rede básica.

E na complicada legislação, há ainda mais duas figuras importantes. A primeira é a do *produtor independente*, que tanto pode ser uma única pessoa jurídica como várias, reunidas em consórcio. O produtor independente é aquele que obtém uma única concessão ou autorização para produzir, *i.e.*, gerar energia e comercializá-la, no todo ou em parte, por sua conta e risco. Aliás, ainda que se utilize a expressão "independente", não é tão independente assim, porquanto está sujeito às regras de comercialização, regulada ou livre. Aliás, essa comercialização também não é livre, porquanto está sujeita a muitas regras, e – tal qual a regulada –, ostenta uma *contradictio in adjectio* (Lei 9.074, de 7.7.1995, art. 11, parágrafo único).

A outra figura é a do *autoprodutor* que é aquele que produz, que gera a energia com potência não superior a 10.000 kW e para seu *uso exclusivo* (Lei 9.074/1995, art. 5º, III).

Esclarecimentos feitos acerca dos figurantes no novo modelo do setor elétrico brasileiro, há que se informar que as operações de compra e venda de energia elétrica se processam em dois segmentos de mercado:

1) Ambiente de Contratação Regulada/ACR, no qual as *distribuidoras*, em consonância com requisitos da Aneel, compram energia necessária para atender aos *consumidores cativos*;

2) Ambiente de Contratação Livre/ACL, no qual os denominados comercializadores e consumidores livres negociam livremente a energia.

Nesse contexto, ao chegar energia ao comprador ou aos compradores, estes, à sua vez, *comercializam* a energia com os mais variados interessados. Esses consumidores-adquirentes se bipartem, existindo os consumidores *cativos* e os *livres*.

Os *consumidores cativos* são aqueles que compram a energia elétrica de *concessionárias* ou *permissionárias de distribuição*, e que não têm a possibilidade de negociar o preço, pois, ficam sujeitos às tarifas de fornecimento estabelecidas pela Aneel nos leilões. O consumidor cativo compra a energia proveniente das distribuidoras, as quais a adquiriram anteriormente nos leilões de energia. De modo simples, eis o funcionamento:

| Geradoras | → | Transmissoras | → | Distribuidoras | → | Consumidor cativo |

Observe-se que as distribuidoras *somente* podem adquirir a energia *nos leilões de energia* da Aneel.

Já os *consumidores livres* são aqueles que negociam livremente na aquisição de energia, podendo discutir preços, prazos, indexação e o montante do consumo. Podem escolher o fornecedor e tanto podem negociar diretamente, negociar com a geradora ou negociar mediante o intermédio de um agente comercializador.

Cumpre esclarecer que as empresas de comercialização sofrem o gerenciamento da Câmara de Comercialização de Energia Elétrica/CCEE, no tocante a riscos, liquidez e transparência.

Nessa sequência, as *compras e vendas de energia* são assim processadas:

1) Geração-concessionário/produtor independente/autoprodutor – vendem para *distribuidoras no leilão*; e também podem vender para as Comercializadoras.

2) Comercializadoras – vendem livremente, ou para outras distribuidoras *se* estas tiverem participado do leilão.

Esclarecido sobre o funcionamento de agentes e operações no atual sistema energético brasileiro, adite-se que as empresas interessadas em atuar em uma das três etapas, seja de *geração, transmissão e/ou distri-*

buição, e ainda na *comercialização*, estando regularmente constituídas, necessitam participar das licitações e/ou *leilões públicos*, para a obtenção de concessões, permissões e autorizações (CF, art. 37, XXI; Lei 8.666, de 21.6.1993; Lei 11.094, de 13.1.2005).

Nos leilões há que se distinguir ainda os que são realizados para a venda e compra de *energia já existente* daqueles que são feitos para a aquisição de energia nova, ou seja de *energia elétrica produzida por novos empreendimentos* de geração, ou por empreendimentos já existentes, mas que ainda não dispunham, em 16.3.2004, de contratos de energia homologados pela Aneel.

Faz-se aqui um parêntese para esclarecer que, no tocante a essas licitações e leilões, se o empreendimento estiver no contexto da União, as normas sobre as licitações e leilões serão baixadas pela Aneel. Nas hipóteses de empreendimentos nas áreas de Estados e Municípios, a matéria de concessões, além de obediência às normas gerais federais, é ainda submetida às normas dos órgãos locais. As empresas devem apresentar propostas na forma dos editais de licitação. A vencedora celebrará, então, contrato com a Administração Pública (CF, arts. 175 e 176, § 1º; Lei 8.987/1995, arts. 1º, 2º, 4º, 14 a 22; Lei 9.074/1995, art. 1º).

Saliente-se que, como já expresso, a outorga de concessões, permissões e autorizações é precedida por *licitações*, e as empresas interessadas em participar dos leilões devem, necessariamente, ter sido *previamente classificadas* para essas licitações (CF, arts. 37, XXI, e 175; Lei 8.666/1993 c/c Lei 8.987/1995, arts. 2º, 4º, 5º, 14, 22; Lei 9.648, de 27.5.1998, art. 1º; Lei 10.438/2002 e alterações subsequentes).

A *licitação*, como é notório, tem por finalidade, atender ao princípio da isonomia, ou seja, da igualdade de tratamento entre os concorrentes, constituindo *procedimento selecionador de propostas* mais vantajosas para a Administração Pública (CF, art. 37, XXI; Lei 8.666/1993, art. 3º; Lei 9.074/1995, arts. 2º e 4º).

Convém lembrar que no sistema anterior de energia elétrica no Brasil se deveria saber primeiro que pessoas poderiam obter as concessões, permissões e/ou autorizações, se naturais ou jurídicas. Presentemente, a Constituição Federal faz menção a *empresas* que tanto podem ser individuais como sociedades.

Contudo, a mais utilizada na atividade energética é a segunda, ou seja, as empresas societárias que normalmente possuem maiores recursos técnicos, financeiros e administrativos, estando assim capacitadas para suportar todas as fases de um empreendimento duradouro, principalmente aquelas nas quais se costuma gastar cinco ou mais anos, como sói acontecer com as usinas hidroelétricas e/ou atômicas e, em menor prazo, as usinas eólicas, ora ganhando força no Brasil.

Na primeira fase, de feitura de projetos para a construção da usina, como a compra dos terrenos adjacentes e de aquisições do maquinário, soerguimento das linhas de transmissão, as despesas assumem enorme vulto, mas o empreendimento não produz nenhuma renda, a qual somente começa a aparecer na fase seguinte da operação. Seguramente esse aspecto financeiro-econômico é que terá inspirado a inclusão também de *consórcios* no novo sistema energético brasileiro (CF, arts. 21, XII, "b", e 175; Lei 8.666/1993, arts. 28 e 29; Lei 8.987/1995, art. 2º, II).

Reitere-se que qualquer interessado na exploração de energia necessita obter, previamente, da Aneel *licença ou autorização específica* para a realização de *estudos de viabilidade* de anteprojeto e/ou projetos de aproveitamento de potenciais hidráulicos, que serão registrados naquela Agência. Esse primeiro registro, contudo, não gera nenhum direito de preferência na obtenção de concessão (Lei 9.427/1996, art. 28 e § 1º).

A Aneel normalmente publica os editais para a realização de licitações. A *licitação*, como se sabe, é procedimento pelo qual a Administração seleciona, separa as propostas mais vantajosas para firmar contrato de seu interesse e para determinado fim. As licitações podem ser feitas por: concorrência, tomada de preços, convite, concurso, leilão e pregão.

No campo da energia, a Aneel promove licitações, por meio de *leilão*, na qual os interessados apresentam propostas na forma do contido no edital. Os leilões podem ser para: concessão de novas usinas; colocação de linhas de transmissão e distribuição; compra e venda de energia. Todos os leilões de energia são coordenados e controlados pela Aneel. Como referido acima, a Câmara de Comercialização de Energia Elétrica, sob a regência da Aneel, também promove licitações de compra e venda de energia no Ambiente de Contratação Regulada.

Essas propostas, na forma do edital, são examinadas e, então, classificadas ou não. As classificadas é que estarão aptas para tomar parte nos leilões. Assim, os *leilões* são *para a obtenção da concessão ou permissão* (Lei 9.427/1996, arts. 23 e 24).

Outra *licença prévia*, também necessária, e que antecede a qualquer processo licitatório, é a do Instituto Brasileiro do Meio Ambiente/IBA-

MA, caso a área ou águas estiverem no âmbito federal; se a área for da esfera estadual, ou municipal, então a licença deverá ser dada pelo órgão estadual ou municipal, inserido no Sistema do Meio Ambiente. O licenciamento do IBAMA se perfaz mediante três licenças: a) licença prévia; b) licença de instalação; e c) licença de operação.

O licenciamento consiste em procedimento administrativo verificador da localização, instalação, ampliação de empreendimentos e das atividades utilizadoras de recursos ambientais. É, assim, instrumento de controle e restrições de quaisquer operações danosas e poluentes ao meio ambiente (Lei 6.938/1981, art. 10; Decreto 99.274/1990, art. 19; e Resolução do Conama 237, de 19.12.1997, art. 1º, I e II).

Nesse aspecto de licenciamento, a Aneel é que deverá providenciar junto à Agência Nacional de Águas – a Ana – a *declaração de reserva* de disponibilidade hídrica, caso o *corpo d'água seja da União*. Se as águas forem do domínio do Estado, a entidade local estadual, gestora de águas, é que deverá fornecer essa declaração (Lei 9.984/2000, arts. 4º e 7º, este com a nova redação dada pela Lei 13.081, de 2.1.2015).

No tocante aos projetos de potenciais hidráulicos, assinale-se que os titulares de *terrenos marginais*, proprietários ou possuidores, podem impedir os empreendedores de usina hidroelétrica a realizar levantamentos de campo, se estes não tiverem ainda a autorização específica, a licença prévia da Aneel (Lei 9.427/1996, art. 28).

E retornando à espécie de empresas, que podem atuar no setor energético, fique claro que não é qualquer sociedade ou empresa que pode ingressar em processos licitatórios para obtenção de concessão ou permissão, para explorar energia elétrica, mas somente aquelas que hajam obtido previamente as licenças acima referidas.

Desse modo, há formalidades essenciais que precedem o *início* de atividades empresariais no setor de energia, antes que se comece o seu funcionamento e exploração, seja no campo, seja em escritórios:

a) arquivamento no Registro do Comércio dos atos constitutivos da empresa;

b) autorização do poder concedente para as empresas funcionarem em quaisquer das quatro etapas: de geração, transmissão, distribuição e comercialização (CF, art. 175; Lei 8.666/1993, arts. 27, 28 e 29; Lei 8.987/1995).

Assim, de um lado, o Registro do Comércio verifica os requisitos gerais de organização empresarial e, de outro, o poder concedente verifica os requisitos *especiais*, exigidos pelos os órgãos e entidades envolvidos seja para as concessionárias, permissionárias e autorizadas.

Nessa altura, há que se rever o que dispões a Constituição Federal de 1988 sobre Águas.

Alinhavado o que desde há alguns anos se denomina "novíssimo modelo" energético no Brasil, relembre-se, antes do mais, que a Constituição Federal de 1988 distribuiu *o domínio de águas* no País à União e aos Estados. Portanto, *as águas* são bens do *domínio público* (CF, arts. 20, III, e 26, I; Lei 9.433, de 8.1.1997, art. 1º, I).

Anteriormente, em obra intitulada *Revisão da Constituição de 1988*, escrito em 1991 e publicado após o falecimento do Autor, este já afirmara, taxativamente, que a Constituição de 1988, ao colocar o domínio das águas com a União e Estados-membros *errou em outro aspecto*, qual seja:

> Ao arrolar entre os bens da União, além das praias fluviais, os *terrenos marginais*, a Constituição (art. 20, III) comete ou um confisco... ou uma desmesurada erronia. As praias fluviais, como componentes dos rios públicos, seguem a condição destes, e são também *públicas*. Essa é uma evidência que salta aos olhos até dos leigos, não apenas dos juristas.
>
> *Ao contrário*, os *terrenos marginais*, integrantes dos imóveis particulares adjacentes, seguem a condição destes e *são* também *particulares*. O que existe nos terrenos marginais dos rios públicos é uma servidão pública de aproximadamente 15 metros, instituída pela lei da Administração para acudirem a uma obstrução ocasional da corrente d'água ou outra emergência. A própria existência da servidão subentende que os terrenos são particulares: *nulli res sua servit*.
>
> Neste ponto, reporto-me ao longo, exaustivo e fundamentado estudo que fiz acerca do assunto, divulgado em separado nas mais reputadas revistas jurídicas do país e incorporado oportunamente em um livro que merece ser consultado para desfazimento do erro [*Águas Interiores, suas margens, ilhas e servidões*, São Paulo, Saraiva, 1986, pp. 121-184]. Esse erro raiaria pelo despropósito para quem aprofundasse o estudo do assunto.
>
> Como contraste, está embutido no final de uma disposição que, repetindo similar de outras constituições, se revela acertada, segundo a qual os rios e mais águas que banhem mais de um Estado pertencem à União (art. 20, III). Se essas correntes fluviais fossem deixadas aos Estados ribeirinhos, ensejariam frequentes conflitos de competência com o aparecimento de disputas entre o Estado a montante e o Estado

a jusante a respeito do uso das águas, desde que qualquer deles o considerasse detrimentoso a seus interesses.[14]

Registre-se que o autor defendeu a total *desnecessidade* de se abrirem quaisquer registros imobiliários para as águas, em virtude do ordenamento jurídico trazido pela Constituição Federal de 1988.

Com efeito, se o domínio das águas, algumas antes com particulares, se operou, se concretizou por força de mandamento constitucional, é descabido se abrir matrícula para corpos d'água, eis que a Carta Magna se sobrepõe a quaisquer normas infraconstitucionais.

De mais a mais, não se diga, como já foi feito, que a matrícula de corpo d'água seria cabível na eventualidade de alienação deste corpo. *Data venia*, a suposição extrapola, mesmo na atual e difícil fase de incultura no País. E isto, porquanto, além da norma constitucional ter expresso que as águas são de domínio público, e a Constituição se sobrepõe à normas infraconstitucionais, é ainda da sabença geral que os bens públicos, de uso comum do povo, como rios, mares, estradas, ruas e praça são inalienáveis (CC, art. 100).

E esse aspecto é relevante, devendo ser tratado com atenção e cuidado pelas consequências que dele poderão advir, se as expropriações não forem feitas com cautela e correção.

Essa necessidade de maior esmero na matéria de águas em expropriações e de sua relevância advém do fato de que na legislação vigente as *concessionárias* de serviços públicos têm a atribuição de "(...) promover as desapropriações e constituir servidões autorizadas pelo poder concedente" (Lei 8.987/1995, art. 18, XII, c/c art. 31, VI).

E esse dispositivo da lei impõe a maior vigilância, por causa da confusão em matéria de servidão. Com efeito, já há notícias de abusos absurdos, contundentes e maldosos, por parte de concessionárias descuidadas, atuando nas desapropriações de terras, aí extrapolando em áreas maiores, sob pretexto de contenção nas inundações, como ainda ocorrem na constituição de servidões, para o estabelecimento de linhas de transmissão e transporte de energia elétrica. Isso não pode e nem deve ocorrer.

14. Afrânio de Carvalho, *Revisão da Constituição de 1988*, obra publicada após o falecimento do Autor, em 1991, cit., p. 64. [*Nota da Atualizadora: Curioso é que, nesse aspecto, como aliás em outros, o Autor deste livro vem sendo acompanhado por alguns escritores, muito posteriores, que o seguem "ipsis litteris", embora sem referência ao seu trabalho – o que parece estar em moda na atualidade brasileira...*].

Haja vista, por exemplo, o que ora acontece em Goiás, com a usina denominada Salto do Rio Verdinho, a qual embora tenha como concessionária empresa de porte e renome, a Votorantim, malfadadamente, contratou a terceirização de serviços com empresas sem estofo idôneo e nem técnico, e que, por meio de gerentes e capatazes incultos, têm causado problemas de monta e malefícios aos titulares de terras na zona da usina. E como as concessionárias são responsáveis pelas desapropriações e preservação de servidões, esses terceiros tentam assustar, amedrontar, aterrorizar os titulares de terras, provocando toda sorte de incidentes para fazer média junto às concessionárias. Como por exemplo, tentando comprar áreas de servidão, quando nestas têm apenas o *direito de uso* da área. E, ainda por cima, contratam supostos "peritos" que abaixam de modo irreal os valores em avaliações fajutas, reduzindo, assim, mediante terrorismo, os custos das concessionárias...

Segundo informe, que chegou ao conhecimento da Atualizadora deste livro, no caso de Rio Verdinho, em Goiás, tem havido sérios e graves incidentes, causados por violência de capataz terceirizado. Com efeito, distinta senhora, titular de área nas margens do rio onde está se instalando a usina da Votorantim, além de padecer com atos absurdos e violentos, sofreu até ordem de prisão, num aeroporto em Uberlândia, em virtude da sua indignação e revolta contra arbitrariedades e violências em sua propriedade e adjacências, por parte do capataz e empregados de terceirizadoras. Os detalhes do episódio são kafkanianos.

Ao que parece, as arbitrariedades não param aí. Com efeito, e exemplificativamente, a Companhia de Eletricidade de Goiás/CELG está passando para a concessionária Votorantim o remanejamento de algumas linhas de transmissão na zona da Usina Rio Verdinho e, assim, a Votorantim, por esses incultos e violentos terceiros, está colocando pontos de luz onde bem o entenda, sem nenhuma comprovação de licença, sem acompanhamento técnico, sem avisar aos titulares de áreas e, perigoso, *sem nenhum projeto* previamente autorizado.

Fica, assim, a indagação e dúvida sobre a *fiscalização* da Aneel na atuação dessas concessionárias com terceirização tão esdrúxula (cf. Lei 9.427/1996, arts. 2º e 3º, IV, IX, XIII).

Ainda nesse enfoque na questão das águas, aduza-se que, ao se legislar sobre concessões e constituição de *servidões* – e como tem ocorrido na atual febre legiferante –, olvidaram-se os congressistas de melhor redação e aperfeiçoamento nos textos das leis, que poderiam já ter sido consolidadas no Código de Águas. Exemplificativamente, relembre-se que a lei que criou a Aneel, tal qual outras que se lhe seguiram, trazem tão apenas um único dispositivo concernente aos proprietários de *terrenos marginais* aos potenciais de águas e de eventual energia elétrica, o que, como visto no relato sobre ocorrências em Goiás, é do maior interesse dos particulares (Lei 9.427/1996, art. 28, § 1º).

Com essa desordem legislativa, tudo induz a crer que continuam em vigor os dispositivos sobre *servidões*, constantes do Código de Águas, que não colidirem com as novas normas (Decreto 24.643, de 10.7.1934, arts. 146, 147 c/c 148).

Suscita atenção neste estudo o seguinte: se o Código de Águas facultava aos proprietários de quedas d'água direito de preferência para obter concessões e/ou autorizações para o aproveitamento industrial de energia elétrica, e se a vigente Constituição, inovando, determina agora que o domínio das águas, destituído dos particulares, esteja bipartido entre União e Estados-membros, aquele direito de preferência, para obter concessões, permissões e autorizações, por questão de justiça, se desloca, então, dos antigos proprietários daquelas quedas d'água para os mesmos proprietários, titulares, dos terrenos ribeirinhos dessas mesmas quedas: *ubi eadem ratio ibi eadem dispositio*.

Feitos comentários sobre o novel sistema na energia e dispositivos constitucionais sobre água, examine-se, então, sobre o *aproveitamento de potenciais hidráulicos e extensão à energia térmica*.

Na forma de normas vigentes, e segundo dados de José Luiz Alquéres, em trabalho ainda não publicado, as *concessões ou permissões* contemplarão os seguintes *aproveitamentos* de potencial energético:

i) potenciais hidráulicos de potência superior a 3.000 kW e implantação de usinas termelétricas de potência superior a 5.000 kW, destinados à execução de serviços públicos (Lei 9.074/1995, art. 5º, I, com a redação dada pela Lei 13.097/2015);

ii) potenciais hidráulicos de potência superior a 3.000 kW, destinados à produção independente de energia elétrica (Lei 9.074/1995, art. 5º, II, com a redação dada pela Lei 13.097/2015);

iii) potenciais hidráulicos de potência superior a 10.000 kW, destinados exclusivamente ao uso do autoprodutor (Lei 9.074/1975, art. 5º, III).

No tocante a *autorizações*, estas serão outorgadas para os seguintes aproveitamentos:

i) implantação de usinas termelétricas de potência superior a 5.000 kW, destinados a uso exclusivo do autoprodutor (Lei 9.074/1995, art. 7º, I);

ii) potenciais hidráulicos superiores a 3.000 kW e igual ou inferior a 10.000 kW, destinados ao uso exclusivo do autoprodutor (Lei 9.074/1995, art. 7º, II, com a redação dada pela Lei 13.097/2015);

iii) potencial hidráulico superior a 3.000 kW e igual ou inferior a 30.000 kW, para produção independente ou autoprodução, desde que mantidas as características de pequena central hidroelétrica (Lei 9.427, de 26.12.1996, art. 26, I, com a redação dada pela Lei 13.097/2015);

iv) acréscimos de capacidade de geração, para aproveitamento ótimo do potencial hidráulico (Lei 9.427/1996, art. 26, V).

Com referência à extensão de potencial energético para as usinas térmicas, nos estudos entre as décadas de 1970 a 2002, supunha-se que o nível ótimo das térmicas estaria em torno de 23% da capacidade total nacional, e que em 2005 alcançaria cerca de 24%.[15]

Antonio Dias Leite opina ainda no sentido de ter sido ilusória, no período referido, a suposição de a capacidade total das térmicas no País ser de 24%. E isso porquanto, anteriormente, as térmicas eram movidas a carvão e a óleo e sustentadas por um sistema que foi caracterizado como subsídio aos produtores de carvão, o que foi descontinuado. Assim, as térmicas passaram a operar a gás, sendo o acréscimo feito na forma de usina a gás, do que não disporiam por algum tempo. Embora o país disponha de cerca de 22 usinas a gás, a falta de gás, ao que parece, não permitirá crescimento maior de potencial na matriz energética brasileira, a menos que se desenvolvam técnica mais avançadas da biomassa e da biotecnologia para utilização nas usinas térmicas.

E no tocante à energia das térmicas, comparativamente com outras, o especialista em energia David Pimentel, da Universidade de Cornell, mostra com números a relevância da energia provinda da biomassa em diversos aspectos, esclarecendo ainda que os impactos da queima da biomassa são menores do que a do carvão e mais danosos do que a do gás natural. E alerta o seu país – Estados Unidos – para acelerar a transição da energia fóssil para novas tecnologias energéticas, e que para isso

---

15. Antonio Dias Leite, *A Energia do Brasil*, cit., p. 296.

várias combinações de energia renovável devem ser desenvolvidas com características das diferentes regiões geográficas do país.[16]

No tocante ao etanol, o Professor da Universidade de Berkely, Tad Patzek, em cuidadoso estudo, expressa que as refinarias de etanol são ineficientes e que, mesmo que fossem maravilhas de eficiência, ainda assim não trariam redução na corrida de combustível para o transporte, porquanto o globo terrestre tem pouca ou nenhuma biomassa para ser preservada a longo prazo.[17]

Nessa altura há que se anotar que quase todos os *experts* em energia registram sua preocupação com o *aquecimento* da terra, com os gases do carbono e a maioria reflete inquietação maior no tocante à energia nuclear e seus resíduos. Com relação ao aquecimento, este, a toda evidência, atinge em cheio as usinas térmicas. Boa parte desses especialistas levanta dados econômicos comparativos entre as energias clássicas e as novas fontes energéticas. Charles A. S. Hall, Robert Powers e William Schoenberg, por exemplo, aludindo a trabalho de R. Hirsch e colegas, esclarecem que estes autores mostram a necessidade de investimentos mais volumosos em energia e que o recurso crítico no tema é o fator tempo, pois projetos energéticos não têm recebido muita colaboração. Charles A. S. Hall e os dois outros autores concluem que nos Estados Unidos os estudos são relevantes, mas que pouco se tem discutido o assunto seja na sociedade, na economia e nos círculos científicos.[18]

Aliás, no aspecto econômico, cabe registrar, em rápido comentário, os dados levantados nos Estados Unidos. Neste país, a principal fonte de óleo, para produzir biodiesel, é a soja. E numa estimativa média e para a finalidade de se obter cerca de quatro bilhões de galões ou 100 milhões de barris, esta produção só reporia a quantidade de petróleo consumida em *cinco dias* nos Estados Unidos. O galão equivale a 3.785 litros e o barril é equivalente a 120 litros aproximadamente. Como se observa, não há terra no mundo para maior substituição do petróleo para o biodiesel.[19]

---

16. David Pimentel, "Renewable and solar Energy Technologies, Energy and Environment Issues", in *Biofuels, Solar and Wind as Renewable Energy Systems*, New York, Springer, 2008, pp. 4 e 13.
17. Cf. Tad Patzek, "Can the earth deliver the biomass-for-fuel we demand?", in David Pimentel, ob. cit., pp. 19-34.
18. Cf. Charles A. S. Hall, Robert Powers e William Schoenberg, "Peak Oil, EROI, Investments and the Economy in an Uncertain Future", in David Pimentel, ob. cit., pp. 109,128 e 130.
19. Edwin Kessler, "Our food and fuel future", in David Pimentel, ob. cit., pp. 259 e 279.

Edwin Kessler, referido no parágrafo anterior, recomenda a redução do crescimento econômico e populacional e, por igual, sugere mudança, a transferência de recursos das rodovias para o aumento do transporte ferroviário e a intensificação de tecnologias, que reduzam consumo.[20]

Enfim, o grande desafio no século XXI é a obtenção de melhores tecnologias não apenas para as usinas térmicas, mas preferencialmente para todas as demais formas de gerar energia, e que não causem danos nem aos seres humanos e nem à Terra que habitamos. Esse o grande desafio.

---

20. Idem, ibidem, pp. 290 e 291.

Capítulo VI
CONCESSÕES, PERMISSÕES E AUTORIZAÇÕES

Sentido das concessões, permissões e autorizações. Direitos e obrigações desses regimes. Explicitações desses direitos por decreto. Servidão de eletroduto. Inscrição de servidão de eletroduto no Registro de Imóveis. Contratos de fornecimento e de suprimento.

O fornecimento de energia elétrica se reveste de manifesto interesse público motivo pelo qual sempre dependeu da autoridade, a princípio, local e, depois, federal, com a uniformização de seu regime. Esse regime, nos dias que correm, triparte-se em *concessões, permissões e autorizações*, que constituem uma forma de descentralização dos serviços do Estado. São meios pelos quais o Estado delega a empresas e particulares a execução de serviços que, do contrário, lhe caberia realizar. Assim, o Estado, sobrecarregado de atividades e serviços, faz delegações a terceiros, sejam empresas ou pessoas físicas no caso de autorizações, para aliviar-se, para desembaraçar-se de alguns desses serviços (CF, art. 21, XII, "b", art. 22, XXVII, e art. 175; Lei 8.937/1995; Lei 8.987/1995; Lei 9.074/1995; Lei 9.427/1996).

As *concessões* são acordos, contratos, pelo quais o poder público delega a particulares, mediante remuneração, a *execução de serviços*, de *obras*, podendo ainda fazer a *cessão de uso de um bem público*. Portanto as concessões são tripartidas: a) de serviço público; b) de obra pública; e c) de uso de bem público. São contratos administrativos bilaterais, remunerados.[1]

---

1. Hely Lopes Meirelles, José Emmanuel Burle Filho e Carla Rosado Burle, *Direito Administrativo Brasileiro*, 42ª ed., atualizada até a EC 90, de 15.9.2015, São Paulo, Malheiros Editores, 2016, p. 294.

Eis as diferenças entre as concessões: *a concessão de serviço público* é contrato administrativo celebrado entre o poder público e o particular, e que tem como estipulante o poder público, que ajusta, acorda e contrata com o particular, o concessionário-promitente, a prestação de serviços para terceiros, indeterminados, vale dizer para a coletividade ou membros desta. A remuneração do concessionário é feita mediante cobrança de uma tarifa dos usuários, que são aqueles terceiros e indeterminados acima referidos.

Já a *concessão de obra pública* é a concessão de serviço, precedido de execução de obra, do interesse público e para utilização da comunidade, recebendo o concessionário uma remuneração também mediante tarifa, paga pelos usuários do serviço.

E a *concessão de uso de bem público* é o contrato administrativo que confere a particular a utilização de um bem público, pertencente à Administração, e que, na verdade, atende mais ao interesse do concessionário, podendo a Administração, unilateralmente, alterá-lo ou resili-lo. Essa concessão de uso de bem público pode ser remunerada pelo concessionário ou ainda ser a título gratuito (CC/2002, art. 103).

A caracterização das concessões como contrato condiz plenamente com sua natureza e modelo legal. Aliás, não é demasia esclarecer que quando o Código de Águas aludia a "termo de concessão" apenas confirmava a doutrina contratual, visto como o "termo" não passa de uma das formas pelas quais se celebra um contrato nas repartições públicas brasileiras.

Em matéria de energia o que interessa são as *concessões* para prestação de *serviços públicos* que hoje, no Brasil, são conferidas pelo poder público, ou seja, União, Estados, Distrito Federal e Municípios, e mediante o instrumento contratual (CF, art. 175; Lei 8.987/1995; Lei 9.074/1995; CC, art. 421 e ss.).

Antes do mais, e a fim de evitar confusões acerca do poder que outorga concessão de serviço de energia, cumpre esclarecer que a Constituição vigente, em matéria de competência legislativa do poder público, oferece uma quadripartição: a) exclusiva: art. 25, §§ 1º e 2º; b) privativa: art. 22; c) concorrente: art. 24; e d) suplementar: art. 24, § 2º.

E muito embora entes distintos, como a União, Distrito Federal e Estados, possam dispor sobre a mesma matéria, a Constituição estatui, de modo claro e inequívoco, que no âmbito de legislação *concorrente* a *competência da União* limitar-se-á a estabelecer *normas gerais*, o que não exclui a competência suplementar dos Estados; inexistindo normas gerais, os Estados exercerão a competência legislativa. Sobrevindo a lei federal sobre normas gerais, a lei estadual tem suspensa a sua eficácia no que for contrária à norma da União.

Não obstante a *competência da União* para *dispor* sobre *energia* seja *privativa, exclusiva*, a explanação retro é para dirimir dúvidas, em face dos excessos constitucionais, como por exemplo o dispositivo relativo à *competência concorrente* dos entes da Federação, que dispõe sobre o acompanhamento e fiscalização de concessões de pesquisa e exploração de recursos hídricos em seus territórios (CF, art. 23, XI). Para alguns a matéria é confusa, com o que concordamos, desde a promulgação da Carta Magna em 1988:

> A heterogeneidade da Constituição de 1988 põe em verdadeira perplexidade qualquer leitor, confundindo-o, embaraçando-o e desorientando-o. Dir-se-ia que obedeceu ao propósito malfazejo de originalidade, a fim de deixar brechas para tudo, para o bem e para o mal, apagando, de certo modo, a própria autoridade.[2]

Diga-se de passagem que, a despeito dos esforços do seu ilustre e preclaro relator, Bernardo Cabral, que recebeu a colaboração de alguns esclarecidos políticos, para melhorar e aperfeiçoar o texto constitucional de 1988, circunstâncias da época não permitiram sua melhoria e aperfeiçoamento, o que se lamenta.

Fica claro, portanto, ser da *competência exclusiva da União Federal dispor sobre as concessões de energia*, pelo que passamos a discorrer sobre esta modalidade contratual.

A concessão de serviço público para fornecimento de energia é, pois, uma *delegação contratual* para a execução de serviços do poder público, na forma autorizada e regulamentada pelo poder concedente.

No passado, as concessões de energia elétrica eram conferidas por decreto do Presidente da República, referendado pelo Ministro de Minas e Energia. A lei previa ainda a celebração de um *contrato*, entre o poder público e os concessionários, mas nem sempre se lavrava esse contrato. A praxe administrativa brasileira revestia-se, então, de maior simplici-

---

2. Afrânio de Carvalho, *Revisão da Constituição de 1988,* Rio de Janeiro, Forense, 1993, p. 9.

dade, o que conduzia a doutrina a ver na concessão um ato unilateral do poder concedente, não a conceituando como contrato.

Todavia, como sempre afirmei, a *conceituação de concessão como "contrato"* condizia mais com o regime em que as concessões eram outorgadas pelos Estados e Municípios, sobretudo pelos últimos, mediante contratos entre a autoridade municipal e o concessionário. Tanto mais assentada parecia estar essa conceituação quanto aparecia repetidamente ao longo do texto codificado do Código de Águas, tanto no art. 151, *caput*, como nos arts. 155, § 2º, 159, 160, parágrafo único, 162, 166, 167, 189 e 202, *i.e.*, nove vezes. No art. 153 do Código de Águas há referência a "termo de concessão", e também a cláusulas contratuais nos arts. 184, 186 e 187, concernentes a contratos entre as empresas concessionárias e terceiros. Por fim, no art. 202, após a referência relativa evidentemente a contratos anteriores ao Código de Águas, e celebrados entre os Estados e Município e particulares, vinha ainda a menção de "novo contrato" que somente poderia objetivar aquele que se lavrasse após o advento do Código. A natureza jurídica da concessão de serviço público era também defendida por Mario Masagão desde os idos da década de 1930.[3]

E mais. Em 1934, o Código de Águas, embora aludisse a "termo de concessão", ainda assim confirmava a *natureza contratual*, visto como a expressão "termo" não passa de uma das formas pelas quais se celebra um contrato nas repartições públicas, ou de declarações exaradas em processos, pois a Administração pública tem suas formas peculiares de documentos públicos, tão válidos quanto a escritura pública lançada em livro do notário, o que nem sempre se reconhece pelo esquecimento da diferença entre o direito público e o privado.

Não há, assim, mais nenhuma dúvida de que a vinculação entre o poder concedente e o particular, para a prestação de serviço público de fornecimento de energia, é feita mediante *contrato, e em conformidade com as condições impostas pela Administração*.

Relembrando noções básicas, o *contrato* é o acordo de vontades de duas ou mais pessoas para o fim de criar, modificar, extinguir ou resguardar uma relação jurídica. Apesar de o contrato ser figura mais encontradiça no Direito Civil, é por igual utilizado em quase todas as áreas do Direito, também na área do Direito Administrativo e ainda no

---

3. Cf. Mario Masagão, *Natureza jurídica da Concessão de Serviço Público*, São Paulo, Saraiva, 1933.

hibridismo do Direito Internacional, Público e Privado. Como se observa é de ampla aplicação.[4]

E cumpre relembrar que, apesar do contrato administrativo de concessão de fornecimento de energia conter os mesmos princípios dos contratos de Direito Civil, na verdade os contratos administrativos diferem do contrato comum em certos aspectos. Leia-se:

> (...) O *contrato* se funda no princípio da liberdade contratual ou *autonomia da vontade*. Essa autonomia da vontade exprime-se tanto na faculdade de celebrá-lo ou não, como na de escolher seu conteúdo. Esse conteúdo pode consistir nas mais variadas estipulações, pois estas não deparam outro limite senão o da supremacia da ordem pública. Assim, modelado livremente, costuma-se dizer que o contrato passa a ser lei entre as partes, ou seja *pacta sunt servanda*. De fato, o contrato cria uma norma jurídica particular para regular as relações entre os contratantes.
>
> Todavia, a *lei cerceia*, às vezes, de tal modo as estipulações das partes que lhes deixa apenas um resíduo de autonomia. Esse cerceamento se dá para atender a contingências da vida moderna ou para corrigir abusos da liberdade econômica. Dessa maneira, à medida que se expandem os preceitos da ordem pública, se retraem as estipulações livres das partes em certos contratos. O conteúdo destes passa a ser quase totalmente predeterminado pela lei, não restando a uma das partes senão aceitá-lo ou recusá-lo em dobro. Isso é o que acontece nos contratos em que União, Estados e Municípios celebram com os particulares, e, principalmente em contratos nos quais as empresas são concessionárias de serviços públicos, prestados em benefício do povo, chamados contratos de adesão, como os de transporte, de venda de energia elétrica e outros, tal qual em alguns contratos de trabalho.[5]

Na verdade, o contrato de concessão é um contrato em favor de terceiros, porque o Governo, a Administração como estipulante, ajusta com o concessionário, como promitente, a prestação de serviços para eventuais usuários (terceiros indeterminados, vale dizer, o público). Nestes termos, a caracterização do contrato condiz inteiramente com o seu modelo legal (CC, art. 438).

    4. Cf. Afrânio de Carvalho, *Instituições de Direito Privado*. 3ª ed. Rio de Janeiro, Forense, 1980, p. 186; Orlando Gomes, *Contratos*, 6ª ed., Rio de Janeiro, Forense, 1978, p. 15; Hely Lopes Meirelles, *Direito Administrativo Brasileiro*, cit., p. 238; e Amílcar de Castro, *Direito Internacional Privado*, 3ª ed., Rio de Janeiro, Forense, 1977, p. 411.
    5. Afrânio de Carvalho, *Instituições de Direito Privado*, cit., p. 188.

Ainda no tocante à natureza contratual das concessões, aduza-se que, relativamente aos contratos em geral, além dos princípios da autonomia da vontade e da liberdade contratual, o Código Civil de 2002, no seu art. 421, acresceu um adjunto que o enriquece, eis que tanto a autonomia como a liberdade contratual devem ser exercidas nos limites da *função social* do contrato. Este acréscimo da função social, preceito de ordem pública, está lastreado na Constituição de 1988, nos arts. 5º, XXIII, 170, II e III, e ainda nos arts. 182 e 183. Estes dispositivos constitucionais determinam que os bens de valor econômico, qualquer que seja a sua natureza, ficam sujeitos, ficam delimitados pela função social. Como explicita Rodrigo Garcia da Fonseca, "(...) o artigo 421 do Código Civil é uma típica *cláusula geral*, um tipo normativo aberto que permite ao intérprete e aplicador do direito um certo grau de latitude na sua concretização diante dos fatos" (CC, arts. 421 e 2.035, parágrafo único).[6]

Explicite-se mais, acompanhando Rodrigo Garcia da Fonseca, que essa função social do contrato resulta no princípio da *socialidade*, e que esse princípio não pode e não deve ser entendido com viés de caráter socialista, no sentido ideológico ou político do termo. Mesmo porque, como elucida Miguel Reale, a socialidade é mera expressão da socialização crescente que se operou em todo o fazer humano, em todas as ações humanas, a partir do século passado, quando os interesses individuais foram posicionados em função dos imperativos da coletividade, resguardando-se sempre o valor da pessoa humana.[7]

Houve ainda, em contratos, outra inovação no Código Civil de 2002, art. 422, que estatui, de modo taxativo, sobre a *boa-fé contratual*. Este dispositivo, em face dos princípios gerais do Direito, em nosso entender, estaria implícito em todo o Código e em todo e qualquer contrato, acordo ou negócio.[8]

6. Rodrigo Garcia da Fonseca, *A Função Social do Contrato e o alcance do Artigo 421 do Código Civil*, Rio de Janeiro, Renovar, 2007, p. 11.
7. Miguel Reale, apud Rodrigo Fonseca, *A Função Social do Contrato...*, cit., pp. 21 e 22.
8. Recorde-se que no Código Civil de 1916 era norma expressa, *v.g.,* no Livro I, "Direito de Família", Capítulo VI, art. 221. Contudo, nos tempos atuais, com o socialismo crescente, que nem sempre acompanha princípios, certamente, por este motivo, o legislador foi induzido a inserir no Código Civil de 2002, de modo abrangente e expresso, no Título V, "Dos Contratos em Geral", art. 422, o princípio da boa-fé (cf. o princípio da boa-fé também em Orlando Gomes, *Contratos*, cit., p. 29; Vicente Ráo, *Ato Jurídico*, 3ª ed., São Paulo, Ed. RT, 1981, p. 191).

Assim, como o Código Civil obedece aos princípios constitucionais da livre iniciativa, da propriedade privada, dos bons costumes, da boa-fé, e da ordem pública, assim também quaisquer contratos, quaisquer negócios, sejam apenas entre particulares, ou ainda entre o poder público e particulares, devem obedecer tanto aos princípios constitucionais como, igualmente, às normas do Código Civil, harmonizando-os nos seus dizeres. Acrescente-se que o princípio da boa-fé deve ser observado, com o maior empenho, pelo próprio poder público que, exatamente por ser Poder, necessita dar exemplo aos que lhe estão subordinados.

Note-se, finalmente, que o Código Civil de 2002, acompanhando os avanços sociais do nosso tempo, algumas vezes entra em desacordo com o melhor Direito. Pode-se exemplificar com dispositivos do Código que, a despeito de conservar ainda a cláusula *rebus sic stantibus*, de outro lado faculta a alteração contratual, quando uma das partes, para evitar resolução, oferece a modificação equitativa nas condições contratuais; e quando a outra parte com obrigações excessivamente onerosas por cumprir, pode pleitear redução ou alteração delas (CC, arts. 478 e 479).

Todavia, como o autor anotou, no livro *Instituições de Direito Privado*, reitera aqui:

> (...) tem-se adotado modernamente a admissibilidade *da revisão dos contratos* pelo juiz (...). Essa doutrina, porém, apoia-se, conforme já se observou, em uma ficção contrária aos fatos, qual a de supor que as partes quiseram o contrato só na hipótese de que a situação não sofresse alterações de importância. De mais a mais, é demasiado ampla e perigosa para a circulação dos negócios.[9]

Na Administração Pública a matéria contratual apresenta aspectos diferentes, por ter o serviço público natureza estatal, o que leva suas normas a ficarem sujeitas a diversas limitações, motivo pelo qual os *contratos administrativos* se revestem de certas peculiaridades que os distinguem dos contratos entre os particulares. A propósito, não se confunda o ato *administrativo unilateral* como o *ato administrativo bilateral*, que são distintos.

Com efeito, há que se relembrar que muito embora o poder público, algumas vezes, celebre contrato em pé de igualdade com os particulares, na maior parte das vezes, realiza esses contratos administrativos em posição hierárquica maior, porquanto:

---

9. Afrânio de Carvalho, *Instituições de Direito Privado*, cit., p. 196.

Em suma, o fim primário do Direito Público é a proteção do interesse coletivo, e o do Direito Privado é a proteção do interesse individual. Dada a interpenetração de interesses, cada um deles, ao perseguir o seu fim preferencial, também atende secundariamente ao fim do outro. Só a ordem de prelação dos fins, ou o *predomínio* de um ou outro dos interesses, é que os distingue.[10]

Infere-se, desse modo, que se há *interesse maior, do Estado*, na celebração do contrato, as imposições e cláusulas deste terão predomínio sobre as do particular.

A peculiaridade acima referida, do predomínio do interesse público, é a mais relevante no contrato administrativo, seguindo-se, por via de consequência, a *necessidade* de se efetuar a *concorrência pública*, dispensada em casos específicos.

Pode-se dizer então que embora a Administração realize inúmeros contratos típicos do Direito Civil, como compra e venda, doação etc., ao celebrar contratos especificamente administrativos, ela utiliza *cláusulas comuns, do Direito Privado, e* utiliza também *cláusulas regulamentares*, regidas pelo *Direito Público* (Lei 8.666/1993, art. 54).

Entre as cláusulas *comuns* do *Direito Privado* estão as cláusulas essenciais que fixam o objeto do contrato e suas condições; o regime da execução do serviço; a tarifa e eventuais reajustamentos e outros aspectos econômicos; prazo contratual; garantias oferecidas; responsabilidades das partes; reconhecimento dos direitos da Administração nas cláusulas exorbitantes e outras mais dependentes do objeto do contrato. Na atualidade, a matéria das tarifas subsiste como cláusula comum e essencial, conforme se observa nas leis sobre a matéria (Lei 8.666/1993, art. 55; Lei 8.987/1995, art. 23, inc. IV).

Com relação às cláusulas regulamentares, elas são conhecidas como *exorbitantes*. Isso porquanto ostentam supremacia da Administração sobre a parte contratada, o que não é permitido no contrato de Direito Privado, celebrado entre particulares, onde essa supremacia não pode existir sob pena de desigualar os direitos e obrigações dos contratantes.

As referidas *cláusulas exorbitantes*, peculiaridade do contrato administrativo, sinteticamente, são aquelas derrogatórias do Direito Comum, e que conferem benefícios ou prerrogativas em favor do poder público e restrições em detrimento do particular. Essas normas, de há muito, estão

---

10. Idem, ibidem, p. 4.

indicadas na Lei 8.666/1993, no art. 58, que, sinteticamente, resume-se na *faculdade* da Administração para:

a) *modificar* ou alterar unilateralmente o contrato, para atender melhor ao seu objetivo, ressalvados os direitos da outra parte;

b) *rescindir*, unilateralmente, o contrato, nas hipóteses de: descumprimento contratual; lentidão no cumprimento obrigacional; paralisação do serviço; subcontratação com empresas do grupo ou terceiros; cessões, e ainda fusão, cisão, ou incorporação empresarial não admitidas no contrato; por faltas ou erros reiterados na execução dos serviços; dissolução da empresa contratada; alteração contratual que prejudique o contratado; na ocorrência da recuperação judicial e/ou falência; supressões nos serviços em percentual de até 25%; suspensão dos serviços em prazo superior a 120 dias, causada por calamidade pública e/ou outros eventos semelhantes; atrasos da Administração nos pagamentos, em prazo superior a 90 dias; não liberação, pela Administração, da área e/ou local ou do objeto do serviço; e, finalmente, por motivos de interesse público de alta relevância e amplo conhecimento (Lei 8.666/1993, arts. 58 c/c 65, § 1º, 78 e 79).

Com referência ao poder da Administração para alterar ou mesmo extinguir o contrato, Hely Lopes Meirelles manifesta que tal só deve ocorrer em casos extremos, quando a execução do serviço se torna inútil ou prejudicial à comunidade, ainda que sem culpa do contratado, cabendo a este pedir a composição de prejuízos.[11]

Nessa altura, não será demasia notar a usual negligência e omissão na redação das leis brasileiras, eis que o legislador confunde, num total desconhecimento do Direito, as formas de extinção de contratos, englobando no termo "rescisão" tanto a resilição como a resolução.

Esse poder da Administração para modificar ou alterar, *ex uno latere*, o contrato significa que o particular contratado não *tem direito* à sua *imutabilidade* e sim a obrigação de aceitá-la. E isso porquanto o poder de modificação unilateral é norma de ordem pública. O fundamento da norma é o da competência exclusiva do poder público para resolver e administrar suas obras e serviços. Desse modo, somente e tão apenas as infrações eventuais, por parte da Administração, e que violem as cláusulas regulamentares é que podem ser objeto de reclamação da outra parte.[12]

---

11. Cf. Hely Lopes Meirelles, *Direito Administrativo Brasileiro*, cit., p. 243.
12. Idem, ibidem, p. 242.

Caio Tácito, acompanhando Waline, sintetiza esse poder de modificação contratual por parte da Administração ao expressar:

> A mutabilidade do contrato – Consiste em reconhecer a supremacia da Administração, quanto à faculdade de inovar, unilateralmente, as normas do serviço, adaptando as estipulações contratuais às novas necessidades e conveniências públicas.[13]

Se, por um lado, a Administração tem o poder de fazer certas modificações, contrariamente, não pode fazer outras como, por exemplo, a de *não poder alterar ou modificar a equação econômico-financeira do contrato* de concessão de serviço. Esse equilíbrio financeiro, ou equação financeira do contrato, é relação fixada pelas partes contratantes, contratualmente, e entre os encargos do contratado e a retribuição da Administração, para uma justa remuneração.[14]

Caio Tácito, em magnífico parecer, invocando outra vez o administrativista francês, expressa que "(...) O equilíbrio financeiro do contrato é, na expressão de Waline, '(...) um direito fundamental de quantos pactuam com o Estado'".[15] E Francisco Campos conclui taxativamente: "A equação econômica constitui o conteúdo da situação jurídica individual do concessionário, ou é, na nossa terminologia legal, um ato jurídico perfeito, ou um direito adquirido".[16]

Outra cláusula exorbitante, favorecendo a Administração, é a da inoponibilidade da exceção do contrato não cumprido (CC arts. 476 e 477).

Nas concessões de energia, cabe ainda mencionar a concessão de *uso de bem público*, que consiste na outorga, ao particular, da utilização de um bem pertencente à Administração, conforme a respetiva destinação específica, que atende mais ao interesse do particular, aplicando-se, contudo, as mesmas regras das concessões em geral e, em especial, aquelas concernentes à faculdade do poder concedente alterar as cláusulas do contrato, ou mesmo resili-lo, em obediência às exigências do serviço público.

Como são as *leis* que norteiam e delimitam os direitos e deveres dos contratantes no âmbito das *concess*ões, *permissões* e *autorizações*

---

13. Caio Tácito, *Temas de Direito Público (Estudos e Pareceres)*, vol. 1, Rio de Janeiro, Renovar, 1997, p. 203.
14. Cf. Hely Lopes Meirelles, *Direito Administrativo Brasileiro*, cit., p. 243; e Caio Tácito, *Temas de Direito Público...*, cit., citando Waline, p. 202.
15. Cf. Caio Tácito, *Temas de Direito Público...*, cit., p. 201.
16. Francisco Campos, *Direito Constitucional*, apud Caio Tácito, *Temas de Direito Público...*, cit., p. 238.

de serviço público, deve-se aplicar o maior cuidado na confecção dos respectivos contratos, em especial, no tocante às regras regulamentares e às cláusulas exorbitantes.

Com efeito, tal qual as dúvidas no passado sobre as concessões, a *permissão*, anteriormente, se caracterizava como ato administrativo *unilateral*, mas a Constituição Federal, no art. 175, e a Lei 8.987/1995 revestiram-na com a *natureza contratual*, visto como a própria lei a denomina de "contrato de adesão", o que implica em *bilateralidade* de vontades.

A propósito releia-se Seabra Fagundes que, com o brilho que o caracteriza, assim ensina:

> Quase sempre [*o administrativo*] é um ato unilateral do Estado que faz recair sobre o indivíduo a obrigação, sem que este pratique ato simultâneo concorrente para formar o vínculo jurídico (...).
>
> Há, no entanto, obrigações públicas, em cuja formação aparece a *duplicidade de vontades*. É o que ocorre quando o indivíduo contrata com o Poder Público. Embora nesses casos, frequentemente, se trate de contrato de adesão, ditadas as cláusulas pelo Estado, o indivíduo é livre em absoluto para aceitá-lo, ou não. Entre tais extremos pode-se apontar um tipo intermediário de obrigações, para cuja origem não basta a unilateral manifestação da vontade do Estado, mas em que a *vontade individual indispensável a fazê-las nascer* não é plenamente livre.[17]

Fique claro, portanto, ser a *permissão* ato administrativo bilateral – e não unilateral –, negocial discricionário e precário, pelo qual a Administração outorga ao particular, mediante delegação, a título precário, a execução de serviços de interesse coletivo, ou o uso especial de bem público, mediante remuneração ou gratuitamente e na forma fixada pela Administração (CF, art. 175; Lei 8.987/1995, arts. 1º e 40).[18]

A *permissão de serviço público* é contrato de adesão, discricionário e precário, pelo que a Administração, ao celebrar o contrato com o particular, sempre o faz no interesse maior do serviço público e a fim de garantir a execução do objetivo da permissão, bem como a rentabilidade e recuperação do investimento pelo permissionário. Contudo, o Estado pode excepcionar essa precariedade, fixando no contrato de adesão con-

---

17. Miguel Seabra Fagundes, *O Controle dos Atos Administrativos pelo Poder Judiciário*, São Paulo, Saraiva, 1984, pp. 211 e 212.
18. Hely Lopes Meirelles, *Direito Administrativo Brasileiro*, cit., p. 214.

dições e prazos.[19] Todavia, ainda que estipulados condições e prazos, o poder público não perde, não se deveste da sua posição hierárquica mais alta e, assim, conserva a faculdade, conforme as circunstâncias, de poder modificar as cláusulas do contrato *ex uno latere*, e até mesmo revogar a permissão, ressalva feita ao abuso de poder ou desvio de finalidade. Mas, se a permissão for condicional, as condições e prazos necessitam ser respeitados (Lei 8.987/1995, arts. 1º e 40).

Finalmente, podemos aludir à *autorização*. Segundo alguns autores, o termo "autorização" envolve três significados diversos. O primeiro é relativo ao ato unilateral e discricionário, por parte da Administração, conferindo licença para atos proibidos sem o consentimento desta. Na segunda acepção, além de ser ato unilateral e discricionário, a autorização faculta ao particular o *uso particular* de bem público. E na terceira acepção, além de ser ato unilateral e discricionário, o poder público delega ao particular, a título precário, *exploração de serviço público*. Todavia, Hely Lopes Meirelles é quem melhor sintetiza a autorização, mostrando que nesta o poder público confere ao particular certa atividade, serviço ou utilização de bens, particulares ou públicos, de uso exclusivo do mesmo Poder. Explana mais, ao expressar que, na moderna sistematização, a autorização deixa de ser ato unilateral discricionário para assumir caráter quase contratual. Biparte o seu contexto em autorização: a) simples; e b) condicional ou qualificada.[20]

Na verdade, o que no tema interessa especificamente é a *autorização de serviço público* em *energia elétrica*. Neste sentido, a autorização para serviço público é, segundo entendimento da doutrina, ato administrativo, unilateral, discricionário e precário, mediante o qual a Administração, *sponte sua*, delega ao particular a execução de serviços, execução essa que deve ser realizada pelo próprio autorizado, sendo intransferível. A execução de serviços autorizados não redunda em atividade pública, e o autorizado, pessoa física ou jurídica, presta serviços sob o controle e fiscalização da Administração. O autorizado tem sua atuação tarifada pela Administração, conforme interesses desta. Esses serviços abrangem (a) os instáveis, ou de caráter emergencial e transitório, e (b) os previstos na CF, art. 21, XI e XII. No art. 21, XII, "b", encontramos referência específica aos serviços e instalações de energia elétrica e ao aproveitamento energético dos cursos de água. Assinale-se, por ser importante, que, como

19. Idem, ibidem, pp. 505-506.
20. Idem, ibidem, pp. 213-214.

preceitua ainda Hely Lopes Meirelles, a relação do autorizado com os usuários do serviço é sempre uma relação de Direito Privado, sem qualquer ingerência ou responsabilidade do poder público.[21]

E para tentar se compreender a enrolada legislação energética, ora vigente, cabe distinguir, em consonância com as leis, quando é que a Administração utiliza as modalidades de concessão, permissão e autorização.

Em consonância com a Lei, pode-se observar o seguinte:

A – *Concessões* na energia:

I – Concessões em energia para *geração*

i) nos potenciais hidráulicos com potência superior a 3.000 kW;

ii) na implantação de usinas termoelétricas com potência superior a 5.000 kW;

iii) no aproveitamento de potenciais hidráulicos com potência superior a 3.000 kW, destinados à produção independente;

iv) no uso de bem público para o aproveitamento de potenciais hidráulicos com potência superior a 10.000 kW, destinado ao uso exclusivo do autoprodutor;

v) no uso de bem público por produtor independente, para o aproveitamento de potencial hidráulico de potência superior a 3.000 kW;

vi) no uso de bem público, por autoprodutor, para o aproveitamento de potencial hidráulico de potência superior a 10.000 kW (Lei 9.074/1995, art. 5º, I, II e III, c/c Decreto 2.003/1996).

II – Concessões para *transmissão* de energia

Transmissões de energia são outorgadas também mediante concessões (cf. Lei 9.074/1995, art. 4º, §§ 3º e 5º, II, e art. 17 e parágrafos).

III – Concessões para *distribuição* de energia

A distribuição também pode ser mediante concessão (Lei 9.074/1995, art. 4º, §§ 3º e 5º, III, e arts. 22 e 23; Decreto 2.655/1998, art. 3º, II).

B – *Permissões* na energia

As empresas podem operar mediante *permissão* na *distribuição* de energia elétrica no Sistema Interligado Nacional (Lei 8.987/1995, art. 1º,

---

21. Idem, ibidem, pp. 509-510.

art. 2º, IV, art. 3º, art. 6º, art. 40; Lei 9.074/1995, art. 4º, § 5º; e Decreto 2.655/1998, arts. 3º, II, e 8º).

C – *Autorizações*

I – *Autorização* para *geração* de energia na forma abaixo:

i) implantações de usinas *termoelétricas* de potência superior a 5.000 kW, destinadas a uso exclusivo do autoprodutor (Lei 9.074/1995, art. 4º, § 7º, art. 7º, I, e art. 20);

ii) aproveitamento de potenciais hidráulicos de potência superior a 3.000 kW e igual ou inferior a 10.000 kW, para uso exclusivo do autoprodutor (Lei 9.074/1995, art. 7º, II);

iii) implantação de usina *termoelétrica* de potência superior a 5.000 kW, destinada ao autoprodutor e ainda ao produtor independente (Decreto 2.003/1996, art. 4º, I);

iv) aproveitamento de potencial hidráulico com potência superior a 3.000 kW e igual ou inferior a 10.000 kW, destinado à produção independente e autoprodução (cf. Decreto 2.003/1996, art. 4, II);

v) aproveitamento de potencial hidráulico de potência superior a 3.000 kW e igual ou inferior a 30.000 kW, destinado a produção independente ou autoprodução (Lei 9.427/1996, art. 26, I, conforme a redação dada pela Lei 13.097/2015).

II – *Autorização* para *comercialização*

A autorização é necessária ainda para os autoprodutores quando estes realizam vendas eventuais e temporárias nos *excedentes* de energia (Lei 9.427/1996, art. 26, IV).

Esclarecidas as hipóteses nas quais cabem as concessões, permissões e autorizações, elucide-se que se faz necessária mera *comunicação* às autoridades no setor de energia quando houver possibilidade de aproveitamento de potenciais hidráulicos iguais ou inferiores a 3.000 kW e, ainda, quando se objetiva implantar usinas termoelétricas com potência igual ou inferior a 5.000 kW (Lei 9.074/1995, art. 8º, conforme a redação dada pela Lei 13.097/2015).

A nova lei, de meados de novembro de 2016, inova no tocante às concessões e autorizações, explicitando que as usinas termoelétricas com potência igual ou inferior a 5 MW que tiverem prazos vencidos não necessitarão mais de licenças, bastando mera comunicação às autoridades para sua continuidade (cf. Lei 13.360, de 17.11.2016, art. 5º, com referência às Leis 12.783/2013, art.1º, § 9º, e Lei 9.074/1995, art. 8º).

Essa nova norma, de final de 2016, estatui ainda que concessões e autorizações com potenciais hidráulicos acima de 5.000 kW, e inferiores ou iguais a 50.000 kW, que não tenham prorrogações anteriores, poderão ser prorrogadas por 30 anos, mediante cumprimentos de certos requisitos. Entre estes há a obrigação de pagar um valor pelo Uso do Bem Público/ UBP e a compensação financeira, pela utilização de recursos hídricos (cf. Lei 13.360/2016, art. 5º, com remissão à Lei 12.783/2013, art. 2º e parágrafos e incisos).

Para a celebração de contratos administrativos em geral e em especial nas concessões, permissões e autorizações, a lei, com raras exceções, impõe o regime de concorrência ou competição.

Assim é que a Carta Magna dispõe que à União compete, privativamente, legislar sobre as normas gerais de *licitação e contratação* na Administração Pública direta, autárquica, das fundações, seja da União, Estados, Distrito Federal e Municípios, obedecidos os dispositivos constitucionais sobre licitações públicas e aqueles outros relativos à atividade econômica das empresas públicas, das sociedades de economia mista e suas subsidiárias (CF, art. 22, XXVII, c/c art. 37, XXI, e art. 173, § 1º, III).

Anteriormente, os entes da República Federativa tinham competência autônoma para celebrar contratos administrativos, com suas normas; todavia agora essa competência para as *normas gerais*, repita-se, é da União, cabendo aos demais entes tão somente a competência suplementar.

A Constituição Federal, no art. 175, prevê expressamente a *concessão ou permissão* de prestação de serviços públicos, com a obrigação de prévia *licitação*, na forma determinada na lei e com o regime geral dessas concessões e permissões, sistematizado na Lei 8.987/1995.

E no tocante às *licitações*, que precedem as concessões, a Lei 8.666/1993, com alterações subsequentes, continua vigente, devendo--se esclarecer que os contratos administrativos que impõem licitação, e celebrados com a Administração, são *intuitu personae*, ou seja, devem ser conhecidos previamente os dados das pessoas com as quais a Administração vai contratar, vedando-se as cessões de contrato e/ou reunião com outras empresas, como consta na lei em questão.

Atualmente incumbe à Aneel promover, *mediante delegação*, os *procedimentos licitatórios* para contratação de serviço público para produção, transmissão e distribuição de energia elétrica e outorga de concessões para aproveitamento de potenciais hidráulicos (Lei 9.427/1996, art. 3º, II).

Esses procedimentos decisórios, quando implicarem na afetação de direitos de agentes econômicos no setor elétrico, deverão ser precedidos de uma *audiência pública*. Esta é modalidade de realização de trabalhos administrativos, abertos a indivíduos e a grupos sociais, e na forma da lei, visando à colaboração conjunta, para que todos os interessados exerçam tendências, preferências e opções, facilitando e facultando dessa maneira ao poder público adotar a melhor decisão. Essas audiências têm como requisito a relevância da matéria, revestindo-se, portanto, de característica de representatividade e participação democrática.[22]

Dessa forma, inicia-se o processo administrativo, no âmbito interno da Aneel, que prepara a documentação para a audiência pública prévia, esclarecendo qual o objeto da licitação, o interesse público no serviço, as diretrizes dos planos para a outorga da concessão, os informes ambientais, o orçamento e verbas cabíveis e direitos e obrigações dos agentes econômicos, minuta dos editais e demais informes exigidos pelo poder concedente (Lei 9.427/1996, art. 4º, § 3º).

Incidentalmente, observe-se que enquanto alguns autores expressem que a ausência da audiência pública prévia é conducente da nulidade ou invalidade da licitação subsequente, Marçal Justen Filho, a nosso ver, com maior razão, mostra que a audiência não é veículo para a realização de direitos subjetivos, mas sim para proteção do interesse público. A nulidade ou invalidade só podem ser arguidas *se* infringirem o próprio interesse público.[23]

Realizada a audiência, são, então, publicados os *editais*, devendo neles constar, obrigatoriamente, o disposto na CF, art. 37, XXI; e Lei 8.666/1993, art. 7º, § 2º, I; art. 27, art. 40, I a XIV, observado também o disposto nos respectivos §§ 1º e 2º, I a IV, 3º, e ainda as normas das Leis 8.987/1995, 9.427/1996, 10.848/2004 e 12.783/2013.

Os *editais* devem conter: o *preâmbulo*, o *texto* e o *fecho*. No *preâmbulo* devem vir os dados completos sobre a entidade que está promovendo a licitação, a finalidade desta, local, dia e hora para recebimento das

---

22. Cf. Diogo Figueiredo Moreira Neto, *Direito da Participação Política Legislativa, Administrativa, Judicial*, Rio de Janeiro, Renovar, 1992, p. 129.
23. Marçal Justen Filho, *Comentários à Lei de Licitações e Contratos Administrativos*, 16ª ed., São Paulo, Ed. RT, 2014.

propostas e abertura dos envelopes. O *texto* engloba o objeto da licitação, que é o mesmo do futuro contrato, as condições de participação, ou seja, documentação probatória relativa à habilitação dos proponentes, a forma de apresentação das propostas e anexos e outras mais; e ainda o critério para julgamento das propostas, tais como qualidade, preços, pagamentos e/ou tarifas mínimas, no caso de energia e eventuais critérios de reajuste de tarifas, prazos, e outros dados cabíveis na licitação em jogo. Já o *fecho* é o encerramento do edital, com a assinatura da pessoa responsável pela licitação.[24]

Importante é que o edital explicite que o projeto básico, objeto da licitação, estará disponível para aquisição e/ou consulta pelos interessados em local e nos horários indicados no edital (Lei 8.666/1993, art. 7º, § 2º, I).

Despiciendo dizer que, ademais dos requisitos acima, aqui sinteticamente mencionados, todos e quaisquer outros requisitos específicos e característicos do objeto da licitação devem constar nos editais. E falhas existentes nos editais podem ser objeto de impugnação administrativa pelos interessados.

Com o recebimento de documentos e propostas se inicia, então, a *habilitação* dos licitantes, mediante o ato público da abertura de envelopes. A seguir, o órgão competente examina a documentação e manifesta-se acerca do preenchimento, ou não, dos requisitos exigidos, e habilita, ou não, os proponentes. Essa fase finaliza com a decisão nas habilitações.

Com a percuciência que lhe é peculiar, Hely Lopes Meirelles registra que na fase de *habilitação* o importante é a pessoa do proponente; e na fase de *julgamento* o que importa é o *aspecto formal e o conteúdo* da proposta.

Habilitados os proponentes, passa-se, pois, para a *abertura das propostas*, também feita em ato público, as quais são rubricadas e lidas. Nessa etapa, as empresas geralmente se apresentam em consórcio. As empresas, ou consórcios, que apresentarem o menor preço e aquelas que ficarem próximas do menor preço, com apenas 5% a mais, é que irão para a concorrência. Na concorrência, embora o *exame* dessas propostas possa ocorrer em seguida à abertura, geralmente é feito em outro recinto e em outra data, a fim de que os julgadores analisem com maior cuidado a documentação.

---

24. Hely Lopes Meirelles, *Direito Administrativo Brasileiro*, cit., pp. 339-344.

No *julgamento* examina-se, em primeiro, a conformidade, ou desconformidade da documentação com o teor dos editais. E para a escolha do melhor proponente, o foco é o da proposta que ofereça maiores vantagens para o serviço público, objeto da licitação. Essas vantagens se resumem: no menor e melhor preço, melhor técnica, maior qualidade, fatores estes dependentes do interesse em jogo da matéria, se econômico, técnico ou outro, podendo, às vezes, abranger todos esses aspectos.

Em caso de empate, este será resolvido por sorteio, vedando-se outro meio, salvo a preferência assegurada pela Lei 12.349/2010, no art. 3º, § 2º, da Lei 8.666/1993 (que teve revogado o primeiro inciso), incluindo à preferência de empresas brasileiras de capital nacional (inc. III) as "(...) que invistam em pesquisa e no desenvolvimento de tecnologia no país" (inc. IV), vale dizer com capital de qualquer origem.

Enfim, decidida a classificação das propostas, a Comissão envia o resultado à autoridade superior para homologação e adjudicação. Como também registra Hely Lopes Meirelles, a homologação é do processo licitatório, inclusive do julgamento.

Embora se possa *anular* o processo administrativo da licitação por motivo de *ilegalidade*, pode ainda a Administração *revogar* a licitação por interesse público, ou seja, por motivos de oportunidade ou conveniência. E a revogação é por parte exclusiva da Administração e não de órgão julgador.

Essa novíssima lei, do final do ano de 2016, faculta a modificação na ordem das fases de habilitação, que suscita curiosidade (Lei 13.360/2016, art. 8º, modificando a Lei 9.491/1997, art. 4º, incs. I a IV).

Examinada a natureza contratual de concessões, permissões, o instituto das autorizações e o campo das respectivas aplicações, e visto ainda o processamento das licitações para obtenção de contratos administrativos, pode-se indicar direitos e deveres, ou obrigações, das partes nesses contratos.

No tocante aos *deveres do poder concedente*, eufemisticamente, denominados de "encargos", alinhavam-se as seguintes incumbências: regulamentar o serviço concedido e fiscalizar a sua prestação; aplicar as penalidades regulamentares e contratuais; intervir na prestação do serviço, nas hipóteses e condições da lei; extinguir a concessão, também como previsto na lei e no contrato; homologar reajustes e proceder à revisão das tarifas, como estatuído na lei e no contrato; cumprir e fazer cumprir as normas do serviço e do contrato; zelar pela boa qualidade do serviço, recebendo e apurando queixas e reclamações; declarar de utilidade pública os bens necessários ao serviço, promovendo as desapropriações diretamente ou mediante outorga de poderes à concessionária; estimular a melhoria da qualidade, produtividade, preservação do meio ambiente; incentivar a competitividade; estimular formação de associações de usuários para defesas de seus interesses.

Com referência aos *deveres das concessionárias*, obrigam-se elas a: prestar serviço adequado, dentro das normas técnicas; manter em dia o inventário e o registro dos bens vinculados à concessão; prestar contas da gestão do serviço tanto ao poder concedente como aos usuários, na forma contratual; cumprir e fazer cumprir normas do serviço e cláusulas do contrato; facultar o livre acesso da fiscalização às obras, equipamentos e instalações do serviço e aos registros contábeis; promover as *desapropriações e constituir as servidões autorizadas pelo poder concedente*, conforme previsto no edital e no contrato; zelar pelos bens vinculados ao serviço, bem como fazer o seguro dos mesmo; captar e gerir os recursos financeiros necessários à prestação de serviço (Lei 8.987/1995, art. 31 e incisos).

Com referência às desapropriações, esclarecemos no nosso livro *Registro de Imóveis*:

> A desapropriação oferece a peculiaridade registral de dispensar o registro do título anterior, por se entender que é um modo originário de aquisição da propriedade, em virtude do qual o Estado chama a si o imóvel diretamente, livre de qualquer ônus. Se o registro existir, a desapropriação será inscrita na folha do imóvel desapropriado para assinalar a perda da propriedade do titular ali nomeado. O título de desapropriação pode ser a sentença extraída do processo expropriatório ou a escritura pública de desapropriação amigável.[25]

E no tocante às *inscri*ções e servidões dos *eletrodutos*, elucide-se que estes são condutos por onde passa a fiação de uma instalação elétrica, com a finalidade de protegê-la. Podem estar na superfície, ou serem instalados subterraneamente. E permanecem atuais nossas observações escritas no livro *Registro de Imóveis*:

> A propósito, a servidão de oleoduto e, em menor grau, a de *eletroduto* exigem estrita vigilância de quem a constitui em seu favor,

---

25. Cf. Afrânio de Carvalho, *Registro de Imóveis*, 4ª ed., Rio de Janeiro, Forense, 2001, p. 94.

a fim de não acarretar eventual prejuízo a quem a sofre e ao público em geral. Isso diz respeito em especial à servidão de oleoduto que se estabeleça para levar o óleo de uma refinaria a um porto ou a outra localidade, visto como, pela natureza inflamável do líquido conduzido, requer inspeção periódica.

Além de inscrevê-la no Registro de Imóveis para conhecimento de terceiros, o beneficiário há de marcá-la na superfície do solo de maneira a ser prontamente identificada, sobretudo quando os dutos, ao invés de externos, ostensivos, são subterrâneos. Essa marcação facilita acompanhar o estado dos dutos, sujeitos ordinariamente a *corrosão* e extraordinariamente a excesso de *pressão*, decorrente de eventual erro de manobra no bombeamento do óleo.[26]

As novas leis sobre energia, ao mencionarem as desapropriações e servidões para utilização pelas concessionárias, reiteram e enfatizam normas anteriores, mas, ao que parece, as concessionárias têm se descuidado delas, conforme relato de abusos inaceitáveis de episódio ocorrido em Goiás, conforme exposição no Capítulo V deste livro.

A despeito de esclarecimentos feitos sobre concessões, permissões, autorizações e procedimentos, cabe aduzir alguns comentários elucidativos. Por exemplo, quando o Código de Águas de 1934, nos arts. 152 e 164, §§ 1º e 2º, mencionou "proprietários" e "detentores de concessões", usou terminologia inadequada. Porquanto, estando em jogo uma atribuição inalienável do Estado, torna-se impróprio falar em "propriedade de concessão".

O alcance das concessões pode variar muito, já que uma delas se restringe às vezes a uma só queda d'água, ao passo que outra abrange mais de uma, conforme a parte do rio. A concessão pode ser dada para o aproveitamento limitado de um trecho do rio, para o aproveitamento progressivo de todas as quedas de determinado trecho e até para um conjunto de quedas de diversos rios, compreendidos em uma zona onde se pretende estabelecer a interligação entre eles. Esse dispositivo do Código de Águas parece permanecer, pois na legislação vigente inexiste norma impedindo o aproveitamento de diversas quedas d'água por um mesmo concessionário (Código de Águas, art. 164).

Noutras palavras, a concessão pode ter em relação aos cursos d'água a amplitude local, longitudinal e zonal. A zona puramente municipal não

26. Idem, ibidem, p. 99.

se altera pelo fato de um distrito desmembrar-se do Município, porquanto a concessão constitui um todo indivisível, no qual Estado e Município não têm o direito de interferir por ser federal a concessão. Esclareça-se que a Cia. Hidroelétrica de São Francisco/Chesf recebeu de início uma concessão da segunda modalidade.

Outro ponto a merecer maior clareza é o da outorga de concessão, que implica em enunciar, claramente, os direitos especiais estatuídos em lei, para regular os desempenhos das concessionárias.

Com efeito, se o poder concedente não delegar ou transferir aos concessionários, expressamente, os poderes cabíveis para sua completa atuação, esses não poderão atuar em nome daquele, na realização de obras e na predisposição conveniente da sua exploração.

Assim, devem constar do contrato de concessão os tópicos abaixo:

a) utilizar terrenos do domínio público e estabelecer as servidões nos mesmos e através das estradas e caminhos e vias públicas, com sujeição aos regulamentos administrativos;

b) desapropriar nos prédios particulares e nas autorizações preexistentes os bens sobre que verse a concessão e os direitos que forem necessários, de acordo com a lei que regula a desapropriação por utilidade pública, ficando a seu cargo a liquidação e o pagamento da indenização;

c) estabelecer as servidões permanentes ou temporárias exigidas para as obras hidráulicas e para o transporte e distribuição da energia elétrica;

d) construir estradas de ferro, rodovias, estender linhas telefônicas ou telegráficas, sem prejuízo de terceiros, para uso exclusivo da exploração;

e) estabelecer linhas de transmissão e de distribuição.

Dessa enumeração, a letra "a" foi complementada na legislação anterior pelo Decreto 84.398/1980, alterado pelo Decreto 86.859/1982, que dispunha sobre a ocupação de faixas de domínio de rodovias e ferrovias e de terrenos do domínio público e a travessia de hidrovias, rodovias e ferrovias por linhas de transmissão, subtransmissão e distribuição de energia elétrica. Esses atos ficavam dependentes de autorização do órgão público aos quais as concessionárias estivessem subordinadas, bem assim do antigo Departamento de Águas e Energia.

A respeito daqueles decretos, acima referidos, travou-se no passado, como ainda na primeira década do século XXI, discussão nos tribunais, porquanto algumas prefeituras *objetivavam cobrar taxas* e/ou alguma remuneração das *concessionárias de serviços públicos*, quando estas colocavam linhas de transmissão, postes e/ou cabos em áreas do seu domínio. As concessionárias, calçadas no disposto Código de Águas, art. 151, e naqueles Decretos, ns. 84.398/1980 e 86.859/1982, ao se defenderem contra Estados e/ou Municípios e suas prefeituras, alegaram "isenção" de pagamentos pela utilização das áreas com a colocação de postes, cabos etc. A matéria foi examinada por inúmeros administrativistas. E nos julgamentos do STJ decidiu-se não caber a *cobrança feita a quaisquer concessionárias*, pelo *uso*, por estas *faixas de domínio público*, em face do disposto nos Decretos 84.398/1980 e 86.852/1982, cobrança essa que somente pode ocorrer quando a utilização for feita por particulares.[27]

Em síntese, as razões apresentadas pelos magistrados para o descabimento das cobranças seriam: *i)* a *Constituição Federal de 1988 recepcionou o Código de Águas* em diversos aspectos, aí se incluindo o art. 151; *ii)* a Lei 8.987/1995, que disciplina atualmente o regime das concessões, é lei especial, aplicando-se-lhe o disposto na Lei de Introdução às Normas do Direito Brasileiro, art. 2º, § 2º: "Art. 2º. (...) § 2º. A lei nova, que estabeleça disposições gerais ou especiais a par das já existentes, não revoga nem modifica a lei anterior"; *iii)* a nova lei, não tendo revogado aquele art. 151, por decorrência, não revogou seus decretos regulamentares, e sua regulamentação está vigente; *iv)* os Municípios, ao receberem o que denominaram de "remuneração pecuniária", estariam extrapolando, porquanto tal remuneração seria ou taxa ou preço, e não é nenhum dos dois, eis que não há serviço prestado pelo Município ou exercício do poder de polícia.

Os julgados indicados resolvem a matéria do domínio público nos contratos de concessão, constante na letra (a), acima.

E retomando outras sugestões, para inserções contratuais nas concessões, pode-se ponderar que nestas os *imóveis desapropriados* se singularizam por se acharem sujeitos à retrocessão, o que cerceia a sua disponibilidade. O concessionário não pode arrogar-se mais direito do que o poder público tem sobre os imóveis indicados (CC, art. 519).

Quanto à *servidão*, o Decreto 35.851, de 16.7.1954, consentâneo com o Código de Águas, sujeitou a constituição da servidão de eletroduto à prévia declaração de utilidade pública da respectiva faixa e explicitou

---

27. É o que se infere nos julgados: EDcl nos EREsp 985.695, rel. Min. Hamilton Carvalhido, 2.2.2001; REsp 694.684-RS, proc. 2004/0139906-1, Rel. Min. Castro Meira, 2ª T., j. 14.2.2006; RMS 12.081-SE, rel. Min. Eliana Calmon, *DJU* 10.9.2001, e outros mais.

o sentido desta. Ao mesmo tempo que outorgava ao concessionário o direito de dominante, impunha aos proprietários dos terrenos da faixa as obrigações de serviente, esclarecendo o que podiam e o que não podiam fazer, estando no lado negativo a abstenção de construções e de plantio de árvores de grande porte. O decreto de declaração de utilidade pública podia vedar até construções e plantações em faixa paralela à da servidão, fixando-lhe os limites (Decreto 35.851/1954, arts. 1º, 2º e ss.).

Havendo estimulado o advento da Companhia Hidroelétrica do São Francisco, empresa de economia mista, à qual fora dada a concessão para o aproveitamento progressivo de um trecho do Rio São Francisco entre Juazeiro e Piranhas, o autor nela passou grande parte da sua vida como consultor jurídico e diretor. Numa e noutra qualidade, comprovou que os direitos atrás enumerados são realmente necessários, pois o autor teve ensejo de valer-se sucessivamente de cada um deles para que se realizasse a grande obra nacional de Paulo Afonso, que se tornou motivo de orgulho para os brasileiros, em todo o país, não só pela correção técnica e administrativa com que foi executada, como pelo vulto que contemporaneamente assumiu no quadro das instalações do gênero. A estas serviu, além disso, como valioso ensinamento.

Quanto ao primeiro dos direitos enumerado acima, o autor logo se valeu dele quando, ao começar os trabalhos em Paulo Afonso, a Companhia foi surpreendida com uma ação movida por empresa local sob o fundamento de ser proprietária dos terrenos. Ao visitar imediatamente esses terrenos, o autor verificou pessoalmente que, embora na estiagem permitissem uma impressão diferente, na realidade constituíam verdadeiro arquipélago, cujas ilhas, marcadas por poças d'água longitudinais naquela estação, apareciam nitidamente em fotografia aérea tiradas na estação chuvosa.

Diante disso, recorrendo a livros históricos sobre a região, ao *Atlas* clássico de Halfeld, bem como a perícia, o autor demonstrou a a existência do arquipélago, existência essa que implicava estar a Companhia utilizando ilhas de um rio federal, por banhar mais de um Estado, vale dizer "terrenos do domínio público". Como o nosso principal acampamento, verdadeira cidade, ficasse do lado direito do braço mais externo do rio, o autor promoveu a compra dos respectivos terrenos ao Estado da Bahia, por serem devolutos, enquanto fazia outro tanto em relação ao acampamento do braço principal do lado esquerdo, cujos terrenos pertenciam a um particular.

Após o decreto de declaração de utilidade pública das faixas das linhas de transmissão para Recife e Bahia, previamente delineadas em projetos da Companhia, foi utilizado o direito de desapropriar os terrenos particulares atravessados por elas, assim como os das subestações abaixadoras de ambas as linhas, de grande extensão. No primeiro caso, a desapropriação recaiu sobre a servidão de passagem das linhas enumeradas na letra (a), acima, e, no segundo, sobre o próprio domínio dos terrenos.

Nessa altura, cabe louvar o civismo dos proprietários dos terrenos atravessados pelas linhas de transmissão que, em geral, cederam gratuitamente a respectiva servidão, a totalidade na linha do Recife e a maioria na linha da Bahia, pois nesta, alguns deles, sobretudo na vizinhança de Salvador, cobraram o preço da servidão. Para o estabelecimento de uma e de outra linha, tomara a cautela de distribuir previamente pelos advogados interioranos minutas de escritura de desapropriação *amigável* da servidão das faixas e da aquisição da propriedade dos terrenos destinados às subestações abaixadoras. Ante a possibilidade de desapropriação *judicial* o autor também distribuiu uma minuta complemento, desde a petição inicial até a sentença, de todos os termos de processo, visto como este representaria, então, uma novidade forense nas comarcas de uma região subdesenvolvida.

Com a servidão de passagem ou de eletrodutos assegurada pelas escrituras amigáveis, foram estendidas as linhas de transmissão e de distribuição (letra c), ao mesmo tempo que se estabeleciam as linhas telefônicas e telegráficas para a comunicação entre a Usina de Paulo Afonso e as subestações (letra d). Após a construção das linhas, ambas de grande extensão, um helicóptero as percorria, a fim de verificar periodicamente o seu estado de conservação e prevenir quaisquer danos, danos estes que ocorreram, a princípio, devido menos ao dolo do que à ignorância de certos atiradores caipiras.

De passagem, aqui se abre um parêntese para advertir que, quando a servidão do eletroduto se estabelece ao longo da margem externa dos rios navegáveis ou flutuáveis, nenhum pagamento é devido aos ribeirinhos. É que aí existe uma servidão pública em favor da Administração na extensão de 15 metros, contados do ponto médio das enchentes ordinárias para a terra (Código de Águas, Decreto 24.643/1934, art. 14).

Essa faixa pode ser utilizada para realização de trabalhos topográficos e outros por parte dos concessionários. Tal direito foi confirmado e até estendido além da faixa pelo preceito que obriga os proprietários ou possuidores dos terrenos marginais a permitir a realização de levantamentos topográficos e trabalhos hidrométricos necessários à elaboração de seus projetos, *inclusive o de estabelecer acampamentos provisórios para o pessoal técnico e para os operários* (Decreto-lei 852/1938, art. 10).

Assim como a servidão de passagem das linhas pode ser concedida gratuitamente, também pode sê-lo onerosamente. No segundo caso, a empresa concessionária de energia elétrica terá de pagar aos donos dos imóveis gravados o preço correspondente à ocupação da faixa longitudinal atravessada pelas linhas, o qual tem grande variação de lugar para lugar, mas dentro de limites razoáveis. Esse preço oscila nos julgados, mas se acusa a tendência de fixá-lo em 20% do valor do terreno ocupado, sem embargo de se apresentarem casos isolados em que esse preço desce a 10% ou sobe a 1/3.

Não se indeniza ao dono o valor total do terreno, porque este pode ser por ele utilizado parcialmente com pastagens ou outra plantação rasteira, não se separando do imóvel por onde corre a linha de transmissão. Do contrário, formar-se-iam imóveis disformes, minifúndios longitudinais, inaceitáveis em qualquer organização fundiária, justamente quando se empreende por toda parte a consolidação de minifúndios. Nem o Registro de Imóveis teria como matriculá-los de maneira regular, com seus limites e confrontações, e as companhias concessionárias se transformariam em latifundiárias de nova espécie.

A propósito dessas indenizações de passagens de linhas para transmissão de energia, acórdãos confirmam o que o autor expressou acima. Por exemplo, no acórdão do Tribunal de Justiça de Santa Catarina, 1ª Câmara de Direito Público, rel. Des. Newton Trisotto, AC 175432-SC, j. 4.9.2009, se expressa, em resumo, que a servidão administrativa não enseja perda do domínio da área declarada de utilidade pública, assim a indenização deve ter parâmetro diferenciado. Nesse mesmo Tribunal, na AC 862827-SC se menciona, taxativamente, que o valor da indenização deve exprimir o real grau de prejuízo.

E em interessante discussão travada no STJ, em que se pedia a suspensão de liminar que facultava continuação de obras para passagem de linhas, o Min. Cesar Asfor Rocha *não* acolheu *agravo regimental*, pois a suspensão de obras indispensáveis à passagem de linha de transmissão de energia elétrica poderia causar grave e irreparável lesão ao interesse público.[28]

---

28. Cf. AgRg na SLS 1216-MA, j. 4.8.2010, Corte Especial, *DJe* 30.8.2010.

Com relação à servidão administrativa, há comentário de renomada administrativista que parece equivocado. De fato, a abalizada Maria Sylvia Zanella Di Pietro conceitua a servidão administrativa como "um *direito real* de gozo sobre coisa alheia, instituído em benefício de entidade diversa da sacrificada". A despeito de sua conceituação, ao se referir à servidão de energia elétrica, expressa que "(...) *res serviens* é o prédio particular por onde passam as linhas de distribuição e *res dominans* é o próprio serviço público de energia elétrica (...)". *Data venia*, aí parece haver equívoco, pois se a servidão, na conceituação da própria autora, é direito real de gozo, o *res dominans*, quando muito, *poderia ser* o *direito real*, incidente sobre o imóvel e não o serviço, mesmo porquanto serviço é o trabalho.[29]

Bem se vê que, em se tratando de servidão de linhas, de eletrodutos, embora existam numerosos imóveis *servientes*, encarreirados ao longo das linhas de transmissão ou de distribuição, não existe propriamente um imóvel dominante, a menos que se considere tal aquele da usina geradora distante, sucessivamente aproximado dos outros pelas próprias linhas de transmissão ou de distribuição. Aí se há de enxergar uma adaptação do conceito clássico da servidão, que pressupõe prédio contíguo, um dominante, o outro serviente. E de há muito, como mostram os estudiosos, há casos em que as servidões "(...) vão alcançar prédios separados ou remotos, como sucede com a servidão de aqueduto e com a servidão de passagem".[30] Daí a inserção, por exemplo, no Código Civil francês de dispositivo sobre servidões descontínuas.[31]

O valor determinante da escritura pública ou particular da servidão é o do imóvel *serviente* e não o da compra da servidão (preço), como já se inferia da exigência da escritura pública nos contratos constitutivos de direitos reais sobre imóveis de valor superior à taxa legal, conforme dispositivo do Código Civil anterior; o Código Civil de 2002 permite a mesma inferência pela combinação de três artigos (CC/1916, art. 134, II; CC/2002, arts. 1.227 e 1.245 a 1.247).[32]

---

29. Cf. Maria Sylvia Zanella Di Pietro, *Direito Administrativo*, 17ª ed., São Paulo, Atlas, 2004, p. 143.
30. Vide Washington de Barros Monteiro, *Direito das Coisas*, 5ª ed., São Paulo, Saraiva, 1963, p. 266; e Perozzi, *Istituzioni di Diritto Romano*, 1/486, *apud* Washington de Barros Monteiro, ob. e loc. cit.
31. CC, art. 1.378; Código Civil italiano, arts. 1.027 e ss.; Código Civil francês, art. 637 e ss.; BGB, art. 1.020 e ss.
32. Carvalho Santos, *Código Civil Interpretado*, vol. IX, Rio de Janeiro, Freitas Bastos, Coment. ao art. 695, n. 7, p. 138; Washington de Barros Monteiro, *Direito das Coisas*, cit.

A servidão de passagem de linhas de transmissão de energia elétrica dispõe de *ação possessória* para proteger o seu exercício. O dono do imóvel gravado não pode levantar cerca de arame na faixa de servidão por prejudicar o exercício desta e a posse da empresa concessionária.[33]

Ao transmitir a outrem a área, o dono do imóvel há de declinar a sua existência na escritura de transmissão, sem o que ficará exposto a ser acionado por evicção. Todavia, provavelmente vendedor e comprador não chegarão a tanto, visto como não sendo pesado o gravame, preferirão compor-se num acordo, já que a evicção seria parcial (CC, art. 455).

A propósito, torna-se conveniente ponderar que, embora a servidão de eletroduto seja considerada administrativa por autores de nota e, por isso, naquela época dispensada de inscrição no Registo de Imóveis, na Chesf, o autor achou de melhor alvitre sujeitá-la a esse registro dada a tendência de sua universalização e a vantagem de assegurar a completa tranquilidade da Companhia e ao pensamento de evitar questões futuras entre novos titulares dos imóveis atravessados. Atualmente todas as empresas, ao que se sabe, inscrevem as suas servidões de eletroduto, tanto mais quanto a última lei registral impõe que se inscrevam "as servidões em geral" (Lei 6.015/1972, e alterações, art. 168, I, "f"; CC, art. 1.378).

Cabe dizer, ainda, que a fiscalização sobre o funcionamento das concessionárias, e diversos aspectos que as abrangem, poderiam ser bem mais fáceis, mas tornaram-se complicados desde 2003, pelo excessivo número de órgãos envolvidos, dificultando assim até o cumprimento de obrigações de concessionárias, as quais dependem de autorização do Governo, tal e qual aquelas que têm por objeto o aproveitamento da energia hidráulica (CF, art. 21, inc. XII, "b"; art. 23, XI; e art. 176).

À triagem prévia, envolvendo deveres e obrigações das partes, feita nas fases das licitações, segue-se o exercício da fiscalização pelos órgãos competentes, incumbindo essa fiscalização em primeiro lugar à Agencia Nacional de Energia Elétrica/Aneel (Lei 8.987/1995, arts. 29 e 30 c/c Lei 9.427/1996, arts. 2º, 3º e ss.), à Agencia Nacional de Águas/Ana, ao Ministério de Minas e Energia, ao Ministério do Meio Ambiente etc.

A fiscalização envolve os seguintes aspectos: *material*, da execução dos serviços; *técnico*, relativo aos projetos, planos, especificações etc.;

---

33. Acórdão da 2ª T. do STF, de 9.11.1943, na ação "Brazilian Hydro Electric Co. *versus* Lourival Lopes Ferreira", no *Arquivo Judiciário*, vol. 71, p. 92.

econômico-financeiro, a fim de manter o equilíbrio econômico-financeiro na concessão e, sobretudo, permitir ao poder concedente fixar tarifas.

E para terminar as notas acima feitas, deve-se ser lembrado que, dentre as obrigações inerentes às concessões destaca-se, pela sua permanência e importância, a reserva de água ou de energia em proveito dos serviços públicos (Código de Águas, art. 153, "c"). Essa reserva não poderá privar a usina de mais de 30% da energia que ela dispunha (Código de Águas, art. 154; Decreto 6.353/2008).

Essa reserva de água tem como objetivo o *fornecimento ou suprimento de energia de reserva* que é aquela garantida pela continuidade no fornecimento. Essa energia de reserva é obtida mediante contratos, nos *Leilões de Energia de Reserva*, com cada fornecedor atuando na sua capacidade de geração. Desse modo, aumenta-se a oferta de energia e a segurança de obtenção desta, para aquisições. Para complicar ainda mais o número de siglas, utilizadas desordenada e excessivamente pelos órgãos estatais, a Aneel para esses leilões adota mais uma: LER.

A confusa legislação expressa que as diretrizes para licitações nos leilões de energia são fixadas pelo Ministério de Minas e Energia. A lei determina ainda que incumbe à Aneel, mediante delegação, promover *direta ou indiretamente* os procedimentos licitatórios, conforme se lê na Lei 9.427/1996 (art. 2º, com nova redação dada pela Lei 10.848, de 15.3.2004, no art. 3º).

A lei acima indicada, Lei 10.848/2004, no art. 2º, § 11, esclarece a expressão "direta ou indiretamente" ao enunciar que a Aneel poderá promover as licitações *diretamente* "(...) ou por intermédio da Câmara de Comercialização de Energia Elétrica – CCEE". Acontece que que a Lei 10.848/2004, *somente em dois artigos abaixo*, no 4º, é que *cria a denominada* Câmara de Comercialização de Energia Elétrica. É mais outra anotação, embora esta de somenos importância, mas que bem mostra como se fazem atualmente as leis no país.

A partir de 2013, e em todo o país, leu-se e ouviu-se, diariamente, informes sobre o esvaziamento dos reservatórios em inúmeras reportagens e entrevistas e, por igual, nos excelentes, claros e objetivos artigos da eficiente jornalista Miriam Leitão. A despeito das advertências ao Governo, feita por técnicos, engenheiros, especialistas e jornalistas, ainda quase nada se fez para se avançar tecnicamente e melhorar o setor energético no Brasil. É o que os brasileiros lastimam. E a realidade, sem a maquiagem governamental, mostra, comprova que é a iniciativa privada que vem sustentando e tentando aperfeiçoar o sistema energético brasileiro. Fato que todos deveriam conhecer.

Capítulo VII
TARIFAS DE ENERGIA ELÉTRICA

Importância para os concessionários e para o público. Revisão periódica. Critérios de fixação. Razoabilidade. Remuneração do investimento. Reservas de depreciação e de amortização. Plano de contas de concessionário, permissionário e autorizada nas novas leis. Reavaliação do ativo. Alta e baixa tensão. Concessão geral e concessão especial para uso próprio. Tributos. Encargos. Taxa de Fiscalização. Tarifas. Revisão de tarifas. Redução do ICMS.

Seja o fornecimento de energia elétrica feito por empresas estatais, seja por meio de concessionárias, permissionárias e autorizadas de natureza privada, justifica-se a sua remuneração por *tarifas*.

A matéria de tarifas, preços e taxas, como mostram Aliomar Baleeiro, Gilberto de Ulhôa Canto, Ives Gandra Martins, Luiz Emygdio da Rosa Jr. e outros juristas de escol, é tema que no passado foi objeto de discussões em inúmeros julgados, em face da mescla de idênticos elementos nas conceituações. É matéria hoje pacificada. De fato, como sintetiza Caio Tácito, calçado em Einaudi, Edwin Seligman e Griziotti, *preço público* é o pagamento de serviços que, embora exercido pelo Estado, não lhe são, em tese, privativos. A *taxa*, segundo ainda Caio Tácito, é o custeio dos serviços jurídico-administrativos tipicamente estatais e que tem como características a obrigatoriedade e divisibilidade.[1] A *tarifa* é o pagamento de serviços públicos, serviços estes encetados pelo Estado, e delegada a sua prestação aos particulares, os quais prestam serviços em nome daquele. O autor paulista, Luiz Celso Barros, entende que a *diferença* entre *taxa* e *tarifa* se encontra na entidade prestadora do serviço, existindo taxa se o

---

1. Caio Tácito, *Temas de Direito Público*, Rio de Janeiro, Renovar, 1997, pp. 791 e ss.

serviço é prestado diretamente pelo poder público; e tarifa, se o serviço é prestado por concessionários e/ou permissionários. Aduz o autor que a tarifa é medida de consumo, e paga em valores diversos pelos usuários, enquanto as taxas possuem valores fixos arrecadados de todos que estão sob a mesma hipótese de incidência (CF, art. 145, II; CTN, art. 77).[2]

Explicite-se que sob a Constituição de 1988, e conforme últimos julgados, a *tarifa* é remuneração com *finalidade específica*, conquanto observados na sua estipulação os princípios constitucionais cabíveis. É, portanto, preço público, não se confundindo com taxa, que é tributo.

Sobre essa matéria vale a pena ler o texto completo da questão na Ação Declaratória de Constitucionalidade em Medida Cautelar, requerida pelo Presidente da República, relativa a racionamento de energia e criação de uma "tarifa especial", ou "sobretarifa". A então denominada "tarifa especial" seria para obter recursos e remunerar, como bônus, os consumidores que reduzissem o consumo de energia, abaixo de metas impostas pela Aneel. Discutiram-se, então, aspectos constitucionais e ainda questão de *tarifa*, elucidando-se ser esta uma contraprestação remuneratória de serviços e paga pelos usuários; e que a tarifa deveria requerer, necessariamente, o *destinatário da prestação de serviços*, devendo os *recursos* terem a *mesma destinação específica de elementos que compõem a tarifa*. E não era o caso da então denominada "tarifa especial", criada na Medida Provisória 2.152, de 2001, depois abandonada.[3]

Na década de 1970, muito antes dessa interessante discussão, a questão de tarifa levou a iniciativa privada, a princípio, a se retrair dos aproveitamentos hidroelétricos, porque fora adotado pelo Código de Águas o custo histórico com base tanto das tarifas como da encampação e de reversão, sem atender a que dominava no mercado uma forte e crescente inflação.

Esse custo histórico estabelecia que as tarifas deveriam cobrir os custos de operações de geração, transmissão e distribuição, mediante remuneração específica por ano. Todavia, havia enorme diferença entre os custos dessas operações. A disparidade chegou a ser denominada de confisco por quantos já estavam na nossa incipiente indústria de eletricidade, e várias empresas tornaram-se deficitárias.

2. Luiz Celso Barros, *Ciência das Finanças, Direito Financeiro*, 4ª ed., São Paulo, Edipro, 1991, pp. 13 a 136 e 215.
3. STF, ADC/MC-9-DF, *DJU* 23.4.2004; RE 576.189; STJ, REsp 541.511. Cf. ainda excelente julgado do Min. Moreira Alves, in *RTJ* 132/889.

Adotou-se, então, no ano de 1974, a "equalização tarifária", que determinava às empresas lucrativas que estas deveriam transferir recursos para ajudar aquelas com prejuízo, o que não era nada justo. Em 1993, a equalização tarifária foi extinta. Foi a semente para o início da reforma no sistema energético brasileiro. E a arrancada maior foi dada pelo Governo Fernando Henrique, em 1995, quando as tarifas assumiram, na prática, uma feição mais razoável, modificando-se, assim, situações anteriores, e voltando as empresas privadas a se interessar pelo investimento na indústria hidroelétrica e energética em geral.

Daí se vê a importância vital que as tarifas assumem para que as usinas operem normalmente, sem receio de déficits, como para que possam promover melhoramentos e expansões convenientes ou indispensáveis a cada uma delas. Assim podem servir bem ao público, sem nenhum sacrifício para este, visto como, em quase todos os países, a energia participa com uma parte mínima no custo da produção, o que, infelizmente, não ocorre no Brasil nestas primeiras décadas do século XXI.

O primeiro preceito codificado acerca das tarifas foi este:

Decreto 24.643/1934 – Código de Águas:
Art. 163. As tarifas de fornecimento da energia serão estabelecidas, exclusivamente, em moeda corrente no país e serão revistas de três em três anos (Vide Decreto-Lei 2.676, de 1940).

Esse preceito seria desnecessário em sua primeira parte, mas atendeu à circunstância de serem estrangeiras as empresas que implantaram a indústria de eletricidade no País, às quais se permitia a escrita na língua de seu país de origem (antigo Código Comercial brasileiro, art. 16), permissão que desapareceu em 1955, conforme se lê na segunda parte do nosso trabalho "Propriedade dos bens da concessão".[4]

A segunda parte do art. 163, acima transcrito, se reveste de permanente utilidade para acompanhar a variação de preços, sempre presente no país de moeda instável, como frequentemente ocorre no Brasil, e daí a fixação periódica de tarifas de energia elétrica.

Observa-se historicamente, contudo, que o disposto no Decreto-lei 2.676, de 1940, art. 1º (alíneas "a", "b" e "c" e parágrafo único), passou a prever penalidades às concessionárias que majorassem "os preços de

4. *RF* 163 e 164, 1956, n. 112 (cf. anexo neste livro).

fornecimento de energia elétrica" em contrariedade ao que preceituava o referido art. 163, acima transcrito, e sem autorização, mediante multa e declaração de caducidade da concessão e imposição de restituir o indébito. Toda essa matéria de penalidades, multas e caducidade é, atualmente, inteiramente disciplinada pela Aneel.

O Código de Águas, pouco adiante, concedia à Divisão de Águas do Departamento Nacional de Produção Mineral a atribuição de "fixar tarifas razoáveis" e "garantir a estabilidade financeira das empresas" (art. 178, "b" e "c"), linguagem condizente com o senso comum, mas que resultou da redação substitutiva dada pelo Decreto-lei 3.763, de 25.1.1941.

A finalidade da redação substitutiva foi adequar as tarifas à realidade de então, de sorte que atendessem não apenas ao público, que pagava força e luz, como ainda às empresas que as forneciam, sem garrotear as últimas em benefício do primeiro. Do contrário, seria afinal o próprio público o grande prejudicado, pois *nenhuma empresa se estabelece para ter prejuízo*. Esse pensamento foi desdobrado em outro artigo, que traçou as diretrizes e alinhou os elementos integrantes das tarifas, desdobramento esse que visou a equilibrar o interesse do usuário do serviço com aquele da empresa que o presta.

Tomadas em sentido geral no primeiro artigo codificado, as tarifas, após essa referência sintética do passado, tiveram, pois, um desenvolvimento analítico em outro, que passou a ser a fonte obrigatória de consulta, para a sua elaboração. Esse artigo, que as regulamentou, dividia-se em cabeçalhos e cinco itens, além de alíneas. No *caput* do art. 180, do Código de Águas, *e em nossa síntese*, encontra-se referência a tarifas razoáveis e à fixação trienal das tarifas, tomando-se em consideração o teor dos seguintes itens:

I – a forma de serviço pelo custo: inclui as despesas e operações, impostos e taxas de qualquer natureza, incidindo sobre a empresa, excluídas as taxas de benefício e *mais*:

a) as reservas para depreciação, e

b) a remuneração do capital da empresa;

II – a avaliação da propriedade e custo histórico, *i.e.*, capital efetivamente gasto menos a depreciação;

III – justa remuneração a esse capital;

IV – vedação ao estabelecimento de distinção entre os consumidores dentro da mesma classificação e nas mesmas condições de utilização de serviço;

V – inclusão das despesas de custeio fixadas, anualmente, de modo semelhante.

Naquela época, o autor deste livro já lamentava a desordem gramatical, legislativa e contábil. Que dizer, então, das normas atuais? De fato, esse alinhamento vocabular de critérios foi redigido sem ordem lógica, que o tornaria mais facilmente apreensível, pois as tarifas têm como ponto de partida a avaliação da propriedade em serviço, isto é, o ativo imobilizado, não depreciável e depreciável, os bens em almoxarifado para as obras em andamento e para custeio, e os recursos financeiros disponíveis para expansão dos serviços e para custeio. Essa avaliação, prevista incidentemente no item II acima referido, é que constitui, na verdade, a *base das tarifas*.

A avaliação sofre *a dedução* das quotas destinadas a preservar o investimento (depreciação) e amortizar o capital invertido no ativo (amortização), bem como as concernentes a subvenções e auxílios recebidos pela empresa concessionária para obras de interesse peculiar do poder concedente. Feita a dedução desses valores, o remanescente constitui o investimento remunerável.

A percentagem ou *taxa de lucro* precisa ser equilibrada, nem alta nem baixa demais, que é o que se determinava no artigo acima referido ao dizer-se que a remuneração do investimento há de ser *justa* (item III). A nossa lei, na época, fixou-a na alternativa entre 10 e 12%, que acompanha, a certa distância, a rentabilidade empresarial comum no mercado (Lei 5.655/1971, art. 1º, hoje revogado pela Lei 8.631/1993).

O custo do serviço foi previsto no Código de Águas em dois itens distanciados (I e V), no primeiro dos quais se incluem todas as despesas de exploração, ao passo que no segundo estas aparecem destacadamente sob a denominação de "despesas de custeio". Essa bifurcação tende a confundir o leitor que não estiver familiarizado com o assunto (Código de Águas, art. 180, I e V).

A avaliação da propriedade em serviço começa pelo inventário ou tombamento dos bens da empresa de energia elétrica, inclusive a termoelétrica, inventário esse que a lei mandou efetuar pelo *custo histórico* (Decreto-lei 3.128/1940). Essa mesma lei estabeleceu que deveria ser de 10% o lucro permitido ao investimento a ser computado no cálculo das tarifas (art. 9º), excluindo, ao mesmo tempo, da depreciação, como era natural, os terrenos e benfeitorias.

A percentagem alternativa permaneceu em vigor na época, ainda que o regulamento dos serviços de energia elétrica, que era anterior à lei que lhe deu elasticidade, continuasse a dispor que seria de 10% ao ano a taxa de remuneração do investimento a ser computada no cálculo das tarifas das empresas que explorassem os serviços de energia elétrica (Decreto 41.019/1957, art. 161).

Conquanto na praxe comercial se aluda sempre a "inventário", organizado anualmente para o preparo do balanço patrimonial das empresas, a lei preferiu, então, empregar o vocábulo "tombamento". Este tem cunho linguístico tradicional e caiu em voga em se tratando do "tombamento histórico".

Nas normas vigentes no passado, para bem se compreender as tarifas, haveria que se tomar como ponto de partida o investimento efetuado pelo concessionário para exploração do serviço. É em termo de investimento e, consequentemente, de sua expressão na contabilidade, que gira o mecanismo das tarifas, de sorte que, tanto no passado como na atualidade, se torna de capital importância *reconhecer o investimento*. Com efeito, o investimento precisa ser remunerado financeiramente; renovado materialmente; e amortizado.

A operação recognitiva de investimento precisa ser realista, atenta a tudo quanto efetivamente se empregou em função do serviço, de modo a compreender o dinheiro empatado nas obras e instalações, os empréstimos contraídos pelo concessionário para expandi-las e as suas contas a receber, que às vezes representam grandes somas, consumindo as disponibilidades de caixa das empresas. Entre essas contas, posso testemunhar como ex-diretor de empresa de energia, que sobressaem as dos Estados e Municípios.

Conhecidos o investimento e a receita de exploração, desta se tomam cada ano 10 a 12% para remuneração do primeiro; uma quota variável para sua renovação material; e, finalmente, uma quota fixa, quociente da divisão do investimento pelo prazo de concessão, para a respectiva amortização.

O Decreto-lei 5.764, de 19.8.1943, em virtude do qual a União substituiu automaticamente, nos contratos antigos, os Estados, o Distrito Federal e os Municípios, sobretudo estabeleceu que os preços de fornecimento de energia seriam fixados pelo critério da "semelhança e razoabilidade" (art. 5º, § 2º). Assim, ao modificar a situação contratual preexistente, na realidade quebrou a rigidez do critério original codificado para preferir o de "semelhança e razoabilidade".

Ao mesmo tempo, foram aparecendo leis e decretos que, sem ofensa ao princípio da uniformidade da escrita, permitiram que, na sua aplicação pela contabilidade, se criassem meios de atenuar para o concessionário a desvantagem a ele trazida pela moeda em constante desvalorização. Dir--se-ia que, dentro do funcionamento normal da empresa, o custo histórico sofreu uma adaptação inspirada na equidade.

Como adicional à tarifa, houve a criação de taxas sobre os preços de fornecimento de energia elétrica para atender aos aumentos de salários (Decretos-leis 7.524, de 5.5.1945; 7.716, de 6.7.1945; 9.021, de 25.2.1946; 9.142, de 5.4.1946; e Lei 27, de 15.2.1947). Esse procedimento episódico veio a ser previsto genericamente no regulamento dos serviços de energia elétrica, ao anunciar que as tarifas fossem reajustadas, a título precário, para afinal constarem da revisão trienal, sempre que ocorressem não só aumentos compulsórios de salários ou de encargos da previdência social, como variações no custo da energia comprada ou do combustível, bem como no pagamento de juros e amortizações de empréstimos em moeda estrangeira ou sujeitos a correção monetária (Dec. 41.019/1957, art. 156).

Posteriormente, o regulamento dos serviços de energia elétrica veio a ser modificado também para incluir um dispositivo realista que, mantendo a determinação do investimento pelo custo histórico da propriedade em função do serviço, acrescentou que *a tradução monetária do valor original do investimento poderia ser corrigida nos termos da legislação vigente* (Dec. 54.938/1964, art. 59). É que uma lei anterior, do imposto de renda, admitira a reavaliação do ativo das empresas privadas, que contabilizavam os bens pelo *custo de aquisição*, correspondente, no direito administrativo, ao custo histórico. Assim a correção monetária entrou na contabilidade das empresas de energia elétrica, majorando o investimento e, por conseguinte, a sua remuneração para se adequarem à realidade.

No mesmo sentido, o referido regulamento já continha um dispositivo segundo o qual

> (...) se o concessionário for devedor de *empréstimo* em moeda estrangeira contraído diretamente ou através de contrato de repasse celebrado com a Centrais Elétricas Brasileiras – ELETROBRÁS para a

instalação ou o aumento de seu investimento e devidamente registrado no Banco Central da República, do Brasil, *será considerada despesa a diferença entre o custo do câmbio efetivamente pago, para as remessas de juros e principal, e taxa*:

a) que tenha servido de base à determinação do custo histórico da propriedade em função do serviço, e pelo qual estiver contabilizado o empréstimo, conforme o art. 59, se o investimento não for corrigido nos termos da legislação vigente;

b) que tenha sido adotada na última correção do saldo devedor do empréstimo em moeda estrangeira" (Decreto 41.019/1957, art. 166, § 3º).

A intenção de aperfeiçoar a determinação do investimento remunerável induziu o poder concedente a baixar portarias instrucionais, esclarecendo dever ser feita à medida que os bens fossem adicionados ao acervo, e não no fim do exercício, e permitindo ainda o cômputo de juros sobre o capital próprio que fosse sendo aplicado nos diferentes estágios. Por outro lado, as doações ou contribuições recebidas pelas empresas para obras de peculiar interesse do poder concedente haveriam de ser deduzidas do valor do investimento.

Todos os fatos administrativos das empresas de energia elétrica, permutativos ou modificativos, inclusive a baixa de bens retirados do serviço (transferência do respectivo custo histórico e correção monetária para outra conta) hão de ter os seus lançamentos na contabilidade. Dessa forma, a matéria já sai da normatividade do direito para entrar na contabilidade. Embora como Consultor Jurídico haja emitido alguns pareceres sobre pontos em que o direito e a contabilidade se tocam, como a escrituração das partes beneficiárias da Chesf, o cômputo de juros do seu capital durante a construção da usina de Paulo Afonso e outros, ao autor não parece apropriado aprofundar-se aqui no âmbito contábil, reportando-se apenas ao quadro básico, a seguir:

QUADRO BÁSICO

	INVESTIMENTO	
1. Ativo Fixo	Imobilizado depreciável	$
	Imobilizado não depreciável	$

QUADRO BÁSICO

INVESTIMENTO	
2. Almoxarifado	$
3. Disponível	$
(capital de movimento)	$
	Soma I
DEDUÇÕES	
1. Reserva para depreciação	$
2. Reserva para amortização	$
3. Doações e contribuições	$
4. Resultado a compensar	Soma II
INVESTIMENTO REMUNERÁVEL	
Soma I menos Soma II | IR	$
Remuneração do investimento	% do IR
CUSTO DO SERVIÇO	
1. Despesas de exploração	$
2. Quota de depreciação	$
3. Quota de reversão	$
4. Remuneração do investimento	$
	Soma
Custo médio do KWH – ____ × ____ KWII	

Nesse quadro aparecem duas reservas obrigatórias num balanço de empresas de energia elétrica, a de depreciação e a de amortização. Embora os comentários sejam referentes a dados contábeis feitos em consonância com a legislação de décadas passadas, terão sua utilidade para comparações com a legislação atual e *para sua simplificação*.

Nessa conformidade, assim como a reserva de depreciação se dirigia para o poder concedente, porque se destinaria a manter em bom estado os bens a serem devolvidos ou entregues no fim da concessão, a reserva de amortização, ou reversão, era dirigida ao concessionário, porque se destinaria a devolver-lhe, em quotas anuais, o capital invertido na empresa, de sorte que também fosse recomposto no fim da concessão.

Nesta década de 2016, essas sugestões podem ser examinadas, para ajudar, para colaborar, para tentar simplificações.

O comentário acima, relativo à simplificação é oportuno e cabível, porquanto, – pasme-se –, o vigente Manual de Contabilidade do Serviço Público de Energia Elétrica, da Aneel tem 811 páginas, e cada uma mais complicada do que a outra!

Sem descer ao exame pormenorizado das possibilidades oferecidas por essas duas reservas, de depreciação e de amortização, visto como estudo feito pelo autor – constante nos vols. 163 e 164 da *Revista Forense*, já referido, e em anexo a este livro –, de modo tão completo quanto possível, convém, todavia, lembrar aqui, de passagem, que a reserva de reversão pode ser convertida em bens, sobretudo imóveis, que acompanham a variação da moeda e pertencem ao concessionário. Esses bens *não reversíveis*, componentes de um patrimônio especial que o concessionário administra simultaneamente com o da concessão, permitem que ele escape, em parte, do reembolso pelo custo histórico. A vinculação dos bens à economia da concessão ou à economia do concessionário faz-se pelo reconhecimento do capital.

Ao lado da correção monetária do investimento para levantar o nível da remuneração do concessionário, a conversão imobiliária da reserva de amortização ou reversão importa também em um reajustamento equitativo, que se processa tacitamente. Aí está mais um valioso elemento destinado a completar a fórmula para atrair capitais particulares para aplicação na indústria da energia elétrica. Sem uma adaptação às condições reinantes onde a moeda é instável, todos os empreendimentos se emperrariam.

Conquanto o Código de Águas, no art. 178, como acima expresso, determinasse que a Divisão de Águas "fixará" as tarifas, a verdade é que cada empresa as preparava, submetendo-as à revisão oficial que, concordando em regra com o trabalho que lhe era submetido, se limitava a homologá-las. No caso da Cia. Hidroelétrica do São Francisco/CHESF, as tarifas, a cargo da Diretoria Comercial, eram elaboradas por um técnico especializado e invariavelmente homologadas pelo órgão fiscalizador.

Como as tarifas constituem remuneração de um serviço público, a sua razoabilidade se acha imanente no seu próprio conceito, pelo que, como dizem os americanos, não podem ultrapassar de um "fair return on fair value". Essa justa retribuição, sobre justa avaliação, é justamente o que buscava obter teoricamente o Código de Águas ao indicar os pontos de referência para a sua fixação. A razoabilidade implica em justo lucro ao capital aplicado, de modo a estimular o reinvestimento.

Nelas hão de encontrar em sua posição de equilíbrio duas aspirações: a do concessionário, por um *lucro razoável*, e a do consumidor, por um *preço* baixo. As tarifas hão de ser compensatórias, não confiscatórias, de sorte a dar ao concessionário uma compensação satisfatória para o seu investimento, compensação essa que, embora não supere o limite do razoável, tem para ele, pelo menos, a vantagem de ser *certa*. Fora da concessão de serviço público, o empresário está exposto a um lucro aleatório.

No mesmo sentido dispôs, com força máxima da hierarquia legislativa, a Constituição de 1967, estendendo os princípios a todas as empresas concessionárias de serviço público. No art. 160, I e II, a Constituição lançava dois termos de uma equação. No primeiro, a do "serviço adequado", correspondente ao "serviço pelo custo", que as empresas concessionárias se obrigavam a prestar; no segundo inciso encontrava-se a tarifação, correspondente à "justa remuneração" do capital, acrescida do bastante para "melhoramento e expansão dos serviços" e o "equilíbrio econômico e financeiro" delas.

Conforme se verificou da enumeração dos pontos de referência para a formulação das tarifas, estas giram em torno de lançamentos contábeis, cuja exatidão adquire assim uma importância capital. À vista disso, seguindo exemplo dos Estados Unidos, onde o *Federal Power Commission* delineou um plano de contas completo para as empresas hidroelétricas, o nosso País adotou também o seu, fazendo uma adaptação daquele com uma classificação obrigatória, que facilitaria a comparabilidade dos balanços e a fiscalização contábil e financeira das empresas, como constou no Decreto 28.545, de 24.8.1950. Este foi o primeiro plano de contas que, fundado no Código de Águas, art. 182, teve dois substitutos sucessivos, também aprovados por decreto. Seguiu-se decreto de 1987, que alterou os objetivos, as características e natureza do Plano de Contas do serviço de energia elétrica (cf. Decretos 82.962/1978; 84.441/1980; e 95.246/1987).

Anos atrás, comparando-se, num exercício, a receita da exploração com o custo do serviço, em que entrava a remuneração do investimento (10 ou 12%), a primeira tendia a ser – embora sempre fosse – maior do que o segundo. A projeção dos resultados de um triênio servia para a elaboração das tarifas do triênio seguinte.

Conforme os resultados de cada exercício, no balanço da empresa, em face do montante da conta de lucros e perdas, se separavam e escrituravam as diferentes reservas, especialmente, no caso de concessionária, as *reservas de reversão* (amortização financeira) e *de depreciação* (amortização industrial). A primeira reserva se destinava a recompor o capital empatado pela concessionária para fazer sucessivamente as obras e instalações indispensáveis para obter o fim visado e a segunda para recompor os bens de umas e outras que se desgastavam ao logo do tempo, de modo a manter todos em bom estado para assim serem entregues ao poder concedente no fim do prazo da concessão.

Ao receber a sua concessão, a Companhia Hidroelétrica do São Francisco/CHESF ficou também obrigada a criar uma reserva para prever a renovação por depreciação determinada por usura ou impostas por acidente. Essa reserva, que foi então denominada literalmente "reserva de renovação", realizar-se-ia por quotas especiais, que incidiriam sobre as tarifas sob forma de percentagem e teriam por base a duração média do material, mas poderiam ser modificadas trienalmente, na época da revisão das tarifas (Decreto 19.706/1945, art. 8º).

Essa obrigação, embutida no ato concessivo, foi acompanhada de outra, constante do artigo seguinte do mesmo ato, visando à reversão do acervo ao poder concedente, para o que se estipulou que o patrimônio da Companhia seria incorporado ao da União, findo o prazo da concessão. Nesse final, antecipou-se que a *Companhia seria indenizada do investimento não amortizado* – o resíduo a que aludo em outro ponto –, na base do custo histórico, deduzida a reserva de renovação, a que precedentemente se referiu.

Como se vê, a terminologia das reservas não é uniforme na nossa legislação, que ora chama a amortização industrial de depreciação, ora de renovação, embora tenda a conservar o designativo de amortização financeira, ou simplesmente amortização, para aquela destinada a recompor gradativamente o capital invertido pelo concessionário nos bens destinados à exploração do serviço concedido. Até o presente não se conseguiu estabelecer a uniformidade terminológica, tão conveniente para o exame dos balanços patrimoniais e para o entendimento destes por parte do público. Aliás, nas leis atuais, de 2003 até hoje, não existe uniformidade em nada, e não apenas na contabilidade...

Ademais o desmedido Manual de Contabilidade do Serviço Público da Aneel, há que se lembrar que a Lei 11.638, de 2007, que altera as Leis 6.385/1976, que dispõe sobre Mercado de Capitais e CVM, e ainda a Lei 6.404/1976, relativa às sociedades anônimas, todas estas sofrem alterações na Lei 11.941, de 2009, que traz modificações para as normas contábeis no País. Como consequência, e em face da irretornável globalização, o Conselho Federal de Contabilidade, vinculado a órgãos internacionais de contabilidade, como por exemplo, o International Accounting Standards Board/IASB, criou órgão específico para emitir pronunciamentos contábeis: o Comitê de Pronunciamentos Contábeis. Estes pronunciamentos devem examinar a compatibilidade das contas com as normas internacionais. Não há ainda a obrigação da aceitação desses pronunciamentos, os quais têm valor apenas junto aos órgãos regulamentadores, como BACEN, CVM, e o próprio Conselho Federal de Contabilidade. Ao que parece, o Manual de Contas da Aneel ainda não se harmoniza com os critérios internacionais.

Aduza-se a tudo antes expresso no tocante às concessões que, embora sob controle do poder concedente, cujas determinações se encontram no ato concessivo, o concessionário realiza, por sua conta e risco, o serviço que lhe é concedido. Durante a realização deste, a sua liberdade de ação não deve ser tolhida por exigências excedentes daquelas que lhe foram ditadas inicialmente. Se, a cada passo, o Estado intervier no serviço, deixará de haver concessão, o que desnatura, a pouco e pouco, em execução direta pelo Estado. No entanto, foi isso o que aconteceu com a intromissão da Eletrobrás/Centrais Elétricas Brasileiras na contabilidade das empresas de energia elétrica. E é o que ora se passa com normas esdrúxulas e confusas da Aneel.

Efetivamente, a Eletrobrás, até há algum tempo, chamava a si a reserva de reversão e, ao fazê-lo, fixou-a logo em 3% do investimento, elevados depois para 5%, dando a essa porcentagem várias destinações, aparentemente ligadas à eletricidade, mas que não são certamente aquelas que diferentes empresas concessionárias lhe dariam nos respectivos balanços (Lei 5.655/1971, art. 4º; Dec.-lei 1.308/1974, art. 1º). Nada prova melhor a intromissão indébita do que os artigos desses diplomas que facultam aos concessionários "adaptar-se" progressivamente ao referido percentual.

Toda vez que, em qualquer organograma, se interpõe um novo órgão à escala preexistente, aumenta-se a dificuldade do andamento de providências úteis e cria-se um entrave burocrático. Basta essa reflexão para mostrar que a interposição da Eletrobrás não pode ter sido benéfica ao desenvolvimento da energia no País. A observação serve, e em muito, para os excessivos e dispendiosos órgãos estatais no modelo de energia no País vigente até agora. Haja vista a notícia de que o governo fará a capitalização de quase 6 bilhões na Eletrobrás no ano de 2016.[5]

No campo das tarifas, pode-se acrescer que, embora dependam de ato do poder concedente, elas não têm, na opinião corrente, caráter fiscal ou tributário. O Código Tributário Nacional, no art. 3º, define o tributo como "toda prestação pecuniária *compulsória*", o que o diferencia nitidamente do preço público, às vezes chamado impropriamente de taxa. A tarifa, como visto no começo do capítulo, e não é demasia repetir, é a remuneração de serviço de utilidade pública, prestado pela Administração, ou por concessionárias, e não tem natureza compulsória por ser cobrada apenas de quem se utiliza do serviço. A fixação das tarifas era feita anteriormente por portaria do Ministério de Minas e Energia, e hoje é feita pela Aneel. Geralmente essa fixação de tarifa traz a discriminação das categorias de fornecimento de energia, atribuindo a cada qual certo preço e provendo a instalação de medidor, de acordo com o qual se saberá a quantidade entregue pelo concessionário. As duas categorias capitais de fornecimento de energia são de *alta tensão* e *baixa tensão*.

Via de regra, as empresas concessionárias de produção e transmissão de energia a entregam às empresas concessionárias de distribuição em *alta tensão*. Esses dois gêneros, contudo, não esgotam a distribuição, porquanto esta pode desdobrar-se em outras espécies, como por exemplo:

a) para iluminação e calefação comercial;

b) para força motriz de baixa tensão a medidor;

c) para força motriz de alta tensão a medidor.

A empresa concessionária só pode cobrar a categoria de energia que efetivamente fornece mediante circuito adequado, regulando-se o fornecimento pelo pedido do consumidor. Todavia, esse pedido é suscetível de objetivar mais de um tipo de utilização, sujeitos a tarifas diversas.

Há indústrias que requerem a concessão especial de energia elétrica para uso próprio de suas fábricas, com a natural ressalva da proibição de venda a terceiros. Fica entendido que o uso próprio abrange toda a força que for necessária, não só para acionar as máquinas industriais, como para atender ao bem-estar daqueles que as operam ou fazem operar.

Tanto vale dizer que há de servir também para as casas de operários e de diretores ou gerentes, bem como para os campos de esporte e clubes

---

5. Jornal *O Globo*, de 22.1.2016.

de recreação de uns e outros, dado o espírito de solidariedade social em torno da empresa. A concessão envolve um serviço público, despido de espírito de emulação. Se uma concessionária *geral* para a localidade se sentir prejudicada, caber-lhe-á recorrer à Aneel, ou à mediação, ou à arbitragem, ou ainda à ação declaratória para que seja esclarecida a extensão do seu direito em face do direito da outra.

Haja vista o caso de o concessionário fornecer energia a um consumidor industrial por um único circuito em alta tensão e depois esse consumidor, às suas expensas, com seus próprios transformadores, diversificar a sua utilização. Pode a empresa concessionária cobrar desse consumidor a energia por tarifa diversa da de alta tensão, variável de acordo com cada tipo de utilização?

Parece que não. Isso porquanto incumbe à Aneel dirimir eventuais divergências entre concessionárias e consumidores, bem como regular as tarifas e condições gerais de contratação, pelo que, deve-se ressalvar que o consumidor industrial não pode, ainda que às suas expensas e unilateralmente, utilizar seus transformadores a fim de diversificar a utilização da energia contratada (Lei 9.427/1996, art. 3º, V, c/c Lei 9.648/1998, art. 9º, parágrafo único).

Entretanto, verificada a aludida e eventual conduta unilateral do consumidor industrial, a concessionária não pode, antes de ouvida a Aneel, efetuar cobranças adicionais por tarifa diversa, o que configuraria cobrança indevida, tanto mais quanto é a Aneel que regula toda a matéria de tarifa, inclusive de revisões (CC, art. 876).

Com efeito, presentemente, adotou-se entre nós o sistema "teto-preço", ou seja, *price-cap*, dos americanos, que tem como característica: a) um teto para tarifas, determinado pelo governo; e b) reajuste por índices de preço que reflitam a inflação no País. A decorrência é que as empresas não podem ultrapassar o teto-tarifário, embora tenham que, paralelamente, oferecer bons serviços e também obter lucros, pois são empresas e este é o seu objetivo. Especialista em energia chama atenção para a adoção do "teto-preço", pois, na aplicação desse novo sistema, a Aneel depende de informações da empresa regulada, o que, em certas circunstâncias, apresenta dificuldades.

E, de mais a mais, com tantos tributos, impostos e contribuições, a própria execução de serviços na energia se torna bem difícil.

A concessão de energia elétrica para uso próprio não é comum, ocorrendo, sobretudo, quando uma indústria tem, por sua natureza, necessidade de grande cabedal de força como acontece com a de alumínio. A Companhia Brasileira de Alumínio de São Paulo obteve, anos trás, concessão para o aproveitamento de várias quedas d'água do Rio Juquiá--Guaçu, a última de 360 metros de altura, para a progressiva utilização no seu programa de aumento da produção do metal.

Quando existe uma concessão geral para explorar os serviços de eletricidade no Município e uma concessão especial para uso de uma indústria, abrangente ou não de várias fábricas, como aconteceu em Taubaté/SP, onde se defrontaram a Cia. de Eletricidade de São Paulo e Rio e a Cia. Taubaté Industrial, fácil é surgir uma divergência entre as duas concessionárias. Essa divergência funda-se geralmente na alegação pela primeira de que a segunda faz fornecimento a terceiros, o que lhe é naturalmente vedado pelo poder concedente. A solução se dá na esfera administrativa, porque incumbe ao poder concedente interpretar as cláusulas de suas concessões.[6]

Há anos atrás traçamos minuta de quadro básico de plano de contas para concessionárias de energia, mas hoje o quadro complicou e as concessionárias estão sujeitas a um longo e intrincado Plano de Contas, conforme estatuído no Decreto 95.246, de 1987. Na verdade, as empresas se vêm atualmente obrigadas a manter dois planos contábeis: um da empresa e outro da Aneel. Elucide-se que esta entidade fornece a empresas energéticas um Manual de Contabilidade a ser seguido, difícil e confuso; todavia é a própria norma legal que determina que a Aneel, no prazo de dois anos, contados da sua organização, deveria fazer a *simplificação* do Plano de Contas das concessionárias de serviços públicos de energia. Ao que parece, passados vários anos, ainda não o fez, porquanto o Plano vigente é assaz embaralhado. Então se sabe bem, como dito acima, se essas contas estarão ou não compatíveis com as normas internacionais (Lei 9.427/1996, art. 33).

O que vimos manifestando até este ponto é fruto de nossa longa experiência e observação em concessão de energia elétrica.

Embora, o já expresso ainda permaneça na sua essência, as complicadas e confusas normas vigentes modificam a mecânica tarifária, parecendo mesmo até refugir ao bom equilíbrio econômico financeiro no fornecimento da energia, embora se propague o contrário...

6. Cf. parecer in A. Pádua Nunes, *Código de Águas,* vol. 2, 2ª ed., São Paulo, Ed. RT, 1980, n. 594, p. 76.

Indicadas inúmeras dificuldades no setor energético, não será excessivo enfatizar, repetir que, em matéria de energia, cumpre assegurar justa remuneração às empresas concessionárias; manter adequada previsão de recursos para manutenção, expansão e melhoramentos; prever parcelas de amortização e fixar critérios para depreciação. Pois, como também manifesta Caio Tácito, o equilíbrio dos serviços de eletricidade somente será alcançado, em qualquer parte, pelo binômio: tarifas justas e razoáveis mais capitalização contínua.

E como vimos manifestando, ao longo deste trabalho, no contexto atual, tudo mudou, haja vista o desenfreado número de mal redigidas leis, decretos, portarias, resoluções etc., que utilizam, no mais das vezes, expressões destoantes de sentido.

No passado, como sabem os especialistas em energia, todos os consumidores no País pagavam um mesmo valor pela energia que se consumia, valor esse que remunerava as empresas, lucrativas ou não, uma vez que as empresas estatais, sempre deficitárias, eram subsidiadas.

No novo modelo brasileiro, desde 1993, a Aneel passou a fixar as tarifas, para cada concessionária, tarifa essa inserida nos contratos vencedores nos leilões. A tarifa é estabelecida em função de diversos fatores, tais como área geográfica, número de consumidores existentes, número de linhas de transmissão necessárias, distância de centros fornecedores de materiais e outros semelhantes.

Ressalte-se que a concessionária tem como objetivo produzir e levar energia aos consumidores. E é por isso que as contas de luz incluem valores relativos à geração da energia, ao seu transporte até as residências (denominada "fio"), à sua transmissão e distribuição, aí se incluindo os valores que serão abaixo referidos.

E para bem se entender essa tarifa, na atualidade, há que reiterar que os valores da tarifa de energia são os devidos pelo *uso da rede e fornecimento*. Deve-se atentar que, no novo sistema de energia no País, foram criadas pela Aneel duas subcomponentes para cobrança de tarifas no uso da rede e pelo fornecimento da energia. São elas:

a) tarifa pelo uso do sistema de transmissão – TUST.

b) tarifa pelo uso do sistema de distribuição – TUSD.

Para ilustrar as *cobranças* dessas duas tarifas, adota-se, com pequenas modificações, o gráfico da Associação Brasileira de Distribuidores de Energia Elétrica, logo a seguir:

I –

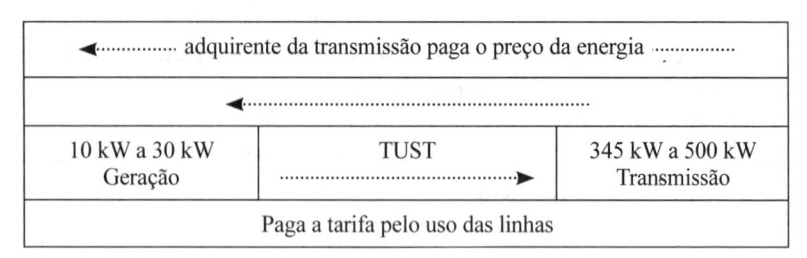

◄············ adquirente da transmissão paga o preço da energia ·············		
	◄···	
10 kW a 30 kW Geração	TUST ··►	345 kW a 500 kW Transmissão
Paga a tarifa pelo uso das linhas		

Concessionária geradora, que gera e fornece a energia à distribuidora, recebe desta um valor em pagamento – o *preço* – que foi anteriormente *cotado em leilão*.

E a geradora paga à distribuidora uma tarifa, pelo *uso do sistema de transmissão*, que transporta a energia – a TUST.

II –

TUST paga
Consumidor Livre ··► 138 kW, 69 kW
à distribuidora de transmissão

O consumidor também paga a tarifa pelo *uso dos sistemas de distribuição de transmissão*.

13,8 kW ························· TUST ························► à transmissora
distribuidora	transmissão

A distribuidora paga a tarifa à transmissora pelo uso do sistema de transmissão.

III – Consumidores livres e cativos pagam a tarifa à distribuidora pelo uso do sistema de distribuição – TUSD.

13,8 kW	TUSD
distribuidora ··► consumidor livre	

Conforme visto no Capítulo V, as negociações de energia elétrica se operam em dois setores, os quais são denominados de "ambientes", e sem o menor sentido linguístico, pois ambiente é o que anda e/ou está à roda de alguma coisa ou pessoa, é roda ou esfera em que se vive... Parece, pois, que seria mais adequado usar o termo correto, que é "mercados". Todavia, esses setores foram denominados de "ambientes" – e são: o *regulado* e o *livre*.

E antes de discorrer sobre custos, na formação de tarifas, relembre-se que, nas *concessões* de *distribuição*, que são os serviços mais utilizados, as negociações se submetem à *contratação regulada*. Assim, a Aneel estabelece, previamente aos leilões, quais os itens *que integram os custos*, para *composição das tarifas*, fixando limite máximo para estas.

E como bem mostram as distintas engenheiras especialistas em energia, e articulistas,[7] as *tarifas de fornecimento* de energia são *compostas* por dois tipos de componentes *de custos*: os não gerenciáveis e os gerenciáveis, denominados, respectivamente parcelas *A* e *B*.

A *parcela A*, de *custos* não gerenciáveis inclui os custos sobre os quais a distribuidora de energia não tem gerência e que são incluídos nas tarifas de fornecimento de energia e *repassados* aos *consumidores*. Os itens que compõem essa *parcela A* incluem: preço da *aquisição da energia*, comprada pelas distribuidoras como obtida nos leilões; preço da energia comprada da Itaipu Binacional; preços da energia em contratos bilaterais; e ainda os *custos de transporte* de energia, pois as distribuidoras recebem a energia comprada das geradoras, através das instalações de transmissão, nas subestações e linhas, e pagam por essa utilização. Essas instalações pertencem a empresas transmissoras, criadas para essa finalidade, e compõe a rede básica de transmissão de energia elétrica.

Essa *parcela A* inclui ainda os denominados "Encargos Setoriais". Encargos, nas normas vigentes, são *contribuições* criadas e aprovadas em leis do Congresso, e para fins específicos.

Todavia, as *contribuições*, na forma do disposto na Constituição Federal de 1988, *são* objetiva e taxativamente *tributos*, não mais se lhe aplicando discussão anterior acerca da sua natureza. Por via de consequência, se contribuições são tributos, e se encargos são contribuições, os *encargos são, na verdade, tributos* (CF, arts. 146, incisos e parágrafo único, e 149).

---

7. Solange Ribeiro e Maria Isabel S. D. Falcão, "O modelo tarifário brasileiro", in *Regulação Jurídica do Setor Elétrico*, obra coordenada por Elena Landau, Rio de Janeiro, Lumen Juris, 2006, pp. 287 a 300.

Sob a égide da Constituição de 1988, as contribuições podem ser: sociais, de intervenção no domínio econômico, e de interesse das categorias profissionais ou econômicas, como instrumento de atuação nas respectivas áreas. As *contribuições na área de energia* parecem enquadra-se como de intervenção no domínio econômico e de interesse econômico. De fato, a contribuição de intervenção no domínio econômico caracteriza-se como prestação estatal em favor de grupo, e pode ser qualquer ato de interesse de certa coletividade. Ora, o Estado presta o serviço de fornecimento de energia por mera delegação às concessionárias, pois é serviço público.

Cumpre dizer, por ser relevante, que em matéria de contribuições específicas de intervenção no domínio econômico e de interesse econômico, essas contribuições, conforme exigência constitucional, *só podem ser instituídas por lei complementar* (CF, art. 146, *caput*, III, c/c art. 149, *caput*).

E mais grave, quaisquer subsídios, isenções, reduções de base de cálculo, concessão de crédito presumido, anistia ou remissão, relativos a impostos, taxas ou contribuições só podem ser concedidos mediante *lei específica federal*, estadual ou municipal, que regule exclusivamente as matérias acima enumeradas ou o correspondente tributo ou contribuição (CF, art. 150, VI, § 6º).

Ora bem, nenhum desses "encargos", ou seja, nenhuma dessas *contribuições* foi criada por *lei complementar*. Aliás, alguns desses encargos foram criados por meros decretos e outros até por resoluções da Aneel, o que dispensa comentários.

Acrescente-se que inúmeros dispositivos nas leis energéticas, que dispõem sobre *reduções* e *descontos* a seu bel prazer, desobedecem à Constituição Federal, pois *não* são leis formais *específicas* e *versam* sobre *diversas matérias*.

Nessa conformidade, ao que parece, o novo sistema energético boia na *inconstitucionalidade*.

Senão, examine-se, ainda que sinteticamente, os novos "encargos".

Os "encargos", denominados também como "Encargos Setoriais", são valores pagos pelos consumidores, na conta de energia, cobrados por determinação de lei, para desenvolvimento do setor elétrico brasileiro e da política energética.

Esses "encargos" compõem a *parcela A*, e são os seguintes: i) Conta de Consumo de Combustíveis Fósseis/CCC; ii) Conta de Desenvolvimento Energético/CDE; iii) quotas de Reserva Global de Reversão/RGR; iv) Taxas de Fiscalização de Serviços de Energia Elétrica/TFSEE; v) rateio de custos do Proinfa.

A Conta de Combustíveis Fósseis/CCC foi criada pelo Decreto 73.102, de 7.11.1973 (posteriormente revogado pelo Dec. 2.655 de 2.7.1998), para obter reservas financeiras, a fim de cobrir despesas das usinas térmicas, nas épocas de regime hidrológico desfavorável, pois enquanto a geração da hidroelétrica tem custos baixos, os das térmica são muito mais altos. Segundo as distintas engenheiras e articulistas, acima referidas, as térmicas vêm sofrendo redução anual de 25% de subsídios nesta conta, que deve terminar em 2018.

O encargo da Conta de Desenvolvimento Energético/CDE foi instituído pela Lei 10.438, de 26.4.2002. É suprido mediante pagamentos anuais, feitos pelas *concessionárias*, a título de uso de bem público, acrescida a sua receita com multas aplicadas pela Aneel e por quotas anuais devidas por todos os agentes que comercializem energia. O objetivo da criação dessa Conta é o de desenvolver a produção de energia nos Estados, a competividade entre as diversas fontes alternativas como a da energia eólica e da biomassa, estimulando ainda a geração das Pequenas Centrais Hidroelétricas/PCH (Lei 10.438/2002, art. 13).

O encargo de Reserva Global de Reversão surgiu nos idos da metade do século passado, ou seja, com o Decreto 41.019, de 1957, com o objetivo de arrecadar recursos para as reversões, encampações, expansão e melhoria dos serviços de energia; financiar fontes alternativas e também estudos, programas e projetos para melhor aproveitamento hidráulico. Essa "reserva global" permanece. A "reserva global de reversão" é formada por quotas, devidas pelas empresas de energia, é fixada anualmente pela Aneel, e paga mensalmente em duodécimos, equivalendo a 2,5% dos investimentos da concessionária, limitada essa quota ao máximo de 3% da receita anual da empresa. Na forma do disposto na ordinária Lei 10.438/2002, a expiração desse encargo deveria ter ocorrido em 2010. Todavia, a Lei 12.431, de 24.6.2011, estendeu a vigência dessa contribuição para 2035.

E posteriormente, a Lei 12.783, de 11.1.2013, determinou que, a partir de 1º de janeiro de 2013, as *concessionárias* de geração e transmissão de energia, bem como as concessionárias de transmissão e ainda as concessionárias e permissionárias de distribuição ficassem desobrigadas do recolhimento anual das quotas.

Acrescente-se ao confuso sistema o Encargo de Energia de Reserva/ EER. As receitas desse Encargo provêm das concessionárias de distribuição e dos consumidores livres, os quais pagam, mensalmente, à Câmara de Comercialização de Energia Elétrica/CCEE um valor variável, a fim de se formar um fundo e aumentar a segurança no fornecimento de energia, em épocas de crises. Esses recursos são arrecadados pela CCEE para a compra, em leilões, de energia a ser mantida em reserva. As distribuidoras pagam, mas repassam custos nas tarifas (Decreto 6.353/2008).

Essas contas acima referidas, denominadas "Encargos Setoriais", e que integram a denominada parcela "A", nas contas energéticas, têm sofrido diversas alterações em seus objetivos, formas e prazos de pagamentos, a serem obedecidos por concessionárias, permissionárias e autorizadas. Assim, e a título exemplificativo, mais recentemente, as normas explicitam que, nas suas finalidades, as contas irão prover recursos para a Câmara de Comercialização de Energia Elétrica/CCEE, para que esta as administre (cf. Lei 13.360, de 17.11.2016, art. 2º, com remissões à Lei 10.438/2002).

As quotas anuais da Conta de Desenvolvimento Energético/CDE são proporcionais às estipuladas em 2012, para agentes comercializadores com consumidores finais, *i.e*, em proporção ao crescimento do mercado. A partir de 2030, essa proporcionalidade será relativa ao mercado consumidor (cf. Lei 13.360/2016, art. 2º, referente à Lei 10.438/2002, art. 13, § 3º-A a 3º-E).

No tocante aos Recursos da Reserva Global, cumpre notar que do depósito feito pelas concessionárias, que inicialmente seria para cobrir custos com reversões e encampações, já era de 3% sobre o investimento. Mas, agora, terá do total uma parcela de cerca de 3% que deverão ir para o Ministério de Minas e Energia (cf. Lei 13.360/2016, art. 1º, referente à Lei 5.655/1971, art. 4º, § 6º).

Aduza-se que, complicadas, as novas normas disfarçam aumentos a longo prazo. Com efeito, essa lei de novembro de 2016 estatui que o custo médio da potência de energia elétrica e daquela comercializada no Ambiente de Contratação Regulada/ACR, no Sistema Integrado Nacional/SIN, incluirá todos os encargos setoriais. Acrescenta que a valoração acima, a partir de 1º.1.2030, será gradativa e anualmente acrescida de 1/10 dos Encargos Setoriais (cf. Lei 13.360/2016, art. 4º, que altera a Lei 12.111/2009, no art. 3º, §§ 2º-B e 2º-C).

Em 2005, a Aneel criou o Encargo de Serviços do Sistema/ESS, de duvidosa legalidade, pelo que nos dispensamos de comentários. A matéria foi submetida ao STF, que concedeu liminar no sentido de isentar distribuidoras e consumidores-livres desse encargo.

Há ainda, para as concessionárias de potenciais hidráulicos, a obrigação de pagamento da contribuição denominada Compensação Financeira pela Utilização de Recursos Hídricos/CFURH, que é paga pelas entidades geradoras de energia hidráulica, correspondendo a 6% sobre o valor da energia produzida. A receita obtida é rateada entre Estados, Municípios, e Ministérios do Meio Ambiente, Minas e Energia, e Ciência e Tecnologia (Leis 7.990/1989, 8.001/1990, 8.631/1993, 9.427/1996, 9.433/1997).

Avolumando encargos, as *concessionárias de geração, transmissão e distribuição* são obrigadas a *investir* valor equivalente a 1% da receita líquida operacional, em "pesquisa e desenvolvimento" (Lei 9.991, de 24.7.2000).

Referidos à *vol d'oiseau* os encargos no novo sistema energético brasileiro, cabe mencionar ainda a nova taxa de fiscalização, esclarecida no Capítulo IX.

Na instituição dessa nova Taxa de Fiscalização de Serviços de Energia Elétrica/TFSEE, seus autores, quase que miraculosamente, acertaram na nomenclatura: é taxa mesmo... De fato, como estatui a Constituição Federal, a taxa é tributo contraprestacional devido pela utilização efetiva ou potencial de serviço público específico e divisível, prestado ao contribuinte, pela utilização do serviço ou posto à sua disposição, ou ainda pelo *exercício do poder de polícia*. Neste exercício do poder de polícia, a taxa pode, portanto, incidir em qualquer ato do Estado, para disciplina, regulamentação de atividade individual, em benefício do bem-estar geral (CF, art. 145, II).[8]

Essa taxa surge na Lei 9.427, de 1996, no valor equivalente a 0,5%. *Todavia*, a taxa *incide* sobre o denominado eufemisticamente "benefício anual da concessionária", ou seja, a renda, tendo, em nosso entender, a mesma base de cálculo do imposto sobre a renda. É o que esclarecemos no final do Capítulo IX, constituindo falha grave. Em 2013, reduziu-se a taxa para 0,4%, conforme Lei 12.783/2013.

Enfim, examinados os fatores que integram a *parcela A*, note-se que ainda há *custos* também *na parcela B*. Esses custos da *parcela B* correspondem aos gerenciáveis pelas concessionárias de distribuição

---

8. Cf. Ricardo Lobo Torres, *Curso de Direito Financeiro e Tributário*, 4ª ed., Rio de Janeiro, Renovar, 1993, p. 347.

e abrangem os seguintes itens: despesas incorridas com administração, manutenção, instalações, materiais, remuneração do investimento, depreciações, reservas.

Saliente-se que, ademais o ônus tributário das contribuições, denominadas mascaradamente de "encargos", na nova e, ao que tudo indica, propositadamente confusa legislação energética, há *outros tributos*, devidos pelas empresas em energia, assaz conhecidos, e que são:

i) federais: Imposto de Renda de Pessoa Jurídica; Contribuição Social sobre o Lucro Líquido, PIS, PASEP, COFINS, e Imposto Territorial Rural, abrangendo 31% da carga consolidada;

ii) estaduais: ICMS, IPVA, correspondem a 47%;

iii) municipais: ISS, IPTU, CIP ou COSIP/Contribuição para Custeio da Iluminação Pública atingem a 1% da carga consolidada;

iv) e, por último, há a obrigatoriedade de pagamento dos ônus trabalhistas, previdenciários e educacionais: FGTS, INSS, Salário Educação e SAT, ônus esses que atingem a 3%.

Com referência às contribuições para Programa de Integração Social/PIS, para a formação do Patrimônio do Servidor Público/PASEP, e também para a Contribuição para Financiamento da Seguridade Social/COFINS, advirta-se que essas contribuições, no campo energético, tiveram suas alíquotas reduzidas a zero, desde outubro de 2013 (Lei 12.865/2013, art. 4º).

No campo da tributação, há que se mencionar o imposto do ICMS. Saliente-se que, nesta segunda década de 2000, há discussões interessantes nos tribunais sobre variados enfoques na incidência do ICMS. Algumas decisões, felizmente, corrigem erros, falhas e maquiagens legislativas.

Com efeito, uma dessas discussões concerne ao descabimento, ou seja, à inexigibilidade da cobrança do ICMS sobre a demanda contratada de potência energética e o encargo de capacidade emergencial. Como já julgou o STJ: "o ICMS somente incide sobre a tarifa calculada com base na demanda de potência elétrica *efetivamente utilizada, não incidindo* sobre a demanda contratada mas *não utilizada* (...)".[9]

Todavia, a despeito do enorme número de julgados, no sentido de descaber o ICMS quando *não utilizada* parte da energia contratada, o

---

9. STJ, Agravo Regimental no REsp 1.086.121-RS, *DJe* 3.9.2010. No mesmo sentido, outras decisões: STJ, AgRg no REsp 1.121.254-RJ, decisão de 14.9.2010; e ainda REsp 647.553-ES, 1ª T., rel. Min. José Delgado, in *DJU* 23.5.2005.

Min. Lewandowski, do STF, no AgR na SS 3.717, suspendeu decisão naquele sentido, ao deferir pedido do Estado do Rio de Janeiro, sob alegação de que a manutenção do deferimento traria risco, de efeito multiplicador, o que poderia gerar grave lesão à arrecadação estadual (Pleno, j. 29.10.2014, *DJe* 17.11.2014).

As primeiras decisões nos parecem mais corretas, porquanto segundo dispositivos de lei, o crédito do ICMS em energia é cabível quando for:

a) objeto de operação de saída da energia elétrica;

b) o consumo ocorrer no processo de industrialização;

c) o consumo ocorrer em operações de saída, ou de envio para o exterior.

Ora, se não há consumo, a incidência não parece acertada.

E no tocante às mudanças referentes ao local da cobrança e suas alíquotas, é tema que avoluma os tribunais, com processos ainda em andamento. Todavia, a Emenda Constitucional 87/2015 parece ter solucionado algumas dúvidas. De fato, a EC 87/2015 determina que a incidência do ICMS sobre bens e serviços para consumidor final, em outro Estado, contribuinte ou não, caberá ao Estado de localização do destinatário, e o imposto será correspondente à diferença entre a alíquota interna do Estado destinatário e a alíquota interestadual (CF, art. 155, § 2º, VII e VIII; ADT, art. 99).

E sobre o ICMS, o advogado tributarista, Ricardo Vivacqua, em conferência promovida pelo ENERJ, em 2015, na Associação Comercial do Rio de Janeiro, suscita outras dúvidas sobre o ICMS na energia. A primeira é relativa à concentração do recolhimento do ICMS na distribuição de energia, quando se dá a substituição tributária para frente e para trás, concentrando o recolhimento de toda a cadeia nas distribuidoras. Outro aspecto é na hipótese de geração de energia em excesso, indagando-se como fica a tributação quando este excesso vai para o sistema, para a rede de distribuição?

Segundo especialistas da Associação Brasileira de Energia Elétrica, ao final de 2004, cerca de 38% da arrecadação obtida das distribuidoras destinavam-se ao governo, como tributos em geral (incluindo os tais "encargos"); 29% se destinaram às geradoras, para aquisição da energia e sua revenda; 6% cabiam às transmissoras e 27% eram das concessionárias de distribuição. E como bem notam as duas articulistas já antes citadas, e também adiante citadas, as distribuidoras, praticamente, absorvem o impacto da elevada inadimplência dos consumidores.

Nesse mistifório legislativo energético, deve-se, por fim, indicar algum dado sobre a revisão tarifária.

Essa revisão, desde a década de 1990 até agora, é objeto na verdade de três reajustes: a) revisão ou reajuste anual, no qual as tarifas, pelo uso da rede, são reajustadas pela Aneel, anualmente; b) revisão periódica, a cada quatro ou cinco anos, e como consta nos contratos de concessão, e c) revisão extraordinária.

A *revisão* ou *reajuste anual* consta de fórmula inserida no contrato de concessão e inclui tanto os valores da *parcela A* como da *B*. Os valores da *parcela A* são repassados aos consumidores finais. E os valores da *parcela B* são corrigidos de acordo com o IGP-M e ainda ajustados por fator X da Aneel. Como elucidam as articulistas, já acima referidas, a fórmula para o reajuste é predeterminada no contrato de concessão e é a seguinte:

$$IRT = \frac{VPA^1 + VPB_0 + (IGP\text{-}M \pm X)}{\text{Receita Verificada}}$$

IRT: Índice de Reajuste Tarifário

VPA: *Parcela A*, custos não gerenciáveis

VPB: *Parcela B*, custos gerenciáveis

IGP-M: Índice de inflação

X: fator da Aneel

Receita Verificada: receita líquida de impostos, realizada no período de referência.

A *revisão periódica* é mais ampla do que a anual porquanto se inclui nela todos os custos e alterações de mercado, custos operacionais, investimentos e receitas, depreciações, aí se inserindo todos os valores da *parcela B*, inclusive o da remuneração adequada dos investimentos, recálculo esse que permite encontrar um fator X, que é utilizado para também ajustar o IGP-M a ser utilizado nos reajustes anuais subsequentes. E para não depender de informes unicamente da distribuidora, a Aneel usa o método da "empresa de referência", que reflita custos eficientes de concessionária ideal.

Com referência à *revisão tarifária extraordinária*, esta tem lugar quando as concessionárias sofrem custos imprevistos, que modifiquem sua estrutura financeira, servindo o reajuste extraordinário para restaurar o equilíbrio financeiro (Lei 8.631/1993; Lei 8.987/1995).

Para maior estudo das tarifas, leia-se o bem lançado artigo das engenheiras Solange Ribeiro e Isabel S. D. Falcão, no livro acima mencionado.[10]

Em matéria tributária e nos dias que correm, há discussão nos tribunais relativa ao cabimento, ou não, de imunidade tributária recíproca quando as concessionárias são de economia mista (CF, art. 150, VI, "a"). O Min. Carlos Velloso, no tema e no RE 407.099-RS, em seu voto expressa: "(...) empresas públicas e sociedades de economia mista prestadoras de serviço público, de prestação obrigatória e exclusiva do Estado, são abrangidas pela imunidade tributária prevista no art. 150, VI" (na mesma linha, no AC 1851-RO, a Min. Ellen Gracie, 2ª Turma, *DJe* de 1º.8.2008). Cumpre relembrar que a imunidade tributária somente é aplicável a impostos e não alcança taxas (RE 424.227, Min. Carlos Velloso, 2ª Turma, *DJU* 10.9.2004).

Saliente-se que o que mais interessa para as empresas, principalmente para as concessionárias privadas, é a questão de redução de ICMS e sua incidência na *energia consumida* e na *contratada, como acima referido*. Registre-se que em processo no Tribunal de Justiça do Rio de Janeiro, em ação proposta pela Associação Brasileira de Assessoria e Planejamento Tributário e Fiscal e Proteção dos Direitos do Consumidor/ Abaplat, a decisão, em medida liminar, foi no sentido de limitar a incidência do ICMS sobre o valor da energia efetivamente consumida, o que afasta a incidência do ICMS sobre a energia contratada, concedendo-se mais a redução do ICMS. Houve recurso e a matéria subiu ao STF com pedido de suspensão daquela liminar, o que foi deferido pelo Min. rel. Lewandowski, o qual alegou que, se mantida a liminar, haveria o risco de efeito multiplicador de processos, com grave lesão ao Estado. O mérito da questão ainda vai ser julgado.

Com relação ao debate acima, quer-nos parecer que a imposição de cobrança de ICMS sobre a totalidade da *energia contratada*, ainda que *não utilizada*, não é feliz. A uma porquanto, ao contratar a disponibilidade da energia para uma eventualidade, os *agentes* do sistema *já pagam* o Encargo de Energia de Reserva, custo esse que é rateado entre os usuários. E depois, sempre pagam a energia por eles adquirida; assim,

---

10. Solange Ribeiro e Maria Isabel S. D. Falcão, "O modelo tarifário brasileiro", cit.

pois, a cobrança de ICMS na energia não utilizada encarece a operação energética e, em última análise, os consumidores finais, a coletividade.

A mecânica da disponibilidade equipara-se – e, provavelmente, daí veio a ideia para o legislador –, ao "(...) contrato bancário de abertura de crédito, pelo qual o banco se obriga a pôr à disposição do cliente, por tempo determinado ou indeterminado, uma soma de dinheiro, facultando-lhe levantá-la total ou parcialmente (...)".[11] O banco cobra pela abertura de crédito, uma *comissão*, que é devida quer o crédito seja utilizado ou não, calculada de uma só vez sobre o limite do crédito ou periodicamente sobre o saldo disponível. E cobra juros sobre as importâncias sacada. Aí está, bastaria ao sistema energético fazer modificação de simples adaptação.

Por igual, interessa também ao setor elétrico a questão do ICMS nas operações interestaduais de energia elétrica. A Lei Kandir, Lei Complementar 87/1996, no art. 3º, III, dispõe que se empresas de outro Estado adquirem energia para uso próprio na industrialização, estão *isentas* do ICMS. Todavia, a matéria não é pacífica e há divergências. Na questão de venda de energia, feita pela Tradener, de Curitiba, às empresas gaúchas Ipiranga Petróleo e Cia Petroquímica do Sul/Copesul, a Tradener foi multada pelo Estado do Rio Grande do Sul, porquanto não teria pago o ICMS na operação de venda interestadual. No julgamento, no Superior Tribunal de Justiça, o Ministro relator, Ary Pargendler explicitou que a Tradener, vendedora, estaria isenta do ICMS se as compradoras Ipiranga e Copesul revendessem a energia para outras companhias, e não a utilizassem no próprio consumo. E, acompanhando o pensamento do Min. Ilmar Galvão, no RE 198.088, no STF, o Min. Ary Pargendler expressa que o ciclo de circulação do ICMS finalizou nas empresas Ipiranga e Copesul, consideradas consumidoras finais, pois, usam a energia para produzir polipropileno e polietileno. A decisão, assim, foi contrária à Tradener.[12]

Interessante foi o voto divergente do Min. Nunes Maia Filho. Este alerta para o fato de a energia adquirida pela Ipiranga e Copesul ser *insumo*, que não recebe a incidência do ICMS. Aduz o Ministro ser necessário *distinguir insumo de consumo*.

O que se pode concluir neste capítulo é que a leitura relativa às sugestões com as experiências do passado talvez possam ser revistas pelas autoridades, para ordenar, simplificar as normas caóticas ora vigentes,

11. Afrânio de Carvalho, *Instituições de Direito Privado*, 2ª ed., Rio de Janeiro, Fundo de Cultura, 1973, p. 231.
12. REsp 1.340.323-RS, j. 6.8.2013, *DJe* 31.3.2014.

sejam leis, decretos, resoluções, portarias, instruções e fórmulas complicadas, que mostram, às escancaras, que as emendas têm sido piores do que os sonetos. Embora alguns autores opinem que o sistema favorece a modicidade tarifária e o equilíbrio econômico financeiro, com garantia de neutralidade de custos não gerenciáveis e ganhos de eficiência, temos sérias dúvidas... Aliás, essas dúvidas são, igualmente e em parte, da própria Aneel. Por exemplo, na aplicação do sistema do *price cap*, a Aneel levanta dúvida, porquanto as informações para estabelecer o preço dependem das próprias empresas reguladas, o que caracteriza certa assimetria informacional.[13]

Segundo especialistas, essa assimetria facultaria oportunismos com elevação de custos, quando do cálculo na revisão da tarifa. Isso porquanto, segundo esses *experts* em energia, as distribuidoras poderão superestimar perdas elétricas, compras de energia a custos de geração mais elevados, manipular dados de ativos elétricos com custos adicionais, subestimar receitas etc.

Com normas caóticas, dúvidas de peso e sugestões diversas, parece que o sistema energético atual está a depender de maior zelo na legislação para evitar inconstitucionalidades, conducentes a discussões exorbitantes junto ao Poder Judiciário, e/ou em arbitragens. O aperfeiçoamento depende de contratação de especialistas e técnicos, de fiscalização adequada e, sobretudo, de equilíbrio nas relações entre o poder concedente e empresas concessionárias, eis que os bons contratos são os que beneficiam os interesses das duas partes.

13. *Cadernos Temáticos Aneel*, n. 4, Tarifas de Fornecimento de Energia Elétrica Aneel 2005, pp. 23-24.

Capítulo VIII
CADUCIDADE, ENCAMPAÇÃO E REVERSÃO

Caducidade e encampação, confronto com figuras afins. Reversão. Final do contrato. Indenização. Não indenização devido à amortização intercorrente. A União como beneficiária da reversão. Indenização e apreciação judicial. Estatização e desestatização.

As concessões se extinguem pelos seguintes modos: advento do termo contratual, encampação, caducidade, rescisão, anulação, falência da concessionária e falecimento ou incapacidade de seus titulares. O término contratual, a rescisão, a anulação são sempre examinados no Direito Civil. Entretanto, em energia, tanto a caducidade, como a encampação e, ainda, a falência apresentam aspectos a serem mais bem examinados (Lei 8.987/1995, art. 35, incisos e parágrafos).

Na forma expressa na lei, a *encampação* é a retomada compulsória do serviço público pelo poder concedente, por seu próprio interesse e, ainda, durante o prazo da concessão (Lei 8.987/1995, art. 35).

A *encampação*, ou resgate, assemelha-se à desapropriação em que, tanto numa como noutra, o agente é o poder público e o paciente um particular, seja este indivíduo ou empresa. A diferença está em que, na encampação, o ato do poder público visa a *recuperar* uma propriedade que é dele, ao passo que na desapropriação objetiva-se tomar uma propriedade que é do particular.

Na *encampação preexiste* uma relação jurídica entre o poder público e o particular, porque o primeiro concedera ao segundo a execução de uma obra ou serviço público. Na desapropriação, a relação jurídica entre o poder público e o particular *irrompe* de ato do primeiro relativamente ao segundo (Lei 8.987/1995, art. 36; Código de Águas, art. 167).

A *encampação* depende de lei emanada do Poder Legislativo e não pode ser obstada pelo concessionário em nenhuma hipótese (Lei 8.987/1995, arts. 35, 36 e 37).

De parte a má redação das normas sobre encampação, tanto no Código de Águas como na Lei 8.987/1995, vê-se que o ato de *encampação* não tem caráter discricionário, visto que depende de três requisitos inequívocos. Primeiro, ter seu tempo determinado no contrato; segundo, obedecer a interesses públicos relevantes; terceiro, consumar-se com prévia indenização. Desses três requisitos, a relevância dos interesses públicos que a provocam constitui o seu traço distintivo.

Como se vê, a *encampação* exige indenização prévia por literal disposição de lei. Como se isso não bastasse, o Supremo Tribunal Federal reafirmou, há anos, que a encampação de concessão de energia elétrica, para ser executada, fica na dependência da indenização prévia.[1] E posteriormente, na Ação Declaratória de Inconstitucionalidade, entre o Estado de São Paulo e a Cia. de Saneamento Básico de São Paulo/Sabesp, o preclaro Min. Marco Aurélio, em seu voto, enfatiza a necessidade de pagamento prévio da indenização na encampação e que a dilação no prazo de ressarcimento de 25 anos traria grave ônus financeiro à contratada.[2]

Embora a encampação, ou resgate, tenha o caráter potestativo, o seu primeiro requisito, tanto no Código de Águas como na legislação vigente, mostra ainda, de modo retorcido, que o exercício do direito depende do decurso de um prazo qualquer, durante o qual o concessionário explora a concessão. Além disso, nessa resilição unilateral do contrato, que é a encampação, a doutrina recomenda o aviso prévio que deve ser feito pelo concedente, cautela omitida tanto na legislação anterior como na vigente. Todavia, a nova norma menciona "lei autorizativa", o que permite entrever que nesta lei sejam incluídos atos necessário para a encampação justa, devendo aí se inserir o aviso prévio.

A encampação abrange uma universalidade de bens, isto é, tudo quanto o concessionário emprega na prestação do serviço, porque a assunção deste é o objetivo do concedente, ou seja, a retomada de bens. Nela entram, portanto, a usina e todas as dependências desta, notadamente as máquinas e as linhas de transmissão e de distribuição.

---

1. Cf. STF, Mandado de Segurança 4.473, j. 18.9.1957, in *Revista de Direito Administrativo*, vol. 52, p. 337.
2. STF, ADI 1.746.

A despeito de ser rara, a *encampação* ocorre no decurso do prazo da concessão, porque, no fim desta, o que cabe é a *reversão*, com ou sem indenização. Anos atrás os contratos nem sempre observavam a terminologia correta, usando a palavra "encampação" em vez de "reversão".

Reitere-se que, no tocante à encampação, a Lei 8.987/1995, fugindo ao ensinamento clássico e sábio de que não se deve definir em lei, expressa que a encampação é a retomada do serviço público pelo poder concedente, durante o prazo da concessão e por motivo de interesse público, mediante *lei autorizativa* específica e *após prévio pagamento* (Lei 8.987/1995, art. 37).

Como acima expresso, a *encampação* se assemelha a desapropriação, mas, com esta não se confunde, nem com a caducidade, como se verá abaixo, e menos ainda com a anulação e rescisão.

Com efeito, a *anulação* decorre de vícios na formação do contrato com a inobservância das exigências legais. Na anulabilidade, o contrato produz efeitos até ser anulado. E a *rescisão*, na melhor técnica jurídica, é a ruptura do contrato em que houve *lesão*.[3] Ora, na *encampação* há término do contrato em virtude do *interesse público*. Logo não há que se mencionar nem anulação e nem rescisão.

E como a *encampação* é a retomada do serviço por interesse público, *i.e.*, equivale a simples dissolução do contrato por declaração de uma das partes – o poder público –, a expressão correta a ser utilizada seria a *resilição* unilateral, ou seja, o término do contrato pela vontade de uma das partes.

A autorização para "encampar" não permite "comprar" porque a encampação se faz por preço de antemão fixado pelo contrato ou pela lei, ao passo que a "compra" se faz por preço livre. A compra exorbitante da autorização é anulável por abuso ou excesso de poder.[4] As novas leis sobre concessões determinam também a inclusão no contrato de cláusulas sobre extinção, o que inclui, como vimos, a encampação (Lei 8.987/1995, art. 23, IX).

A encampação já se regia pelo Código de Águas, art. 167, acrescida sua conceituação por normas da Lei 8.987/1995. De parte a má redação do artigo, desnecessariamente repetitivo, no Código de Águas, relendo-

---

3. CC, art. 171; Lei 8987/1995, art. 35 e incisos. Cf. Orlando Gomes, *Contratos*, 6ª ed., Rio de Janeiro, Forense, 1978, n. 149.

4. Carlos Medeiros e Silva, *Pareceres do Consultor Geral da República*, vol. II, Rio de Janeiro, A. Coelho Branco, 1952, p. 331.

-o, vê-se que o ato da encampação não tinha caráter discricionário, visto depender de três requisitos inequívocos, como acima mencionados, ou seja, o *tempo* determinado no contrato; obediência a *interesses públicos* relevantes; terceiro, consumação mediante *prévia indenização*. Desses três requisitos, a relevância dos interesses públicos que a provocam constitui o seu traço distintivo.

Esses mesmos requisitos permanecem nas normas vigentes, eis que, na lei atual, o art. 37 faz referência ao prazo da concessão ao interesse público e ao prévio pagamento da indenização (Lei 8.987/1995, arts. 36 e 37).

Como se vê, a encampação exige indenização prévia por literal disposição de lei. Como se isso não bastasse, o Supremo Tribunal Federal reafirmou e ratificou essa exigência, conforme dois acórdãos acima indicados.

A despeito de ser rara a encampação, que pode ocorrer durante o prazo da concessão, no final desta o que cabe é a *reversão*. No passado, nem sempre os contratos observavam a terminologia correta, usando a palavra encampação em vez de reversão, o que causava discussões inúteis...

A encampação distingue-se ainda da *caducidade* (Código de Águas, art. 168; Lei 8.987/1995, art. 38 e parágrafos) em que esta tem um caráter penal, pois pressupõe falta grave consistente na paralisação ou execução deficiente do serviço,[5] ao passo que a encampação se exerce mesmo no caso de execução regular do serviço, fundada na simples supremacia do interesse público sobre o direito do concessionário.

A *caducidade* é o término, *ex uno latere*, do contrato de concessão por inadimplência, por descumprimento do concessionário, que alguns denominam de rescisão por inadimplência. Como se pode inferir, a caducidade é decorrência do poder de controle que a Administração Pública exerce sobre a realização dos seus serviços. A rigor, e por ter como fundamento a *inexecução*, o termo correto seria "resolução". Todavia, como anotado por autores, rescisão é o termo genérico hoje empregado, refugindo a boa técnica jurídica. O Código de Águas, nos arts. 168 e 169, indicava as hipóteses nas quais ocorreria a caducidade do contrato de concessão e como proceder após a declaração da caducidade. Na atualidade, a Lei 8.987/1995 também dispõe sobre a caducidade, nos arts. 27, 35,

---

5. No mesmo sentido, Zanobini *apud* Caio Tácito, "A caducidade das concessões de serviço público", *Temas de Direito Público*, Rio de Janeiro, Renovar, 1997, pp. 1.337 e ss.

inc. III, e parágrafos, e 38. Em sintético estudo, Caio Tácito anota que, no passado, a despeito do Código de Águas se referir a três hipóteses de caducidade, o Supremo Tribunal Federal, pela voz autorizada do saudoso Min. Orozimbo Nonato, consolidou o entendimento de que as hipóteses, então indicadas no Código de Águas, art. 168, não as exauriam, e que outras hipóteses poderiam levar à decretação de caducidade, em face do interesse público maior, que se sobrepõe aos interesses econômicos e financeiros dos concessionários.[6] Caio Tácito, no mesmo trabalho, explicita ser contrária à ordem pública cláusula que importe em proibir caducidade, aduzindo mais adiante que: "A aplicação da caducidade, como sanção extrema, não repele a indenização que for legalmente exigível".

Na esteira do julgado do STF, que é seguido hoje pela maioria de administrativistas, por igual, quer-nos parecer que, sob a legislação atual, as hipóteses levantadas para declaração da caducidade também não se esgotam, não são taxativas, *não se enquadram* no *numerus clausus* e são, sim, meramente exemplificativas, em face da aplicação do princípio do *interesse público maior*.

Assim, pois, a caducidade é pena imposta ao concessionário que pratique faltas enumeradas na lei. Anteriormente, essas faltas eram as constantes do Código de Águas e concernentes à nacionalidade dos administradores, à percentagem de engenheiros e operários e à escolarização de seus analfabetos (Código de Águas, art. 195). Como dito acima e em nosso entender, essas faltas vêm indicadas exemplificativamente, e não taxativamente, e estando algumas mencionadas na Lei 8.987/1995, arts. 27 e 38 e parágrafos.

E no inadimplemento contratual da concessionária, o Poder Concedente deve dar um prazo a esta para corrigir as falhas. Inocorrendo a correção, instaura-se o processo administrativo e, comprovado o descumprimento contratual, é, então, declarada a caducidade. E é de toda evidência que nestes casos descabe qualquer pagamento à ex-concessionária, *salvo indenização* de *bens* que *reverterem* para o poder público (Lei 8.987/1995, art. 38, VII, §§ 2º, 3º e 4º e c/c art. 36).

Na legislação do Código de Águas, a pena de *caducidade* acarretava a perda de todos os bens da concessionária, independentemente de qualquer procedimento judicial (Código de Águas, arts. 168 e 169).

6. Mandado de Segurança 1.419, *Revista Direito Administrativo*, vol. 33, pp. 209 e ss., *apud* Caio Tácito, *Temas de Direito Público*, cit. p. 1.338.

Desses dois dispositivos merecia maior atenção o segundo, que no final do inciso I ditava: "(...) perdendo o dito concessionário todos os seus bens, relativos ao aproveitamento concedido e à exploração da energia, independentemente de qualquer procedimento judicial e sem indenização de espécie alguma" (Código de Águas, art. 169, I).

Essa oração gerundial envolvia duas violências e importava em verdadeiro confisco, abolido no País desde a primeira Constituição do Império, visto como a perda de bens de concessionário sem procedimento judicial, e, aliás, inúmeras vezes por faltas leves, e ainda sem indenização alguma.

O mandamento acima, em parte transcrito, violava, ao mesmo tempo, duas garantias constitucionais. Primeiramente, a que impede de subtrair à apreciação do Poder Judiciário qualquer lesão de direito. Depois, a que assegura o direito de propriedade, em face do qual não pode ser dispensada a indenização do concessionário nem na caducidade. No entender de Caio Tácito, a caducidade não afasta a indenização, mas lhe altera o momento, pois, em vez de prévia, passará a ser sucessiva (CF, art. 5º, XXXV).[7]

Como para levar ao cúmulo a iniquidade, um decreto posterior a admitiu, mandando que a pena fosse aplicada a todas as empresas que exploravam a indústria hidro ou termoelétrica (Dec.-lei 3.763/1941, art. 7º). Está visto que semelhante norma tenderia a ficar letra morta, como ficou, por não poder ser levada a sério na nossa ordem jurídica de então. Nas décadas do começo do século XXI, de 2003 para cá, não podemos ter a mesma segurança.

A lei atual, ao invés de eleger faltas leves, como causa de caducidade, como ora faz, deveria ter incluído como tal a omissão do concessionário em declinar nas escrituras de aquisição de imóveis necessários à produção de energia o termo resolutivo a que se acham sujeitos. A toda escritura de compra de imóveis, pelo concessionário, para utilização na concessão, deve ser aposta a declaração de ficarem os imóveis adquiridos sujeitos à reversão ao concedente no fim do prazo da concessão. Essa declaração do termo resolutivo importa em duplo benefício a terceiros: primeiro, ao poder concedente, que a impusera implicitamente; depois, a qualquer outro que de boa-fé pretendesse fazer negócios com os imóveis.

Se um terceiro quiser adquirir um imóvel, a omissão do termo resolutivo pode induzi-lo em erro que, uma vez descoberto, lhe dá o direito de

---

7. Caio Tácito, "A caducidade das concessões de serviço público", comentário na *Revista de Direito Administrativo*, vol. 52, p. 343.

demandar o vendedor por evicção (CC, art. 447). Contudo, nem sempre o vendedor ainda está em condições de responder por todas as consequências da evicção. Daí a vantagem da aposição do termo resolutivo.

Aliás, a evicção cabe até quando alguém compra um imóvel gravado por servidão de eletroduto, existente ou iminente, sem que o comprador saiba da existência ou da iminência do gravame, porque o vendedor deixou de lhe dar ciência de uma ou de outra na escritura de transmissão. Neste caso, porém, a composição entre as partes se torna fácil por ser evicção parcial (CC, art. 455).

Registre-se ainda que as novas leis facultam à Aneel intervir nas concessões, intervenção esta que implica na suspensão de mandatos dos administradores das concessionárias. Todavia, os *acionistas* da concessionária têm um prazo de 60 dias contados da declaração da intervenção, para oferecerem à Aneel um plano de recuperação empresarial – e não judicial –, para correções de eventuais falhas. Não sendo o plano oferecido no prazo ou sendo indeferido, então a Aneel poderá declarar a *caducidade*, ou tomar outras medidas de natureza societária (Lei 8.987/1995, arts. 32 a 34; Lei 12.767/2012, arts. 5º e ss., 12, 14, I e outros).

Nesse tópico, quer-nos parecer não ser excessivo o dispositivo que determina a indisponibilidade de bens dos administradores em virtude da decretação de caducidade ou de falência da concessionária.

Isso porquanto, a despeito de haver inúmeras circunstâncias nas quais podem ocorrer, tanto a caducidade ou a falência, sem nenhuma culpa imputável a administradores, esse aspecto deve ser examinado *interna corporis*, entre concedente e concessionário, porquanto, como se sabe, a indisponibilidade é mera garantia de eventuais prejuízos sofridos pelas concessionárias e não acarreta desapossamento de bens (Lei 12.767/2012, art. 16).

No Brasil, há alguns anos, não havia nos tribunais muitas questões de caducidade e poucas têm surgido. Mais recente há, por exemplo, o Agravo de Instrumento 70058486598-RS, da 21ª Câmara Cível do Tribunal de Justiça do Rio Grande do Sul, em que foi relator o Des. Marco Aurélio Heinz, no qual se afastou a medida de tutela antecipatória, para suspender a caducidade, em face da comprovação da incapacidade operacional num serviço de transporte (julgado em 30.4.2014).

Também no Superior Tribunal de Justiça, no Recurso Ordinário em Mandado de Segurança MS-RMS 21063, da Bahia, publicado em 27.8.2009, discutiu-se pedido de prorrogação de intervenção do Governo em concessionária de transporte público hidroviário; todavia, no meio do processo do pedido para prorrogar, ocorreu a *declaração de caducidade* e consequente extinção da concessão, que o STJ acolheu plenamente.

Com a extinção do prazo da concessão, o concessionário é obrigado a continuar a prestar o serviço de fornecimento de energia em alta tensão ou de distribuição, depois de transformada?

Já se opinou que não existe nenhuma lei que o obrigue a isso, conquanto possa fazê-lo a título precário, a fim de não privar o público de iluminação e de força motriz. Nesse sentido Francisco Campos emitiu, em 1937, longo e erudito parecer com copiosa citação da jurisprudência norte-americana.[8]

Esse parecer precisa, contudo, ser lido *cum grano salis*, visto como pode induzir em erro quem o aceitar integralmente, já que, com referência ao assunto, a lei brasileira continha, de há muitos anos, disposições terminantes no sentido de assegurar sempre a continuidade do serviço. Aliás, esta se impõe a toda evidência, em face do pressuposto de se tratar de concessão de serviço público, serviço este que, por sua natureza, requer a constância da permanência. O Código de Águas estabelecia a caducidade obrigatória da concessão, a ser declarada pelo governo federal se os serviços fossem interrompidos por mais de 72 horas consecutivas, salvo força maior (Código de Águas, art. 168, III).

No mesmo sentido, um decreto-lei posterior ao Código de Águas, ao dispor sobre o suprimento de energia entre as empresas de eletricidade, ainda foi talvez mais enfático, embora com diverso fraseado, ao dizer que "(...) os fornecimentos de energia elétrica entre empresas de eletricidade não poderão ser interrompidos sem *prévia e expressa* autorização do governo federal" (Decreto-lei 1.345/1939). Esse imperativo foi reiterado em outro decreto-lei com indicação do órgão do qual deveria partir a prévia e expressa autorização, órgão esse que foi o Conselho Nacional de Águas e Energia Elétrica/CNAEE, já extinto.

As regras vigentes não deixam dúvida sobre a necessidade de *continuidade dos serviços* de energia, embora o façam de modo indireto, prolixo e espraiado em inúmeros dispositivos, mencionando diversas expressões, tais como: "regularidade dos serviços", "serviços adequados", ou ainda "(...) não se caracteriza como descontinuidade do serviço a sua interrupção em situação de emergência (...)", "continuidade da prestação

---

8. Cf. Francisco de Campos, Parecer, transcrito na obra de A. de Pádua Nunes, *Código de Águas*, vol. II, 2ª ed., São Paulo, Ed. RT, 1980, n. 628, pp. 133-157.

dos serviços", "continuidade do serviço", "assegurar a continuidade" etc. (Lei 8.987/1995, arts. 6º, 7º, I, 27, § 2º; Lei 12.767/2012, arts. 2º, § 2º, 5º e 15).

A não ser, pois, por motivo de força maior, que o governo federal considere provado, não pode haver interrupção do serviço, e menos ainda a completa suspensão, por parte do concessionário. Enquanto for titular de uma concessão, a empresa individual ou coletiva, há de oferecer serviço, regular e contínuo, não lhe sendo lícito suspendê-lo sem o conhecimento e a anuência do poder concedente. Custe o que custar, o serviço tem de ser prestado até que o poder concedente, de modo explícito, libere o concessionário de o fazer.

A fim de contornar qualquer dúvida, é importante para o poder público estipular a obrigação de o concessionário continuar o serviço depois de findo o prazo da concessão, até que lhe seja dado novo regime, ou, antes de extinguir-se o referido prazo, predispor as condições para que não se interrompa a continuidade do serviço por ele prestado. Ou prorrogar, ou renovar a concessão ou prever meios para assumir o serviço mediante reversão.

Ao que parece, a lei brasileira vigente adotou nossa ideia de décadas atrás, acima referida, pois, trouxe a lume dispositivo expressando que, não havendo a prorrogação do prazo de concessão, o titular (da concessão) após o vencimento do prazo, *poderá* permanecer responsável por sua prestação até a assunção do novo concessionário. A única diferença entre nosso pensamento e a nova norma está em que sugerimos a *obrigatoriedade* para maior garantia da *continuidade* do serviço enquanto na *lei nova* a continuidade, pelo concessionário, é apenas *facultativa*. O legislador, já prevendo o desinteresse do ex-concessionário, retorna à ampliação estatal, e determina que, em face do desinteresse do particular, órgão ou entidade da Administração Pública federal passe a prestar o serviço até nova licitação (Lei 12.783/2013, art. 9º).

Outra previsão de *continuidade* se apresenta na eventual reestruturação financeira da concessionária, na qual o poder público poderá autorizar a assunção do controle da concessionária pelos financiadores desta, para assegurar a *continuidade* dos serviços (Lei 8.987/1995, art. 27, incs I e II e parágrafos renumerados pela Lei 11.196/2005; e, ainda, novo art. 27-A, instituído pelo art. 149 da Lei 13.097, de 19.1.2015).

Tal e qual, se ocorrer o descumprimento contratual, por parte do poder concedente, e se a concessionária tiver tomado medida judicial, ainda assim deverá esta continuar a prestar seus serviços, até a decisão judicial transitar em julgado (Lei 8.987/1995, art. 39 e parágrafo único).

Advirta-se, acerca da ampliação do poder estatal, eis que, na extinção da concessão, o próprio poder concedente assumirá o serviço (Lei 8.987/1995, art. 35, § 2º).

Se, com o implemento do prazo da concessão, o concedente se obrigar a renová-la, dando ou não ao concessionário preferência em igualdade de condições, mas, não obstante, se mantiver inerte relativamente a essa estipulação, o concessionário pode interpelá-lo judicialmente. Se a interpelação não produzir resultado positivo, o silêncio implicará uma abstenção injurídica, visto como nada mais será do que o descumprimento de uma obrigação de fazer, cuja sanção está em perdas e danos (Lei 8.987/1995, art. 39).

Cabe acrescentar que, ao passo que a *encampação* é *intercorrente* e intervém durante o prazo do contrato, a *reversão* é *final* e ocorre no termo ou implemento deste prazo. A *reversão* consiste no ato do concedente de chamar a si o serviço e todos os bens componentes de suas instalações. A toda evidência, a reversão é dos bens vinculados à prestação do serviço, não se confundindo com os bens do patrimônio particular do concessionário.

A *reversão* achava-se prevista e regulada no Código de Águas que admitia o retorno dos bens às entidades federativas, União e Estados (art. 165). No artigo seguinte, o Código previa que as condições de reversão, com ou sem indenização, fossem estipuladas pelo concedente, tornando explícito ainda que a reversão com indenização fosse calculada pelo custo histórico, menos a depreciação, e com dedução da amortização já efetuada (Código de Águas, art. 165 e parágrafo único).

Conforme se viu, a reversão, naquela época, operava-se em favor da União e Estados. Hoje, por ser a União a titular das quedas d'água, a reversão opera-se em seu favor. Esse é um corolário natural, não só pela titularidade dominial da queda d'água como da concessão do seu aproveitamento, outorgado pela União (CF, art. 176).

Durante o prazo da concessão, o concessionário não pode efetuar a venda de bens reversíveis sem o consentimento do governo. Na legislação passada, além de estar essa proibição implícita na reversibilidade dos bens, vinha expressa em lei sobre o assunto. Nas normas atuais a proibição de venda de bens reversíveis vem implícita (Dec.-lei 7.062/1944; Decreto 41.019/1957, art. 64; Lei 8.987/1995, art. 18, X, art. 35, § 1º, art. 31, VII).

Ao reafirmar a reversibilidade dos bens de concessionárias, eminente jurista, depois de dizer que a cláusula de reversão é a mais frequente quanto aos bens afetos ao serviço público, acrescenta este final: "(...) Pode ser com ou sem contraprestações. Se não se estabeleceu que haveria contraprestações, equivalentes ou não, o que há de se entender é que se considere suficientemente remunerado o capital da empresa, ou suficientemente remunerável, se a empresa tivesse explorado, com atenção e competência o serviço público".[9]

A meu ver, o parecer claudica nesse ponto, que envolve o cerne da questão. Aí se confunde "remuneração" com "amortização" do capital. A verdade indubitável é que, se não se estabelece contraprestação para a reversão, é preciso haver "amortização" intercorrente do capital, além de sua razoável "remuneração" durante o período daquela.

Além disso, esclareça-se que o Código de Águas ministrava o critério financeiro que haveria de presidir à reversão, cujo quantitativo depende naturalmente do tempo que dura a concessão. Se, durante esse tempo, o concessionário conseguiu amortizar todo o investimento lançado na concessão, não seria justo conceder-lhe algo mais: seria um pagamento indevido (CC, art. 876).

Se, ao contrário, não se consuma essa amortização total, cumpre seja o concessionário indenizado da diferença, para o que a fórmula legal, anteriormente, seria a de ser a tomada do custo histórico dos bens como base e o abatimento da depreciação e da amortização já efetuados. A fórmula atual da Aneel muda a anterior, é assaz complicada e se encontra no *Manual da Aneel*, mencionado no Capítulo VI.

A amortização total do investimento nem sempre está consumada no fim do prazo da concessão, visto como, nos últimos anos desse prazo, se realizam frequentemente obras de grande vulto exigidas para manter o serviço em condições normais de exploração. O dispêndio financeiro imposto por essas obras não permite, pelo seu montante, a amortização em curto espaço de tempo. Daí persistir um resíduo a ser indenizado pelo concedente, apesar de ser gratuito o retorno ao concessionário do acervo da concessão.

Além desse resíduo, o concessionário pode ter formado, com as próprias quotas de amortização do seu investimento e da remuneração deste,

---

9. Pontes de Miranda, *Questões Forenses*, vol. 7, Rio de Janeiro, Borsoi, 1957, p. 70.

um patrimônio imobiliário privado, que continua a ser seu, embora haja de devolver ao concedente o patrimônio público formado pelo acervo de bens que constituem parte integrante da exploração. Assim, a receita da exploração acaba servindo às duas partes simultaneamente, ao concedente e ao concessionário, tomando, sob titularidade única, direções opostas. Esse duplo direcionamento jurídico há de ter uma tradução numérica ostensiva na contabilidade que, dessa maneira, assume importância vital numa empresa concessionária, pelo que a *fiscalização* desta precisa tê-la sempre em foco.

No novo sistema energético, as concessionárias têm que manter duas contabilidades, uma própria das empresas, nos moldes normais, e outra que deve obedecer aos ditames da Aneel que, desde março de 2010, mantém complicado Manual de Contabilidade do Serviço Público de Energia Elétrica, com escrita especial para registro de bens reversíveis. Parece que essa trabalhosa e segunda contabilidade, imposta pela Aneel, poderia ser dispensada, para o que seria suficiente a contabilidade normal da empresa, que estaria obrigada a manter o cabível registro de bens reversíveis. O mais dependeria única e exclusivamente de fiscalização técnico-contábil mais eficiente. Aduza-se que as contas, com a globalização, poderão vir a se harmonizar com normas internacionais cabíveis.

Aliás, a esse propósito de contas, os jornais noticiaram a estranheza do Tribunal de Contas da União, relativamente à atuação da Aneel, como por exemplo, em 2007, em falhas no reajustamento de tarifas; em 2014, a suspensão de assinatura do contrato de concessão da Usina Hidroelétrica de Três Irmãos, por erros na licitação etc.[10]

Incidentalmente e no tocante à estranheza das contas do governo federal, relembramos que este as vinha maquiando e fantasiando, nestes últimos anos, o que, usando a expressão de Boris Casoy, "é uma vergonha". Assim, por exemplo, ficou estranha e inexplicável a falta de esclarecimentos, por parte do governo federal, que não forneceu nenhum dado sobre como chegou a valores *não amortizados*, na empresa na Cia. Energética de São Paulo/CESP. Com efeito, enquanto no balanço da CESP os ativos de três de suas empresas somavam R$ 7,2 bilhões, nas contas do governo eram apenas de R$ 1,76 bilhões. Como? Essa foi a razão pela qual o governo paulista não quis renovar antecipadamente as concessões.[11]

10. Cf. Auditoria TC n. 021.975-0-TCU.
11. Jornal *O Globo*, de 7.12.2012, p. 38.

Convém ainda relembrar que já se arguiu a incompatibilidade entre o valor da propriedade calculado pelo custo histórico, na situação final das concessões, e aquele que a Constituição manda pagar no caso de expropriação, que é o justo valor. A Constituição determina que a propriedade somente seja tomada do particular mediante prévia e *justa indenização* em dinheiro (CF/1988, art. 5º, XXIV, art. 182, § 3º, art. 184).

Sem negar que o custo histórico constitui um critério contábil aceitável por permitir uma escrita lógica, questionava-se a sua aplicação quando se chega a uma situação final, como a da encampação ou reversão, num país de moeda flutuante, como do Brasil no passado.

Nessa circunstância, a discrepância poderá apresentar-se tão ostensiva a ponto de instilar nos espíritos a ideia de que é incoerente e injusta a obrigação de entregar por *menos* ao poder público uma propriedade que vale muito mais. Como corolário, reponta a de que a contraprestação do poder público deve elevar-se ao *quantum* atual para configurar justa indenização, o que se impõe, inclusive, pelo mandamento contido no art. 884 do CC.

Poder-se-ia imaginar, no passado, que a concessionária teria aceito de início, por própria vontade, a condição do custo histórico, pelo que nada lhe caberia reclamar depois, visto como a si mesmo deve imputar a consequência. Esse argumento tem, porém, resposta em outro, a saber, que só prevalecem as condições originalmente pactuada, se se mantiverem inalteradas todas: *rebus sic stantibus*. O Código Civil brasileiro ajuda, reforça a manutenção das cláusulas contratuais, na execução e na conclusão, em virtude do princípio da boa-fé (CC, art. 422).

Do que foi expresso sobre a reversão, fique claro que a União é a beneficiária e deve receber de volta os serviços e os bens que o integram para a prestação destes serviços. Outros bens pertencem ao patrimônio privado da concessionária.

Não há sucessão de empresa, para o fim de prosseguimento dos contratos de trabalho, quando a empresa empregadora, a ex-concessionária, termina, tem extinto o prazo de sua concessão, e entrega o material ao poder concedente, em virtude de cláusula de reversão. Foi o que ocorreu, por exemplo, com os bondes em Juiz de Fora, entregues pela ex-concessionária à Prefeitura Municipal, cabendo àquela e não a esta responsabilidade dos referidos contratos.[12]

---

12. Sentença da Junta de Conciliação e Julgamento/JCJ de Juiz de Fora, no Processo 222/1951, de 22.1.1952 e Acórdão do TRT de Minas Gerais no recurso 269/1952, de 17.12.1952.

As novas normas em energia deixam claro a inexistência de sucessão de empresa, com a expressa desvinculação do poder concedente com os terceiros, antes vinculados à ex-concessionária (Lei 8.987/1995, art. 25, § 2º; art. 31, parágrafo único).

Além da caducidade, da encampação ou do resgate, o contrato de concessão pode ainda ser terminado por *resolução* da concessionária, em virtude de *descumprimento* contratual do concedente ou por declaração do Poder Judiciário em ação promovida pela concessionária (Lei 8.987/1995, art. 39).

A concessão pode, por igual, terminar por anulação, na ocorrência de ilegalidade na concessão, hipótese na qual descabe qualquer indenização, produzindo efeitos *ex tunc* (CC, art. 171; Lei 8.987/1995, art. 35, V; Lei 4.717/1965, art. 4º, III, "a", "b" e "c").

Por último, a decretação da *falência* da concessionária implica na *extinção da concessão*, conforme dispositivo expresso de lei (Lei 8.987/1995, art. 35, VI), continuando os serviços com o poder concedente até nova licitação.

Há Advogados que criticam a norma relativa à *extinção da concessão*, sob alegação de, no mundo moderno, e do ponto de vista econômico e social, ser primordial a ideia de manter a empresa funcionando, a fim de se manter empregos e produtividade. Não há a menor dúvida sobre o acerto e importância da observação acerca da manutenção de empresas.

Essa ideia nos vem de Hauriou desde o começo ou meados do século passado, acompanhando igual pensamento de Rippert. Todavia, há nas normas de concessão distinção clara, ou seja, há referência à *extinção da concessão*, de um lado, e de outro há a *extinção da empresa*, que é coisa diversa. E mais, na extinção da concessão o Poder Concedente, sob sua responsabilidade, deverá providenciar, de imediato, todo o necessário para evitar descontinuidade na prestação do serviço. Tal e qual, a ex-concessionária, como empresa privada que tiver atuado em concessões, mas venha a sofrer decretação de falência, embora perca parte do seu valor, em virtude do trabalho específico, por ser titular de técnicas renomadas em sua atividade, ainda assim a ex-concessionária, titular de uma empresa, poderá conseguir transformar a falência em recuperação judicial e retomar outras áreas de atuações. Saliente-se, pois, que a extinção de concessão é uma coisa e outra bem diferente é a extinção da empresa. A lei energética acertou, o que é raro, ao dispor que a recuperação judicial e a extrajudicial não se aplicam às concessionárias. E acertou porquanto, ao dispor sobre intervenção na empresa, faculta a recuperação administrativa *interna corporis* (Lei 12.767/2012, c/c Lei 8.987/1995, arts. 32 a 34).

No final de 2016, a legislação reitera norma mais consentânea com a modernidade, que é a da manutenção da empresa, ao se facultar às empresas concessionárias, permissionárias e autorizadas, a apresentação de planos de transferência de controle societário, como alternativa à extinção de suas respectivas outorgas. Assim, com a aprovação do plano pela Aneel, suspende-se a extinção (cf. Lei 13.360, de 17.11.2016, art. 6º, que modifica a Lei 9.074/1995).

Ao dispor sobre a extinção das concessões, a Lei 8.987/1995, no art. 35, IV, menciona a "rescisão", que, embora seja termo usado de modo genérico, juridicamente significa a ruptura do contrato no qual haja *lesão* (CC, art. 157). Como esclarece Caio Mario, a lesão é o prejuízo sofrido por uma das partes, na conclusão de ato negocial, e resultante da desproporção existente entre as prestações das contratantes. Com lastro no passado, e modernamente, a lesão tem por requisito objetivo a injustiça da desproporção da prestação de uma das partes; e por requisito subjetivo o dolo, *i.e.*, o se aproveitar a parte da inexperiência e/ou necessidade da outra (CC, art. 157).[13]

O Código Civil francês menciona a lesão nas questões relativas a menores, no art. 1.305 e ss. O Código Civil português, embora não utilize a expressão "lesão", indiretamente adota seus princípios, consoante se observa nos arts. 246 e 247. Na mesma esteira do Código Civil português, também o Código Civil argentino observa os mesmos princípios nos arts. 219, 220 e 223.

Após as considerações acima, cumpre advertir, realisticamente, que a caducidade, a encampação e a reversão não passam em regra de previsões quase abstratas em lei, que quase nunca se realizam no nosso País, destinando-se, apenas, a completar organicamente um todo legislativo, sem deixar hiatos. Apesar disso, no passado, sob a égide do custo histórico, serviram para afugentar nos seus primórdios a iniciativa privada, até que passaram a ser vistas como espantalhos teóricos da legislação...

Contudo, uma ameaça pende constantemente sobre as empresas elétricas bem administradas, ameaça esta sofrida pela Light de São Paulo

---

13. Caio Mário da Silva Pereira, *Instituições de Direito Civil*, 18ª ed., Rio de Janeiro, Forense, 2004, n. 94. Cf. também BGB, art. 138; Código Civil suíço, Direito das Obrigações, Livro V, art. 21; Código Civil italiano, art. 1.448.

e Rio de Janeiro: a da desapropriação. Os extremistas, ou negocistas, que se infiltram nos governos, ou tomam as suas rédeas, estão sempre com vistas voltadas para essas empresas e obcecados pela ideia de torná-las estatais. Saliente-se que os serviços bem desempenhados por empresas particulares passam a ser tocados por políticos não idealistas, e/ou por funcionários desleixados, contra os quais a reclamação do público é impotente, porque o governo é quem os nomeia e os julga... Para ver até onde pode chegar o requinte estatizante basta lembrar, como exemplo, o caso da modelar Companhia Paulista de Estrada de Ferro, sociedade próspera que, estatizada, se converteu em sociedade sob regime de déficit constante, mantida à custa de subvenções e de empréstimos externos. Segundo o teor de um acórdão do tribunal de justiça estadual, "(...) o patrimônio foi dilapidado, já não mais existe".[14]

À semelhança dessa companhia, as empresas particulares de eletricidade também podem transformar-se em companhias públicas ou sociedades mistas mediante a desapropriação de ações. Efetivada a transformação, extingue-se a concessão e se inviabiliza a restauração da situação anterior dos acionistas, ainda que o governo queira desistir, parcialmente, da desapropriação pela redução da declaração de utilidade pública de uma parte delas.

Em 1987, o governo acossado por um déficit público descomunal, déficit este que, comparado com o atual era, até, pequeno, pretendeu encaminhar a privatização de empresas. Nesse sentido, anunciou-se que ia devolver a Light à iniciativa privada, vendendo-a à empresa Cataguazes-Leopoldina. O Ministro das Minas e Energia, por timidez – para não usar outra palavra –, em face do desagrado de sindicatos, voltou atrás e passou a entender que o assunto dependia do Congresso.[15] Como se vê – e parece que profetizei –, o País continuaria a ter maus serviços de eletricidade por preços sempre crescentes.

Diante da situação econômica acima referida, que muitos hão de recordar – e como bem anotou A. Dias Leite –, no final do século XX o Brasil assistia ao estabelecimento de nova política econômica associada à ampla reforma do Estado, com reflexos sobre a economia nacional e, seguramente, também, sobre a energia.[16]

14. Acórdão do TJSP, de 12.6.1964, na *Revista de Direito Administrativo* 156/216.
15. Cf. *Jornal do Brasil*, de 12.12.1987, p. 15.
16. Antonio Dias Leite, ob. cit., p. 286.

Se o Governo Collor de Mello, acertadamente, adotou o Programa Nacional de Desestatização, mediante a Lei 8.031/1990, depois modificada pela Lei 9.491, de 9.9.1997, com o objetivo de "(...) reordenar a posição estratégica do Estado na economia, (...) contribuir para redução da dívida pública (...)", foi, inequivocamente, o Governo de Fernando Henrique Cardoso que principiou essa desestatização no setor energético com propostas de privatização e mudanças no sistema elétrico.[17]

Explicite-se que a desestatização, ou seja, a transferência da execução de serviços públicos do Estado para o setor privado, em absoluto, *não implica em despublicização*, como explanam os administrativistas. Isso porquanto os serviços prestados pelos particulares resguardam sua natureza pública, retendo o Estado seus deveres, poderes e responsabilidades junto à coletividade. E para isso reserva-se o Estado a regulamentação, o controle e a fiscalização desses serviços. E é com esse objetivo que a Administração cria as agências reguladoras, órgãos autárquicos, sob regime especial e independência administrativa. No setor energético, como visto antes, foi criada a Agência Nacional de Energia Elétrica/Aneel.[18]

Elena Landau e Patrícia Sampaio comentam que Light e Escelsa foram incluídas no Plano Nacional de Desestatização mesmo antes do surgimento da lei que dispôs sobre as concessões no setor elétrico, ocorrendo o mesmo com algumas outras empresas. No entender das preclaras articulistas, uma economista e a outra advogada, isso demonstra que o Brasil ainda não possuía marco regulatório maduro para disciplinar e fiscalizar a atuação das empresas após a outorga da concessão. Acrescentam que a regulação setorial foi sendo construída paralelamente à privatização, explicitando que a despeito do sucesso desta, a valorização dos ativos, no momento das alienações, resultou em venda a preços elevados, provocando endividamento por partes dos investidores e tarifas elevadas. Assim, nos primeiros anos de 2000, houve embates entre investidores e agência reguladora. Depois, os atrasos tarifários acumulados e consequências da anterior legislação, e a desvalorização cambial de 1999, esses fatores foram agravados com situação hidrológica adversa, tudo isso conduzindo a uma redução da demanda, ao racionamento e a um apagão. Rompeu-se o equilíbrio econômico-financeiro das concessões, recomposto posterior-

17. Idem, ibidem, pp. 286 e 297.
18. Hely Lopes Meirelles, *Direito Administrativo Brasileiro*, 42ª ed., atualizada até a EC 90, de 15.9.2015, São Paulo, Malheiros Editores, 2016, p. 449.

mente pela revisão tarifária extraordinária. Outras mudanças regulatórias surgiram com a Lei 10.438, de 2.4.2002.[19]

Essas novas mudanças, no período de 2003 a 2010, constituem o que se denominou "novíssimo" modelo no setor elétrico. São mudanças que fortaleceram, reforçaram o sistema regulatório, esvaziando a agência reguladora Aneel, mediante intervencionismo estatal e desfavorável transferência de maiores poderes para a União, com a atuação do Ministério de Minas e Energia. Note-se mais que o Estado brasileiro não descarta sua atuação direta na execução de serviços energéticos de geração, transmissão e distribuição, em algumas empresas, como Furnas, Chesf, Eletrobrás.[20] E em 2014, a Eletrobrás adquiriu o controle da Cia. Energética de Goiás/CELG.

Elena Landau e Patrícia Sampaio anotam ainda que no Governo de 2003 a 2008 – e registramos que até 2016 –, ficou evidente o caráter mais intervencionista conferido ao Estado e que, embora mantida a ideia de que os investimentos privados deveriam ter papel importante no desenvolvimento, a intervenção do Executivo na regulação, no planejamento e na operação do sistema energético torna os dois objetivos conflitantes. As articulistas registram ainda que nesse período a continuidade de sistema tributário ineficiente e o contingenciamento de recursos, imposto pelo Ministério da Fazenda, para contribuir na elevação do superávit primário foram aspectos negativos e prejudiciais no setor.[21]

As observações acima, por igual, são válidas para o governo federal de 2010 até 2016, com agravantes

Efetivamente, com relação às agravantes, há que se relembrar que, em meio a períodos de *secas severas*, há em quase todo o País *escassez na geração de energia elétrica*. Assim, não se entende a nefasta política populista governamental que, com a Medida Provisória 579, de 2012, convertida em Lei 12.783, de 11.1.2013, reduziu as contas de luz residenciais em 20%, contribuindo para o aumento do consumo e a redução de tarifas. O quadro tornou-se mais pesado com a atuação do governo federal para adquirir energia das térmicas, estas de custo muito mais elevado, e

---

19. "Setor elétrico: uma visão introdutória", in Elena Landau (org.), *Regulação Jurídica do Setor Elétrico*, Rio de Janeiro, Lumen Juris, 2006, pp. 3 a 26.
20. Marcos Juruena Villela Souto, "Breve apresentação do Novo Marco Regulatório do Setor Elétrico Brasileiro", in Elena Landau, (org.), *Regulação Jurídica do Setor Elétrico*, cit., pp. 235 a 259.
21. Cf. "Setor elétrico: uma visão introdutória", cit., p. 19.

com o adiamento de bandeiras tarifárias. Esse adiamento de repasse de custos, em virtude da aquisição de energia cara das térmicas, chegaria fatalmente aos consumidores, para cobrir os custos extraordinários das hidroelétricas, as quais, nas crises hídricas, ficam prejudicadas com o esvaziamento de seus reservatórios. A elevação, efetiva e real das contas de luz somente ocorreria, como se esperava, após o período eleitoreiro. Com efeito, os reajustes nas contas de clientes residenciais e comerciais começaram apenas no dia 23.10.2014, conforme noticiou o Jornal *O Globo*.[22]

Com referência à área industrial, segundo os especialistas, o alto preço da energia leva os grandes consumidores a reduzir sua produção, o que resulta na queda da indústria. Ildo Sauer, vice-diretor do Instituto de Energia e Ambiente, da Universidade de São Paulo, observa, com toda razão, e relativamente às tautológicas e enfadonhas declarações de autoridades que: "Ironicamente, a crise da indústria está reduzindo o vexame elétrico, e o risco de racionamento cai, porque a indústria está caindo (...)".[23]

No contexto deprimente da situação socioeconômica brasileira, com crise energética, contas públicas fora de controle, e com os setores da saúde, educação e infraestrutura, hospitais, rodovias e obras abandonados, e ainda por cima contabilidades oficiais maquiadas, em todo esse quadro ressaltam os escândalos de corrupção na Petrobrás, Transpetro, Correios, Conselho Administrativo de Recursos Fiscais/CARF, e outros mais, avolumando-se, até recentemente, com a escandalosa extensão corruptiva da Petrobrás até sobre as termoelétricas como a de Termoaçu, no Rio Grande do Norte, reportada já de há muito.[24]

Repita-se, pois, a profecia de 1987, do autor deste livro, quando expressou que o País continuaria a ter maus serviços de eletricidade por preços sempre crescentes...

---

22. Jornal *O Globo*, de 22.10.2014, p. 23.
23. Jornal *O Globo*, de 28.8.2014, p. 29.
24. Jornal *O Globo*, de 16.11.2014.

Capítulo IX
FISCALIZAÇÃO E TRIBUTAÇÃO

Necessidade de fiscalização. Tríplice razão para instituí-la. Objetivo da fiscalização. Desacerto da proibição de obras na fase de transição de um para outro regime. Obrigações das empresas concessionárias e sanções do descumprimento. Extensão às empresas termoelétricas. Tributação. Isenção de impostos estaduais e municipais.

A palavra "fiscal" vem do latim *fiscalis*, relativo ao fisco tributário, sendo o fiscal a pessoa encarregada de vigiar certos atos. Essa a origem da palavra "fiscalização", que é a atividade de vigiar, de observar determinados atos, a fim de mantê-los dentro das normas legais e regulamentares.

A fiscalização de uma empresa concessionária de energia elétrica, função eminentemente administrativa, é tanto mais necessária quanto três razões concorrem para impô-la. A primeira está em que a empresa se vê encarregada de gerir não um negócio próprio, mas de outrem, isto é, do povo. A segunda reside em que esse encargo constitui, na realidade, um serviço público. A terceira consistia no fato de, anteriormente, ser esse serviço exercido com caráter de monopólio, vale dizer, sem concorrência, o que, a partir do final da década de 1990, mudou. Com efeito, hoje, apenas a transmissão e distribuição é que são considerados monopólios, porquanto a geração e a comercialização têm várias empresas competitivas. Apesar da referência ao passado, a terceira razão para a fiscalização persiste, por ser a do poder de controle e responsabilidade da Administração na verificação dos serviços.

A atividade de fiscalização implica responsabilidade, maior ou menor, de qualquer pessoa física ou jurídica, ressalvando-se nas pessoas naturais a incapacidade estatuída em lei (CC, art. 3º).

Assim, as pessoas jurídicas, tal qual as pessoas físicas ou naturais, emitem declarações de vontade, adquirem direitos e contraem obrigações.

E como ensina Caio Mario, na emissão de vontade da pessoa jurídica, do que se poderá cogitar é da idoneidade volitiva, vale dizer se esta vontade antes expressa está em consonância com os poderes conferidos na lei. Se a pessoa jurídica, por legítimo representante, realizou negócio jurídico em desarmonia com a lei, é ela, pessoa jurídica, responsável. O princípio é genérico e se aplica a todas e quaisquer pessoas jurídicas inclusive União, Estados, Municípios, autarquias etc. Vale dizer, se pessoas jurídicas descumprirem negócios contratados respondem por suas consequências.[1]

No campo extracontratual, o indivíduo, vinculado à pessoa jurídica, numa relação de representação estatutária, de preposição e/ou outra, se infringir a lei, isto é, se praticar ato ilícito, então este ato trará também responsabilidade para a pessoa jurídica. Esta, eventualmente, poderá ter ação regressiva contra o que praticou o ato ilícito. E, como é notório, todo aquele que pratica ato ilícito – por ação, omissão voluntária, negligência ou imprudência, violar direito e causar dano a outrem – é obrigado a reparar (CC, arts. 186, 187, 927).

Esses princípios abrangem também as fiscalizações de todos e quaisquer serviços e/ou obras, e/ou construções de natureza pública ou privada. E torna-se oportuno relembrar os princípios acima, acerca das fiscalizações, porquanto o País vem padecendo com inúmeros eventos desastrosos nas construções de usinas, reservatórios, barragens e outros. No ano de 2015, por exemplo, o Brasil viu com tristeza o desastre na barragem de Mariana, em Minas Gerais. Todos esses eventos suscitam dúvidas relativamente à responsabilidade de fiscalização nos órgãos públicos. E noticiou-se depois, em janeiro de 2016, que mais duas barragens em Minas Gerais suspenderam suas operações em face de falhas encontradas, que poderiam vir a causar problemas de monta, se não paralisados os trabalhos. Daí a relevância de boas fiscalizações.

A propósito do tema, em artigo atual, geólogo se insurge com o aparente objetivo de proprietários de obras, os quais pretenderiam a divisão de responsabilidades com o poder público, por falhas nas fiscalizações nos desastres ocorridos. O articulista acrescenta que a fiscalização técnica não pode ser confundida com consultoria, e que donos de obra não podem alegar que não teriam tomado quaisquer providências, porquanto a fiscalização não lhe havia solicitado. O articulista expressa que a excelência técnica obrigatória é do dono da obra e não da fiscalização.[2]

1. Caio Mário da Silva Pereira, *Instituições de Direito Civil*, 18ª ed., Rio de Janeiro, Forense, 2004, p. 202.
2. Álvaro Rodrigues dos Santos (geólogo), in Jornal *O Globo*, de 25.1.2016.

Ao que parece, o articulista quer ampliar a irresponsabilidade das fiscalizações. Com efeito, "fiscalizar" significa criticar, censurar as ações e obras de outros, e é atribuição dos fiscais averiguar, examinar, sindicar as operações e execuções de terceiros em áreas diversas. Os fiscais são contratados exatamente para essas funções. No caso, a fiscalização estará agindo em nome e por conta do órgão público, órgão este que, por ser público, terá sempre – ou deveria ter – o escopo de beneficiar a coletividade. Nessa atuação de fiscalizações, sejam elas de natureza pública ou privada, os fiscais, como em todo trabalho, recebem suas remunerações em virtude da prestação de serviços. Elucide-se que as fiscalizações existem não apenas para prévio exame de projetos, matéria, esta sim, de consultorias particulares, mas para o acompanhamento das obras. Aduza-se que as fiscalizações, tanto na esfera da Administração Pública ou no setor privado, são deveres dos funcionários pertencentes ao órgão público, ou particular, no qual atuam como fiscais, para acompanhar, zelar pelo bom andamento de projetos. Não há dúvida que a qualidade e/ou a excelência técnica provêm, em primeiro, do dono da obra, mas pode vir a sofrer aperfeiçoamentos e/ou melhorias mediante a colaboração da fiscalização que tem, reitere-se, o dever funcional de acompanhar examinar e/ou censurar o projeto.

Nessa sequência, cabe a divisão de responsabilidade. Pois dividir é repartir em partes iguais, separar, retalhar entre vários. E a divisão da responsabilidade das partes vinculadas às obras dependerá única e exclusivamente da perícia.

Assim, a assertiva do articulista, aparentemente contra a divisão de responsabilidade, é uma falácia. Porquanto há inegável e maior responsabilidade de todo e qualquer órgão público na fiscalização de obras públicas, nas quais ocorram danos por ação, omissão, negligência, imprudência. Aliás, a Constituição Federal dispõe taxativamente no mesmo sentido, ao expressar que:

Art. 37. (...): § 6º. As pessoas jurídicas de direito público e as de direito privado prestadoras de serviços públicos responderão pelos danos que seus agentes, nessa qualidade, causarem a terceiros, assegurado o direito de regresso contra o responsável nos casos de dolo ou culpa.

Destaque-se que a matéria de fiscalização é tão necessária que o Código de Águas já dedicava um capítulo especial a ela, esclarecendo que tem por objeto a vigilância sobre a produção, a transmissão, a transformação e a distribuição de energia elétrica, ao mesmo tempo em que colocava ao dispor dela, para que melhor pudesse ser exercida, os mais diversos meios, uns técnicos, outros administrativos. O órgão fiscalizador referido pelo Código de Águas era, então, a Divisão de Águas do Ministério de Minas e Energia (art. 182). Hoje a fiscalização do setor elétrico, excessivamente estatizante, incumbe à Aneel.

Naquela época, a fiscalização, ao ser instituída com um objetivo tão amplo e abrangente de todas as fases de energia, decorreu da circunstância de estar a matéria envolvida num ambiente de ameaças e incertezas, pois, pouco antes, um decreto do Governo Provisório determinara que as empresas existentes, entre as quais as estrangeiras, de tão grande benemerência, se abstivessem de fazer melhoramentos, ampliar instalações e aumentar tarifas. Nesse ambiente de insegurança, inclusive sobre a propriedade, dominado por inegável jacobinismo, nada mais natural do que o constrangimento dos espíritos e a paralisação das atividades. O tempo passado diferia muito do atual.

Como coroamento dessa indisposição e desconfiança, sobreveio, simultaneamente com o decreto da fiscalização, esta duplicatura da anterior proibição de aperfeiçoamento do serviço das empresas: "Enquanto não for procedida a revisão dos contratos existentes, ou não forem firmados os contratos de que trata este artigo, as empresas respectivas não gozarão de nenhum dos favores previstos neste Código, não poderão fazer ampliações ou modificações em suas instalações, nenhum aumento nos preços, nem novos contratos de fornecimento de energia" (Código de Águas, art. 202, § 3º).

Com a mesma evidência com que se impõe a necessidade da fiscalização impõe-se o reconhecimento de que um dispositivo desse jaez, aliás, repetitivo de outro anterior decreto do Governo Provisório, deixou as empresas de pés e mãos atados, entorpeceu ou paralisou a atividade delas e prejudicou o País. Tanto mais se põe em relevo esse reconhecimento quanto a repartição oficial procrastinava e impedia a revisão ou a renovação dos contratos com uma enervante burocracia.

Sem dúvida, o Código de Águas traçava a linha divisória entre dois regimes referentes às quedas d'água, um marcado pela *liberdade* dos contratos, que interessavam à economia local, e outro pela *obrigatoriedade* da sujeição de todos à lei federal por interessarem à economia geral do País. Os contratos do primeiro regime eram firmados entre o dono do imóvel onde se situava a cachoeira, o comprador desta e a autoridade municipal ou estadual, que concedia a exploração da energia elétrica, ao passo que os do segundo passaram a sê-lo exclusivamente entre o pretendente à exploração, tornado concessionário, e a autoridade federal.

Há de se convir na superioridade do segundo regime sobre primeiro, ensejador de atritos locais, mas a excelência teórica dele decaiu na prática devido a uma multifária e confusa legislação complementar e a uma burocracia desgastante. Apesar desses males, que pareciam passageiros, ocorridos na fase inicial da execução do regime federal, permaneceu a fiscalização das empresas, ao mesmo tempo que se levantava a proibição de empreendimentos de obras por parte delas. Por conseguinte, e antes de se comparar com a legislação atual, cabe examinar as obrigações das empresas naquela época e, em seguida, as sanções ou penalidade a que ficaram sujeitas no caso de descumprimento.

Às obrigações das empresas, inseridas no Código de Águas e na legislação subsequente, incluiu-se entre aquelas a remessa periódica de documentos à repartição oficial, todos facilitadores da fiscalização, como relatórios, lista de acionistas, quadro do pessoal, nomeação e atribuições de diretores, sede, e assim por diante, sem falar na inspeção de seus técnicos (art. 183, parágrafo único) e na uniformização da contabilidade. Além de, desde o princípio, buscar uniformizar as contas das empresas, a repartição fiscalizadora acabou por fazê-las adotar um plano de contas comum, mais apropriado à comparabilidade dos dados de um para outro ano e de uma para outra empresa.

Dentre as obrigações incumbidas à fiscalização, talvez a mais difícil, mas também rara, fosse a de averiguar as relações entre a empresa de eletricidade e as suas associadas (Código de Águas, arts. 184 a 188). Essa averiguação visava, em última análise, a evitar o abuso do poder econômico, decorrente de um grupo de empresas quando as diversas sociedades se encontrassem sob controle comum. Pois nesse grupo podem ocorrer o super ou o subfaturamento, sejam o resultante da formação de uma supersociedade *holding*, ou de uma *sub-holding*, o que traz vantagens e desvantagens. A *holding*, como se sabe, é companhia que tem participação, ou participações, como acionista majoritária, em outras sociedades, sendo o seu ativo patrimonial constituído no todo ou em parte por ações que lhe assegurem o controle dessas sociedades.[3]

---

3. Cf., entre muitos, Luiz Alfredo Lamy Filho, J. Luiz Bulhões Pedreira, Fran Martins, Aloysio Meirelles de Miranda Filho, José Edvaldo Tavares Borba, Modesto Carvalhosa, Nelson Eizirik etc.

As empresas de um *grupo* desenvolvem atividades em colaboração, com apoio recíproco, o que propicia uma integração, e tendo todas as empresas interesse no bom resultado empresarial. Cumpre notar, porém, que essa composição grupal oferece, de um lado, acionistas centrais e, de outro, acionistas externos, com interesses variados, que muitas vezes pretendem celebrar negócios entre as associadas.[4] Renomado jurista esclarece, reiterando igual pensamento de outros juristas, que a lei não veda as operações comerciais entre as sociedades coligadas, controladoras ou controladas, já que são pessoas jurídicas diversas, com cada uma praticando as suas atividades normais. O que se impõe é que essas operações sejam realizadas em bases estritamente comutativas ou com pagamentos compensatórios adequados. Desobedecendo a norma legal, os administradores respondem por perdas e danos (Lei 6.404/1976, arts. 2º e 245).[5-6]

Como se infere, é da maior relevância a obrigação de se fiscalizar as concessionárias associadas em grupo.

Do acima referido conjunto de artigos do Código de Águas, ainda vigente na atualidade, merece ser lido com reserva o parágrafo único do art. 187, segundo o qual o "Governo poderá retirar uma aprovação previamente dada, se, em virtude de consideração ulterior, se convencer de que o custo do serviço não era razoável". Esse retrocesso fere o princípio, vindo das Ordenações, de que não se pode desaprovar o já aprovado, bem como o do adágio de que a ninguém é lícito voltar-se contra o próprio ato: direito adquirido, ato jurídico perfeito e acabado e segurança jurídica.

Ainda com referência às empresas *holdings*, controladas e coligadas, as vantagens para as subsidiárias controladas resumem-se na economia da exploração, na centralização do poder decisório, na tecnologia avançada e no aproveitamento da experiência. As desvantagens decorrem, sobretudo, da circunstância de que a supersociedade, quando contrata com as subsidiárias, contrata virtualmente consigo mesma, o que possibilita toda sorte de combinações e fraudes, advindo daí, inclusive, grande parte de conflitos com minoritários; e quando há diferenciação de atividade executiva nas diversas empresas, por vezes a *holding* precisa sustentar as coligadas mais frágeis com o lucro das mais fortes. E é isso que a lei das

---

4. José Edwaldo Tavares Borba, *Temas de Direito Comercial*, Rio de Janeiro, Renovar, 2007, pp. 159 e ss.
5. Fran Martins, *Comentários à Lei das Sociedades Anônimas*, vol. 3, Rio de Janeiro, Forense, 1979, pp. 267 e ss.
6. Aloysio Meirelles de Miranda Filho, São Paulo, parecer não publicado, gentilmente cedido.

sociedades anônimas pretende vedar com o disposto no art. 245. Assim, a lei societária reforça a necessidade de fiscalização.

Já de há muitos anos, o exercício da *fiscalização* indicava que se devia tomar como ponto de referência o *tombamento* de bens da empresa de energia elétrica, a instituição de plano oficial de contas da empresa e o regulamento dos serviços de energia elétrica, instrumentos esse que surgiriam mais tarde, nas décadas de 1940, 1950, respectivamente (Decreto-lei 3.128/1941; e Decreto 41.019/1957).

O termo "tombar" tem origem no Direito português e significa listar, arrolar, inventariar ou inscrever nos arquivos.

Assim, o acima mencionado ponto de referência, o *tombamento*, é a declaração do poder público para se fazer, no País, a preservação de um bem, material ou imaterial, do interesse da coletividade, em virtude do seu valor histórico, paisagístico, cultural, científico e econômico. O poder público protege esse patrimônio mediante registro próprio do tombamento, "(...) que só poderá ser aposto em averbação à respectiva matrícula" (CF, arts. 23, III, 24, VII, 216; Decreto-lei 25/1937; Decreto-lei 3.866/1941; Lei 8.029/1990; Decreto 99.492/1990).[7]

No setor elétrico, o tombamento é para que as concessionárias façam o registro dos bens no Ativo Imobilizado, na forma reconhecida agora também pela Aneel, após a elaboração do cadastro de propriedade/inventário físico-contábil (cf. Lei 8.987/1995, art. 31, II; Decreto 54.937/1964 e Decreto sem número, de 29.11.1991; e Decreto-lei 25/1937).

A jurisprudência assinalou que, quando o poder público se omite nos tombamentos, o Ministério Público, mediante ação civil pública, pode provocar o tombamento, que, por igual, pode ser feito por ação popular.[8]

O tombamento, sendo modalidade de intervenção do Estado na propriedade particular, resulta em mera limitação administrativa. É, portanto, imposição geral, gratuita, de ordem pública, unilateral e que condiciona o exercício do direito ou das atividades particulares para o bem-estar social (CF, art. 170, III, c/c art. 216, § 1º).[9]

Questão recente nessa matéria (dezembro de 2014), é relativa a tombamento feito pelo Estado do Rio de Janeiro, de um hangar no aeroporto

---

7. Afrânio de Carvalho, "O tombamento de imóveis e o registro", *RT* 672/63.
8. Cf. STJ, REsp. 41.993.0-SP, j. 1.6.1995, *DJU* 19.6.1995; TJSP, in *RJTSP* 122/50; *RT* 621, 1986.
9. Hely Lopes Meirelles, ob. cit. p. 664; 42ª ed., p. 715.

Santos Dumont, o Hangar Caquot, construído na década de 1930. O Governo Federal, precisando expandir área administrativa naquele aeroporto, teve as obras obstruídas por causa do tombamento. Assim, a União ingressou com ação contra o Estado do Rio de Janeiro, para derrubar o tombamento, no que logrou êxito. Na decisão, que concedeu a liminar e suspendeu o tombamento, o Min. Dias Toffoli, do Supremo observou ser necessária a notificação da parte contrária quando do processo administrativo de tombamento, e a União não fora notificada. Acrescentou que o simples fato de o imóvel tombado se situar em aeroporto já limita o alcance de restrição administrativa à propriedade, eis que o crescimento do tráfego aéreo impõe medidas de segurança, no caso com a agravante da área tombada estar sob responsabilidade militar (Decreto-lei 25/1937, arts. 7º e 9º, n. 1).[10]

Há outros aspectos normativos em energia suscitando atenção, como, por exemplo os dos *regulamentos* em tarifas. Elucide-se que no final da década de 1950, *i.e.*, em 1957, estabeleceram-se as regras para elaboração de tarifas, combinando a remuneração do *investimento* com o *serviço pelo custo*. Nesse regulamento se encontra a fixação da taxa de remuneração em 10% ao ano (Decreto 41.019/1957, art. 161) e ainda a definição do que seja "custo de serviço", que abrange:

a) despesas de exploração, como enumeradas no plano de contas;

b) quota de depreciação;

c) quota de amortização ou reversão;

d) diferenças financeiras (cambiais ou internas).

Essas diferenças financeiras já se achavam previstas também no Regulamento, que dispunha que: (a) na dívida por empréstimo em moeda estrangeiras, considerar-se-á despesas a diferença a mais entre câmbio pelo qual foi contabilizada e aquele pelo qual é amortizada (juros e amortização); e (b) na dívida por empréstimo em moeda brasileira, no Banco Nacional de Desenvolvimento Econômico, a diferença a mais pela qual é amortizada (juros e amortização) (Decreto 41.019/1957, art. 166, §§ 3º e 4º).

As obrigações das empresas pontilhavam o texto do Código de Águas, bem como dos numerosos diplomas complementares, o que na atualidade foi agravado, em face das disparatadas e mal redigidas leis. A inobservância dessas obrigações trazia a consequência de sanções, que

10. Jornal *O Globo*, de 5.12.2014, p. 28.

variavam de um para outro diploma, consistindo, sobretudo, em multas de montante que não interessa mencionar, dada a constante variação do valor da moeda então existente. Como se viu, essas sanções podiam, até mesmo, determinar a caducidade da concessão, como, aliás, também podem hoje, nas leis e normas em vigor até o presente.

As obrigações de ordem técnica assumiam – como devem sempre assumir – natural importância numa atividade que, por sua natureza, cria os maiores riscos quando deixam de ser observadas as regras de eletrotécnica. Essas obrigações incumbiam – como ainda incumbem – à empresa concessionária tanto relativamente às próprias instalações e linhas de transmissão ou de distribuição como nos ramais construídos pelos particulares, isto é, consumidores, pois estes ficam sujeitos à sua constante inspeção, inicial e intercorrente.

Dentre as obrigações desse gênero merece ser posta em relevo a concernente à uniformização da ciclagem, que tanto interessa à interligação das usinas. De início, determinou-se o fornecimento de energia elétrica sob a forma de corrente alternativa trifásica com a frequência de 50 ciclos. Depois, após a construção da usina de Paulo Afonso e estudos mais cuidadosos, é que se adotou a ciclagem, ou frequência mais alta, admitindo-se a coexistência das frequências de 50 ou 60 Hz (ciclos), conforme a zona. Por último, optou-se definitivamente pela unificação da corrente elétrica, para as distribuidoras em 60 Hz por segundo (Decreto-lei 852/1938, art. 23; Dec. 41.019/1957, art. 46; Lei 4.454/1964, art. 1º).

O repositório das obrigações financeiras localiza-se na contabilidade que, durante os anos de construção de uma usina – que é, normalmente, de cinco a seis, e até mais –, há de imputar todos os gastos à conta de obras em andamento, não se ensejando nesse período a conta de lucros e perdas.

Terminada a construção e iniciada a fase de operação, quando a receita começa a afluir, então aparece a conta de lucros e perdas, abrindo--se as contas de reserva, notadamente as de depreciação (amortização industrial) e de amortização propriamente dita (amortização financeira), se tiver de ocorrer a reversão, como geralmente acontece.

A principal tarefa da fiscalização é *reconhecer o investimento*, isto é, o montante despendido pelo concessionário com as obras recém-acabadas, em função do serviço, acompanhando depois a sua evolução. Como ponto de partida deve ser tomado o investimento inicial, que se fixa e reconhece quando as obras e instalações são aprovadas ou quando é aprovado o inventário e tombamento dos bens da empresa de energia elétrica

Aduza-se que as alterações posteriores ao investimento inicial eram determinadas e reconhecidas por ocasião do exame e aprovação do relatório anual que as empresas estavam obrigadas a apresentar no primeiro quadrimestre, após o ano vencido com o balanço, a conta de lucros e perdas e os demais elementos enumerados no regulamento (Decreto 41.019/1957, art. 29). À vista desses elementos, o investimento inicial recebia o acréscimo dos quantitativos cabíveis, oriundos da atividade desenvolvida no exercício.

O investimento deveria ser tomado como referência para as quotas anuais de depreciação (amortização industrial) e de amortização financeira. A depreciação é determinada em função do prazo de vida útil dos bens, excetuados os terrenos e benfeitorias, e a amortização em função do número de anos do prazo de concessão. Nos anos passados, antecipando-se a esse processo, o regulamento das empresas de energia elétrica firmou, então, a quota de depreciação na percentagem máxima de 5%, elevada a 8% nas usinas térmicas, e a de amortização em 3% do investimento.

Dispunha-se ainda que, havendo reversão, a certa altura, o montante da respectiva reserva, a da amortização, poderia servir para a aquisição de bens *não reversíveis*, e então estes deveriam ser distinguidos claramente dos *bens reversíveis*, pois os primeiros se destinam ao reembolso para o concessionário do capital por ele aplicado, ao passo que os segundos formam o acervo a ser entregue ou devolvido ao poder concedente. Os lançamentos contábeis esclarecerão a origem dos recursos invertidos na compra dos bens *não reversíveis*, creditados na reserva de amortização e debitados numa conta especial do ativo imobilizado, distinta da dos bens reversíveis.

Esses são os dois polos em torno dos quais gira a concessão: a *reversão* dos bens ao poder concedente, para a qual se cria a reserva de amortização financeira, ou de reversão, que faculta ao concessionário recobrar intercorrentemente o capital invertido nos bens da concessão e a *reserva de amortização industrial*, ou de depreciação, que permite que os bens da concessão sejam entregues ao poder concedente em condições compatíveis com a continuidade do serviço público.

Ainda no tocante à fiscalização, esta já abrangia tanto as empresas hidroelétricas, como as termoelétricas. Na atualidade, abrange todas as empresas produtoras, tais como as hidroelétricas, as térmicas, as eólicas, de biomassa, atômicas, e ainda as transmissoras, distribuidoras e as que comercializam energia. O aproveitamento de potencial hidráulico deve ser de potência superior a 3.000 kW e as termoelétricas devem ter potência superior a 5.000 kW (Lei 9.074/1995, art. 5º, com a redação dada pela Lei 13.097/2015).

Explicite-se que essa *taxa de fiscalização*, no presente momento, é da ordem é de 0,4% do lucro, que a lei, eufemisticamente, denomina "benefício econômico anual" (Lei 9.427/1996, arts. 2º; 12 e parágrafos, com redação dada pela Lei 12.783/2013).

Nesta conjuntura, as empresas de energia são obrigadas a obedecer a complicado, prolixo e demasiadamente burocrático Manual de Contabilidade do Setor Elétrico, da Aneel, que, segundo informa esta agência, teria sido elaborado mediante troca de sugestões com diversas entidades. Entre estas, a Associação Brasileira de Contadores de Energia/Abraconee, do Conselho Federal de Contabilidade do Distrito Federal, da CVM, do Instituto dos Auditores Independentes do Brasil e outros mais. A despeito disso, fica a impressão da prevalência de opiniões burocráticas, no referido confuso e fatigante Manual.

Assim, os informes aproveitáveis, na legislação anterior, conforme esclarecimentos acima, talvez, possam vir a ser úteis no futuro...

No tocante às obrigações, se as empresas não as cumprissem, ficavam sujeitas a penalidades, sobretudo multas, dobradas na reincidência, sem prejuízo de sanções penais em que incorressem.

Para isso a repartição tinha a faculdade de abrir inquéritos para apuração de responsabilidades, inclusive com a intervenção do Ministério de Minas e Energia. No novíssimo modelo energético brasileiro, essa atribuição é da Aneel. E com relação às multas administrativas que podem ser impostas pela Aneel, a lei dispõe que esta agência deve observar o limite, por infração, de 2% do faturamento, ou do valor estimado da energia produzida anualmente, nos casos de autoprodução (Lei 9.427/1996, art. 3º, IV, IX, X, XIII, XVII, art. 13; e ainda Lei 8.987/1995, art. 29 e incisos).

Dentre as obrigações das empresas de energia, a mais importante é a de manter a *continuidade* da prestação do serviço.

Assim sempre foi no passado e assim deverá continuar a ser, pelo motivo simples de não se poder deixar a população, a coletividade, privada do serviço público de fornecimento de energia. E não adianta a empresa alegar culpa de qualquer funcionário, para justificar a interrupção, porque de acordo com o Código Civil e a jurisprudência, a empresa absorve totalmente essa culpa: culpa do preposto é culpa do preponente, conhecida, como culpa *in eligendo* e/ou culpa *in vigilando* (CC, art. 932, III).

Se essa é a obrigação da empresa concessionária da produção e transmissão de energia elétrica, também o é da empresa de distribuição, que deve organizar o serviço de modo a que nunca falte a energia ao usuário.

Está claro que, se a empresa concessionária da geração não lhe transmite a energia, a empresa de distribuição fica impossibilitada de fornecê-la ao público, mas poderá regressivamente, ou eventualmente, por denunciação da lide, voltar-se contra aquela para lhe recuperar ou lhe imputar o prejuízo sofrido pelos usuários (CPC/2015, art. 125, II).

Se houver interrupção prolongada do serviço, a empresa concessionária ficará sujeita à pena de *caducidade* da concessão. Efetivamente, o regulamento dos serviços de eletricidade, da década de 1940, previa essa pena "(...) no caso de interrupção do serviço por mais de 72 horas consecutivas, se não forem adotadas dentro dos prazos concedidos, as providências determinadas pela Fiscalização para o restabelecimento do serviço" (Decreto 41.019/1947, art. 94, III).

Na presente conjuntura, a Aneel tem resolução sobre a matéria. E há divergência entre orientação da Aneel e defensores do Código do Consumidor, alegando estes últimos a essencialidade dos serviços de fornecimento de energia. De qualquer modo, a Aneel impõe multa pesada às concessionárias que ultrapassarem o prazo de religamento. Cumpre esclarecer que os defensores dos consumidores têm conseguido algumas vantagens em matéria de cortes, como, por exemplo, a redução de multas, quando os consumidores atrasam o pagamento (Lei 9.427/1996, art. 3º, X).

Esse prazo mudou, em conformidade com resolução da Aneel e argumentos dos defensores de normas no Código de Defesa do Consumidor. Segundo a própria Aneel, em princípio não há prazo para desligamento, pois agora a interrupção tem o prazo limite de 90 dias.

Elucide-se que, com o Código de Defesa do Consumidor, o amparo à coletividade tem avançado, eis que todo aquele que sofrer um dano, com a falta de energia, deve comunicar o ocorrido à empresa distribuidora, e esta tem o prazo para verificar a procedência ou não da reclamação.

A expressão acima, referente à proteção da coletividade, tem razão de ser, eis que embora o setor energético tenha uma plêiade de normas e resoluções excessivas, estas, ao invés de aperfeiçoarem o fornecimento de energia, muito ao contrário, conduzem a confusões e atrasos. Haja vista, como se salienta ao longo deste livro, os excessivos órgãos e normas. Consequências dessa errônea orientação foi o apagão no início de 2015, em 11 Estados brasileiros e no Distrito Federal, havendo dúvidas sobre outros apagões, em diversos lugares, o que não foi claramente informado e não se pode saber ao certo, perante manifestações contraditórias entre ministros da presidência da República e entidades públicas na energia.

A despeito das observações acima sobre desligamento e/ou interrupção no fornecimento de energia, indaga-se ainda: é lícito ou não, ao concessionário, a suspensão ou corte de energia no caso de falta de pagamento ou mora do consumidor? A resposta sempre foi afirmativa, e continua a ser, constituindo o corte de fornecimento um procedimento geral em todo o País, abonado por lei e normas diversas, inclusive sobre tarifa.[11] Todavia, esse entendimento não era pacífico nos anos anteriores, contrapondo-se a ele outro, segundo o qual nenhuma empresa de eletricidade tem a faculdade de cortar o fornecimento de energia sob a alegação de falta de pagamento, pelo consumidor, porque isso importa em fazer justiça por próprias mãos, o que é legalmente vedado (Código Penal, art. 345). Segundo essa linha de pensamento, não se admite o corte de fornecimento de energia elétrica como forma de compelir o usuário a pagar dívidas em atraso.[12]

Anos depois, nova lei, no setor energético, dispõe expressamente sobre a matéria, de modo a permitir, a favorecer a interrupção do fornecimento, em *situações emergenciais*, conforme dispostos na Lei 8.987/1995, que estatui no seu art. 6º, § 3º:

Art. 6º. (...)

§ 3º. *Não* se caracteriza como descontinuidade do serviço a sua interrupção em situação de emergência ou após prévio aviso, quando:

I – motivada por razões de ordem técnica ou de segurança das instalações; e

II – por inadimplemento do usuário, considerado o interesse da coletividade.

Assim, se a resposta favorável à suspensão do fornecimento já era há anos prevalente na prática, e tinha por si o argumento de fundar-se também em lei, hoje tem também o argumento da lei, favorecendo a interrupção, desde que em situações emergenciais, por motivos técnicos e por inadimplência do usuário prejudicando a coletividade.

11. Walter T. Alvares, *Direito da Eletricidade*, vol. 1. Belo Horizonte, Editora Bernardo Alvares, 1962, n. 303, p. 260.
12. Acórdão da 1ª Câmara do TJSC, de 10.4.1986, na *RT* 609/168-169, julho de 1986.

Cumpre esclarecer que, embora a continuidade do serviço esteja estreitamente ligada à essencialidade deste, a continuidade não é absoluta, pois, como aconteceu no passado e como sói acontecer no presente, há inúmeros casos em que o fornecimento pode ser suspenso sem que se caracterize como descontinuidade, como nas hipóteses de caso fortuito e força maior.

Com efeito, como se sabe, a inexecução de qualquer contrato pode, muitas vezes, advir de fatos externos e não imputáveis ao contratante que devia cumprir a obrigação. Assim, as hipóteses que podem, excepcionalmente, servir de justificativa para a falha, interrupção ou descumprimento contratual são, entre outras, o fato príncipe, da Administração, estado de perigo e, principalmente, a hipótese de caso fortuito e força maior. O *caso fortuito* é o evento da natureza que, por sua imprevisibilidade e inevitabilidade, cria para o agente contratado impossibilidade intransponível de manter a regularidade do contrato. Exemplo: raios, tufões, terremoto, vulcões, inundações etc. No tocante à *força maior*, e como a entende o administrativista, é o evento humano que, por sua imprevisibilidade e inevitabilidade, cria para o contratado impossibilidade intransponível para manter a regularidade na execução do contrato.[13] Assim, por ex., greve nos transportes, avião que cai sobre fios de distribuição de energia, atos de sabotagem em usinas hidroelétricas, nas redes de transmissão etc.

Embora haja discussão em meio aos juristas sobre a distinção entre caso fortuito e força maior, quer-nos parecer que o Código Civil de 2002, no art. 393, ao adotar a mesma redação do código anterior, mediante a utilização de conjunção *alternativa "ou"*, persistiu considerando essas figuras como dois fatos diferentes, como de fato são, pois, de acordo com o acima visto, um é fato da natureza e o outro provém de ato humano. Esta conclusão é reforçada, ainda, pela utilização, no mesmo artigo, do pronome reto, na 3ª pessoa do plural. Apesar da distinção gramatical, acompanhamos o saudoso jurista ao explanar que, na prática, deve-se admitir que os *dois termos* devem ser considerados *unitariamente* no exame de cabimento da *não imputabilidade* daquelas duas figuras, quando ocorrerem.[14] Reitere-se que a reunião dessas duas figuras pode ser aplicada tão apenas na *caracterização da imputabilidade* e para fins de melhor apreciação jurídica nos casos de interrupções de serviços essenciais.

13. Cf. Hely Lopes Meirelles, ob. cit., 39ª ed., p. 251; 42ª ed., p. 268.
14. Caio Mario da Silva Pereira, *Instituições de Direito Civil*, vol. 2: *Teoria Geral das Obrigações*, 25ª ed., Rio de Janeiro, Forense, 2012, n. 277, p. 337.

Assim, em matéria de serviços essenciais, admite-se a interrupção, a descontinuidade do fornecimento apenas em situações excepcionais, aplicando-se-lhes o Código Civil, o Código de Defesa do Consumidor e, ainda, a lei energética, estando todas essas normas em harmonia com a Constituição Federal (CC, art. 393; Lei 8.078/1990, arts. 6, VII, e 22; Lei 8.987/1995, art. 6º, § 3º).

Consequentemente, apenas nas exceções estatuídas na lei é que se admite a interrupção sem responsabilidade para o fornecedor do serviço, sem que lhe seja imputável qualquer falta. Por outro lado, admite-se hoje que o prestador do serviço essencial possa interromper o fornecimento *se* o consumidor for inadimplente.

Com efeito, ademais o dispositivo expresso na lei, que faculta a interrupção em casos de não pagamento pelos usuários, os magistrados invocam o CC, art. 476, estatuindo que nos contratos bilaterais nenhum dos contratantes, antes de cumprir sua obrigação, pode exigir o implemento do outro. Mas, lembram, por igual, o princípio da *razoabilidade*, explicitando que o serviço público é remunerado por tarifa, com regras uniformes para todos, inclusive de pagamento, e, assim, não há como continuar o fornecimento, que estimula o não pagamento e configura o enriquecimento ilícito (CC, arts. 884 e 885). Decisões mais recentes do Superior Tribunal de Justiça evidenciam que a Lei 8.987/1995, no art. 6º, § 3º, não é inconstitucional e não fere o princípio da continuidade do Código de Defesa do Consumidor, apenas o complementa.[15]

Com relação específica à energia elétrica cumpre dizer que seria impossível à empresa concessionária mover tantas ações de cobrança de pequeno valor a tantos consumidores faltosos, estimulados pela impunidade que lhes fosse concedida: *ad impossibilia nemo tenetur*.

Em virtude de fatos, como o da continuidade e/ou descontinuidade, e outros mais, é que as empresas de energia ficaram sujeitas a uma *taxa de fiscalização*, instituída pelo Código de Águas, como antes referido:

> Art. 160. O concessionário obriga-se, na forma estabelecida em lei, e a título de utilização, fiscalização, assistência técnica e estatística a pagar uma quantia proporcional a potência concedida.
> Parágrafo único. O pagamento dessa quota se fará, desde a data que for fixada nos contratos para a conclusão das obras e instalações.

15. STF, Resp. 722.781, 2ª T., rel. Min. Castro Meira, j. 20.9.2005; REsp 120.1283-RJ, 2ª T., rel. Min. Humberto Martins, j. 30.9.2.010; REsp 114.2903, 2ª T., rel. Min. Humberto Martins, j. 28.9.2010.

Esse artigo foi regulamentado pelo Decreto-lei 2.281/1940 que, repetindo a obrigatoriedade do pagamento da taxa sobre a potência concedida, autorizou o então Conselho Nacional de Águas e Energia Elétrica (depois extinto) a propor a sua fixação (art. 9). Todavia a Lei 625/1949 tornou inoperante o preceito, porque daí em diante nenhum órgão fixou o valor da taxa até que esta foi extinta pelo art. 14 do Decreto-lei 34/1965.[16]

Anteriormente à supressão da taxa de fiscalização, o Supremo Tribunal Federal decidira que "(...) os serviços de exploração de energia hidroelétrica estão sujeitos ao pagamento da taxa de fiscalização – nome que abreviou o aranzel confuso do artigo estabelecido pelo Código de Águas, qualquer que seja a data da existência da exploração".[17]

As discussões passadas sobre o cabimento ou não da taxa de fiscalização conduziram a decisão, afirmativa pelo STF; mas esta foi depois supressa por norma legal e, agora, na nova legislação energética, a taxa foi reavivada, como acima referido.

Esclareça-se que no passado muito se discutiu acerca da distinção entre taxa e preço público, a matéria foi objeto de debates. Após inúmeros julgados, ficou assente que:

> A taxa, espécie de tributo vinculado, tendo em vista o critério jurídico do aspecto material do fato gerador, que Geraldo Ataliba denomina de hipótese de incidência (*Hipótese de Incidência Tributária*, Ed. RT, 4ª ed., 1991, pp. 128 e ss.) ou é de polícia, decorrente do exercício do poder de polícia, ou é de serviço, resultante da utilização efetiva ou potencial, de serviços públicos específicos e divisíveis, prestados ao contribuinte ou postos à sua disposição (CF, art. 145, II). A materialidade do fato gerador da taxa, ou de sua hipótese de incidência, é sempre e necessariamente um fato produzido pelo Estado, na esfera do próprio Estado, em referabilidade ao administrado (Geraldo Ataliba, "Sistema tributário na Constituição de 1988", *Revista de Direito Tributário*, vol. 51/140) ou "(...) uma atuação estatal diretamente referida ao contribuinte que pode consistir ou num serviço público, ou num ato de polícia" (Roque Antonio Carraza, *Curso de Direito Constitucional Tributário*, Ed. RT, 2ª ed., 1991, p. 243). As Taxas de polícia, conforme mencionamos, decorrem do exercício do poder de

---

16. A extinção constou de um artigo de lei que trata especialmente do imposto sobre produtos industrializados, motivo pelo qual o preceito não é encontrado nem na coleção especial de leis sobre o Código de Águas, nem na obra de A. Pádua Nunes sobre esse Código (*Código de Águas*, 2ª ed., São Paulo, Ed. RT, 1980).

17. Cf. Acórdão unânime do STF de 28.11.1947, nos Embargos no RE 4.827-SP, *DJU* 7.10.1949, p. 3.228, *apud* A. Pádua Nunes, *Código de Águas*, cit., n. 661, p. 72.

polícia, conceituado este no art. 78 do CTN, e as de serviço de um serviço público prestado ao contribuinte, serviço público específico e divisível (CF, art. 145, II; CTN, art. 77).[18]

Por ser tema relevante, aduza-se que quando a taxa tem como fato gerador o poder de polícia, a regularidade do exercício deste é imprescindível para a cobrança da taxa. É o que se observa nos diversos julgados que a seguir fazemos referência, todos no mesmo sentido do acima expresso: AI 677.664, rel. Min. Cármen Lúcia, 1ª Turma, j. 5.5.2009, *DJe* 19.6.2009; RE 588.322, rel. Min. Gilmar Mendes, j. 16.6.2010, Plenário, *DJe* 3.9.2010, com repercussão geral; AI 707.357-ED, rel. Min. Ellen Gracie, j. 2.2.2010, 2ª Turma, *DJe* 26.2.2010.

Cumpre registrar que a legislação energética, Lei 9.427/1996, ao dispor sobre a taxa de fiscalização, o fez de forma um pouco diferente do anterior Código de Águas, porquanto a legislação atual dispõe:

> Art. 12. É instituída a Taxa de fiscalização de Serviços de Energia Elétrica, que será anual, diferenciada em função da modalidade e proporcional ao porte do serviço concedido, permitido ou autorizado, aí incluída a produção independente de energia elétrica e a autoprodução de energia.
>
> § 1º. A taxa de fiscalização, equivalente a 0,4% (quatro décimos por cento) do *valor do benefício econômico anual* auferido pelo concessionário, permissionário ou autorizado, será determinada pelas seguintes fórmulas: (*Redação dada pela Lei n. 12.783, de 2013*) (...).

Seguem-se complicadas e desnecessárias fórmulas.

Como se nota, pela leitura comparativa, a nova legislação retirou do âmbito da taxa os elementos de utilização, assistência técnica e estatística, remanescendo a taxa somente para a *fiscalização*. E inovou no *pagamento em função da modalidade e proporcional* ao porte do serviço. A palavra "modalidade" é utilizada na legislação energética em diversos sentidos; todavia, o *caput* do art. 12, acima transcrito, ao empregar a expressão "porte do serviço" parece se referir aos serviços públicos de geração, transmissão e distribuição, o que se confirma logo abaixo nas intrincadas fórmulas da taxa, as quais parecem aí incluir a proporcionalidade (Lei 9.427/1996, art. 12, § 1º). Quanto à palavra "proporcional",

---

18. Cf. ADI 447, rel. Min. Octavio Gallotti, com voto do Min. Carlos Velloso, j. 5.6.1991, Plenário, *DJU* 5.31993.

enquadra-se nos princípios da Administração Pública, assim conceituado pela administrativista Odete Medauar: "O princípio da proporcionalidade consiste, principalmente, no dever de não serem impostas, aos indivíduos em geral, obrigações, restrições ou sanções em medida superior àquela estritamente necessária ao atendimento do interesse público, segundo critério de razoável adequação dos meios aos fins".[19]

Embora a autora utilize a expressão "indivíduos", a toda evidência, os princípios da Administração Pública aplicam-se aos entes "(...) da Administração, direta ou indireta, nas atividades que lhe competem (...)".[20]

A explicação do princípio da "proporcionalidade" se justifica para melhor entender a não razoabilidade de sua imposição, agravada com omissão de princípios tributários.

Com efeito, os requisitos para a instituição da taxa interessam a todos que sofrem sua imposição, principalmente aos consumidores finais da energia, que, na verdade, pagam o tributo, embutido nas contas. E a taxa, repita-se, é tributo vinculado e decorrente do exercício do poder de polícia, ou de serviço resultante da utilização efetiva ou potencial de serviços públicos, específicos e divisíveis prestados ao contribuinte ou postos à sua disposição (CF, art. 145, II; CTN, art. 77). Portanto, a taxa de fiscalização energética é, obviamente, instituída em decorrência do poder de polícia da Administração Pública. A lei, dessa maneira, estatui que o *fato gerador* da taxa é o *exercício do poder de polícia*, que tem como *alíquota* o equivalente a 0,4% do valor do benefício *econômico anual*, sendo este, portanto, a sua *base de cálculo*.

Ora bem, a expressão "benefício econômico anual" suscita dúvida. Isso porquanto, a palavra "benefício", do latim *beneficium*, tanto no sentido comum como no econômico-financeiro significa acréscimo, ganho, lucro, renda, vantagem, receita a favor de alguém.[21] *Lucro* é ganho, proveito; e *renda* é rendimento, receita, proveito. E como se está examinando o tributo "taxa de fiscalização", cumpre, sobretudo, lembrar que a CF, no art. 153, III, impõe o imposto sobre "renda e proventos". E o Código Tributário Nacional, no art. no art. 43, I, define a *renda* como produto do

---

19. Odete Medauar, *Direito Administrativo Moderno*, 18ª ed., São Paulo, Ed. RT, 2014, p. 150.
20. Idem, ibidem, p. 137.
21. Cf. Candido de Figueiredo, *Novo Dicionário da Língua portuguesa*, 6ª ed., Lisboa, Livraria Bertrand, 1925; *Dicionário Conciso da Língua Portuguesa*, organizado por Antonio Nogueira Machado, Círculo do Livro; *Nouveau Petit Larousse Illustré*, Paris, Larousse, Paris.

capital, do trabalho, ou da combinação de ambos. O Código Tributário Nacional adota o conceito de *renda como acréscimo*.[22] Portanto, ganho, lucro, renda, receita são uma única e mesma coisa. Há que se salientar, como faz Hugo de Brito Machado, que as palavras empregadas na Constituição *não* podem ser livremente definidas pelo legislador ordinário, porquanto a supremacia da Constituição não seria mais do que ornamento da literatura jurídica. E nem se diga que o legislador pode estabelecer um conceito de renda por ficção legal.[23] E, ao que parece, é o que fez o legislador em energia...

A digressão acima mostra, ratifica a inferência de que pressuposto fático da taxa de fiscalização, no setor energético, eufemisticamente denominado "benefício econômico anual", sobre a qual incide a alíquota é, na verdade, *a renda, o lucro*, o ganho das concessionárias. E tendo a taxa de fiscalização energética como base de cálculo a renda, o ganho, o lucro, essa taxa é *inconstitucional* por ter a *mesma base de cálculo do imposto de renda* (CF, art. 145, § 2º c/c art. 153, III e CTN, art. 77).

Historicamente, nota-se que desde a vigência do Código de Águas, em 1934, as concessionárias pagavam uma "quantia" pela fiscalização, proporcional à potência concedida (art. 160), quantia essa denominada de "quota". Todavia, e a fim de estimular as concessões, ficaram elas isentas de impostos federais, estaduais e municipais (art. 161). Mais tarde, um decreto-lei repetiu a obrigatoriedade do pagamento daquela quota, já denominada de taxa (Decreto-lei 2.281/1940). E no final da década de 1940, a Lei 625/1949 tornou inoperante o preceito de pagamento da taxa, que foi extinta pelo Decreto-lei 34, de 18.11.1965.

A ressurreição de *taxa de fiscalização* sobre as concessionárias de energia é excesso que não ajuda a produção energética. Como expresso em capítulo anterior, as concessionárias de energia pagam os tributos federais do Imposto de Renda, o PIS, e a Cofins; o estadual, do ICMS (este sendo cobrado "por dentro" e integra a própria base de cálculo sobre a qual incidem as alíquotas), e, na verdade, são todos repassados aos consumidores. Há mais, ou seja, o tributo municipal da Contribuição para Custeio do Serviço de Iluminação Pública/CIP. Acrescentem-se os *encargos setoriais*, pagos pelos consumidores na conta de energia elétrica;

---

22. Cf. Aliomar Baleeiro, *Direito Tributário Brasileiro*, atualização de Flávio Bauer Novelli, 10ª ed., Rio de Janeiro, Forense, 1996, art. 43, pp.181 e ss.
23. Cf. Hugo de Brito Machado, *Comentários ao Código Tributário Nacional*, 3ª ed., Rio de Janeiro, Forense, 2015, art. 43, pp. 88 e ss.

e os *encargos de transmissão*, por usos diversos, devidos por todas as empresas de geração, transmissão e distribuição e grandes consumidores conectados à rede básica. Como aludido em capítulo anterior, a carga tributária é excessiva!

O excesso de tributos e encargos é referido em estudo da própria Aneel ao esclarecer que, de há muitos anos, a elevação de contas de energia decorre do aumento nos encargos e tributos, que cresceram 116%. À tributação descabida, ora em moda no Brasil, o que é conhecido por todos, junte-se a ineficiência, a volubilidade e a negligência no exame dos temas energia e água, que deveriam ter sido feitos – e não o foram, por motivos eleitoreiros –, o que, à toda evidência, agravou a crise energética e hídrica no final de 2014 e em 2015, que se prolongará se não for diminuída a burocracia no descabido número de órgãos e entidades nesses dois setores e se as entidades que permanecerem não forem dirigidas por técnicos ao invés de políticos.

No tocante à isenção de impostos, pode-se relembrar que a isenção fiscal é a dispensa do tributo por meio de lei e pelo ente federativo competente para instituí-lo. Assim, não se perfaz o lançamento tributário, embora haja fato gerador e, em princípio, a obrigação tributária (CTN, art. 175), se não houver lei autorizativa.

Na Súmula 615, o STF elucida que a revogação da isenção tem eficácia imediata. Esclareça-se, *pour mémoire* apenas, que a isenção não se confunde com imunidade e que é forma de não incidência de tributo.

Enfim, na revisão total da legislação energética, se alguma atenção deve ser dada à fiscalização, há urgência, sobretudo, de melhor e maior exame no aspecto tributário.

Capítulo X
COMPETÊNCIA DA UNIÃO.
ATRIBUIÇÕES COMPLEMENTARES DOS ESTADOS

Centralização normativa da União. Possibilidade de descentralização executiva pelos Estados. Transferência de atribuições complementares aos Estados e seus requisitos. Retenção pela União em casos taxativos. Vantagens da transferência. Adequação rápida a situações cambiantes. Supervisão federal. Exemplo de São Paulo. Arbitragem.

A União chamou a si a competência privativa e legislativa sobre quedas d'água e energia, inclusive a térmica, eólica, solar, da biomassa e nuclear, centralizando, assim, a normatividade geral acerca da matéria.

A finalidade dessa centralização foi estabelecer uniformidade nas regras sobre energia em geral, sobre o aproveitamento das quedas d'água e as demais fontes de energia, bem como sobre linhas de transmissão, distribuição e comercialização (CF, art. 22, IV e XXVI).

Essa centralização tornou-se possível porque, em tempos passados, assim como o Código de Águas incorporava ao patrimônio da União as quedas d'água e outras fontes de energia, a Constituição de 1934, dando-lhe abertura, erigiu as referidas quedas e outras formas de energia, em bens distintos da propriedade do solo. Tal e qual fizeram as Constituições subsequentes e a vigente, de 1988 (art. 176).

O aproveitamento desses bens, não diretamente pela União, ficou dependente de concessão ou autorização federal, aliás, já disciplinadas no Código de Águas, com o acréscimo da hipótese de permissão, desde a Constituição de 1988 (art. 21, XII, "b").

Como anota o constitucionalista, na Constituição de 1988 a União ficou bem aquinhoada na partilha das competências federativas, retendo

I) *competência material:* i) *exclusiva*, no art. 21; e ii) *comum, cumulativa ou paralela* (art. 23); II) *competência legislativa:* i) *exclusiva* (art. 22 e incisos); ii) *partilhada* (art. 22, parágrafo único); iii) *concorrente* (art. 24). Explicite-se que a competência da União para normas gerais não exclui a suplementar dos Estados, salientando-se que a superveniência de lei federal sobre normas gerais suspende a eficácia da lei estadual (art. 24 e parágrafos).[1] Por fim, adite-se que a União detém mais o poder residual de, mediante lei complementar, instituir impostos (art. 154). Convém elucidar também que, muito embora alguns autores façam distinção entre a competência privativa e a exclusiva, a maioria considera que ambos os termos expressam a mesma ideia.[2] É o que parece mais acertado.

Curioso é que, a despeito da centralização ostensiva em diversos artigos constitucionais, e como anota Paulo de Bessa Antunes, há inúmeros autores "(...) que acreditam que a Constituição de 1988 é descentralizadora".[3] Este pensamento, que parece equivocado, decorre do fato de a Constituição de 1988 ter distribuído, mesclado e embaralhado as competências do ente federal central para diversas autarquias e ainda para os Estados-membros, sem esclarecimentos sobre a repartição da competência. Fique claro que os entes administrativos, na hierarquia menor, estão subordinados ao poder central na competência normativa. Essa distribuição confusa, com superposições anômalas, causa balbúrdia e perplexidade. E, mais grave, perante as negligências, omissões e ausência de técnicos, estes trocados por políticos, e em face da atual complexidade legislativa em matérias de competências, resultou no fato real de atraso nas obras e serviços essenciais, fatores esses que vêm causando malefícios de toda ordem aos brasileiros, aliás, desde a Constituição de 1988, agravando-se de 2003 em diante.

Senão, examine-se a Constituição de 1988, populista e defeituosa, que instituiu para a União, no campo energético, a *competência privativa*, para legislar sobre águas, energia, jazidas minerais, atividades nucleares

---

1. José Afonso da Silva, *Curso de Direito Constitucional Positivo*, 39ª ed., São Paulo, Malheiros Editores, 2016, pp. 500 e ss.
2. Cf. Celso Ribeiro Bastos, *Curso de Direito Constitucional*, 21ª ed., São Paulo, Saraiva, 2000, p. 297; 22ª ed., São Paulo, Malheiros Editores, 2010, pp. 433 e ss. No mesmo sentido Manoel Ferreira Filho, José Cretella Jr. e Fernanda Dias Menezes de Almeida, *apud* Gilmar Ferreira Mendes e outros, *Curso de Direito Constitucional*, 2ª ed., São Paulo, Saraiva, 2008, p. 822.
3. Cf. Paulo de Bessa Antunes, *Direito Ambiental*, 22ª ed., Rio de Janeiro, Lumen Juris, 2008, p. 77.

e inúmeras outras matérias (art. 22, IV e XXVI). No final do art. 22, no parágrafo único, acrescenta que lei complementar poderá autorizar os Estados a legislar sobre questões específicas das matérias nele relacionadas. Ora, se o *caput* do artigo determina a competência privativa da União, a que propósito incluir em parágrafo a redução de seu poder para reparti-lo com os Estados? E que serão as questões específicas?

Suscita atenção, em primeiro, a ausência de técnica legislativa, na Carta Maior do País, o que é de estarrecer – se é que alguma coisa possa ainda estarrecer no País nestes últimos anos...

É sabido que, na técnica de elaboração de leis, o artigo é a unidade básica de articulação no texto e o parágrafo mera divisão do assunto. Ora esse parágrafo único versa sobre poderes *complementares*, *suplementares* dos Estados e assim deveria vir no art. 25 da Constituição, tal qual o § 2º do art. 24, que igualmente dispõe sobre a competência suplementar dos Estados.

Conforme expressam alguns autores, esses poderes complementares, suplementares, conferidos aos Estados teriam sua razão de ser, em primeiro, por causas de natureza política, como a eventual unificação e/ou extinção de áreas, de estados, municípios e distritos. Depois, essa legislação local justificar-se-ia ainda pela diversidade das tradições e costumes locais, peculiares em certas regiões. Nos Estados de organização política federativa, como é a do Brasil, pode haver a coexistência de um direito geral, nacional, como estatuído na Constituição e que vigora no País todo com os eventuais direitos locais. Aduza-se que no exercício de poderes concorrentes, a toda obviedade, a lei federal é a que prevalece.[4]

Todavia, e a despeito dos esforços do Relator Bernardo Cabral no sentido do equilíbrio, o exagero impensado dos constituintes, implantando a múltipla coexistência de leis, resulta em dificuldades de monta no que concerne à atribuição de competências, quase superpostas, para determinadas matérias. De fato, como referido em parágrafos acima, a Constituição Federal de 1988 instituiu competências diversas, excedendo--se nas distribuições e mesclando-as, o que causa complicações.

Com efeito, e como já referido, note-se, p. ex., o conflito no art. 22, no qual a Carta Magna confere à União poderes para legislar privativamente em determinadas matérias, *mas*, reitere-se, no final do artigo, num

---

4. Cf. Vicente Ráo, *O Direito e a Vida dos Direitos*, vol. I, São Paulo, Max Limonad, 1952, pp. 225 e ss.

parágrafo único, *faculta* à lei complementar autorizar os Estados a legislar sobre questões específicas nas matérias elencadas no artigo. Como mostra julgamento do STF, inexiste essa lei complementar.[5] Outro excesso é relativo ao que ainda se pesquisa. Ou seja, o que serão, por exemplo, "questões específicas"? Ou, como indaga um autor, o que é interesse nacional, regional ou local?[6]

Uma dessas discussões não é nova, sendo relativa a interesse local. De fato, os Tribunais têm sobre isso alguns julgados. Num destes, pode-se ler : "Quem melhor interpretou o seu significados [*referindo-se a 'interesse local'*] foi o mestre Hely Lopes Meirelles para quem '(...) o que define e caracteriza o interesse local, inscrito como dogma constitucional, é a predominância do Município sobre o Estado ou da União', de modo que '(...) tudo quanto repercutir direta e imediatamente na vida municipal é de interesse peculiar do Município, embora possa interessar também indireta e mediatamente ao Estado-Membro e à União' (Hely Lopes Meirelles, *Direito Municipal Brasileiro*, Malheiros Editores, 11ª ed., pp. 107-108)".[7]

Embora claro o conceito de Hely Lopes Meirelles, discussão travou-se ainda sobre a expressão peculiar. Felizmente, doutrina e jurisprudência têm evoluído, como mostra o julgado no RE 665.381, relatora Min. Carmen Lúcia, e a passos lentos atingir-se-á uniformidade.

Têm, igualmente, surgido dificuldades nos dispositivos sobre a *competência comum*, que ocorre quando existem normas de cooperação harmônica entre os entes da federação – art. 23 e parágrafo único. A título de exemplificação, registra-se que a primeira norma sobre a competência comum, recentemente surgida, foi a da Lei Complementar 140/2011, dispondo sobre proteção de paisagens, preservação de florestas, meio ambiente etc. Para alguns, essa lei estaria eivada de inconstitucionalidade, visto como determinados artigos não se revestem de cooperação e, diversamente, seriam atribuições exclusivas da União.

No campo energético, embora caiba à União não só explorar – diretamente ou mediante autorização, concessão e permissão – os serviços e

---

5. ADI 2432-RN, rel. Min. Eros Grau, Tribunal Pleno, *DJU* 26.8.2005, p. 5; republicação *DJU* 23.9.2005, p. 7.

6. Wladimir Passos de Freitas, *Direito Administrativo e Meio Ambiente*, Curitiba, Juruá, 1993, pp. 31-32, *apud* Paulo de Bessa Antunes, *Direito Ambiental*, cit., p. 77.

7. Cf. STF, RE 189.170, redator Min. Mauricio Corrêa, Tribunal Pleno, j. 1.2.2001, *DJU* 8.8.2003.

instalações de energia elétrica e ainda o aproveitamento energético dos cursos de água, em articulação com os Estados onde se situam os potenciais hidroenergéticos (art. 21, XII, "b"), e a despeito dessa competência expressa, cumpre ressaltar que a União, os Estados, o Distrito Federal e Municípios também têm competência para registrar, acompanhar e fiscalizar as concessões de direitos, entre outros, de exploração de recursos hídricos em seus territórios (art. 23, XI), o que suscita, entre os entes públicos muitas dúvidas.

Reitere-se e advirta-se que essa excessiva, confusa e superposta repartição de competências, com aparência de descentralização, tem trazido problemas de monta, também, para a matéria energética *vis-à-vis* do Direito Ambiental, implicando em autorizações, licenças e fiscalizações, decorrentes das normas constitucionais sobre as *competências comuns* da União, dos Estados, do Distrito Federal e dos Municípios, na proteção de paisagens e sítios arqueológicos, na preservação de florestas, fauna e flora e ao meio ambiente, nas concessões de recursos hídricos (CF, art. 23, II, IV, VII, XI). Por igual, na competência concorrente, no tocante ao Direito Ambiental, aí incluindo florestas, caça, pesca e conservação da natureza (art. 24, VI, VII), do solo.

Às dificuldades acima apontadas em energia acrescentem-se outras, de monta, oriundas de aproveitamentos de recursos hídricos e potenciais energéticos em *terras indígenas* (CF, art. 231).

E para bem entender sobre essa aparente descentralização, com a criação de autarquias federais e estaduais, cumpre relembrar sobre o processamento do desenvolvimento energético no País. Na década longínqua de 1930, e diante da situação econômica de então – quebra da Bolsa de Nova York e queda das exportações de café –, percebeu-se a necessidade imediata do desenvolvimento industrial, para o que se necessitaria da sustentação da energia elétrica.[8]

O Governo Federal, naquela época, tentou atrair investimentos do setor privado para o setor energético e, paralelamente, passou a exercer rigoroso controle sobre as empresas de energia.

Surgiu, então, como historiado ao longo deste livro, o Código de Águas em julho de 1934. Embora notavelmente centralizador, foi o

---

8. David A. M. Waltenbereg, "O direito da energia elétrica e a Aneel", in Carlos Ari Sundfeld (org.), *Direito Administrativo Econômico*, 3ª tir., São Paulo, Malheiros Editores, 2006, pp. 352 e ss.

próprio Código de Águas, que antevendo a necessidade de colaboração da União com Estados e Municípios, previu esta colaboração mediante transferência de atribuições da União para os entes federados, fazendo-o nestes termos:

> Art. 191. A União transferirá aos Estados as atribuições que lhe são conferidas neste código, para autorizar ou conceder o aproveitamento industrial das quedas d'água e outras fontes de energia hidráulica, mediante condições estabelecidas no presente capítulo.

As condições, que se acham enumeradas no capítulo único do Título III do Código, podem condensar-se na posse de *serviços técnicos e administrativos adequados*. A tanto equivale, com efeito, a exigência de seção técnica de estudo de regime dos rios e seção de fiscalização, de conversão e de cadastro. O texto foi repetido na Constituição de 1946, assim:

> Art. 153. (...) § 3º. Satisfeitas as condições exigidas pela lei, entre as quais as de possuírem os necessários serviços técnicos e administrativos, os Estados passarão a exercer nos seus territórios a atribuição constante deste artigo.

Contudo, o Código de Águas não se limitou a prever a transferência de atribuições aos Estados, mas ainda reservou para a União uma porção considerável, excluindo da outorga de atribuições acima enunciadas as de conceder ou autorizar o aproveitamento de fontes de energia elétrica, como as seguintes: a) existentes em cursos do domínio da União; b) de potência superior a 10.000 kW; c) que por sua situação geográfica pudessem interessar a mais de um Estado, a juízo do Governo federal; e d) aquelas cujo racional aproveitamento exigisse trabalhos de regularização ou acumulação, interessando a mais de um Estado (Código de Águas, art. 193).

Assim, além da exigência de condições necessárias para o bom desempenho dos serviços, o Código de Águas impôs uma *limitação* à transferência, ligada propriamente ao seu objeto. Essa limitação foi considerada exorbitante do texto constitucional de 1934, exceto a quarta, com a qual, aliás, se confunde a terceira, por dizer respeito a aproveitamento que interessa *a mais de um Estado*.

Confrontando o texto constitucional de 1946 com a ampla restrição oposta ao seu enunciado por esse condicionamento, poder-se-ia questionar a validade deste, tanto mais que o Código de Águas usava de linguagem imperativa sobre a transferência, em artigo anterior – *transfe-*

rirá aos Estados. Esse questionamento perdeu depois a sua razão de ser com o advento da Constituição de 1967, com a Emenda de 1969, cuja linguagem não apresentava a mesma generalidade, pois preceituava que o aproveitamento dos potenciais de energia hidráulica "(...) dependerão de autorização ou concessão federal, na forma da lei (...)", sem ajuntar qualquer ressalva a esse preceito (CF/1967, Emenda de 1969, art. 168, § 1º).

Ao ver do autor, apesar do verbo imperativo – *transferirá* –, a União tinha o arbítrio de fazer ou deixar de fazer a transferência, visto como a interpretação integral dos textos contíguos leva a concluir que a União possuía a liberdade de considerar, ou não, idôneo o Estado que pretendesse obtê-la: "a juízo do Governo Federal" (Código de Águas, art. 194). Aliás, um decreto regulamentar adotou essa interpretação, ao estatuir que a União *poderá* promover a transferência (Decreto 41.019/1957, art. 37).

Esse decreto dedicou um capítulo inteiro à transferência de atribuições para os Estados (arts. 37 a 43), pormenorizando a exigência genérica, imposta a esses Estados, dos serviços técnicos e administrativos adequados. Posteriormente, a transferência de autorizações e concessões foi disciplinada pelo Decreto 61.581/1967.

Toda essa matéria de concessões energéticas, competências e transferências mudou inteiramente com as oportunas e necessárias privatizações no Governo de Fernando Henrique Cardoso. E os dados acima, em boa parte, foram aproveitados na legislação ora vigente, sob os mandamentos constitucionais de 1988.

Ao mencionar acima as privatizações *necessárias*, reitero o que há anos expressei:

> Há sérios inconvenientes no ingresso de empresas estatais na atividade econômica, inconvenientes esses por mim salientados na I Conferência Nacional de Administração Pública, onde dei o brado de alerta contra o seu advento.
>
> A ideia de planejamento da atividade econômica se erguera com força como permanece até hoje, quando o Estado se conserva como agente regulador, mas, ao mesmo tempo, estatui que aquele será determinante para o poder público e meramente *indicativo* para o setor privado.[9]

No mesmo sentido de prestigiar, prioritariamente, a iniciativa privada, de há muitos anos, e a mero título exemplificativo, leia-se Maurice Niveau,

9. Afrânio de Carvalho, *Revisão da Constituição de 1988*, Rio de Janeiro, Forense, 1993, p. 188.

Eugenio Gudin, e outros.[10] E mais recentemente Marcos Juruena Villela Souto, Gustavo Fernandes de Andrade, para citar apenas uns poucos.[11]

Abstendo-nos de ingressar em discussões ideológicas, não se pode negar que nos países do mundo com intervenções estatais intensivas na economia e no mercado, os governos se mostraram maus administradores, desastrosos e incapazes, causando pobreza e miséria.

E se as más administrações governamentais já traziam problemas, por outro lado, a globalização, no final do século XX, assim como o reconhecimento, tardio, de que, no mundo moderno, os problemas dos países vêm se avolumando, não dispondo os Estados de recursos para atender as necessidades de suas populações, inevitavelmente, esses fatores obrigaram modificações estruturais por toda parte.

Foi o que ocorreu na Europa, com alterações no papel do Estado, iniciadas por Margaret Thatcher, na Inglaterra, modificações essas havidas, também, na França, na Alemanha. E é nesse contexto que no Brasil, com a denominada por muitos de "Reforma do Estado", também se modifica o antigo papel do Estado, de protagonista principal para assumir o de agente *normativo e regulador* da atividade econômica, com *funções de fiscalização*, incentivo e *planejamento* na ordem econômica. Transfere-se, desse modo, a execução, a administração, a gestão de inúmeros serviços públicos para o setor privado (CF, art. 174).

Para a finalidade acima, e na órbita federal, foram criadas inúmeras agências no País, tais como Agência Nacional de Águas/ANA; Agência Nacional de Transportes Terrestres/ANTT; Agência Nacional de Telecomunicações/ANATEL e muitas outras e, ainda, a que interessa sobremodo ao tema deste livro, a Agência Nacional de Energia Elétrica/ANEEL.

Aduza-se que em alguns Estados-membros foram também criadas agências, algumas unitárias e especializadas, outras abrangendo uma pluralidade de áreas.[12]

---

10. Eugenio Gudin, *Princípios de Economia Monetária*, 7ª ed., Rio de Janeiro, Agir, 1970; Maurice Niveau, *História dos Fatos Econômicos Contemporâneos*, São Paulo, Difusão Europeia do Livro, 1969, p. 89.
11. Marcos Juruena Villela Souto, "Desestatização, privatização, concessões e terceirizações", 2000, p. 4, *apud* Luiz Roberto Barroso, "Agências Reguladoras, Constituição, Transformações do Estado e Legitimidade Democrática", in Elena Landau (coord.), *Regulação Jurídica do Setor Elétrico*, Rio de Janeiro, Lumen Juris, 2006, pp. 29 e ss.
12. Luiz Roberto Barroso, "Agências Reguladoras, Constituição, Transformações do Estado e Legitimidade Democrática", cit., p. 39.

As agências reguladoras no Brasil são criadas sob a forma de autarquias, dependendo sua criação de lei específica (CF, art. 37, XIX). Têm elas funções *normativas, executivas e decisórias*. E no tocante à Aneel, esta foi criada pela Lei 9.427, de 26.12.1996, e tem por finalidade regular e fiscalizar a produção, transmissão, distribuição e comercialização de energia elétrica.

A lei instituidora da Aneel determina que, na sua função reguladora, além das atribuições referidas na Lei 8.987/1995, arts. 29 e 30, a Agência deve, ainda, implementar políticas e diretrizes do governo federal para exploração de energia elétrica e o aproveitamento de potenciais hidráulicos, promover, mediante delegação, procedimentos licitatórios, gerir contratos de concessão ou permissão, estabelecer tarifas, fixar multas, dirimir divergências entre concessionárias, permissionárias, autorizadas e produtores independentes, no âmbito administrativo, com enorme elenco de outras atribuições (Leis 8.987/1995 e 9.427/1996, art. 3º).

Na sua função *normativa*, a Aneel pode expedir atos, regulamentos e regras de procedimento os mais diversos. Na função *decisória* resolve conflitos, no âmbito administrativo, entre os agentes econômicos e ainda consumidores; e finalmente, na função *executiva* implementa políticas e diretrizes do governo federal para a exploração da energia elétrica e o aproveitamento dos potenciais hidráulicos.

Como nota com acuidade Luiz Roberto Barroso, a função normativa talvez seja o tema mais polêmico envolvendo as agências, porquanto, em algumas de suas atribuições, "(...) há verdadeira delegação das funções do Legislativo".[13] E, como se sabe, a Constituição veda a delegação de competência, exceção aos casos expressamente admitidos (CF, ADCT, art. 25; cf. função normativa: Lei 9.427/1995, art. 3º, I, VI, VII, VIII, X, XI, XII, XIV, XVII, XVIII, e XIX).

Como acima mencionado, a Aneel pode descentralizar algumas de suas atividades, inclusive mediante *transferência* dos serviços elétricos. Note-se pois que, tal qual no passado, e como acima esclarecido, continua, permanece a possibilidade de *transferência* das atividades de regulação, controle e fiscalização dos serviços de energia elétrica, da União para os Estados e Distrito Federal, mediante delegação. Pois, reavivando o Código de Águas, a lei impõe, determina que a delegação somente se faça mediante a condição do Distrito Federal e Estados-membros pos-

---

13. Idem, ibidem, pp. 51 e ss.

suírem serviços técnicos e administrativos "competentes, devidamente organizados e aparelhados para execução das respectivas atividades (...)" (Lei 9.427/1996, arts. 20, 21 e 22).

Essa condição imposta pela União aos Estados-membros, para a transferência de atribuições, ou seja, a de possuírem serviços técnicos e administrativos adequados existia desde o Código de Águas e do Decreto 41.019/1957, sem prejuízo da obrigação, daqueles Estados, de comprovar a satisfatória organização dos serviços (Código de Águas, art. 191 a 194; Decreto 41.019/ 1957, arts. 37 a 43).

Aduza-se que a transferência das concessões teria validade quando transcritos os títulos na Divisão de Águas do Ministério de Minas e Energia. As leis vigentes, embora tenham aproveitado grande parte do Código de Águas, não mencionam claramente sobre os registros das concessões e suas eventuais transferências. Num dos seus dispositivos se refere ao registro de estudos de viabilidade, anteprojetos ou projetos de aproveitamento de potenciais hidráulicos. Apenas isso. E em outro artigo explicita que serão transferidos para a Aneel o acervo técnico e patrimonial, as obrigações, os direitos e receitas do Departamento de Águas e Energia Elétrica/DNAEE.

Parece de toda obviedade que os registros de todas as concessões hidráulicas, como das suas transferências, devem ter, por igual, livros especiais de registro, para melhor controle e fiscalização da Aneel, e registro não apenas das concessões hidráulicas, mas também as térmicas, eólicas, de biomassa etc., perante o princípio do tratamento igualitário (Código de Águas, arts. 191 a 194; Lei 9.427/1996, arts. 28 e 31).

Não se deve negar o acerto de a União reter a competência legislativa sobre energia elétrica que, além de uniformizar as suas regras, condiz com a unificação do direito estabelecida pela Constituição de 1934 e mantida pelas Constituições subsequentes, até a vigente de 1988. Não obstante, de há muito, já parecia mais conveniente que a União se desprendesse *da execução* de suas regras nos serviços e as confiasse aos Estados e aos particulares.

Quanto à execução, por estes últimos, a matéria é assaz conhecida, pois, com a ineficiência governamental, a burocracia e o populismo político, acoplado com a corrupção, evidenciam a necessidade urgente de colaboração maior do setor privado. Por outro lado, justifica-se a transferência aos Estados, mais preparados para receber a incumbência, visto como o fator da localização traz inegáveis benefícios, aproximando o direito dos fatos.

Os fatos são as quedas d'água, as cidades, as vilas, os vilarejos, e ainda as indústrias, em constante crescimento, que precisam ser acompanhados sem cessar em sua evolução, e para que as regras se lhes adaptem constantemente. A aproximação, que, por via de delegação, se obtém entre o poder concedente e as empresas concessionárias de energia elétrica, traz a vantagem de permitir uma visão mais completa dos fatos e um acompanhamento mais rápido deles.

Cabe aduzir que, embora no *caput* do art. 20, da Lei 9.427/1996, se faça menção à descentralização das atividades complementares de regulação, controle e fiscalização dos serviços e instalações de energia elétrica, logo abaixo, no § 1º do referido art. 20, excetua os de geração no sistema interligado e os de transmissão integrante da *rede básica*. Ora, nessa conformidade, só os serviços de *distribuição* é que serão descentralizados (Lei 9.427/1996, art. 20, *caput*, § 1º, I e II).

Se no passado as usinas requeriam, muitas vezes, o aumento de sua capacidade para o atendimento da demanda, essa necessidade no século XXI aumentou de forma drástica, *et pour cause*, as linhas de transmissão e de distribuição exigem, cada vez mais, o seu alongamento para que cheguem até onde já chegou o casario de centros populacionais. Como se sabe, o Brasil, que tinha aproximadamente dois terços de seu povo no campo e um terço nas cidades e vilas passou a ter menos de um terço no campo e mais de dois terços nas cidades. Houve um deslocamento populacional provocado pela mecanização da lavoura e pela busca da escolarização, verdadeiras causas dos "boias frias".

Essa urbanização, descuidada e desenfreada, refletiu-se nos sistemas geradores que se esgotam rapidamente. O crescimento da carga tem sido constante por toda parte, o que não se sabe bem se estará na consciência popular.

Quando se exaurem as disponibilidades de energia, é evidente que isso é percebido mais prontamente pelos Estados-membros, e o aumento delas poderá ser obtido, com maior oportunidade, quando o poder concedente se achar mais próximo para examinar e aprovar os projetos.

A *fiscalização* das instalações, para verificar o andamento dos projetos e o cumprimento das regras técnicas e administrativas, só se torna deveras eficiente quando o órgão fiscalizador estiver à mão, e não longe, e na capital do país. Não basta ditar a observância das regras da Associação Brasileira de Normas Técnicas, mas é preciso verificá-la *a posteriori*, incumbência esta, hoje, da Aneel.

As plantas levantadas para os sistemas de distribuição primária e secundária, por dependerem do *placet* das prefeituras municipais, para conveniente atendimento das populações, ajustam-se melhor à transferência de atribuições executivas da União para os Estados-membros, com os quais aquelas entidades se acham em relação direta. As comunicações com os consumidores ganharão também em presteza se o poder concedente não estiver distante. Às vezes os aparelhos dos consumidores têm de ser adaptados ou substituídos, como aconteceu em Recife, quando ali chegou a energia da Companhia Hidroelétrica do São Francisco. Neste começo do século XXI, essa adaptação de aparelhos, com certeza, terá lugar quando os consumidores de energia em menor escala optarem pelo sistema operacional *de micro ou minigeração*.

Embora previstas pelo Código de Águas, dificilmente se compreende que, em dados momentos houvessem sido suspensas as atribuições feitas pela União aos Estados de São Paulo e Minas Gerais (Decreto-lei 852/1938, art. 4º). Foi um lapso de lucidez que felizmente passou e provavelmente não terá reincidência, pois ambos os Estados se acham aptos a receber as transferências de atribuições.

Aliás, a propósito, e incidentalmente, pode-se observar o cuidado, por exemplo, do Estado de São Paulo, com a crise de água e energia, nos anos de 2012-2015, quando o Governo de São Paulo procurou o Governo do Estado do Rio de Janeiro para, coordenadamente, tentarem fazer interligação da bacia do Rio Paraíba do Sul com o Sistema Cantareira. Inicialmente contrário à ideia, o Estado do Rio de Janeiro chegou a bom termo com o governo paulista mediante acordo que veio a ser aprovado pela Agência Nacional de Águas/ANA em 16.1.2015.

Dessa maneira, embora a União tenha feito, desde meados da década de 1990, a transferência de atribuições executivas aos Estados, nem por isso perde – e nem perdeu – o controle superior sobre o tema, prevendo o equilíbrio dos aproveitamentos e das interligações.

A União mantém, a todo tempo, a supervisão geral da forma pela qual os Estados as exercem, velando para que sejam sempre respeitados os preceitos técnicos e administrativos exarados pelos inúmeros órgãos hoje existentes que, talvez, possam ser reduzidos, bem como simplificadas as suas normas. Aliás, o Código de Águas, no art. 194, já tornava manifesta a reserva dessa superintendência ao dispor que os Estados perderiam o direito de exercer atribuições que lhes eram conferidas, se não mantivessem devidamente organizados, a juízo do governo federal, os serviços discriminados no Título II, Capítulo Único.

Ao regulamentar o seu Departamento de Águas e Energia Elétrica, o Estado de São Paulo reconheceu, de imediato, em mais de um passo, que lhe incumbia observar o preceituado no Código de Águas e leis federais subsequentes, dizendo, expressamente, logo ao princípio de seu regulamento que competia ao Estado executar os dispositivos do Código e de leis federais (Decreto estadual de São Paulo 52.636 de 3.2.1971, art. 4º).

Com esse regulamento, o Estado de São Paulo demonstrou, desde então, a sua plena capacidade para receber a transferência das atribuições em matéria de energia elétrica.

O regulamento paulistano chegou a repetir dispositivo federal, em cujo texto declarava que o governo federal poderia, em certos casos, quando não houvesse requerente idôneo da concessão, abrir concorrência pública para o estabelecimento e exploração de serviços de energia elétrica (art. 71). Sem dúvida, esse regulamento fazia jus à leitura que constituía uma miniatura atualizada do Código de Águas e bastante clara.

Muita coisa mudou, com novas normas federais, número excessivo de órgãos da União e o mesmo nos Estados, nos setores da água e energia, no mais das vezes com superposição de encargos.

Saliente-se, o que foi atrás referido, relativamente ao cuidado exemplar do governador de São Paulo, o qual, em matéria de águas, deixou claro sobre os males desse descomedido número de entidades e encargos, que impedem soluções objetivas e rápidas. E é o que se infere da proposta então apresentada pelo governador de São Paulo, Geraldo Alckmin, que, em março de 2014, provocou debates no episódio cognominado pelo Jornal *O Globo* a "Guerra da Água". A proposta foi no sentido de se levar água do Rio Jaguari, afluente do Rio Paraíba do Sul, para o reservatório de Atibainha, que abastece o sistema Cantareira, em São Paulo, mesmo estando o sistema já com volume de água muito baixo.

A matéria suscitou dúvidas, um tanto ou quanto irrazoáveis, por parte do governador do Estado do Rio de Janeiro e diversos prefeitos. Ora, em primeiro há que se elucidar que a proposta feita à presidência da república tem razão de ser. Isso, porquanto, o Rio Paraíba do Sul nasce na Serra da Bocaina, em São Paulo, formado pela confluência de dois rios, o Paraitinga e o Paraibuna, e passa por três Estados brasileiros: São Paulo, Minas e Rio de Janeiro. E os rios banhando mais de um Estado são federais. Logo, matéria de atribuição, em primeiro, da União. E o que precisa ser feito é exame técnico, com especialistas, tendo em vista que água é matéria prioritária para as pessoas; e a energia vem depois, porquanto o ser humano pode viver sem energia, mas não sem água.

Assim, deveria haver não uma guerra, mas, sim, uma coordenação entre as partes interessadas, visto como a população de São Paulo é maior, e se eventualmente o sistema da Cantareira falhar, a população maior é que irá *sofrer*. Há que se fazer uma adequada repartição da água, e no controle de vazões as autoridades locais *devem fiscalizar, multar e corrigir* a poluição nos rios, inclusive a do Paraíba do Sul, não só a industrial, haja vista com frequentes correntezas de espumas brancas das fábricas, como outros malefícios causados pela população.

Tudo isso implica em fiscalização maior nas margens de rios e suas adjacências, no reflorestamento e *plantio de vegetação nessas margens*. Implica, sobretudo, na redução de certas entidades burocráticas e emperradas, oriundas do populismo malfazejo, que levam ao retrocesso do País, acarretando a necessidade de eliminar papéis, ofícios, conferências e reuniões, para se obter flexibilidade de *ação das autoridades* cabíveis, seja da Ana, Aneel, e respectivos órgãos, Ibama, Secretarias diversas etc. Na atualidade, rios e terrenos marginais no País estão abandonados pelas autoridades (CF, art. 20, III).

Em princípio, o projeto do Estado de São Paulo parece viável e justo, pois prevê a construção de uma adutora de até 30 km no Município de Igaratá/SP, ligando o Rio Jaguari, afluente do Paraíba do Sul, em São Paulo, ao reservatório de Atibainha, um dos que abastece o sistema da Cantareira.[14]

Apesar de inteira justiça, a proposta urgente de Geraldo Alckmin, de março de 2014, ainda sofreu críticas de ministérios e de toda sorte de organismos e somente após inúmeras e exaustivas negociações entre as partes interessadas teve solução em agosto de 2014.[15] Paralelamente, agravava-se no País inteiro a crise hídrica e energética.

Parece, assim, que o regulamento de anos anteriores, do Estado de São Paulo, calcado em grande parte no Código de Águas, conduziu esse Estado a se sobressair sobre os demais em matéria de água e energia.

14. Jornal *O Globo*, reportagem de Marcelo Remígio, de 20.3.2014.
15. Jornal *O Globo*, de 19.8.2014.

Ao que já foi expresso, aduza-se que ante o dinamismo da vida econômica e social moderna, que acarreta, rapidamente, profundas modificações locais, a que a eletricidade tem de atender, a transferência de atribuições executivas a órgãos próximos parece, de todo ponto, justificada. Tanto mais justificada quanto, ainda que o concessionário incorra em falta grave, passível de caducidade, esta deve ser precedida de verificação da eventual inadimplência em processo administrativo e deverá ser declarada mediante decreto do poder concedente. Nesse sentido confira-se a Súmula 157 do STF (Lei 8.987/1995, art. 38, §§ 2º e 4º).

Sem sair da órbita judicial, convém advertir que, conforme o autor alegou com êxito em causa forense, depois de chamar ao feito o Procurador da República, nem sempre o juízo da situação da coisa é o competente para julgar desapropriação de terras. Assim, prevalece o entendimento de que "(...) é competente o Juízo da Fazenda Nacional da capital do Estado para a desapropriação promovida por empresa de energia elétrica, se a União Federal intervém como assistente" (Súmula 218 do STF).

No entanto não basta alegar a incompetência da justiça estadual, mas é preciso demonstrar o interesse jurídico da União para chamá-la como assistente, sem o que não se desloca a competência para a justiça federal. Se se trata, por exemplo, de ato do administrador regional da concessionária, que arbitrariamente interpretou portaria ministerial para tornar retroativas as tarifas, permanece a competência estadual.[16]

Todos quantos conhecem bem o interior, ou nele vivem, ou ali têm interesses, sabem da vantagem, inestimável, da descentralização executiva. Assim, deve ser estimulada por toda parte a transferência de atribuições da União para os Estados, a fim de permitir que estes, diretamente, ou mediante convênios com os Municípios, atendam prontamente às repentinas perturbações que costumam ocorrer no fornecimento de energia elétrica às zonas urbana e rural.

A descentralização enseja que, pela gestão direta dos serviços, essas perturbações sejam corrigidas com presteza, sem que se prolonguem os efeitos nocivos da falta de energia. A gestão direta de serviços com que estão em imediato contato não só facilita essa correção, fazendo cessar prejuízos ao público, à coletividade, como previne, muitas vezes, esses danos, pela inspeção constante das linhas de transmissão, para a qual os produtores rurais não só facultam e ajudam os representantes das

---

16. STF, Acórdão da 1ª T., de 4.2.1983, RE 96.590-RO, in *RTJ* 104/1.233.

concessionárias na entrada de suas propriedades como colaboram e auxiliam nas fiscalizações. Se, em cada incidente, for necessário recorrer a uma repartição administrativa central, isso irrita o povo pela duração do mal-estar e alonga o tempo da solução do problema, às vezes diminuto, entorpecendo e complicando todo o procedimento.

Como a lei federal já domina, soberanamente, a matéria, enfatiza-se e reitera-se o antes expresso, ou seja, a sua *execução* deve ser deixada às autoridades locais, estaduais e municipais, que podem acudir as populações com rapidez e eficiência. Esse balanceamento entre a ideação e a execução nada mais faz do que aplicar o princípio da divisão de trabalho. Se fosse preciso provar o óbvio, bastaria invocar o testemunho dos numerosos prefeitos municipais que, reunidos em Guaranésia/MG, em dezembro de 1948, enviaram, por intermédio do presidente da Câmara dos Deputados, ao Ministro da Agricultura, uma representação, onde os *fatos locais* ganharam o devido realce.[17]

Aliás, as distribuições primária e secundária de energia, dentro de cada zona, somente podem estabelecer-se mediante constante entendimento entre as concessionárias e as prefeituras municipais por exigirem plantas que hão de ser aprovadas por estas. Foi o que reconheceu o antigo regulamento dos serviços de energia elétrica que previu a mudança periódica dessas plantas, levantadas de comum acordo, para atender à natural evolução do perímetro dos centros populacionais (Decreto 41.019/1957, art. 138).

Quando há uma concessão *geral* de fornecimento de energia, e outra *especial*, em favor de uma indústria, que a requer para uso próprio, por necessitar de maior quantidade de força motriz para uma ou mais fábricas, mais evidente se torna a conveniência da descentralização, quando surge um desentendimento entre os dois concessionários. A proximidade de um e de outro, o conhecimento exato dos fatos, a possibilidade de mediação administrativa, ou arbitragem, tudo contribui para apressar a solução de um conflito que, do contrário se arrastaria anos a fio pelas repartições e pelos juízes e tribunais.

A concomitância de uma concessão *geral*, e *outra especial*, pode cumular-se com a particularidade de terem, ambas as usinas, no mesmo rio, uma a montante, a outra a jusante. Essa acumulação pode fazer surgir um problema mais grave, porque se alça, entre as duas empresas conces-

---

17. A. Pádua Nunes, *Código de Águas*, vol. II, 2ª ed., São Paulo, Ed. RT, 1980, p. 83.

sionárias, acerca do volume d'água a que cada uma delas tem direito, dada a variação trazida pela estiagem, cuja severidade chega a situações críticas em certos anos, por todo o País, e por igual, em muitas partes do mundo.

Acima já foi dado um exemplo, no relato da "Guerra d'Água" no Rio Paraíba do Sul, eis que os Estados envolvidos se preocuparam com a redução das águas nas diversas usinas na região. No passado, questão dessa natureza se levantou entre duas empresas concessionárias que tinham suas usinas no Rio Sorocaba, em São Paulo – uma dedicada ao serviço público, a São Paulo Electric, a montante; a outra dedicada ao serviço de sua indústria, a Votorantim, a jusante –, a segunda das quais se queixava de que, em certos períodos da noite, as suas fábricas deixavam de funcionar normalmente por causa do fechamento das comportas da primeira.

Embora prevista a *arbitragem* para solução do litígio entre elas, a questão acabou sendo apreciada judicialmente, após meticulosa perícia, que não levou em conta, apenas, a vazão do rio, mas também a capacidade geradora de cada uma das usinas em causa. Foi esse o sentido do acórdão proferido pelo Tribunal de Alçada de São Paulo, que, abandonando a *vazão média*, aceita pela sentença de primeira instância, tomou como referência a *capacidade* geradora de cada uma das usinas, eis que a de montante, com uma queda dez vezes maior, produzia, por metro cúbico, mais de dez vezes a energia produzida pela de jusante.

Essa questão serve de exemplo para mostrar quão necessária é a transferência de atribuições aos Estados, onde as circunstâncias técnicas podem ser melhor colhidas e avaliadas para uma decisão administrativa ou judicial. Aliás, o tribunal paulista aplicou, também, a disposição concernente ao pagamento em espécie, isto é, em energia de outra usina, conforme se lê no decisório:

> (...) Assim sendo e pelos motivos expostos, dá-se provimento parcial ao recurso para os seguintes fins: a) deverá ser sempre fornecida pela São Paulo Electric à Votorantim a descarga tributária do rio Sorocaba (medida mais evaporação, até o limite de doze metros cúbicos por segundo; b) acima deste valor de doze metros cúbicos por segundo, a São Paulo Electric poderá reter as águas do rio Sorocaba, para o fim de encher seu reservatório; c) toda vez que o fornecimento de água pela São Paulo Electric for inferior à descarga tributária do rio, será a diferença entre doze metros cúbicos por segundo e a fornecida compensada por energia elétrica correspondente (Código de Águas, art. 152, § 1º, "d") toda vez que o fornecimento de água pela São Paulo Electric for superior à descarga tributária do rio, será a diferença entre

a descarga do rio e a fornecida pela São Paulo Electric, até o máximo de doze metros cúbicos por segundo, creditada à São Paulo Electric.

O crédito da São Paulo Electric poderá ser pago pela Votorantim como se fosse energia fornecida pela primeira à segunda, considerado apenas o valor em quilowatts (kwh), por se tratar de caso especial e não de consumidor industrial qualquer.[18]

Para que não haja confusão, fique esclarecido que "tributário", em matéria de águas, é pequeno braço de riacho ou ribeirão menor que cai em afluente de rio maior. Assim, a descarga tributária é a água descarregada pelo tributário.

O acórdão acima indica caminhos que poderiam ter sido tomados, ao invés das prolixas, tautológicas e incompreensíveis normas atuais, as quais vedam a ação das concessionárias e demais agentes em energia elétrica. Com efeito, as regrinhas da Aneel, e seus órgãos, engessam sugestões que poderiam resultar em soluções, fáceis e simples, da iniciativa privada.

Acrescente-se que, tanto o episódio recente de águas, no denominado Sistema da Cantareira, como o do passado, entre a Votorantim e a São Paulo Electric mostram, comprovam ser imprescindível entre empresas e órgãos no sistema energético, diante de crises hídricas e de energia, que surgem com frequência, que as atividades e articulações sejam coordenadas, flexíveis e rápidas para solução de problemas.

Na atual conjuntura brasileira, os *imbroglios* governamentais e, infelizmente, a terrível, assustadora e inaceitável morosidade do Judiciário conduzem a que se adote, com empenho, a *conciliação*, a *mediação* e a *arbitragem* para solucionar questões energéticas com rapidez, sem causar mais prejuízos à população.

Aliás, a mediação e a arbitragem são *facultadas* na legislação energética para obtenção de soluções rápidas e redução, tanto quanto possível, dos volumosos e inacabados processos judiciais. E isso evitará ainda não apenas trabalhos, mas, sobretudo, o enorme dispêndio para o País.

Embora a lei não mencione, expressamente, conciliação e mediação, confirma-se, na esfera energética, a utilização dos três institutos referidos, pois a lei expressa que o contrato "(...) poderá prever o emprego de mecanismos privados para resolução de disputas (...) inclusive a arbitragem" (Lei 8.987/1995, art. 23-A).

---

18. Acórdão do TASP, de 14.3.1960, na Ap 28.094, in A. Pádua Nunes, *Código de Águas*, vol. 2, cit., p. 114.

Ora, a *conciliação* e a *mediação* são outros mecanismos. Professor da Universidade de Columbia escreve que os dois mecanismos, de conciliação e mediação consistem em negociação na *presença* de *ou* com *ajuda de um terceiro*. E que, em certas circunstâncias, a mediação não é mais do que uma conversação amigável. Em outras circunstâncias, particularmente quando a negociação é conduzida sob regras formais, a mediação pode rivalizar com a arbitragem. Nota ainda que, embora a inclusão de um terceiro nas negociações possa encarecê-la, ainda assim, se as partes acreditam, pensam que encontraram a solução por eles mesmos, poderão achar que o resultado foi altamente satisfatório.[19]

O esclarecimento do Professor William F. Fox permite inferir, claramente, que a mediação requer especialista bastante habilidoso...

Com efeito, acompanhando em parte certa doutrina, pode-se dizer que a *mediação* é modo de pacificação de conflitos, de natureza compositiva e voluntária, no qual um terceiro, imparcial, atua como apresentador de soluções ou de restrições no deslinde de conflitos.[20] E, no dizer de outros autores, o mediador estimula as partes para uma composição.[21] Feito o acordo, este reveste a natureza de transação (CC, art. 840).

Já a *arbitragem* é meio pelo qual as pessoas capazes de contratar podem valer-se para dirimir litígios relativos a direitos patrimoniais disponíveis, arbitragem esta realizada por árbitros e não juízes. Para tanto, os interessados podem, num contrato, estatuir a cláusula compromissória, que é a convenção por meio da qual as partes se comprometem a submeter à arbitragem os litígios que possam vir a surgir. A arbitragem requer processo mais complicado, com escolha de árbitro, documentos particulares ou públicos, declarações diversas etc., até se obter uma sentença arbitral. A sentença arbitral produz os mesmos efeitos da sentença proferida pelo Poder Judiciário (Lei 9.307/1996).

Como se nota, os mecanismos acima referidos são bastante interessantes para dirimir questões oriundas de concessões, permissões e autorizações. É de toda evidência que a *conciliação* será sempre a melhor,

---

19. William F. Fox Jr., *International Commercial Agreements*, 2ª ed., Deventer, Boston, Kluwer Law and Taxation Publishers, 1992, p. 84.
20. Francisco José Cahali, *Curso de Arbitragem*, 3ª ed., São Paulo, Ed. RT, 2013, pp. 63 e 66.
21. Adolfo Braga Neto e Lia Regina Castaldi Sampaio, "O que é mediação de conflito", São Paulo, Brasiliense, 2007, pp. 19-20, *apud* Francisco José Cahali, *Curso de Arbitragem*, cit. p. 64.

por ser decidida em menor espaço de tempo, seguindo-se a *mediação* por ser também mais rápida e flexível do que a arbitragem, que, no mais das vezes, é longa e pode apresentar complicações quase idênticas às dos processos judiciais. Parece mesmo que, em princípio, a conciliação e mediação serão mais utilizadas em questões menores, recomendando-se a arbitragem para questões de maior vulto e com contratantes. *En passant*, é o que vem ocorrendo na área empresarial no Brasil. A despeito das vantagens da arbitragem, sobretudo no nosso País, com delongas incompreensíveis no Poder Judiciário, com processos de anos e anos para decidir, não se pode deixar de mencionar que, por igual, as arbitragens internacionais têm sido objeto de sérias reclamações sobre valores de monta, prazos excessivos, despesas elevadas e imprevistas.[22]

Espera-se contudo que, num futuro próximo, o País possa corrigir e retificar rumos, concedendo-se à iniciativa privada as atribuições independentes que lhe cabe, em todos os setores e também no da energia, este último bem quebrado nos últimos anos, decidindo-se com presteza as questões inclusive pela conciliação, mediação e arbitragem.

---

22. É o que relata o Advogado Amaury Costa (Rio de Janeiro), *expert* em açúcar, numa arbitragem de exportação de açúcar para a Ásia, arbitragem esta por ele acompanhada.

Capítulo XI
RESPONSABILIDADE DAS EMPRESAS DE ENERGIA ELÉTRICA

> *Responsabilidade para com o concedente. Caducidade da concessão como sanção extrema. Responsabilidade para com o Público. Necessidade de vigilância constante sobre as instalações. Ação, omissão, negligência ou imprudência do empregado. Culpa presumida da empresa. Riscos hídricos e outros. Exceção da culpa exclusiva da vítima de acidente. Furto de energia. Responsabilidade penal e de fiscais.*

Sinteticamente, a responsabilidade civil é a imputação à pessoa física e/ou jurídica, da obrigação de indenizar pela conduta antijurídica delas. Toda e qualquer pessoa que proceda em desacordo com as normas legais incorre em *ato ilícito*, e seu procedimento pode ser intencional ou não. O ato ilícito pode se originar de ação, omissão, negligência ou imprudência e, assim, causar prejuízo a outrem, ficando o autor ou agente do ato obrigado a reparar o dano, desde que haja o nexo causal entre o agente e o dano (arts. 186 a 188 e 927 do CC/2002).

A questão de responsabilidade civil é discutida há séculos e, conforme narra Caio Mario, o belga Henri De Page considerava "(...) anárquico o tratamento confuso dado à responsabilidade civil".[1]

Isso porquanto havia discussões em torno de culpa e dolo. Avançou-se no tempo e o *dolo* é conceituado como a violação de obrigação preexistente com *intenção de prejudicar*. A *culpa* é a *violação de obrigação preexistente sem intenção de prejudicar*.

A matéria de responsabilidade foi se desenvolvendo para atingir um dos seus primeiros pontos que é o da responsabilidade no contrato

---

1. Caio Mario da Silva Pereira, *Instituições de Direito Civil*, vol. I, 18ª ed., Rio de Janeiro, Forense, 1995, n. 114, p. 418.

e fora dele, admitindo-se então que, se no contrato qualquer das partes descumpre sua obrigação, tem-se a *culpa contratual*. Diversamente, se o agente prejudica e causa dano a terceiros fora de contrato, a culpa é *extracontratual*.[2]

Tema tão relevante para o ser humano ganhou mais espaço com a teoria da responsabilidade sem culpa, ou seja, quando a obrigação de reparar o dano sofrido independe de apuração da culpa do agente. E desse avanço surgiu mais adiante a doutrina da *responsabilidade objetiva* ou *teoria do risco*.[3]

A responsabilidade objetiva, ou teoria do risco, caracteriza-se pela cogitação de que, todo aquele que realize um empreendimento ou uma atividade, de utilidade ou prazer, deve suportar os riscos a que exponha os outros, o público, a coletividade ou qualquer pessoa. Ou seja, cada um deve sofrer os riscos de seus atos. Assim, o fundamento da responsabilidade civil desloca-se da *culpa* para a ideia de *risco*.

Como ensina o saudoso jurista, "A teoria não substitui a da culpa, porém deve viver ao seu lado". Isso, porquanto, havendo fato danoso, admite-se que o agente responda tanto pela conduta culposa como pelas consequências imprevisíveis do ato não culposo.[4]

O preclaro autor e magistrado federal, Des. Guilherme Couto de Castro, comenta que, no final do século XX, os autores anunciam o que se denominou o "ocaso da culpa", lembrando ele contudo que:

> Não ocorreu, e tão cedo não ocorrerá o ocaso da culpa. O fenômeno que se alastrou, a imputação independentemente de falta apenas não toma a negligência como premissa indispensável à indenização; de qualquer sorte continua a ser de extremo relevo a natureza da conduta e a existência de falha comportamental. (...)
>
> 1. Nosso sistema hoje trabalha simultaneamente com duas regras:
>
> a) a residual, de caráter genérico, constante do art. 159 do Código Civil [*de 1916*];
>
> b) da responsabilidade objetiva, que é a regra nas atividades econômicas, além de outras arenas específicas.
>
> 2. Convivem, portanto, em termos amplos, responsabilidade subjetiva e objetiva.

---

2. Idem, ibidem, p. 419.
3. Idem, ibidem, n. 115, p. 422.
4. Idem, ibidem, p. 423.

3. Mesmo na chamada imputação sem falta é sempre relevante aferir a natureza da conduta daquele que provocou dano, se culposa ou não.

A investigação conduz a efeitos altamente marcantes conforme exista ou não o erro comportamental.[5]

O fundamento do *dever de reparação* alargou-se para atingir o próprio Estado, aplicando-se-lhe, também, o princípio da *responsabilidade civil* que, modernamente, é o princípio dominante no direito do Brasil, como inserido na Constituição Federal de 1988. A responsabilidade civil do Estado é a obrigação legal, que lhe é imposta, de ressarcir danos causados a terceiros por suas atividades (CF, art. 37, § 6º).

Advirta-se que, desde 1916, o Código Civil brasileiro já estatuía a responsabilidade civil das pessoas jurídicas de direito público, as quais eram civilmente responsáveis por atos de seus representantes que causassem danos a terceiros, faltando aos deveres da lei. Tal e qual dispõe o Código vigente (CC/1916, art. 15; CC/2002, art. 43).

Anteriormente, a responsabilidade do Estado atingia a reparação por danos causados em decorrência de atos que infringissem a lei, *i.e.*, *por atos ilícitos*, mas hoje compreende também danos sofridos, ainda que causados por *atividade lícita* da Administração. Couto de Castro salienta a responsabilidade objetiva nos danos ao meio ambiente, os danos nucleares e outros de igual relevância, sendo indiferente a eventual negligência dos lesados.[6]

O autor Yussef Said Cahali explicita haver o ressarcimento na responsabilidade por danos ilegítimos em atividades lesivas aos direitos de terceiros. E haver a indenização nos danos causados em virtude do sacrifício de direitos particulares, mas, por força da faculdade concedida em lei ao poder público.[7]

Normas importantes sobre a responsabilidade civil, que se seguiram ao Código Civil de 1916, foram: a da Constituição de 1934, art. 171; a da bem elaborada Constituição de 1946, que no art. 194 dispôs sobre a responsabilidade civil das pessoas jurídicas de direito público interno,

---

5. Guilherme Couto de Castro, *A Responsabilidade Civil Objetiva no Direito Brasileiro*, Rio de Janeiro, Forense, 1997, p. 127.
6. Idem, ibidem, p. 128.
7. Yussef Said Cahali, *Responsabilidade Civil do Estado*, 4ª ed., São Paulo, Ed. RT, 2013, p. 11.

responsáveis por danos de seus funcionários, reiterando assim a ação regressiva contra estes.

Elucide-se que a possibilidade de ação regressiva contra seus próprios funcionários já provinha da Constituição de 1934. Nessa sequência, a Constituição de 1988, no art. 37, § 6º, em nada inova, apenas reitera o que já existia, mais concretamente, desde 1946. Tal e qual o dispositivo, no mesmo sentido, no CC/2002, art. 43, que, com pequena modificação, também repete o CC/1916, art. 15.

Após a síntese acima, registre-se que a imputação de responsabilidade civil pode ser dos entes da União, dos Estados, do Distrito Federal e dos Municípios, tanto na Administração direta, como na indireta, como pode, por igual, recair em pessoas jurídicas de direito privado, como as concessionárias, permissionárias e autorizadas de serviço público, como de obras públicas etc. (CF, art. 37, § 6º; CC, arts. 43, 186, 927).

As empresas de energia elétrica, ao receberem a concessão, assumem obrigações para com o poder concedente e para com o público. O descumprimento de umas e outras as fazem incorrer em sanções de maior ou menor gravidade, conforme a sua natureza. Mas, a eventual exclusão de imputação de responsabilidade dar-se-á em virtude de caso fortuito ou força maior, pois, além do Código Civil, a lei vigente, expressamente, exclui a responsabilidade civil das concessionárias de energia na ocorrência da paralisação de serviços causada por aquelas duas hipóteses (CC/2002, art. 393; Lei 8.987/1995, art. 38, § 1º, III).

A norma do final de 2016, cria outras excludentes de responsabilidades das concessionárias, ou seja, greves, suspensões judiciais, embargos da Administração Pública, não emissão de licenças ou autorizações, por motivos não imputáveis a empreendedores e ainda invasões nas áreas das obras (cf. Lei 13.360, de 17.11. 2016, art. 19 e parágrafo único).

Como visto em capítulos anteriores, as hipóteses de inadimplemento de obrigações das concessionárias, permissionárias e autorizadas de serviço público, para com o poder concedente, são diversas, eis que, acresça-se, as leis especiais, que dispõem sobre energia no âmbito das concessões, permissões e autorizações, assim como aquelas empresas devem, ainda, obedecer, no que se lhes aplicar, a Lei 8.666, de 21.6.1993, atualizada pela Lei 9.648, de 27.5.1998, que institui normas para licitações e contratos da Administração Pública.

A Lei 8.666/1993 estabelece os fatos que podem conduzir à *resolução* (por descumprimento, que no usual denominam rescisão) do contrato, precedida de advertências e, havendo atrasos nos serviços, os concessionários ficam sujeitos a multas de mora (Lei 8.666/1993, arts. 78 e 83).

Há que se lembrar, contudo, ser a Lei 8.666/1993 uma lei especial e sendo as leis sobre energia, por igual, leis especiais, todas elas devem ser aplicadas harmonicamente, mesmo porquanto, como se sabe, a lei nova, que estabeleça disposições gerais ou especiais, a par das já existentes, não revoga e nem modifica a anterior (Lei de Introdução às Normas do Direito Brasileiro, art. 2º, § 2º).

E com relação à *extinção* do contrato das concessionárias, no Código de Águas, de 1934, o inadimplemento de obrigações para com o poder concedente poderia acarretar a extinção do contrato, mediante a caducidade da concessão, com a perda total dos bens do concessionário, parecendo merecedor de censura o preceito legal que determinava uma sanção de tamanha gravidade, para faltas relativamente leves (Código de Águas, art. 168).

A lei vigente (Lei 8.987/1995), em exceção aos textos confusos de 2003 em diante, é mais razoável, pois admite a extinção contratual mediante a declaração de *caducidade*, revestindo-a de critério mais justo. A palavra "caducidade" significa: não ter mais validade, algo anulado, alguma coisa que perde as forças, e deixa de ter valor. É o que os franceses denominam *déchéance*.

Nas hipóteses enumeradas na Lei 8.987/1995, que são semelhantes às da Lei 8.666/1993, a caducidade, como visto antes, pode ser declarada quando a concessionária (i) prestar serviço inadequado ou deficiente, (ii) descumprir cláusulas contratuais e normas legais ou regulamentares, (iii) paralisar o serviço ou concorrer para tanto (ressalvadas as hipóteses de caso fortuito ou força maior), (iv) perder condições econômicas, técnicas ou operacionais, (v) não cumprir penalidades, (vi) não atender a intimações do poder concedente no sentido de regularizar a prestação do serviço, e (vii) não atender intimação a fim de apresentar a documentação relativa a regularidade fiscal (art. 38, § 1º e incisos).

E corrigindo o excesso anterior, na lei nova não há perda de bens, pois, antes da declaração de caducidade deve haver verificação da inadimplência mediante *processo administrativo*, assegurada ampla defesa, como há também a *indenização* das parcelas dos investimentos vinculados aos bens reversíveis, indenização esta, a toda evidência, de maior justiça, pois *a contrario sensu* haveria locupletamento a custo do alheio

(Lei 8.987/1995, art. 38 e §§ c/c art. 36; Lei 8.666/1993, art. 78; CC, arts. 876 e 884).

Além das faltas ali previstas, outros motivos podem ensejar a *extinção* de concessões, tal como a decretação de falência, conforme dispõe a lei energética e também a vigente lei de falências, sendo, esta última, posterior àquela. Havendo a extinção do contrato, com a declaração de falência, o poder concedente assume de imediato os serviços, para evitar a descontinuidade.

Na recuperação judicial, antiga concordata preventiva, a Lei Especial de Licitações e Contratos faculta que a Administração mantenha o contrato com a concessionária, ressalvando que esta pode assumir o controle de certas atividades e serviços essenciais. Todavia, uma, dentre recentes e pouco técnicas leis vigentes, entre diversos assuntos no seu texto, entremeia artigos sobre energia, ou seja, a Lei 12.767, de 27.12.2012, que, do modo diverso em falência, estatui expressamente que: "Art. 18. *Não se aplicam* às *concessionárias* de serviços públicos de *energia* elétrica os *regimes* de *recuperação judicial* e *extrajudicial* previstos na Lei 11.101, de 9 de fevereiro de 2005, salvo posteriormente à extinção da concessão" (Lei 8.987/1995, art. 35, VI; Lei 8.666/1993, art. 80, § 2º; Lei 11.101/2005, art. 195; Lei 12.767/2012, art. 18).

Ora, a Lei 12.767/2012, versando sobre diversos assuntos, não parece ser lei especial, pois confronta com lei especial vigente, no caso a Lei 8.666/1993, art. 80, § 2º, deixando dúvida se o art. 18, daquela Lei 12.767/2012, poderá ser aplicado não obstante o próprio art. 18, acima, *in fine*, ressalve que a extinção da concessão permite a aplicação do regime de recuperação judicial, o que é de toda obviedade, pois se a concessão está extinta, a ex-concessionária é livre em suas atividades.

A dúvida surge no dispositivo da Lei 8.666/1993 (art. 80, § 2º), que, já dito antes, é lei especial, e que permite à Administração, *i.e.,* a Aneel, "no caso de concordata do contratado, manter o contrato (...)". Ora, se a lei especial assim estatui, como é que mera lei ordinária, posterior pode cassar essa prerrogativa da lei especial? Como se tem assinalado ao longo deste escrito, há muitas dúvidas a serem sanadas.

E no setor energético, uma das incertezas de maior relevo é relativa às tarifas e sua composição, sobrecarregadas estas com os tributos. No passado, o Código de Águas determinava que as tarifas somente poderiam ser elevadas mediante autorização do poder concedente e a desobediência resultava em multas pesadas. Hoje, as tarifas são fixadas nas propostas vencedoras da licitação e, segundo a lei, "preservadas pelas regras de revisão" do poder concedente, não se lhe aplicando nenhuma lei específica anterior. Admite-se, contudo, mesmo após a apresentação da proposta, pela concessionária, a revisão da tarifa, quando comprovado o seu impacto. Não se esclarece bem se o impacto se refere ao concedente, concessionário ou usuário (Código de Águas, arts. 163 e 202; Lei 8.987/1995, art. 9º e parágrafos).

Acrescente-se que a norma legal, em caso de revisão de tarifa, dispõe atualmente que, em face das circunstâncias econômicas adversas às concessões, pode haver alteração do contrato, para restaurar o equilíbrio econômico financeiro, o que o poder concedente deverá fazer. A má redação confunde, em primeiro porque a alteração não é do contrato e sim da situação econômica, o que poderá, eventualmente, conduzir e ensejar a alteração de cláusula contratual em matéria de tarifas (preço público), e ser promovida pelas partes, que é coisa distinta. A despeito de o poder público dispor de poderes maiores que lhe permitem modificar *ex uno latere* os contratos administrativos, por ser preceito de ordem pública, na lei atual, *acertadamente*, e após anos de dúvidas, permite, faculta o restabelecimento da equação econômico-financeira, a fim de que a concessionária não seja prejudicada (Lei 8.987/1995, art. 9º e parágrafos; Lei 8.666/1993, art. 57, inc. II). É matéria pacificada universalmente, como ensina Hely Lopes Meirelles.[8]

Cumpre salientar que, hoje, esse equilíbrio financeiro alterou-se drasticamente com a crise hídrica e energética, apontada por técnicos desde os idos de 2003, e sem providências das autoridades. Estas, em vésperas de eleições, não apresentavam a realidade ao povo e, ao recorrer ao socorro das térmicas com preços elevados, manifestavam ao povo que este não teria problemas.

A situação agravou-se de forma assustadora desde 2013. Com efeito, nestes anos, as usinas hidroelétricas tiveram sua produção reduzida, com a crise hídrica, e viram-se obrigadas a recorrer em maior escala às térmicas, a fim de manter os contratos de vendas de energia para as distribuidoras. Mas, como sabido, as térmicas não podem trabalhar continuadamente por muito tempo, por causa de sua manutenção.

Com a escassez do produto energia, os preços subiram tanto para as próprias hidroelétricas, como para as geradoras, transmissoras, dis-

---

8. Hely Lopes Meirelles, *Direito Administrativo Brasileiro*, 42ª ed., São Paulo, Malheiros Editores, 2016, pp. 243 e ss.

tribuidoras e comercializadoras. Portanto, prejudicou-se todo o sistema energético, pois, os adquirentes de energia – distribuidoras e comercializadoras –, para cumprirem compromissos, ao se socorrerem das térmicas, pagaram preço elevado pelas aquisições.

Quebrou-se, então, o equilíbrio econômico-financeiro na energia, causando danos a todos. Em primeiro, aos consumidores, com a elevação terrível de tarifas, que passaram a ser fixadas sob três bandeiras, sofrendo, ainda, a superposição de falta de energia e de água, sem quaisquer avisos das autoridades. Depois, de igual modo, prejudicou-se a indústria, grande consumidora de água e energia, seguindo-se a agricultura, que consome água para a irrigação, e, de modo idêntico, a população, com alguns grupos sem água e pagando tarifas elevadas. Acrescente-se a essas observações, o fato do rebaixamento das águas nos reservatórios, com destaque para o impressionante esvaziamento do Sistema Cantareira, já referido.[9]

Não faltaram no passado, desde os idos de 2000, advertências de estudiosos, técnicos e de organismos especializados sobre os problemas referidos. Em 2012, por exemplo, as bacias hidrográficas brasileiras mostravam esvaziamento de águas, como as dos Rios São Francisco, Grande, Doce, Paraíba do Sul e Jequitinhonha. O Rio São Francisco, por exemplo, suscitava curiosidades, dúvidas e receios, de há muito, com a sua anunciada e pouco transparente transposição, de elevado valor, matéria censurada por diversas pessoas[10] e autoridades no assunto.[11] Anos depois as dúvidas eram confirmadas, ratificadas *in totum* com o relatório do Tribunal de Contas da União, em 2012, que mostra, a mais não poder, a inadequada articulação entre os órgãos governamentais, as dispersas e descuidadas atividades para recuperação ambiental do "Velho Chico", com poucos estudos e omissões nas apresentações de projetos e/ou de técnicas modernas.

As questões acima referidas resultaram em ônus pesado para o País e para o povo, pois as autoridades adotaram o sistema das bandeiras tarifárias, onerando o bolso da população, para tentar equilibrar a situação econômico-financeira no sistema energético, em face da desordem ener-

9. Incidentalmente, a matéria serviu aos foliões no Carnaval de 2015, sendo muito lembrada a marchinha "Vagalume", de 1954, a qual, em nosso entender, poderia ter trocado a expressão Rio de Janeiro por Brasil, e, assim, ser cantada: "Brasil / País que nos seduz / De dia falta água / De noite falta luz" (cf. reportagem de Daiane Costa e Juliana Garçon, Jornal *O Globo*, de 22.2.2015, p. 38).

10. Dora Martins de Carvalho, artigo "O barqueiro que chora", *Jornal do Commercio*, de 21-22.8.2005.

11. Cf. *O Globo*, de 24.8.2014, pp. 12 e 13.

gética e o *irrealismo populista* tarifário anterior dos governos de 2003 e 2010. E isso porquanto o governo federal tem de pagar às geradoras e distribuidoras os déficits de caixa delas que foram causados pelo próprio governo.

As bandeiras tarifárias consistem numa forma de a Aneel apresentar, com um pouco mais de clareza, o custo energético nas contas dos consumidores. Aquela agência, mensalmente, divulga ao mercado a bandeira tarifária em vigor para cada região do País e com base nos informes do Operador Nacional do Sistema Elétrico/ONS.

Assim, as bandeiras mostram aos consumidores o custo, o preço real da energia e as condições de abastecimento para a população. Essas bandeiras são as seguintes: i) bandeira *verde* – indica que a usina hidroelétrica opera normalmente e que não há alteração no valor das tarifas; ii) bandeira *amarela* – indica que as usinas térmicas estão ativadas e que aumenta a conta do consumidor em R$ 1,50 a cada 100 kWh, e iii) bandeira *vermelha* – indica que a usina térmica está desativada e que a demanda é alta, acrescendo para o usuário da conta o valor de R$ 3,00 a cada 100 kWh.

A Aneel determina a bandeira vigente considerando o Custo Marginal de Operação/CMO e o Encargo de Serviço de Sistema por Segurança Energética/ESS-SE.

Cumpre esclarecer que na crise hídrica e energética, que se arrasta desde 2003, atingindo pontos insuportáveis em 2015, e mesmo que a Aneel, tardiamente, haja, apenas há pouco, instituído as bandeiras tarifárias para cobrir déficits da ineficiência, ainda assim as concessionárias têm recorrido à Aneel, para uma *revisão de tarifas*, na prestação de serviço público de energia. Esse aspecto talvez possa ser efetivamente atendido com a diminuição de órgãos e entidades de planejamento (Lei 8.987/1995, art. 9º, *caput*, § 2º, 23, *caput*, IV, 29, *caput*, V).

A exposição acima deixa claro que a revisão de tarifas é sempre feita pela Aneel, que, a rigor, deveria ouvir com maior atenção as concessionárias. E quaisquer multas, aplicáveis pela Aneel, sobre eventuais faltas incorridas pelas concessionárias, permissionárias e autorizados, não podem ultrapassar, por infração, o limite de "2% do faturamento, ou sobre o valor estimado da energia produzida, nos casos de autoprodução e produção independente, correspondente aos últimos 12 meses, anteriores à lavratura do auto de infração ou estimados para um período de 12 meses caso o infrator não esteja em operação ou esteja operando por um período inferior a 12 meses" (Lei 9.427/1996, art. 3º, X).

Essa matéria de imposição de multas, mediante fiscalização mais acentuada, e com normas que determinam até a extinção do contrato, como vimos na caducidade, decorre, sem dúvida, do Código de Águas, que tinha, como ponto de maior relevância, impedir a *quebra de continuidade* do fornecimento da energia, aspecto este examinado em capítulos anteriores.

A preocupação com a questão da *continuidade* é necessária e indispensável, porquanto a suspensão da corrente para certas indústrias, como por exemplo, e na área da *saúde*, a farmacêutica, na produção de antibióticos, é suscetível de lhes ocasionar prejuízos de monta, eis que o corte de energia paralisa a produção, porquanto determinadas cepas de bactérias, matéria prima do medicamento, precisam ser preservadas em temperatura correta.

E se o tema da responsabilidade, ligado ao poder público, é do maior interesse, como acima visto, também o é quando ligado à coletividade, ao público em geral. A responsabilidade civil relativa aos acidentes provocados pela corrente elétrica se acha bem firmada na doutrina e na jurisprudência, de acordo com princípio geral (CC, art. 186; STF, Súmula 341).

Se em face desse princípio o exercício de qualquer atividade requeira a maior vigilância, a fim de que dela não advenha nem violação de direito, nem prejuízos a outrem, máxima deve ser essa vigilância em se tratando de desempenho da atividade industrial da eletricidade, carregada de riscos notórios. Ao passo que esses riscos são pequenos na produção propriamente dita, chegam ao máximo na transmissão e na distribuição feita em cabos condutores.

A quantidade de incêndios provocados por curto-circuito parece ser maior em nosso País do que em qualquer outro, havendo um deles ocorrido, ironicamente, no edifício da própria sede da Companhia de Energia Elétrica de São Paulo/CESP.

Não revela esse fato notório a negligência contumaz do plano de instalações elétricas no seu funcionamento?

No entanto, os tribunais apoiavam invariavelmente as empresas concessionárias quando estas exigiam rigorosas condições técnicas de instalações internas dos consumidores, a fim de que oferecessem segurança. Esse apoio, no passado, chegou ao ponto de se decidir o seguinte: "(...) justifica-se o corte de fornecimento de energia quando o consumidor não atende à notificação da empresa para substituir por trifásico aparelho cujo uso causa prejuízo a terceiros".[12]

---

12. Acórdão do TASP, in *RT* 236/362.

Por isso mesmo, quando o acidente ocorre em ramal de particular, estendido e mantido por este consumidor de energia elétrica, nem por isso fica a empresa concessionária livre da obrigação de indenizar o prejuízo dele resultante. Essa responsabilidade advém do fato de a empresa não ter examinado adequadamente o ramal antes de aceitá-lo, ou de tê-lo aceito sem as condições técnicas exigíveis: *culpa in vigilando*.

Decisões mais recentes do STF alteraram sua jurisprudência anterior, para assentar que pessoas jurídicas de direito privado, prestadoras de serviço público, respondem, *objetivamente*, pelos danos causados a terceiros, não usuários do serviço. E que a responsabilidade civil das pessoas jurídicas de direito privado prestadoras de serviço público é objetiva, relativamente a terceiros usuários e não usuários do serviço, segundo decorre do art. 37, § 6º, da CF. Explicite-se que a expressão "agente público" abrange servidores públicos e particulares, estes quando prestando serviços ao Estado.[13]

A cláusula de irresponsabilidade que a empresa concessionária acaso pretenda incluir no contrato de adesão que firma com o particular, ou em documento separado, ainda que, aceita pelo segundo, não exonera a primeira da consequência indenizatória que quis evitar. O consumidor não pode renunciar ao direito de indenização que lhe assiste em decorrência da inobservância de regras técnicas pela empresa ou de falta de vigilância desta quanto à manutenção de funcionamento regular do ramal por onde passa sua energia.

A propósito, a São Paulo Tramway, Light and Power Co. Ltd. foi condenada a remover fios de alta tensão em canais colocados a menos de 90 centímetros dos prédios em via pública. A condenação foi lavrada em ação cominatória movida pela Municipalidade e julgada procedente.[14]

Com maior providência do que o Código de Águas, que lhe tomou o lugar 30 anos depois, o primeiro regulamento federal de energia elétrica já autorizava o governo a exigir das empresas que na parte urbana das cidades por ele indicadas, ou onde julgasse conveniente, empregassem *condutores elétricos* subterrâneos. Essa exigência específica era acompanhada de outra genérica tendente à observância de condições de segurança para o público (Decreto 5.407/1904, art. 4º, §§ 1º e 2º).

---

13. Cf. STF, RE 591.874; no mesmo sentido AI 779.629 AgR, rel. Min. Ayres Britto, 2ª T., *DJe* 25.8.2011; AI 831.327 AgR rel. Min. Cármen Lúcia, 1ª T., j. 24.3.2011; AI 836.857-SP, rel. Min. Cármen Lúcia, 1ª T.

14. Acórdão do TASP, in *RT* 351/592.

Tanto maior deve ser o zelo das empresas concessionárias nas instalações dos serviços quanto no controle de tempestades, de ventanias e de outras forças constantes da natureza, fatos esses que não podem ser invocados como imprevistos ou como casos fortuitos. A aparelhagem da eletricidade pública deve estar equipada de forma a oferecer segurança ao público em tais situações.

A empresa de eletricidade não há de ater-se, exclusivamente, ao intento de erguer instalações apropriadas com o maior rigor técnico, terminando-as de acordo com o seu cronograma em dado momento. Depois disso, precisa manter uma vigilância constante, ao longo do tempo, para conservá-las em bom estado, sobretudo os cabos condutores de energia, a fim de que ofereçam, sempre, a máxima segurança. Nesse sentido os cabos subterrâneos levam vantagem sobre os aéreos.

Se esses cabos se romperem em dado trecho, ou se deteriorarem, ou se desprenderem, ou se forem aéreos, caindo ao chão, isso põe em risco a vida alheia e sujeita a empresa concessionária à responsabilidade civil, no caso de acidente com um transeunte. Essa responsabilidade se estende aos ramais particulares, sobre os quais devem voltar-se às vistas da empresa concessionária, a fim de que sejam feitos com o mesmo rigor técnico e explorados com o mesmo cuidado. As tempestades ocorridas em São Paulo, por exemplo, no início de 2015, com tantos desastres provocados, com cabos e fios caídos, são tristes exemplos do acima expresso.

Incidentalmente, esclareça-se que a questão de cabos e condutores subterrâneos é tema atual e objeto de muitas discussões, diante do crescimento urbano desenfreado e sem planejamento. E muito embora neste século XXI a preocupação mundial se volte para o objetivo do *decrescimento*, de população e de cidades, ainda assim a questão de cabos e de condutores de energia ocupa bastante técnicos na área. E quanto à necessidade premente de redução da população urbana, o seu corolário é o do aumento da alimentos e produção agrícola. Tanto mais quanto se sabe que a continuidade leviana no ritmo populacional do mundo conduzirá a que, em 2050, a população no globo seja de 9 bilhões. A propósito, leiam-se publicações mais recentes e assustadoras sobre água e comida.[15]

---

15. Cf. David Satterwaite, Gordon McGranahan e Cecilia Tacoli, "Urbanization and its implication for food and farming", *Philosophical Transactions of the Royal Society*, 365/2.809-2.820, 2010. Disponível em: http://rstb.royalsocietypublishing.org/.
Ou, ainda, "Searching for global water and food solutions", *MIT News*. Disponível em: http://news.mit.edu/2014/searching-global-water-and-food-solutions-1103.

A preocupação dos técnicos com o crescimento das cidades e populações se justifica na sua inteireza, perante os óbices para colocação de instalações elétricas e, em especial, de *redes de energia*. De fato, como alguns conhecem, a rede de distribuição de energia elétrica é composta de redes primárias, de média tensão, que os especialistas abreviam como MT; e também com redes secundárias de baixa tensão – BT. Investimentos no início do século XX foram feitos tanto em redes aéreas como nas subterrâneas, predominando, por algum tempo, a corrente favorável à rede aérea. Mais recentemente, as redes subterrâneas passaram a ser mais utilizadas, pois, segundo seus adeptos, são mais duráveis por não sofrerem ventos, trovoadas, vandalismo etc., eis que os cabos, ficando enterrados, ficam mais protegidos, evitando, ainda, acidentes. Segundo consta, a Prefeitura do Rio de Janeiro está fazendo estudos sobre o assunto, com mapeamento geral da cidade, tentando encontrar soluções viáveis.

A propósito de utilização subterrânea de faixas de domínio, leiam-se pareceres de Celso Antônio Bandeira de Mello, Antônio Carlos Cintra do Amaral e Tercio Sampaio Ferraz Jr., conclusivos no sentido de ser permitido ao poder público contratar com as concessionárias cláusulas que estipulem se estas sofrerão, ou não, cobrança pela utilização de uso especial de bens de uso comum, uso este sempre condicionado à prévia anuência do poder público (CC, art. 103; Lei 8.987/1995). O poder público, que outorga uma concessão, é o que delimita a matéria do *uso especial* de *bens* de *uso comum*, no seu respectivo âmbito. E a relação contratual entre o poder público concedente e a concessionária não admite a interferência de um outro poder público, nem mesmo pela via legal. Nesse sentido, a colocação de passagem subterrânea de cabos ou dutos, e eventual cobrança de remuneração, estão delimitadas no contexto do contrato da concessão.[16]

Há sempre eventos infelizes em energia, salientando-se que nesses acidentes, de há muito, não importava que a culpa ou negligência proviesse não do diretor da empresa concessionária, mas de empregado de determinado trecho da linha, visto como já estava assentado na juris-

---

16. Celso Antônio Bandeira de Mello, Antônio Carlos Cintra do Amaral e Tercio Sampaio Ferraz, Pareceres, in *Revista da Associação Brasileira de Concessionárias de Rodovias*, 2005; Celso Antônio Bandeira de Mello, *Curso de Direito Administrativo*, 33ª ed., revista e atualizada até a EC 92/2016, São Paulo, Malheiros Editores, 2016, p. 735; STF, ADI 2.299-RS, Medida Cautelar, rel. Min. Moreira Alves; TJRS, AC 70002492874.

prudência que o preponente responde, incondicionalmente, pelos atos e omissões do preposto (CC, art. 932, III).

Esclareça-se, contudo, que no Código Civil de 1916, o art. 1.523 estatuía que a responsabilidade das pessoas enumeradas nos incisos I a IV do artigo 1.521 só se configuraria "(...) provando-se que elas concorreram para o dano por culpa, ou negligência de sua parte" (CC/1916, art. 1.523, *caput*), o que alçou séria dúvida na interpretação dos textos conjugados.

Assim, ao passo que uma corrente de opinião capitaneada por Assis Chateaubriand, nos *Diários Associados*, exigia sempre a prova da culpa ou negligência do preponente, outra corrente, a cuja frente se achava Daniel de Carvalho, sustentava que a culpa ou negligência do preponente era *presumida*. Essa segunda corrente tornou-se vitoriosa no Supremo Tribunal Federal (Súmula 341).

Felizmente, o Código Civil de 2002, no art. 933, seguiu a acertada Súmula 341 do Supremo.

Por conseguinte, as empresas concessionárias de serviços de eletricidade são sempre responsáveis pelos acidentes, por ser irrelevante o comportamento, seja de seus administradores, seja de seus empregados ou prepostos, só surgindo exclusão da responsabilidade no caso raro de *culpa exclusiva da vítima*. Esse caso dá-se, por exemplo, quando o ladrão de fios de cobre é fulminado ao roubá-lo, como aconteceu no Rio de Janeiro, onde um ladrão recebeu imediato castigo no momento em que roubava fios da Light e da Companhia Municipal de Energia, de madrugada, de um poste na Estrada Botafogo, em Costa Barros: morreu eletrocutado. A fotografia impressionante do fato foi publicada em primeira página de jornal, tirada na ocasião em que técnicos foram ao local desligar a rede e retirar o cadáver.[17] Casos semelhantes, vez por outra, têm se repetido pelo País.

Ao lado desse exemplo alinha-se outro, menos ostensivo, mas igualmente claro, de culpa exclusiva da vítima, a saber, o de acidente que ocorre a alguém que constrói a sua casa debaixo de uma linha de alta tensão preexistente. Com essa construção imprudente, insensata, a vítima procura espontaneamente o perigo, do qual acaba sofrendo a consequência, que só a ela há de ser imputada.

Afora esses casos, não tão raros, a responsabilidade civil está sempre suspensa sobre a empresa concessionária, conforme a jurisprudên-

---

17. Jornal *O Globo*, de 13.5.1987.

cia. Assim, "(...) responde a empresa de força e luz por indenização de corrente de falecimento do transeunte, em consequência de choque elétrico resultante de contato com fio de alta tensão tombado ao solo. O fato de ter caído o cabo elétrico em virtude de temporal não a isenta de responsabilidade".[18]

Em suma, em se tratando de eletricidade, cujo risco não é menos evidente do que sua utilidade, a regra está na responsabilidade da empresa concessionária, que deve pagar indenização à vítima de acidente por ela causado. A exceção ampara-se numa situação ordinariamente difícil de ocorrer, que vem a ser a culpa exclusiva da vítima.

A responsabilidade é maior em se tratando de acidente causado por energia nuclear, em que, independentemente de culpa, se acha até culminada em lei. Essa lei lhe impõe, todavia, um limite e, de acordo com o princípio geral, a exclui quando ocorre a culpa exclusiva da vítima (Lei 6.453/1977, arts. 4º, 6º e 9º).

Assim, como se tornaram frequentes os furtos de fios de cobre das empresas concessionárias de energia elétrica, também ocorrem, com certa frequência, furto da própria eletricidade, mediante ligações clandestinamente feitas antes da passagem pelo medidor de qualquer consumidor. Via de regra, a subtração dá-se pelo enlaçamento de um fio no cabo do serviço geral da empresa concessionária ou pelo intrometimento de um corta-corrente ou ponto no medidor do consumo ou outra alteração deste.

De acordo com o nosso direito, a eletricidade se equipara a *coisa móvel*, pelo que, como tal, se mostra suscetível de ser objeto de furto, e não raro o é. Caracterizada essa subtração indevida, como furto, recai no rol dos crimes contra a propriedade, pelo que lhe é cominada a respectiva pena pela lei *nullum crimen sine lege*. Portanto, transpõe a responsabilidade civil para entrar na responsabilidade penal.

Na vigência do Código Penal de 1890 já se entendia que a subtração de eletricidade constituía furto de coisa móvel, prescindindo-se do atributo da tangibilidade ligado a esta. Nesse sentido, convergiam a doutrina e a jurisprudência estrangeiras, compiladas ao pé do artigo 330 deste Código, que definia o furto como subtração de coisa alheia móvel contra a vontade do dono.[19] O Código Penal vigente eliminou qualquer dúvida, estatuindo

---

18. Acórdão do TJMG, *Revista Forense* 287/787.
19. Bento de Faria, *Código Penal*, 4ª ed., vol. I, Rio de Janeiro, Jacintho Ribeiro dos Santos, 1929, pp. 573 e ss.

que "(...) equipara-se à coisa móvel a energia elétrica ou qualquer outra que tenha valor econômico" (CP, art. 155, § 3º).

Essa equiparação foi incorporada ao então Projeto do Código Civil que, na sua redação final, depois de repetir virtualmente a definição de bens móveis do Código Civil de 1916, acrescentou no artigo seguinte que se consideram móveis para os fins legais "I – as energias que tenham valor econômico" (CC/2002, art. 83, I). Nisso acompanhou o Código Civil italiano de 1942, art. "814. Si considerano beni mobili le energie naturali che hanno valore economico". O Código Civil alemão (BGB), não menciona especificamente a energia, mas os arts. 91 até 97, que dispõem sobre bens móveis, permitem entrever que a energia, naquele país também é bem móvel. Tal e qual, o Código Civil suíço, no seu art. 713.

Uma vez firmada a caracterização da subtração de energia como furto, perde o interesse prático, embora conserve o histórico, o estudo da evolução do conceito da eletricidade como coisa móvel e da natureza da ilicitude de sua subtração, decorrente de vários modos pelos quais é praticada, bem como do confronto da legislação e da jurisprudência estrangeiras sobre o assunto. Contudo, há monografias mais ou menos extensas sobre esses temas, que podem ser consultadas.[20]

Desde que se reúnam os seus elementos, a saber, a subtração contra a vontade da concessionária e com intenção fraudulenta, caracteriza-se o furto de *energia*, porque a eletricidade, *uma vez captada, se torna m*óvel, suscetível de propriedade.[21] O agente, que subtrai energia ou frauda a medição do consumo, pode ser completamente estranho à concessionária ou manter com esta um contrato de fornecimento. Esta diferença subjetiva não altera a caracterização penal.

Contudo, o segundo caso, por admitir sanção penal e administrativa, costumava ser tratado mediante aplicação de sanções pecuniárias, previstas em disposições normativas. Por efeito da Portaria MME 378, de 26.3.1975, se, pelo consumidor, fossem medidos valores do consumo ou de demanda inferiores aos reais, ficaria sujeito a ser penalizado pela concessionária com a estimativa do período da ocorrência e das diferenças do fornecimento, mediante valores correspondentes aos maiores verificados nos últimos 12 meses da medição normal, acrescidos de 30%.

---

20. Mariano Ruiz Funes, *Proteção Penal da Eletricidade*, trad., São Paulo, Editora Libertas, 1935.
21. Planiol e Ripert, *Droit Civil*, t. 1, 4ª ed., Paris, LGDJ, 1948, n. 2.678, p. 883.

Atualmente, essa penalização não mais existe, por ser a energia serviço público essencial ao cidadão. Por via de consequência, a concessionária não pode impor ao consumidor o corte de energia, a não ser em circunstâncias especiais, conforme dispõe a lei e se explicita em outro capítulo. Esses eram os limites em que se continham a responsabilidade da empresa de energia elétrica em face do princípio da culpa. Todavia, não ocorrendo culpa como vem delineada no Código Civil de 2002, art. 188, surge a exclusão da responsabilidade. Ante o princípio que regula a verificação da culpa, a empresa não responde pelos prejuízos resultantes de caso fortuito ou força maior, previstos no art. 393, do CC/2002, no qual se define como o fato necessário cujos efeitos não era possível evitar ou impedir. Pois, caso fortuito e força maior são fatos cujos efeitos não são possíveis evitar ou impedir.

A inevitabilidade e a imprevisibilidade afastam da empresa a responsabilidade pelos seus efeitos. Mas, na nova lei, há dispositivo estranho, estatuindo que as concessionárias são responsáveis por danos causados ao poder concedente, aos usuários ou a terceiros "(...) *sem que a fiscalização exercida* pelo órgão competente exclua ou *atenue* essa responsabilidade" (Lei 8.987/1995, art. 25).

Ora bem, deve se ressaltar que essa imputação de responsabilidade às *concessionárias, excluindo a da fiscalização da Aneel, é "fora de vila e termo"*, isto é, *absurda*. De fato, como expressamos em outro capítulo, a atribuição de fiscais do poder público, como de entidades no setor privado, repetimos, a atribuição dos fiscais é exatamente a de acompanhar os serviços, examinar, observar, vigiar e verificar se estão ou não de acordo com os projetos e em segurança. Esse o significado de fiscalizar. Para isso é que os fiscais existem e para isso são remunerados. E em caso de desastres, cabe verificar, mediante perícia, não apenas acerca da responsabilidade daqueles que fizeram os trabalhos, mas, por igual, também as fiscalizações efetuadas. E quanto aos danos causados e, se for o caso, os valores de reparação deverão ser rateados, proporcionalmente, entre os responsáveis. Portanto, tanto a Aneel poderá, ou não, ter responsabilidade como também poderão, ou não, tê-la os seus fiscais. A matéria dependerá sempre da perícia, mas, jamais de dispositivo ilegal na lei.

Incidentalmente, cabe explanar que, hoje em dia, os maiores problemas em energia, entre concessionárias e consumidores, são os de natureza penal, mas, a rigor, não provêm propriamente das concessionárias e sim das denominadas "perdas comerciais".

Essas perdas correspondem à energia que é fornecida, mas não é faturada, não é paga, porquanto pode ser oriunda tanto de falhas nos equipamentos, como de inconsistências cadastrais e principalmente de desvios nas transmissões. Esses desvios podem ser os antes referidos, ou seja, subtração, fraude, furto e estelionato. Assim, por exemplo, na alteração do aparelho de medição, na ligação direta dos postes com linhas para residências e/ou outros, conhecidos como "gatos" (CP, art. 155, § 3º, e art. 171; Lei 8.987/1995, art. 25).

Quando, em face da crise da natureza, há racionamentos determinados pelo poder concedente, a empresa concessionária escapa à sanção da responsabilidade civil pelo prejuízo, que, afinal de contas, atinge a todos indistintamente: é um caso de força maior. Diversamente, os consumidores, nos casos de descumprimento de normas do concedente, ficam sujeitos a sanções suscetíveis de chegar ao corte, por período curto ou longo, da corrente recebida, o que redunda em medida coercitiva do consumo.

Se, no entanto, o racionamento advém de culpa ou negligência do poder concedente, ou seja, da agência reguladora Aneel, e estando as concessionárias impedidas, obstadas de tomar medidas, *sponte sua*, para aquele racionamento, em tais circunstâncias, é facultado aos usuários, à coletividade o direito de pedir indenizações pelos prejuízos sofridos pela negligência, omissão ou culpa do concedente, que poderá ser acionado pelos prejudicados. Em suma, prevalece o princípio da responsabilidade objetiva como formulado na Constituição Federal (CF, art. 37, § 6º).

E para finalizar este capítulo, lembramos *Aula Magna* – proferida em universidade mineira, no início de 2000 e intitulada "O Direito no século XXI" –, na qual a Professora Dora Martins de Carvalho, depois de evocar, sinteticamente, fases do Direito, concluiu, expressamente, que o Direito deste século iria girar em torno da *responsabilidade civil*. É o que vem ocorrendo...

Conclui-se que danos causados em obras públicas, como em quaisquer outros eventos, devem ser meticulosamente apurados na sua origem, para efetiva avaliação de valores. Feita a perícia e valorados os danos, a reparação deve atingir a todos os envolvidos e, de modo proporcional, à responsabilidade de cada um. Assim, o dispositivo relativo à exclusão de responsabilidade de fiscais da Aneel fere a lei, é inconstitucional. Pois o efeito da reparação civil é sempre o dever, a obrigação de reparar o dano. É a lei (CF, art. 5º, *caput*; CC, art. 186 a 188 e 927 e ss.).

Capítulo XII
CONCLUSÃO

Perspectivas de crescimento de energia. Competição com a demanda. Racionamento da energia no Nordeste em 1980. Contraste com o antigo racionamento no Sul. A crise hídrica em 2014-2015. Usinas e linhas de transmissão da Chesf. Desajuste entre Três Marias e Sobradinho no São Francisco. Possibilidade de esgotamento da energia hidráulica. Providências legais recomendáveis. Sucção de recursos das concessionárias pela Eletrobrás. Conveniência da extinção desta. Liberação do aproveitamento de pequenas quedas d'água. Apelo às fontes de energia térmica. Privatização das empresas estatais. Energia no futuro.

No estudo das *perspectivas de crescimento de energia e exame da competição com a demanda*, inicialmente, podemos dizer que as fontes de energia são procuradas com crescente avidez porquanto, à medida que cresce o seu aproveitamento, aumenta em maior grau a sua necessidade. No passado tínhamos no Brasil fatos auspiciosos no primeiro sentido, mas também os tínhamos em sentido contrário. Dentre os primeiros sobressaía a descoberta da supercondutividade, feita, ao que parece, simultaneamente por ganhadores do prêmio Nobel de física[1] e por pesquisadores da Universidade de São Paulo. O supercondutor não aquece durante a passagem da corrente e, não aquecendo, não desperdiça energia. Se, em vez de transportada em fios de cobre, vier a ser transportada em supercondutores, haverá uma considerável economia entre os pontos gerador e consumidor, quando situados a grande distância, conforme se dá notícia no Capítulo III.

Dentre outras inovações extraordinárias, no presente, cite-se, por exemplo, como referimos antes, a utilização da energia do corpo humano,

1. *Jornal do Brasil*, de 15.10.1987.

já aproveitada no metrô de Estocolmo, além de inúmeras outras referidas em capítulos anteriores.

Diante da extensão das nossas principais linhas de transmissão, a economia representa um acréscimo de disponibilidade de energia, mas, para ser obtida, ainda resta descobrir fios que, substituindo os de cobre, possuam o predicado da supercondutividade, como o material empregado em laboratório. Nesse sentido estão sendo realizados estudos que, embora não possam ser rápidos, chegarão, certamente, a resultados positivos dentro de algum tempo.

Além dessa esperada economia, desde já se conta com outra menor, mais apreciável por sua generalização, resultante do aperfeiçoamento de aparelhos domésticos que consomem eletricidade. Efetivamente fabricantes de geladeiras e condicionadores de ar estão conseguindo aprimorar modelos que reduzem consideravelmente o gasto de energia em seus funcionamentos. A crise hídrica nos últimos anos em nosso País, agravada desde 2012, tem levado os bons inovadores à fabricação de material para captar a energia solar, a inovação de torneiras econômicas, controladoras do gasto d'água e vários outros mecanismos, como o do aproveitamento de águas da chuva etc.

Não será demasia relembrar e comentar o que nos ensinou o *racionamento da energia no Nordeste em 1980*.

Dentre os segundos fatos auspiciosos na *década de 1980*, indicativo de bom senso, ocupou lugar de relevo o *racionamento* de energia no Nordeste, de cerca de 15%, quando a região precisava – e continua precisando dela –, para a manutenção das indústrias que lá se estabeleceram após o advento de Paulo Afonso e bem assim para o impulso programado da irrigação. Conquanto hajam sido aventadas, então, soluções emergenciais, como a das termoelétricas flutuantes e outras mais, a verdadeira saída estava, como ainda está, em revigorar a construção das usinas hidroelétricas, algumas projetadas pela Chesf desde o tempo em que o autor participou da direção da empresa, ou seja, desde 1948, primeiro como Consultor Jurídico e depois eleito Diretor Administrativo em 1953.

Aduza-se que, nesta segunda década do século XXI, a crise hídrica acoplada com a energética indicava ostensivamente a *necessidade do racionamento*, que não foi feito, impedido pela insensatez governamental junto com o populismo eleitoreiro.

Aqui se abre um parêntese para recordar, relativamente à energia, que Eugenio Gudin, como economista e Ministro da Fazenda, se mani-

CONCLUSÃO

festou, a princípio, contrário à construção de Paulo Afonso, porque, na ocasião, era no centro do País que havia racionamento de energia, pelo que a erguer-se qualquer usina, deveria isso acontecer na zona necessitada e não alhures. Embora se retratasse depois dessa opinião, revelando assim a sua probidade intelectual, o certo é que, somente nos idos de 1980, por imperiosa necessidade, se estabeleceu o racionamento no Nordeste. Infelizmente, até agora, ainda não se fez o muito necessitado racionamento e sua racionalização, exceção feita no Estado de São Paulo.

Como consequência da imperfeição humana, o planejamento do poder público revela, com frequência, uma visão deficiente dos problemas, a ponto de atrasar o erguimento de usinas, do que a primeira diretoria da Chesf já cogitava, chegando até a determinar, por intermédio do autor deste livro, a compra de terrenos marginais, como os do Xingó e de Itaparica. Bem se sabe quanto é difícil e penoso fazer opções num País em crescimento, dotado de poucos recursos financeiros, como aconteceu com nossa diretoria da Chesf no final da década de 1940 e nas seguintes.

Mas, em épocas de crise, como na atual, vinda desde 2003, uma opção se impõe persuasivamente, a de preferir o investimento em energia às despesas administrativas correntes (e absurdamente excessivas).

Ao invés de dar preferência à construção da Usina de Xingó, as diretorias da Chesf, subsequentes à nossa, deram-na à Usina de Itaparica, que envolvia dificuldades muito maiores, entre as quais o reassentamento de populações no submédio São Francisco, residentes nas cidades e nos campos, para o que novas cidades tiveram de ser levantadas com toda a infraestrutura urbana, sem falar na execução de projetos rurais de irrigação em moldes modernos. Aliás, com a crise energética, provinda de 2003 e agravada nos anos subsequentes, alcançando seu pico em 2014/2015, a televisão, vez por outra, exibe o atual esvaziamento do "Velho Chico", mostrando ainda as ruínas e os vestígios das cidades antes existentes.

Apesar das dificuldades acima mencionadas, a Companhia Hidroelétrica do São Francisco assegurava, em 1987, que, ano seguinte, *i.e.*, em 1988, estariam montadas as turbinas que forneceriam 2.500 MW de potência elétrica, perspectiva que lhe permitiria mandar ao País uma mensagem animadora: "o Nordeste não vai se apagar!"[2] Mas, apagou em certo período...

Além da construção da Usina do Xingó, já encetada, mas que demandaria alguns anos, a Chesf empenhava-se ainda na extensão da segunda

2. Jornal *O Globo*, de 9.6.1987, p. 25.

linha de ligação Tucuruí-Presidente Dutra-Sobradinho e na linha de transmissão Sobradinho-Itaparica, bem como no aumento do número de turbinas de Tucuruí, no Pará. Com o reforço da energia provinda dessa usina singular, erguida no meio da floresta, provavelmente, tornar-se-á possível contrabalançar a queda da produção resultante da baixa das águas do Rio São Francisco, o "Velho Chico", em Sobradinho, responsável, indiretamente, pela geração de energia para quase todo o Nordeste.

Entretanto, quase no final de 2015 noticiou-se que Sobradinho estava com nível d'água muito baixo e, ainda assim, persistia a ideia com obras iniciadas, ao que parece, ora paralisadas, da transposição de águas para outro rio.[3] Tudo indica a se observar leviandades na área energética...

Relate-se que, no Nordeste, na década de 1980, no auge do racionamento, o coordenador oficial deste revelou que, enquanto o reservatório de Três Marias, a montante, continha 50% do seu volume útil, o de Sobradinho, a jusante, só continha 26%. Estando ambos no Rio São Francisco, por que não se abriram as comportas do primeiro para atenuar a escassez do volume d'água do segundo, como se fez no Tennessee, nos Estados Unidos?

Assim, como pelo jogo de abertura e fechamento de comportas, a montante e a jusante, se regula a inundação na bacia de um mesmo rio, também se pode regular na estiagem, desde que haja comunicação rápida entre as usinas, por e-mails, computadores a viva voz, telefones, radio e telegramas. Segundo conta o executor das grandes obras do rio norte-americano, quando sobrevinha a ameaça de enchente, a repartição central expedia ordens para todas as represas, até de afluentes, determinando a umas que contivessem as águas, fechando as comportas, e a outras que as soltassem, abrindo-as.[4]

Por outro lado, no Brasil, deixar a Usina de Tucuruí de suprir eletricidade às empresas de alumínio, sobretudo a de Alumar, instalada no Maranhão, a fim de redirecionar essa energia para o Nordeste, não constituía meio adequado para resolver o problema do racionamento. Isso importou, como diz o refrão popular, em "despir um santo para vestir outro", com o alto inconveniente de prejudicar um setor industrial e levantar uma questão jurídica contra o governo de então, que provavelmente terminaria em indenização.

3. Cf. www1.folha.uol.com.br/mercado/2016/07/1792453-novo-programa-para-rio-sao-francisco-custara-mais-r-10-bilhoes.shtml.
4. David E. Lilienthal, "A river is put to work for the people", *TVA: Democracy on the March*, New York, Pocket Books, 1945, cap. 2.

CONCLUSÃO

Quando cessasse o racionamento de energia elétrica no Nordeste, não se poderia parar, como se fosse o ponto final da matéria, porque o resto do País estaria exposto à mesma contingência. Sem dúvida, havia várias usinas em construção, como, na época, a enorme binacional de Itaipu, tal qual como há agora, na segunda década do século XXI, inúmeras outras em começo de projetos e/ou em construção, na Amazônia, Pará, e outras, todas com enormes atrasos.

Mas, é de crer que não está longe o dia em que a capacidade de todas as usinas se esgote, como *alertei, severamente, ao me referir à questão da água,* no meu livro *Águas Interiores, suas Margens, Ilhas e Servidões* (1986). E esgotando-se a capacidade das usinas, indaga-se: "E então?"...

Então, tornar-se-á necessário tomar corajosamente algumas medidas legislativas para evitar o racionamento e manter o ritmo de progresso que todos desejamos. Dentre essas medidas, algumas já foram focalizadas e sugeridas em capítulos anteriores, mas isso não impede de revê-las brevemente neste trabalho.

Como preliminar, parece recomendável abandonar a ideia de um novo Código de Águas, adotando a de desdobrar o conteúdo deste, de modo a remanescer a matéria concernente a águas no Código Civil de 2002, tal qual existia no anterior, onde se achava bem regulada, ressalvados eventuais acréscimos, como, aliás, acontece com o Código Civil português de 1966. Nesses acréscimos devem ser inseridos dispositivos relacionados com maior *eficiência energ*ética, e em harmonia com os do Direito Ambiental, florestas e aspectos da sustentabilidade. No tocante à energia elétrica, suas normas passariam a constar de uma única lei autônoma que deveria reunir as numerosas disposições esparsas e mal distribuídas, confusas, tautológicas, e, muita vez, sem base jurídica. Para tanto há que se clarear, simplificar e consolidar a parafernália de normas esdrúxulas, estatuídas no País desde 2003.

Todos sentem a necessidade dessa lei específica, tão diferenciada se mostra a matéria relativa à energia elétrica daquela com a qual está associada no Código de Águas. A sua característica capital deverá ser liberatória, dentro de cujo âmbito cabem várias providências, a primeira das quais importará em assegurar às empresas concessionárias os recursos que legalmente lhes tocam, liberando-as, sobretudo, de repasses que ora são ilegalmente obrigadas a fazer para sustentar uma supersociedade governamental, suporte de uma burocracia vasta e ineficiente...

Se grande parte das empresas concessionárias é *particular*, embora investidas de uma delegação do poder público, está claro que este não pode tomar-lhes quaisquer valores, quer se originem de reservas de reversão e de amortização, ou de outras a que lhe apraza dar um nome diferente. Essa tomada de valores não passa de uma *expropriação* ilícita, porque, apesar da concessão, a empresa concessionária não se confunde com o poder público. Dada a natureza expropriatória dos repasses à empresa governamental, não escapam à censura de inconstitucionalidade.

Sem dúvida, no fim do prazo da concessão, os bens da concessionária devem reverter ao poder concedente, visto como a primeira tem uma propriedade resolúvel. Antes porém do advento do termo resolutivo, a que a concessão está subordinada, não se justifica a intervenção governamental na maneira pela qual as empresas aplicam as reservas, para o fim de subtraí-las à livre destinação que estas queiram dar-lhes (CC, art. 1.359).

E não se justifica aquela intervenção, pois, como é notório, e salientado por José Edwaldo Tavares Borba (Rio de Janeiro) e também por Aloysio Meirelles de Miranda Filho (São Paulo), a característica, o fator principal nas sociedades anônimas – e quase todas as concessionária o são –, é o intuito de lucro que interessa aos seus acionistas. Muito embora uma concessionária de serviço público deva ter sempre consciente seu compromisso com o interesse público, o lucro é elemento essencial na sua atividade. Assim, tem a companhia inteira liberdade para criar reservas.[5]

Não será demasia relembrar que a Lei das Sociedades Anônimas, além das reservas obrigatórias, faculta a criação de outras reservas, como explicitado nos respectivos estatutos, e que sejam favoráveis ao seu objeto social e também aos acionistas (Lei 6.404/1976, arts. 193, 194 e 195).

Portanto, enquanto não findo o prazo da concessão, o concessionário se considera um proprietário perfeito, com a discrição de fazer o que melhor lhe pareça com as reservas, notadamente a de reversão, suscetível de transformar-se num acervo *não reversível*, por meio do qual o concessionário deseje forrar-se às consequências, por exemplo, de crises econômico-financeiras, desvalorização da moeda e outras. Como a sua personalidade não se confunde com a do poder público, a este é vedado desconsiderá-la com uma expropriação via transversa.

A exposição acima, relativa à tomada indevida de valores, feita pelo poder público às concessionárias de caráter privado, torna-se mais ostensiva com as novas normas, na qual, o poder público reforça, revi-

---

5. José Edwaldo Tavares Borba, *Temas de Direito Comercial*, Rio de Janeiro, Renovar, 2007, Parecer, p. 139; Aloysio Meirelles de Miranda Filho, São Paulo, parecer não publicado, gentilmente cedido.

gora a obrigatoriedade de pagamento de uma *quota* criada para depósito numa conta denominada "Reserva Global de Reversão". A respectiva lei instituidora é a Lei 5.655/1971 e, segundo é expresso nesta norma, a referida quota é contribuição devida pelas distribuidoras de energia para a Eletrobrás.

Essa contribuição, ou quota, vai para uma conta, com idêntica titulação, e na forma da lei, será aplicada nos casos de reversão e encampação. O pagamento dessa contribuição já foi maior e é atualmente de 2,5% sobre os investimentos das concessionárias, pago em duodécimos mensais à Eletrobrás. Atualmente, todas as concessionárias de serviços públicos estão obrigadas a fazer a contribuição em conta corrente da Câmara de Comercialização de Energia Elétrica/CCEE, com já visto (cf. Lei 13.360, de 17.11.2016, art. 1º, com referência à Lei 5.655/1971, art. 4º e parágrafos).

Em 24.6.2011 foi editada lei estarrecedora – Lei 12.431 –, pois modifica cerca de 18 outras leis, com temas diferentes, inclusive o art. 20, que modificou prazo anterior, estabelecido no art. 8º, da Lei 9.648/1998, e explicita que a quota anual da Reserva Global de Reversão ficará extinta no final do exercício de 2035, i. é, estendeu o prazo para sua extinção, que deveria ter terminado em 2010 (Lei 5.655/1971, art. 4º, §§ 3º e 3-A, com as modificações trazidas pela Medida Provisória 735, de 22.6.2016, que, trazem modificações relativas às datas de depósitos dos duodécimos da quota de RGR; Lei 8.631/1993, art. 9º; Lei 9.648/1998, art. 8º, modificado pela Lei 12.431/2011, art. 20).

Segundo a legislação acima indicada, o percentual das quotas de reversão incide sobre o investimento composto do saldo *pro rata temporis*, do *ativo imobilizado*, deduzindo-se a depreciação acumulada, doações e subvenções para investimentos, obrigações especiais, reversão, amortização, contribuição do consumidor e participação da União (Lei 5.655/1971, art. 4º, § 1º, com a redação dada pela Lei 8.631/1993; Lei 8.631/1993, art. 9º, § 1º).

Observe-se ainda que parte dessa contribuição de duodécimos de quotas para a Reserva Global de Reversão, que deveria atender, em parte, ao custeio de pesquisas energéticas, é desfalcado para atender ao Ministério de Minas e Energia (cf. Lei 13.360/2016, art. 1º, na referência à Lei 5.655/1971).

Ocorre que no *ativo imobilizado* ingressam os direitos sobre bens destinados à *manutenção das atividades* da empresa, inclusive os da propriedade industrial ou comercial. Ora, se os princípios contábeis assim determinam, como é que se pode aferir princípios contábeis e, por cima, por via indireta, reduzir o que é necessário para a manutenção da atividade? (Lei 6.404/1976, art. 179, IV).

A todas essas incongruências, acrescente-se que, na pendência do prazo, a empresa concessionária pode até constituir, sobre os bens do acervo *reversível*, quaisquer direitos reais, notadamente a hipoteca, os quais se resolverão quando se resolver o domínio. Se lhe assiste esse poder sobre os bens que caberão ao poder concedente, como se explica que não o tenha relativamente a bens que lhe pertencem, por se destinarem a recompor o capital por ele empatado? Aí está um extravio incompreensível sob o ponto de vista jurídico.

No entanto, é esse extravio que existia no passado com o recolhimento, pelas concessionárias, de valores de quotas nas agências do Banco do Brasil, mas a crédito da Eletrobrás, o que é tanto mais incompreensível nos dias atuais, quanto aquele recolhimento decorre de leis esdrúxulas, que, atualmente persistem, obrigando as empresas concessionárias a recolher essas quotas de reversão, não mais para a Eletrobrás, mas a crédito da Câmara de Comercialização de Energia Elétrica/CCEE, para a conta denominada agora Conta de Desenvolvimento Energético, a crédito desta última entidade, com a finalidade de conceder empréstimos às próprias concessionárias, e principalmente para as estatais, para melhoria e expansão dos serviços públicos (Lei 5.655/1971, art. 4º § 2º; Decreto 69.721/1971, arts. 1º e 3º (revogado pelo Decreto de 15.2.199); Decreto-lei 1.849/1981, arts. 1º e 5º (revogado pelo Decreto-lei 2.432, de 17.5.1988); e Lei 13.360/2016, art. 1º, que dá nova redação ao art. 4º da Lei 5.655).

Se se tomar, por exemplo, o Decreto-lei 1.849/1981, ver-se-á que já representava um primor de desconhecimento de princípios elementares de legalidade e de contabilidade, desconhecimento esse agora agravado e desvirtuado.

Além de determinar o depósito das quotas de Reserva Global de Reversão anteriormente em favor da Eletrobrás e agora para a conta da Câmara de Comercialização de Energia Elétrica/CCEE, o que já configurava – e continua a configurar – a mais ostensiva usurpação, ainda cominam multas de 2,5% sobre o investimento para o atraso nesse depósito (Lei 5.655/1971, art. 4º, § 1º, com a redação dada pela Lei 8.631/1993, art. 9º § 3º; Lei 9.427/1996, art. 13º, § 2º, I).

CONCLUSÃO

E pelo expresso em capítulos atrás, pode-se aqui sugerir mais, ou seja, ao mesmo tempo em que se vier a promover a liberação das concessionárias dessa absurda sobrecarga, convirá eliminar a limitação com que ora se fazem as transferências de atribuições aos Estados, a fim de que estes possam desempenhá-las, cabalmente, como delegados da União e a cargo desta só bastará ficar o aproveitamento que interessa a mais de um Estado, embora estes tenham a faculdade de, nesse caso, celebrar entre si um convênio interadministrativo para regulá-lo, o que induz a concluir que, a rigor, nem nesse ponto precisa a limitação ser mantida.

Nem é preciso acrescentar que o jacobinismo dominante na formação do capital e da direção das empresas concessionárias precisa também ser afastado.

O País necessita do valioso concurso tanto do capital estrangeiro como da experiência da tecnologia dos países desenvolvidos. Não mais necessita, porém, de importação de máquinas, pois quase todas são fabricadas no País. E precisa, e muito, de maiores aplicações em pesquisas e tecnologia.

No mesmo programa de liberação insere-se a que se fizer relativamente ao aproveitamento de todas as quedas d'água e desníveis particulares com potencial hidráulico igual ou inferior a 3.000 kW e de usinas termoelétricas com potencial igual ou inferior a 5.000 kW, para o desembaraçado uso dos respectivos proprietários, sem formalidades burocráticas, que ainda existem. Assim os córregos e ribeirões se encherão de usinas hidráulicas de pequeno porte, que suprirão os meios rurais carentes de energia (Lei 9.074/1995).

A retomada da construção de pequenas usinas recomenda, porém, o estudo prévio da padronização dos equipamentos para fabricação pela indústria nacional, a fim de que a produção em série barateie o seu custo, a exemplo do que fez o Ministério da Agricultura em meados do século passado para impostação de tratores. O Ministério de Minas e Energia deve agora *premiar a pesquisa* para essa fabricação padronizada pela indústria brasileira em face da atual diversidade de modelos de grupos geradores, tanto mais quanto se acha praticamente estacionada essa indústria.

A necessidade é tanto maior quanto, nos dias que correm, a instalação de pequenas centrais hidroelétricas se mostra muito favorável ao atual sistema energético brasileiro.

As usinas do vale do Tennessee, nos Estado Unidos, que exaltaram o nome do governo e provocaram a admiração do mundo, foram elogiadas sobretudo por terem propiciado energia a 370.000 propriedades rurais. Essa peculiaridade merece ser lembrada para que o bom exemplo seja imitado no nosso País, onde a eletrificação rural atingirá o mais alto grau quando ocorrer a liberação por nós sugerida, para dar azo à iniciativa privada.

De todas as providências antes aventadas, talvez a mais relevante seja a primeira, referente à extinção da Eletrobrás, cuja criação foi repudiada por ilustres engenheiros, como Marcondes Ferraz, John Cotrim, João Monteiro Filho e Otávio Gouveia de Bulhões, não só em caráter pessoal, como reunidos em órgãos de classe, como o Instituto de Engenharia de São Paulo em valioso parecer.[6]

Embora, há pouco anos atrás – ainda em leis recentes –, tenham sido reduzidas as atribuições da Eletrobrás, a sua manutenção continua a ser censurada, bastando anotar que, no final da década de 1980, o economista e ex-Ministro Mario Henrique Simonsen, a propósito de nova ameaça de racionamento de energia elétrica, já havia corroborado, com sua autoridade, o papel negativo dessa supersociedade. No seu entender, "(...) se o governo conseguir derrubar a burocracia da Eletrobrás e permitir que a iniciativa privada construa miniusinas, o Brasil poderá dobrar a curto prazo sua capacidade energética e driblar o racionamento".[7]

Pouco tempo depois, ao tomar posse do cargo, um novo presidente da Cemig anunciou a imediata suspensão pela empresa do recolhimento compulsório para os fundos da Eletrobrás (reservas globais de reversão e de garantia). Ao fazê-lo, cumpriu a decisão tomada anteriormente pelos governadores do Centro-Sul em Florianópolis, que não queriam a continuação dos repasses feitos por suas empresas de eletricidade, por julgarem ser a transferência responsável pelo declínio financeiro delas.

Ao fundamentar a sua decisão, o então novo presidente da Cemig revelou que sua empresa recolhera à Eletrobrás, desde 1981 até o ano de 1988, cerca de 500 milhões de dólares, o suficiente para manter todos os projetos em andamento e em fase inicial em Minas Gerais. Dando cobertura à decisão de cortar o repasse, arguiu a inconstitucionalidade do Dec.-lei 1.849, de 1981, que instituiu as transferências para as reservas da Eletrobrás por suas subsidiárias estaduais,[8] invocando provavelmente

---

6. *Semana de Debates sobre Energia Elétrica*, Imprensa Oficial do Estado de São Paulo, 1956, Anexo, pp. 287-297.
7. Jornal *O Globo*, de 30.7.1987, p. 12.
8. *Jornal do Brasil*, de 12.9.1987, p. 16.

CONCLUSÃO

os argumentos atrás aduzidos, consistentes na expropriação indireta e na desconsideração da personalidade jurídica das concessionárias.[9]

A verdade é que a Eletrobrás ainda tem atribuições que se confundem e se superpõem com as de outras novas entidades, no vigente plano energético brasileiro, como é fácil verificar pelos atos que lhe dizem respeito. Quando dois órgãos possuem atribuições comuns, evidentemente um deles está sobrando no organograma. No caso, deve ser indicado aquele que se transformou num instrumento de sucção indevida de recursos das empresas concessionárias. Se se pretende desestatizar a economia, essa duplicação onerosíssima que só serviu para agigantar a máquina estatal, já pesadíssima, merece desaparecer, tanto mais quanto é responsável, em boa parte, pela calamitosa situação em que o País se acha mergulhado.

A desestatização e o equilíbrio da economia, como idealizados por Fernando Henrique Cardoso, repelem aquela duplicação de atribuições, pelo que, reiteramos, merece desaparecer.

Como se vê, a extinção da Eletrobrás aliviaria o Estado de um órgão não só dispensável como oneroso, pois as atribuições podem ser exercidas por outros, e sua existência assaz contribui para o déficit público com a intermediação e os parâmetros de sua vasta rede burocrática.

Num momento em que o País se vê abafado por uma grave crise econômica e financeira, decorrente da cumulação da dívida externa com a interna, da ineficiência administrativa – e moral – a medida será saudada por todos como benemérita.[10] Incidentalmente relembre-se que em 1987

---

9. A opinião pública continua a reputar anômala a existência da Eletrobrás, que se originou de uma comissão palaciana que, embora desconhecida do público, se deixava conduzir por um dos seus membros, um esquerdista, cuja obsessão socializante podia ser bem aferida por um fato, em que o autor deste livro se viu envolvido. Colocado no Conselho Fiscal da Chesf quis, a todo transe, numa reunião, forçar a Diretoria Administrativa a transferir o seguro de acidente de trabalho dos operários de Paulo Afonso para um instituto oficial, o IAPI. Como o autor se opusesse a essa intromissão indébita, pois ajustara com empresa particular um prêmio muito menor, esse membro do conselho fiscal não se deu por vencido. Embora assinasse o parecer elogioso do conselho fiscal, apôs-lhe a ressalva de um dos atos da Companhia, forçando esta a esclarecer ao público que esse ato consistia na colocação do seguro de acidente de trabalho em conceituada empresa privada por prêmio menor (*Relatório da CHESF*, de 1953, p. 25).

10. *Jornal do Brasil*, de 26.11.1987; "Ingerência do governo na Eletrobras ajuda a causar rombo de R$ 13 bi desde 2012. Este ano, empresa deve fechar no vermelho de novo", Jornal *O Globo*, de 5.5.2014, pp. 17 e 18. Disponível em: http://oglobo.globo.com/economia/ingerencia-do-governo-na-eletrobras-ajuda-causar-rombo-de-13-bi-
-desde-2012-12380463#ixzz4DZ7r54rI.

a Eletrobrás já apresentava o maior déficit das empresas estatais e, em maio de 2014, o seu déficit ultrapassava o pico de R$ 13 bilhões.

A quota de reversão, com a existência da Eletrobrás, perdeu o seu sentido, visto como essa empresa somente cria outras empresas estatais. E perdeu seu sentido porquanto a lei vigente determina que os recursos dessa quota de Reserva Global de Reversão/RGR são para prover recursos para a reversão, encampação e expansão e melhoria do setor, e agora com outras destinações, como se informa acima.

Vale dizer, as próprias concessionárias, tão oneradas, vão financiar os atos governamentais, atuais e/ou futuros. Assim, essas quotas só podem se justificar plenamente *se* a eventual e efetiva devolução de bens das concessionárias ao Estado for feita mediante indenizações àquelas no seu valor real. Essa devolução pode ocorrer quer para passar os bens para outras empresas, quer para o Estado assumi-las diretamente, conforme as circunstâncias.

Essa segunda eventualidade se prevê *apenas para uma emergência*, pois deve ser evitada a todo transe, dada a superioridade da gestão particular sobre a estatal. A reversão à empresa privada far-se-ia, facilmente, pela venda de ações ao público, com reserva de uma porcentagem para subscrição eventual pelos funcionários e operários.[11]

Analogamente, a denominada "quota de garantia", que a Eletrobrás arrecadava há muitos anos atrás, e que fora instituída para garantir o equilíbrio financeiro da empresa, já não se justificava de modo nenhum e, no passado, era questionada, porquanto servia para premiar empresa mal administrada à custa das que eram bem administradas. Nossa opinião sempre foi no sentido de que aquela quota deveria desaparecer, mantendo-se, com modificações apenas a de reversão, e ainda adotando a diretriz de entregar, mesmo que gradativamente, as empresas estatais às mãos dos particulares. Felizmente, aquela quota de garantia foi extinta.

Reitere-se: que tem feito a Eletrobrás? Se se atentar desapaixonadamente para o seu passado, ver-se-á que só tem servido para burocratizar, entorpecer e atrasar o desenvolvimento da eletrificação. Quando evitável, a mediação, a intermediação, por importar em um novo degrau da escada, traz sempre prejuízo. Não basta construir um vistoso edifício no Rio de

---

11. A esse propósito, reporto-me ao expendido na I Conferência Nacional de Administração Pública quando começava o surto das sociedades de economia mista e estatais. Cf., a respeito, "Atualidades administrativas", *Boletim do Instituto Brasileiro de Ciências Administrativas*, vol. 17, Rio de Janeiro, 1963.

Janeiro e nos seus diferentes andares acomodar órgãos administrativos e técnicos com siglas e nomes imponentes.

Como o autor sempre expressou, dir-se-á que precisa haver um órgão que articule as diversas empresas e suas interligações, bem como as fiscalize a todas, inclusive quanto a tarifas, impondo a sua autoridade ao conjunto. Esse órgão já existia, e era o Departamento Nacional de Águas e Energia Elétrica, na esfera federal, com departamento correspondente na esfera estadual. Agora existe a Aneel, e vários outros, estando estes órgãos habilitados a ditar os atos de coordenação e de interligação necessários, para as atividades energéticas, embora, as mais das vezes, com extrapolações, excessivas atribuições, tudo indicando revisão geral e imediata na legislação energética.

Não há mais razão para a existência da Eletrobrás. Esta entidade, por sua superfluidade, tornou-se paradigma do desperdício nacional.[12]

Saliente-se que, não obstante às observações relativas à extinção da Eletrobrás, fica ressalvado aqui que *não* se põe em causa o conceito dos engenheiros e/ou de sua direção, mas a própria existência da sociedade, cujos resultados têm sido contraproducentes. Como diria Ihering, um fato não pode ser destruído por um conceito. Oxalá a Eletrobrás venha a ser absorvida para, com retoques legislativos nesta entidade, e em outros órgão, a Aneel possa vir a dar maior liberdade à ação das empresas de iniciativa privada, com o que muito ganhará o País.

Em matéria energética há tema globalmente preocupante, que é o das usinas nucleares, existindo, entre nós brasileiros, uma prevenção cada vez mais acentuada, sobretudo depois dos desastres de Three Mile Island, Pensilvânia, nos EUA, em 1979; de Tsuruga, na província de Fukui, no Japão, em 1981; de Chernobyl, na então União Soviética, hoje Ucrânia, em 1986; de Tomsk, na Sibéria Ocidental, em 1993; de Tokai, no Japão, em 1999; de Mihama, no Japao, em 2004, de Tricastin, na França, em 2008, e de Fukushima, no Japão, em 2011. Este último terrível evento levou o Japão, naquela época, a abandonar as usinas nucleares, todavia, malgrado do povo japonês o programa nuclear foi retomado.

12. Sob esse signo fez-se o seu relatório anual de 1985, de duvidoso gosto artístico, e mais duvidoso ainda o parecer de auditores com restrições, em letrinhas miúdas, em cujo final se lê que foi emitido com restrição "exceto quanto à mudança descrita na nota 4", que se refere às práticas contábeis. Parece até que serviu de orientação para as mudanças contábeis do Governo Federal populista, maquiadas em 2014 e 2015.

Essa prevenção recrudesceu com o acidente do lixo da radioatividade provocado pelo césio 137, em Goiânia, causando tantas vítimas. Simultaneamente com esse fato ocorre o entorpecimento ou paralisação do caríssimo programa das nossas usinas nucleares, embora há pouco os jornais tenham noticiado a retomada de Angra III.[13]

Cumpre trazer de novo à memória que nem a notícia de que os brasileiros lograram descobrir o processo de enriquecimento de urânio por centrifugação despertou o menor entusiasmo. Ao contrário, como a descoberta se deu no âmbito do acordo nuclear entre o Brasil e a Alemanha, isso não agradou aos parceiros alemães, por fugir ao espírito do acordo.[14]

Tendo em vista principalmente os efeitos radioativos e, até agora, da inexistência de solução para o lixo da radioatividade, cumpre voltar a vista para outras fontes de energia. Entre as diversas, ora em fase de aperfeiçoamento, podemos começar com a térmica ao nosso dispor, predispondo, talvez, um esquema de aproveitamentos locais, de acordo com as peculiaridades de cada lugar. Esse pensamento tem acudido a mais de um espírito, levando a pesquisas para utilização de resíduos de vácuo provenientes do refino de petróleo na geração de energia termoelétrica, bem como para aproveitamento intensivo de gás natural, abundante em pontos da Bahia, junto à refinaria de Mataripe. A Coelba, Cia de Energia Elétrica da Bahia, que pertence atualmente ao Grupo da NeoEnergia, em certa época anunciou que tencionava fundar uma companhia estadual de gás naquele estado, que seria sua subsidiária; todavia, até agora, em 2016, isso não se concretizou.[15]

Ainda no contexto de sugestões do autor, releva advertir que o fenômeno regressivo do apelo às fontes de energia térmica tem caráter geral, valendo tudo quanto se explanou no capítulo concernente às usinas que empregam essa energia. Além disso, torna-se oportuno ajuntar que a energia térmica pode ser obtida, em menor escala, para uso local com a queima de bagaço de cana de açúcar, que produz vapor para geração

---

13. Cf. Jornal *O Globo*, de 2.3.2016.
14. *Jornal do Brasil*, de 15.10.1987, p. 6.
15. A propósito, ocorre ao autor lembrar que as companhias estaduais de eletricidades, distribuidoras de energia elétrica da Chesf, tomaram o nome de companhia por iniciativa que lhe coube encaminhar, antes que adotassem, como aconteceu alhures, a ideia de dar-lhes uma designação que começa com o adjetivo "Central", parecendo ao autor uma imitação absurda estrangeira, pelo que este autor fez ver a conveniência de fornecer energia sem ofender o português, daí surgindo a Celpe, em Pernambuco, a Coelba, na Bahia, e, assim por diante.

de energia elétrica. Assim destilarias de álcool recebem um adicional energético com o aproveitamento da sobra de bagaço.

Dada a generalização da cultura da cana, não é demasia supor que daí provenha considerável acréscimo à disponibilidade de energia elétrica. Para tanto, porém, as destilarias hão de empenhar-se no aperfeiçoamento tecnológico que as habilite a ampliar a obtenção da eletricidade, como o fizeram as usinas atrás aludidas, as quais, além de atenderem às suas necessidades energéticas, ainda fornecem sobras de eletricidade às empresas especializadas na produção desta. Aí, talvez, uma das mais favoráveis expectativas, com a ressalva de que plantios de cana *não* podem ser, *não* devem ser em terras mais *apropriadas* para o *cultivo de plantios para a comida* e/ou *de boas pastagens*, vale dizer, devem estar em terras inferiores.

Como se infere do expendido, torna-se aconselhável a privatização em maior escala das empresas de energia elétrica, como fez, nas décadas de 1970 e 1980, a primeira-ministra do Reino Unido, Margaret Thatcher. Depois da privatização das companhias de gás, telefone e aéreas, e da indústria automobilística Rolls Royce, concomitante com o enfraquecimento do poder dos sindicatos, a dirigente inglesa empreendeu a da administração dos aeroportos e da companhia de eletricidade.[16] Foram estes atos de descortino e coragem que lhe granjearam o prestígio para, mediante o voto popular, ascender ao Governo inglês pela terceira vez, fato inédito naquele país.

Embora o Brasil tenha o bom exemplo acima referido, podendo imitá-lo, na verdade, essa suposta e possível imitação, nos últimos anos, desde 2003 até meados de 2016, é fantasiosa e frágil, mais aparente do que real, em face do pensamento desatualizado de autoridades retrógadas, que usufruem pessoalmente do poder, em total detrimento do País e desconhecimento do mundo no século XXI.

No tópico de privatização, cabe aduzir que não se contesta que os empreendimentos industriais são executados e administrados com mais economia e eficiência pelas empresas privadas do que pelas governamentais. Como exceção, estas só se justificam, no campo econômico, para suprir a falta ou insuficiência da iniciativa particular, o que, aliás, a própria Constituição Federal prescreve.

Por conseguinte, chegou a hora de entregar à iniciativa particular empresas governamentais pioneiras, mediante a venda ao público de

---

16. Jornal *O Globo*, de 16.6.1987, p. 13.

ações com direito de voto, com reserva de porcentagem para subscrição, eventual, pelos operários, assim como de dirigir para as empresas privadas, para expansão e melhoramentos de seus serviços, o financiamento que a Eletrobrás vem usurpando delas. Nesse desígnio insere-se também a abertura aos particulares da oportunidade de mais livre aproveitamento das quedas d'água até 3.000 kW.

A privatização não repele o controle do Estado, mas este se exercerá por meio da lei, desde que haja coragem para colocar de lado os anarquistas e retrógados. O inolvidável Rui Barbosa, ao dirigir-se à mais alta Corte do País, em 1898, e referindo-se à lei, à relevância do Poder Judiciário e ao respeito ao Supremo Tribunal Federal, assim se expressou : "Se a política não recuar diante desta Casa Sagrada [*o Supremo*] (...) se os governos não se compenetrarem de que na vossa independência consiste a sua maior força, a grande força do princípio da autoridade civil; se os homens de Estado não se convencerem de que o que se passa aqui dentro é inviolável (...) não haverá quem nos salve". No mesmo sentido, o pensamento sintético do corajoso Min. Joaquim Barbosa: "Nada se salva fora da lei".

Abrimos aqui intervalo para expressar, por ser de justiça, que o sucesso do Governo de Fernando Henrique Cardoso foi o da sua coragem na privatização e, ainda, na imposição do racionamento de energia, tão necessário para a economia, para o benefício do País. Essa coragem já fora antevista quando, como Ministro da Fazenda, Fernando Henrique terminou com as quase seis mil moedas em Estados e Municípios brasileiros. Ou seja, cada Estado e cada Município tinham seu próprio índice para reajuste, para correção da moeda, o que transformou o sistema monetário numa torre de Babel, regularizado depois pelo Ministro Fernando Henrique por meio da abolição da correção monetária e da criação do real.

Em suma, a melhor solução para as empresas de energia elétrica é a sua privatização. Como ex-diretor de uma companhia mista, talvez se estranhe que o autor deste livro tenha emitido essa opinião. No entanto, o êxito espetacular dessa Companhia, a Chesf, se deve precisamente ao fato de ter adotado os procedimentos de uma empresa privada. Ao abrir a subscrição de suas ações, o Presidente Dutra anunciou que a Companhia teria plena liberdade de ação, como empresa industrial, para o que ele próprio não faria sequer um pedido de emprego nos seus quadros e esperava que os políticos imitassem o seu exemplo.

Efetivamente, escolhido o presidente, o primeiro nome de uma lista apresentada pelo Ministro Daniel de Carvalho, esse presidente, o engenheiro A. J. Alves de Souza escolheu livremente os seus companheiros de diretoria e o consultor jurídico. Depois, reunidos em sala emprestada, combinaram estes as medidas preliminares, saindo em seguida, cada um deles, para realizar as lhe tocavam. O importante é frisar que a Companhia nunca recebeu do Presidente Dutra, nem de qualquer de seus auxiliares, nem de políticos, sequer um pedido de emprego. É que nascera sob o signo da *privatização*.

É quase uníssona entre os especialistas em energia opinião idêntica à nossa, sobre as vantagens da *privatização*, porquanto as populações, em muitos países, avançaram em demasia, e recursos arrecadados por entidades estatais não são suficientes para fazer frente a despesas essenciais da coletividade, sabendo todos que este não é bom administrador. É hoje essencial o maior incentivo à iniciativa privada em energia e ampla abertura e liberdade para atuação das forças do mercado.[17]

No livro já indicado, de Brenda Shaffer, ela mostra minuciosamente a relação entre *energia e política*, esclarecendo que são matérias totalmente integradas e que considerações políticas e comerciais influenciam uma à outra, e raramente poderão ser separadas.[18] Como mencionado alhures é aspecto a ser mais cuidado.

Enfim, saliente-se que o mundo inteiro se preocupa com dois temas relevantes para a sobrevivência: *água e energia*. O ser humano pode sobreviver sem energia, como aconteceu por séculos, mas sem água, não. Conforme o truísmo: "Água é vida". E se a água é mais importante para os seres vivos, tanto a água doce como a do mar também o são, pois as duas colaboram na produção de energia. E como a água doce está escassa, há avanço, também no Brasil, para a dessalinização, o que Israel já faz há muitos anos.

A falta de energia no universo poderá paralisar, em parte, a sobrevivência de muitos. E o problema é sério, porquanto estudos da ONU estimam que a população mundial crescerá para 8,5 bilhões em 2025. Esse crescimento será maior nos países ainda em desenvolvimento, os quais precisarão muito mais de energia. Mas esses povos, ainda em fase de desenvolvimento, não têm recursos para aquisições de energia no mercado. Isso conduzirá fatalmente a um entrelaçamento político-econômico internacional intenso, com novas políticas no setor e investimentos mais

17. Brenda Shaffer, *Energy Politics*, University of Pennsylvania Press, Philadelphia, 2009, pp. 164 e 166.
18. Idem, ibidem, p. 160.

volumosos para obtenção de novas fontes de energia. E como os países desenvolvidos terão maior número de idosos, esses aspectos resultarão em maior demanda energética. Com novas políticas e investimentos, poder-se-á, talvez, desacelerar a demanda e reduzir para todos os preços da energia. Para todos.[19]

Ao mencionar, no início deste capítulo, as inovações tecnológicas, fizemos referência a algumas técnicas brasileiras, como a das torneiras econômicas e outras. Cabe lembrar que no Governo de Fernando Henrique, seus assessores já se preocupavam seriamente com o tema; assim, foram tomadas medidas severas para se economizar água e energia, às quais a população se adaptou, como a adoção de lâmpadas fluorescentes, cortes de energia por pouco tempo e ainda bônus para quem economizasse água. Aduza-se que, nesta segunda década de 2000, a inquietação global é tão vigorosa que não se limita apenas à criação de novas técnicas energéticas, ou com a água e esvaziamento dos reservatórios, mas – como a de alguns brasileiros –, atinge também os aparelhos menores nas residências, escritórios, lojas etc. Haja vista o movimento de Hillary Clinton, em setembro de 2010, relativo à má utilização caseira de combustíveis renováveis (biomassa) nos fogões, desastrosos para a saúde e provocadores do aquecimento global. Dessa preocupação surgiu a entidade "Global Alliance for Clean Cookstoves".[20]

Cabe explicitar que a capacidade instalada de geração de energia elétrica no Brasil, para os anos de 2013-2018, segundo a Empresa de Pesquisa Energética, é a seguinte:

	ANO 2013	ANO 2018
a) hidroelétricas	de 85 GW = 71%	106 GW = 67%
b) eólicas	de 2 GW = 1%	11 GW= 7%
c) usinas – biomassa	9 GW = 7%	11 GW = 7%
d) pequenas centrais hidroelétricas	5 GW = 4%	6 GW = 4%
e) usinas térmicas	17 GW = 15%	21 GW = 13%
f) usinas nucleares	2 GW = 2%	3 GW = 2%

19. Cf. Herman Josef Wagner, *Energy – The World's Race for Resources in the 21st Century*, London, Hauss Publishing, 2008, pp. 53, 58 e 59.

20. Cf. Barbara C. Farhar, Beth Osnes e Elisabeth A. Lowry, "Energy and Gender", in Antoine Halff e outros (orgs.), *Energy Poverty,* Oxford University Press, 2014, p. 164.

O quadro acima mostra que as pequenas centrais hidroelétricas podem ser mais desenvolvidas, bem como as eólicas e as usinas de biomassa. Quanto às térmicas, é sabido que é energia cara, fazendo-se necessário estimular as de menor custo. O quadro mostra ainda que, como antes expresso, as *usinas nucleares* podem ser *eliminadas*, com o maior desenvolvimento de outras.

Como se vê, há ainda muito a ser feito em nosso País, pelo que se seguem algumas observações.

Em primeiro, é corrigir a *legislação caótica* dos anos de 2003 para cá. Temos uma lei que ensina a fazer leis, mas esta não é obedecida. Vale dizer, as próprias autoridades agridem, ferem, ofendem a lei. E na *consolidação e revisão de normas sobre energia* deve-se principiar por alterar as *inconstitucionalidades* registradas em capítulos anteriores (tarifas, contribuições, encargos, abuso de tributos etc.); fazer-se redução de órgãos vinculados no setor de energia, meio ambiente, setor agrário, redução que deve começar, por exemplo, com a *Eletrobrás* que, em 2014, apresentava um rombo de 13 bilhões![21] Outros mencionam 15 bilhões...[22] E, *eliminar*, principalmente, o escandaloso número *de ministérios*. Não é demasia pedir *clareza* em documentos das autoridades e de empresas nos fornecimentos de água e energia.

No tocante à energia para a população de baixa renda ou em regiões remotas, certamente podemos melhorar muito. Gilberto M. Jannuzzi e José Goldemberg expressam que a nossa experiência mostra que o acesso aos serviços modernos da energia não é o suficiente para promover o desenvolvimento econômico e social. E que o fornecimento de eletricidade, *per se*, não é substituto para programas sociais de redução de pobreza. Políticas de acesso e sustentabilidade devem ser acompanhadas de criação de empregos, geração de renda local e estímulos na utilização de energia para a produtividade. Aduzem que eficiência energética, tecnologia moderna e geração local com microeletricidade podem ajudar com novas oportunidades junto às populações de baixa renda.[23]

21. Cf. Jornal *O Globo*, de 5.5.2014, pp. 17 e 18.
22. Cf. http://oglobo.globo.com/economia/rombo-da-eletrobras-pode-afetar--contas-publicas-em-15-bi-19317009; e http://www.infomoney.com.br/bloomberg/mercados/noticia/4996037/tesouro-rejeita-socorrer-eletrobras-rombo-bilhoes-diz--fonte.
23. Gilberto M. Jannuzzi e Jose Goldemberg, "Modern energy services to low-income households in Brazil: lessons learned and challenges ahead", in *Energy Poverty*, cit., pp. 266 e 267.

Em energia deve-se conceder maior atenção à questão da *segurança*, que inclui três componentes: confiabilidade, suprimento e respeito ao meio ambiente. A confiabilidade exige que o fornecimento de energia seja contínuo e sem interrupções; o suprimento indica que o acesso à energia seja a preço economicamente sustentável e promova o crescimento econômico; e o respeito ao meio ambiente significa que o fornecimento da energia deva manter e proteger, a todo custo, o meio ambiente, não devendo causar males aos residentes locais e nem custos com saúde destes.[24]

A propósito, relembre-se que as térmicas utilizam carvão, óleo combustível e gás natural. Por isso provocam dúvidas maiores em virtude do aquecimento e emissões de gás carbônico. Ainda assim elas são importantes, pois, em épocas de crises hídricas, há maior procura das mesmas para substituição, ou reforço de fornecimento de energia, quando este suprimento das hidroelétricas falta. Nos Estados Unidos, os americanos continuam entusiasmados com o gás do xisto ("shale gás"), pois, como é sabido, objetivam obter sua independência de países fornecedores. E segundo a International Energy Agency/IEA, ao final desta década, as reservas americanas de óleo e gás irão superar as da Arábia Saudita e da Rússia. Todavia, como explicitado num dos capítulos deste livro, o "shale gás" oferece dificuldades. Assim, nesta área, o que o Brasil precisará acompanhar, com cuidado, é o que a melhor tecnologia puder oferecer, inclusive a da captura e sequestro de carbono ("carbon capture and sequestration"), para reduzir os males sobre a população.

Em relação às *térmicas*, há outro aspecto material *na segurança* que tem ocupado e inquietado a mente de especialista brasileiro. Isso porquanto elas utilizam material combustível e são facilmente inflamáveis, o que pode, eventualmente, provocar incêndios e explosões. Como não se pode prescindir de instalação elétrica nas usinas, as termoelétricas *devem* ter fiscalização severa, rigorosa, eis que o manuseio de suas instalações impõe cuidados especiais, de profissionais de qualidade. E, no Brasil *não temos* ainda fiscalização adequada, pois, o *Ministério do Trabalho*, órgão ao qual compete a fiscalização trabalhista no ambiente de trabalho, *não* tem profissionais especializados e e/ou eventual cadastro de alguns. É ponto assaz importante para o País.[25]

---

24. Brenda Shaffer, *Energy Politics*, cit., p. 93.
25. Cf. Dácio de Miranda Jordão, *Manual de Instalações Elétricas em Indústrias Químicas, Petroquímicas e de Petróleo*, 3ª ed., Rio de Janeiro, Qualitymark, 2006.

CONCLUSÃO

Com relação às *geotermais*, ainda há pouca experiência sobre suas vantagens ou desvantagens. Como produzem energia a partir do calor proveniente do interior da terra e de rochas quentes, as suas desvantagens se encontram no seguinte: não é energia renovável porquanto o calor vindo do centro da terra é inferior à extração demandada e em pouco tempo esgotar-se-á a área de extração; e depois, mais grave, é que sua extração pode provocar instabilidade geológica. Assim, por ora, parece que nada recomenda maiores investimentos nas geotérmicas.

No tocante à *energia solar*, a indústria brasileira necessitará aperfeiçoar os materiais e barateá-los para a população, tanto mais que não polui; a manutenção custa pouco, os painéis são cada vez mais potentes e, com o nosso sol esplendoroso, tudo aconselha, conduz à sua maior utilização. Aliás, as cidades de São Paulo e Florianópolis é que estão liderando no aperfeiçoamento e colocação de instalações solares maiores. Tal e qual, no Rio Grande do Sul já há duas grandes indústrias utilizando em suas fábricas a energia solar.

Felizmente, o Brasil vem investindo bem nas *eólicas* e já temos alguns setores no Nordeste brasileiro atendendo núcleos populacionais menores, com bons prognósticos de aumento em breve.

Quanto à energia das *marés*, o Reino Unidos parece ser o país que mais avançou nos estudos e experiências, pelo que o Brasil acompanha atentamente essas operações para obtenção de energia.

Com referência à *energia nuclear*, em nossa modesta opinião, é desaconselhável prosseguir com seus programas, em face do que é do conhecimento geral. E não se diga, como fazem alguns, que raramente ocorrem acidentes. Leia-se capítulo deste livro que aborda o assunto. Em abril de 2015, jornais noticiam que "Roubo de carga radioativa coloca México em alerta", esclarecendo que se este material *não for adequadamente* manuseado pode causar lesões permanentes, mesmo para quem tiver contato de minutos.[26] Como referido anteriormente, os acidentes nucleares têm sido em grande número e suas consequências bem graves, pois causam mortes e danos irreparáveis aos seres humanos. Note-se que, a despeito de anos e anos de estudos, nenhum país encontrou solução para o lixo nuclear. Assim, nesse tópico, o aspecto econômico deve ser abandonado.

Por último, e pelo maior interesse do País, lembre-se, como antes referido e alertado em livro do autor de 1982, na questão da água pre-

---

26. Jornal *O Globo*, de 17.4.2015, p. 27.

víamos que no final do século passado *não* poderíamos mais ter piscinas particulares, tão escassa já estava a água. Assim, há que se pensar com seriedade sobre o futuro da água e das usinas hidroelétricas.

É do conhecimento de todos que o nosso País possui extraordinários mananciais de água, de fazer inveja a outros países.

Todavia, água também acaba, seja por mudanças climáticas com secas prolongadas, seja pelo desperdício, seja principalmente pelo descuido com as nascentes e com a erosão desviando a água dos córregos, ribeirões e/ou rios abaixo, que acabam levando a água e terra para o mar. Quaisquer desses fatos são conducentes a diminuir a água dos reservatórios e das usinas hidroelétricas. E maior técnica deve ser conferida ao aperfeiçoamento de aparelhos de aproveitamento das águas e, ainda, de irrigação.

A propósito de água para irrigação, cumpre dizer que *não* se pode deixar o agricultor sem água para as irrigações, pois *irrigação* resulta em alimento. E o ser humano precisa de água e alimento. Há que haver, pois, *equilíbrio* entre o *fornecimento* de água para residências, indústrias e cidades e o *suprimento* de água para a agricultura e pecuária. Parece pois de muito bom alvitre tentar, onde possível, fazer pequenas barragens, pequenos lagos ou reservatórios, tanto para armazenar, guardar água das chuvas, como para evitar enchentes maiores.[27]

O jornalista André Trigueiro, com suas excelentes reportagens, já deu notícia na televisão sobre programas e projetos, em Minas Gerais, onde estão fazendo pequenos reservatórios em propriedades rurais para aliviar estações de secas, ajudar a agricultura e até mesmo as usinas, e evitar a vazão de águas nas enchentes, ações essas que ajudam ao País e à sua população.

Ideia semelhante, de desviar água e canalizá-la, segundo nos informam, teve a Chesf, que conseguiu fazer um canal, em paralelo ao Rio São Francisco, levando água para o *canyon*, aí aproveitando a altura, para montar usina na rocha. Não é exatamente igual ao que ora se sugere, mas o princípio é. Eis que parece ser possível fazer projetos de menor porte mediante colocação, em áreas convenientes, próximas e paralelas aos rios, de canais conducentes de água para depósito e reservatórios pequenos.

Será quase o inverso do que ora tentam fazer com a transposição – de bilhões – do Rio São Francisco, tirando água de Sobradinho para outro rio e deixando a Usina de Sobradinho sem água e sem energia...

---

27. Neste último caso, a European Commission de 2006 publicou informes no assunto, no *Official Journal*, de novembro de 2007.

CONCLUSÃO

Enfim, há diversos caminhos e soluções a serem seguidos. E se os primeiros capítulos deste livro, e partes de outros, narram o que de bom foi feito no passado, talvez algumas ideias possam ser aproveitadas no futuro. Mesmo porque onde há um querer há um poder...

Tomamos de empréstimo o acertado dizer do Min. Marco Aurélio:

> (...) para que se evolua (...) há que se realizar interpretação que aproveite o passado, não para repeti-lo, mas para captar de sua essência, lições para a posteridade.[28]

Como advogado, o autor deste livro se permite repetir, e reiterar, por sua oportunidade, o que disse no Instituto dos Advogados Brasileiros ao receber e agradecer, em 21.3.1990, o prêmio da Medalha Teixeira de Freitas:

> (...) a voz do Advogado há de sustentar o que lhe dita o foro íntimo, sem qualquer dissociação ou contração de sua unidade espiritual. Ao invés de silenciar, incumbe-lhe clamar em quaisquer circunstâncias, pelo primado da justiça, pelo respeito à lei, que normalmente partirá de cima para baixo, dada a força atrativa do exemplo daqueles que se acham em degraus mais altos da escala social. A verdade histórica está em que *a democracia só se mantém, enquanto o povo reconhece que os detentores do poder são homens dignos* de exercê-lo por se aterem ao cumprimento de seus deveres, notadamente o de combate à corrupção avassaladora.[29]

É nossa *esperança* que a Democracia venha a ter primazia...

---

28. Cf. STF, Acórdão no ADPF 46-DF, j. 4.8.2009.
29. Afrânio de Carvalho, *Revisão da Constituição de 1988*, Rio de Janeiro, Forense, 1993, p. 245.

BIBLIOGRAFIA

ALQUÉRES, José Luiz. *Visão Geral do Setor de Energia Elétrica*. Rio de Janeiro, 2010, em trabalho não publicado, gentilmente cedido.

ALVARES, Walter T. *Direito da Eletricidade*, vol. 1. Belo Horizonte, Editora Bernardo Alvares, 1962.

ALVIM, Carlos Feu. "Existe a possibilidade de um novo apagão?", *Revista de Economia e Energia*, n. 88, jan.-mar. 2013. Disponível em: http://ecen.com/eee88/eee88p/apagao2fev1013.pdf.

ANTUNES, Paulo de Bessa. *Direito Ambiental*. 22ª ed. Rio de Janeiro, Lumen Juris, 2008.

BALEEIRO, Aliomar. *Direito Tributário Brasileiro*. Atualização de Flávio Bauer Novelli. 10ª ed. Rio de Janeiro, Forense, 1996.

BANDEIRA DE MELLO, Celso Antônio. *Curso de Direito Administrativo*. 33ª ed., revista e atualizada até a EC 92, de 12.7.2016. São Paulo, Malheiros Editores, 2015.

_____. Parecer "Rodovias – Uso de faixa de domínio por concessionários de serviço público", *Revista da Associação Brasileira de Concessionárias de Rodovias*, Ano 2005.

BARBOZA, Mario Gibson. *Na diplomacia, o traço todo da vida*. Rio de Janeiro, Record, 1992.

BARROSO, Luiz Roberto. "Agências Reguladoras, Constituição, Transformações do Estado e Legitimidade Democrática", in LANDAU, Elena (coord.). *Regulação Jurídica do Setor Elétrico*. Rio de Janeiro, Lumen Juris, 2006.

BASSANELLI, Enrico. *Corso di Diritto Agrario*. Milano, Dott. A. Giuffrè, 1946.

BASTOS, Celso Ribeiro. *Curso de Direito Constitucional*. 21ª ed. São Paulo, Saraiva, 2000; 22ª ed., revista e atualizada por Samantha Meyer-Pflug. São Paulo, Malheiros Editores, 2010.

BEINEIX, Robert. *La Responsabilité Civile en Matière d'Accidents et de Dommages provoqués par le courant électrique; compétence, jurisprudence administrative et judiciaire, assurance*. Paris, LGDJ, 1938.

BERENHAUSER C.; PEREIRA, Natercio. "Balanço dos serviços de eletricidade no Brasil", *Anais da Conferência Mundial de Energia do Rio de Janeiro*, vol. 1, 1954.

BOGEN, Jules I. *Financial Handbook*. 3ª ed. New York, The Ronald Press Company, 1949.

BORBA, José Edwaldo Tavares. *Temas de Direito Comercial*. Rio de Janeiro, Renovar, 2007.

BUCUSSI, Alessandro. "Introdução ao conceito de energia", *Textos de Apoio ao Professor de Física-IF-UFRGS*, vol. 17, n. 3, Universidade Federal do Rio Grande do Sul, 2007. Disponível em: www.if.ufrgs.br/tapf/v17n3-Bucussi.pdf.

CAHALI, Francisco José. *Curso de Arbitragem*. 3ª ed. São Paulo, Ed. RT, 2013.

CAHALI, Yussef Said. *Responsabilidade Civil do Estado*. 4ª ed. São Paulo, Ed. RT, 2013.

CARDOSO, Fernando Henrique. *A Arte da Política – A História que Vivi*. Rio de Janeiro, Civilização Brasileira, 2006.

CARVALHO, Afranio de. *Águas Interiores, suas Margens, Ilhas e Servidões*. São Paulo, Saraiva, 1986.

_____. *Instituições de Direito Privado*. 2ª ed. Rio de Janeiro, Fundo de Cultura, 1973; 3ª ed. Rio de Janeiro, Forense, 1980.

_____. *Paulo Afonso e a Integração Nacional*. Rio de Janeiro, Forense, 1989.

_____. "Propriedade dos bens da concessão", *RF* 163 e 164. Rio de Janeiro, 1956.

_____. *Registro de Imóveis*. 4ª ed. Rio de Janeiro, Forense, 2001.

_____. *Revisão da Constituição de 1988*. Rio de Janeiro, Forense, 1993.

_____. "O tombamento de imóveis e o registro", *RT* 672.

CARVALHO, Dora Martins de. "O barqueiro que chora", *Jornal do Commercio*, de 21-22.8.2005.

CARVALHO, N. O.; FILIZOLA Jr., N. P.; SANTOS, P. M. C.; LIMA, J. E. F. W. *Guia de Avaliação de Assoreamento de Reservatórios*. Brasília, ANEEL, 2000.

CARVALHO SANTOS, J. M. de *Código Civil Brasileiro Interpretado [CC/1916]*. Rio de Janeiro, Freitas Bastos.

CASTRO, Amílcar de. *Direito Internacional Privado*. 3ª ed. Rio de Janeiro, Forense, 1977.

CASTRO, Guilherme Couto de. *A Responsabilidade Civil Objetiva no Direito Brasileiro*. Rio de Janeiro, Forense, 1997.

CHAVES, Petronio Rodrigues. *A Loja do Osorio*. Ituiutaba, edição do autor, 1984.

COIMBRA, Pedro; TIBÚRCIO, José Arnaldo M. *Uma Análise do Espaço Geográfico*. 2ª ed. São Paulo, Harbra, 2002.

DI PIETRO, Maria Sylvia Zanella. *Direito Administrativo*. 17ª ed. São Paulo, Atlas, 2004.

DIAS LEITE, Antonio. *A Energia do Brasil*. 2ª ed., atualizada. Rio de Janeiro, Campus, 2007.

_____. "Compatibilizar Energia e Meio Ambiente", Conferência de 23.10.2007, não publicada (gentileza do conferencista).

FARHAR, Barbara C.; OSNES, Beth; LOWRY, Elisabeth A. "Energy and gender", in HALFF, Antoine e outros (orgs.). *Energy Poverty, Global Challenges and Local Solutions*. Oxford University Press, 2014.

FARIA, Bento de. *Código Penal*, vol. I. 4ª ed. Rio de Janeiro, Jacintho Ribeiro dos Santos, 1929.

FATORELLI, Maria Lucia. "A dívida é basicamente um mecanismo financeiro que se autorreproduz e autoalimenta", *Revista Poli*, n. 30, set.-out. 2013. Disponível em: http://www.epsjv.fiocruz.br/sites/default/files/revista_poli_ _30.pdf.

FERRAZ, O. Marcondes; BALANÇA, A. "La coupure du fleuve São Francisco à l'usine de Paulo Afonso". *Anais da Conferência Mundial de Energia*, vol. 2. Rio de Janeiro, 1954.

FERRAZ, Sergio. *A Justa Indenização na Desapropriação*. São Paulo, Ed. RT, 1978.

FOX JR., William F. *International Commercial Agreements*. 2ª ed. Deventer, Boston, Kluwer Law and Taxation Publishers, 1992.

FUNES, Mariano Ruiz. *Proteção Penal da Eletricidade*. Tradução. São Paulo, Editora Libertas, 1935.

GOMES, Orlando. *Contratos*. 6ª ed. Rio de Janeiro, Forense, 1978.

GUDIN, Eugenio. *Princípios de Economia Monetária*. 7ª ed. Rio de Janeiro, Agir, 1970.

HALFF, Antoine; SOVACOOL, Benjamin K.; ROZHON, Jon. *Energy Poverty – Global Challenges and Local Solutions*. Oxford, Oxford University Press, 2014.

HALL, Charles A. S.; POWERS, Robert; SCHOENBERG, William. "Peak Oil, EROI, Investments and the Economy in an Uncertain Future", in PIMENTEL, David (org.). *Biofuels, Solar and Wind as Renewable Energy Systems: benefits and risks*. Philadelphia, Springer Science and Business Media, 2008.

HEDEMANN, J. W. *Tratado de Derecho Civil*, vol. 2: *Derechos Reales*. Madrid, Revista de Derecho Privado, 1955.

INSTITUTO DE ENGENHARIA DE SÃO PAULO. *Semana de Debates sobre Energia Elétrica*. São Paulo, Imprensa Oficial, 1956.

JANNUZZI, Gilberto M.; GOLDEMBERG, Jose. "Modern energy services to low-income households in Brazil: lessons learned and challenges ahead", in HALFF, Antoine e outros (orgs.). *Energy Poverty, Global Challenges and Local Solutions*. Oxford University Press, 2014.

JORDÃO, Dácio de Miranda. *Manual de Instalações Elétricas em Indústrias Químicas, Petroquímicas e de Petróleo*. Rio de Janeiro, Qualitymark, 2002; 3ª ed., 2006.

JUSTEN FILHO, Marçal. *Comentários à Lei de Licitações e Contratos Administrativos*. 16ª ed. São Paulo, Ed. RT, 2014.

KESSLER, Edwin. "Our food and fuel future", in PIMENTEL, David (org.). *Biofuels, Solar and Wind as Renewable Energy Systems: benefits and risks*. Philadelphia, Springer Science and Business Media, 2008.

LANDAU, Elena. "O setor elétrico em uma visão introdutória", in *Regulação Jurídica do Setor Elétrico*. Rio de Janeiro, Lumen Juris, 2006.

LANDAU, Elena; SAMPAIO, Patrícia. "Setor elétrico: uma visão introdutória", in LANDAU, Elena (org.). *Regulação Jurídica do Setor Elétrico*. Rio de Janeiro, Lumen Juris, 2006.

LILIENTHAL, David E. *TVA, Democracy on the March*. New York, Pocket Books, 1945; 6ª tir. New York, Pocket Books, 1952.

MACHADO, Hugo de Brito. *Comentários ao Código Tributário Nacional*. 3ª ed. Rio de Janeiro, Forense, 2015.

MACHADO, Paulo Afonso Leme. *Direito Ambiental Brasileiro*. 24ª ed., revista, ampliada e atualizada. São Paulo, Malheiros Editores, 2016.

MARCHETTI, Domingos. "Notícias sobre as escavações subterrâneas da Usina Hidroelétrica de Paulo Afonso". Monografia n. 21 dos *Anais do Congresso Mundial de Energia do Rio de Janeiro*. 1950.

MARQUES NETO, Floriano de Azevedo. "Agências Reguladoras no Setor de Energia entre Especialidade e Eficiência", in LANDAU, Elena (coord.). *Regulação Jurídica do Setor Elétrico*. Rio de Janeiro, Lumen Juris, 2006.

_____. "O uso de bens público estaduais por concessionárias de energia elétrica", de 2004. Disponível em: www.migalhas.com.br/dePeso/16,MI8984,31047-O+uso+de+bens+publicos+estaduais+por+concessionarias+de+energia.

MARTINS, Fran. *Comentários à Lei das Sociedades Anônimas*. vol. 3. Rio de Janeiro, Forense, 1979.

MASAGÃO, Mario. *Natureza jurídica da Concessão de Serviço Público*. São Paulo, Saraiva, 1933.

MEDAUAR, Odete. *Direito Administrativo Moderno*. 18ª ed. São Paulo, Ed. RT, 2014.

MEIRELLES, Hely Lopes. *Direito Administrativo Brasileiro*. São Paulo, Ed. RT, 1964.

MEIRELLES, Hely Lopes; BURLE FILHO, José Emmanuel; BURLE, Carla Rosado. *Direito Administrativo Brasileiro*. 42ª ed., atualizada até a EC 90, de 15.9.2015. São Paulo, Malheiros Editores, 2016.

MENDES, Gilmar Ferreira; e outros. *Curso de Direito Constitucional*. 2ª ed. São Paulo, Saraiva, 2008.

MONTEIRO, Washington de Barros. *Direito das Coisas*. 5ª ed. São Paulo, Saraiva, 1963.

MOREIRA NETO, Diogo Figueiredo. *Direito da Participação Política Legislativa, Administrativa, Judicial*. Rio de Janeiro, Renovar, 1992.

NASCIMENTO, Luiz Fernando Motta. *Paulo Afonso, Luz e Força Movendo o Nordeste*. Salvador, publicação da CHESF e da Aché, 1998.

NIVEAU, Maurice. *História dos Fatos Econômicos Contemporâneos*. São Paulo, Difusão Europeia do Livro, 1969.

NUNES, Antonio Pádua. *Código de Águas*, vols. I e II. 2ª ed. São Paulo, Ed. RT, 1980.

PEATTIE, J. D.; FULTON, A. A. "Integration of hydro and thermal generation in Great Britain", *Anais da Conferência Mundial de Energia do Rio de Janeiro*, vol. 1, 1954.

PATZEK, Tad. "Can the earth deliver the biomass-for-fuel we demand?", in PIMENTEL, David (org.). *Biofuels, Solar and Wind as Renewable Energy Systems: benefits and risks*. Philadelphia, Springer Science and Business Media, 2008.

PIMENTEL, David. "Renewable and solar Energy Technologies, Energy and Environment Issues", in PIMENTEL, David (org.). *Biofuels, Solar and Wind as Renewable Energy Systems: benefits and risks*. Philadelphia, Springer Science and Business Media, 2008.

PLANIOL, M.; RIPERT, G. *Droit Civil*, t. 1, 4ª ed. Paris, LGDJ, 1948.

PONTES DE MIRANDA, F. C. *Questões Forenses: direito constitucional, administrativo, penal, processual e privado*, vol. 7. Rio de Janeiro, Borsoi, 1957.

RÁO, Vicente. *Ato Jurídico*. 3ª ed. São Paulo, Ed. RT, 1981.

_____. *O Direito e a Vida dos Direitos*. vol. I. São Paulo, Max Limonad, 1952.

RENNÓ, Marília; SAMPAIO, Patrícia. "Transmissão de energia elétrica: apresentação do modelo brasileiro", in LANDAU, Elena (coord.). *Regulação Jurídica do Setor Elétrico*. Rio de Janeiro, Lumen Juris, 2006.

RIBEIRO, Solange; FALCÃO, Maria Isabel S. D. "O modelo tarifário brasileiro", in LANDAU, Elena. "O setor elétrico em uma visão introdutória", in *Regulação Jurídica do Setor Elétrico*. Rio de Janeiro, Lumen Juris, 2006.

ROCHA, Clovis Paulo da. "Do Direito Agrário e sua autonomia", *Arquivo Judiciário*, vol. 101, Rio de Janeiro, Jornal do Commercio, 1952.

ROSA, Luiz Pinguelli. "Índia Aspectos Econômicos e Tecnológicos – Comparativamente ao Brasil". Disponível em: www.ufmg.br/dri/cei/wp.../pinguel li_rosa_india_itama_india_itamarati1-2.doc.

RUPPERT, Michael C. *Confronting Collapse – The crisis of Energy and Money in a Post Peak Oil World*. Vermont, Chelsea Green Publishing, White River Junction, 2009.

SAMPAIO, Lauro Ferraz. *Plano Nacional de Eletrificação*. Rio de Janeiro, Imprensa Nacional, 1947.

SANDRONI, Cícero; SANDRONI, Laura Constância A. de A. *Austregésilo de Athayde, o século de um liberal*. Rio de Janeiro, Agir Editora, 1998.

SEABRA FAGUNDES, Miguel. *O Controle dos Atos Administrativos pelo Poder Judiciário*. São Paulo, Saraiva, 1984.

Seminário de Direito de Eletricidade da III Reunião de Juristas da Bacia do Prata. Organizado pela OEA. Belo Horizonte, Instituto de Direito da Eletricidade/ELETROBRAS, 1970.

SHAFFER, Brenda. *Energy Politics*. University of Pennsylvania Press, Philadelphia, 2009.

SILVA, Carlos Medeiros e. *Pareceres do Consultor Geral da República*, vol. II. Rio de Janeiro, A. Coelho Branco, 1952.

SILVA, José Afonso da. *Curso de Direito Constitucional Positivo*. 39ª ed., revista e atualizada até a EC 90, de 15.9.2015. São Paulo, Malheiros Editores, 2016.

SILVA PEREIRA, Caio Mário da. *Instituições de Direito Civil*. 18ª ed. Rio de Janeiro, Forense, 1995; 25ª ed. Rio de Janeiro, Forense, 2012.

SMIL, Vaclav. *Energy at Crossroads – Global perspectives and uncertainties*. Cambridge, Massachusetts, The MIT Press, 2005.

TÁCITO, Caio. "A caducidade das concessões de serviço público", *Revista de Direito Administrativo*, vol. 52.

_____. *Temas de Direito Público (Estudos e Pareceres)*, vol. 1. Rio de Janeiro, Renovar, 1997.

TORRES, Ricardo Lobo. *Curso de Direito Financeiro e Tributário*. 4ª ed. Rio de Janeiro, Renovar, 1993.

VARGAS, José Israel. "Desenvolvimento da Energia Nuclear: Minas e o Brasil", *Revista Economia e Energia*, n. 90, jul.-set. 2013.

WAGNER, Hermann-Josef. *Energy – The World's Race for Resources in the 21st Century*. London, Haus Publishing, 2008.

WALTENBERG, David A. M. "O direito da energia elétrica e a ANEEL", in SUNDFELD, Carlos Ari (org.). *Direito Administrativo Econômico*. 3ª tir. São Paulo, Malheiros Editores, 2006.

ZILLMAN, Donald N. (org.). *The Law of Energy Underground*. Oxford University Press, 2014.

* * *

00561

GRÁFICA PAYM
Tel. [11] 4392-3344
paym@graficapaym.com.br